O padeiro que fingiu ser
REI DE PORTUGAL

Ruth MacKay

O padeiro que fingiu ser
REI DE PORTUGAL

Tradução
Talita M. Rodrigues

Rocco

Título original
THE BAKER WHO PRETENDED TO BE KING OF PORTUGAL

Copyright © Ruth MacKay, 2012

O direito de Ruth MacKay ser identificada como
autora desta obra foi assegurado por ela em concordância
com o Copyright, Designs and Patents Act, 1988.

Todos os direitos reservados. Nenhuma parte desta obra pode ser reproduzida ou transmitida por qualquer forma ou meio eletrônico ou mecânico, inclusive fotocópia, gravação ou sistema de armazenagem e recuperação de informação, sem a permissão escrita do editor.

Direitos para a língua portuguesa reservados
com exclusividade para o Brasil à
EDITORA ROCCO LTDA.
Av. Presidente Wilson, 231 – 8º andar
20030-021 – Rio de Janeiro – RJ
Tel.: (21) 3525-2000 – Fax: (21) 3525-2001
rocco@rocco.com.br
www.rocco.com.br
Printed in Brazil/Impresso no Brasil

Revisão técnica
BRUNO GARCIA

Preparação de originais
VILMA HOMERO

Editoração eletrônica
SUSAN JOHNSON

CIP-Brasil. Catalogação na fonte.
Sindicato Nacional dos Editores de Livros, RJ.

M141p	MacKay, Ruth
	    O padeiro que fingiu ser rei de Portugal / Ruth MacKay; tradução de Talita M. Rodrigues. – Rio de Janeiro: Rocco, 2013.
	
	    Tradução de: The baker who pretended to be king of Portugal
	    ISBN 978-85-325-2856-8
	
	    1. Sebastião, Rei de Portugal, 1554-1578. 2. António, Prior do Crato, 1531-1595. 3. Felipe II, Rei da Espanha, 1527-1598. 4. Espinosa, Gabriel de, -1595. 5. Ana, de Austria, -1629. 6. Portugal - Reis e governantes - Séc. XVI. 7. Portugal - História - Sebastião, 1557-1578. 8. Portugal - História - Dinastia espanhola, 1580-1640 - Biografia. I. Título.	

13-02620	CDD - 923.146 CDU - 929.7(46)

Não podemos evitar o cheiro de um rei, a história não diz como...

– Bem, de qualquer modo, não desejo lamentar, Huck. Isto é tudo que posso suportar.

– É como eu sinto também, Jim. Mas nós os temos em nossas mãos e temos que nos lembrar quem eles são e fazer concessões. Às vezes, desejo que pudéssemos ouvir falar de um país sem reis.

De que adiantava dizer a Jim que aqueles não eram reis e duques de verdade? Não serviria de nada; e além disso era exatamente como eu disse; era impossível diferenciá-los do tipo real.

– Mark Twain, *Huckleberry Finn*

SUMÁRIO

Prólogo   *15*

Marrocos: D. Sebastião   *21*

Portugal: D. António e Frei Miguel   *67*

Castela: Rei Felipe II e o Padeiro, Gabriel de Espinosa   *135*

Madrigal: Ana de Austria   *191*

Epílogo   *259*

Apêndice. O Panfleto de 1683 e Outras Crônicas   *279*

Agradecimentos   *287*

Lista de Abreviações   *289*

Notas   *291*

Bibliografia   *335*

Índice   *357*

FIGURAS

"Mappa Astrologico Matematico" (1554)
Autógrafo de Sebastião (1578)
Autógrafo de Gabriel (1595)
Autógrafo de Ana (1594)
Capa de *Historia de Gabriel de Espinosa* (1683)

PERSONAGENS

Nota sobre ortografia: Em geral, nomes de membros de famílias reais aparecem no original na forma inglesa, mas foram traduzidos para o português; exceções são D. Juan de Austria; sua filha Ana de Austria; e D. António, prior do Crato. Minhas fontes são quase todas espanholas, portanto alguns nomes podem aparecer na versão espanhola e assim foram mantidos na tradução.

ABD AL-MALIK. Governante de Marrocos, amplamente elogiado por seu conhecimento e cultura; morre na batalha de Alcácer-Quibir.
ABU ABDALLAH MUHAMMED. Governante de Marrocos usurpado pelos tios Abd al-Malik e Ahmad al-Mansur; morre na batalha de Alcácer-Quibir.
AHMAD AL-MANSUR. Irmão e sucessor de Malik.
ALBA, DUQUE DE, FERNANDO ALVAREZ DE TOLEDO Y PIMENTEL. Lidera a invasão espanhola a Portugal.

FIGURAS E PERSONAGENS

ALBERTO, CARDEAL ARQUIDUQUE. Sobrinho de Felipe II, vice-rei de Portugal e mais tarde dos Países Baixos.

ALDANA, FRANCISCO DE. Poeta, soldado, ajudante de Sebastião; morre na batalha de Alcácer-Quibir.

ANA DE AUSTRIA. Freira, filha de D. Juan de Austria, sobrinha de Felipe II.

ANGELES, FREI AGUSTÍN DE LOS. Frei português em Madrigal.

ANTOLÍNEZ, FREI AGUSTÍN. Frei agostiniano, auxiliar do provincial Gabriel de Goldaraz; no final torna-se arcebispo de Santiago de Compostela.

ANTÓNIO, prior do Crato. Filho ilegítimo de Luís, infante de Portugal e sobrinho do rei Henrique de Portugal; pretendente ao trono português.

ATAÍDE, LUÍS. Vice-rei português da Índia.

AVEIRO, DUQUE DE, JORGE DE LENCASTRE. Morre na batalha de Alcácer-Quibir; sucedido pelo genro Álvaro, terceiro duque de Aveiro.

AZEBES, ISABEL DE. Freira.

BARAJAS, CONDE DE, FRANCISCO ZAPATA DE CISNEROS. Presidente do Conselho de Castela, mais tarde demitido; casado com María de Mendoza y Mendoza.

BAYONA, LUÍSA. Freira.

BELÓN, MARÍA. Freira.

Benavente, Juan de. Agostiniano, inimigo do provincial Gabriel de Goldaraz.

BLOMBERG, BARBARA. Avó de Ana, mãe de Juan de Austria.

BORJA, JUAN DE. Embaixador de Felipe II em Portugal durante a juventude de Sebastião.

CAETANI, CAMILO. Núncio papal na Espanha.

CAMARGO, JUAN DE. Prior agostiniano de San Agustín de Medina.

CATARINA. Avó de Sebastião, regente de Portugal.

CERDA, FERNANDO DE LA. Jesuíta, suposto autor da crônica de 1595 (*Historia de Gabriel de Espinosa*).

CID, INÉS. Amante de Gabriel de Espinosa e mãe de seus dois filhos.

CLARA EUGENIA. Filha de Inés Cid e Gabriel de Espinosa.

CORSO, ANDRÉS GASPAR. Mercador corso baseado em Argel; usado por Felipe II como mediador em Marrocos.

ESCOBEDO, PEDRO DE. Secretário de Barbara Blomberg; filho de Juan de Escobedo, secretário de Juan de Austria, que foi assassinado.

ESPINOSA, ANA (OU CATALINA). Freira.

ESPINOSA, GABRIEL DE. O padeiro.

FONSECA, ANTONIO. Um advogado de Lisboa, preso como suposto cúmplice de frei Miguel de los Santos, depois solto.

FRANCISCO. Suposto irmão de Ana, que foi raptado.

FUENSALIDA, JUAN DE. Jesuíta que acompanhou Gabriel de Espinosa em seus últimos dias de vida.

GOLDARAZ, GABRIEL DE. Provincial agostiniano; tenta bloquear o interrogatório sobre a conspiração, mas, no final, é demitido; tem inimigos dentro da ordem agostiniana e vínculos com Navarra.

GOMES, FRANCISCO. Mercador português, preso sob suspeita de ser cúmplice de frei Miguel de los Santos, mais tarde solto; trabalha para o conde de Redondo.

GONZÁLEZ, GREGORIO. Cozinheiro que trabalhou com Gabriel de Espinosa em Ocaña.

GONZALVES, MANOEL. Mensageiro português.

GRADO, LUÍSA DE. Freira; amiga de Ana de Austria, irmã de María Nieto e Blas Nieto.

HENRIQUE. Cardeal, regente, rei de Portugal; tio-avô de Sebastião.

IDIÁQUEZ, JUAN DE. Conselheiro, embaixador e auxiliar próximo de Felipe II.

IDIÁQUEZ, MARTÍN DE. Secretário do Conselho de Estado Espanhol.

ISABEL CLARA EUGENIA. Infanta, filha de Felipe II, casa-se com Alberto.

JOÃO DE PORTUGAL. Bispo de La Guarda, principal defensor de D. António, prior do Crato.

JUAN DE AUSTRIA. Meio-irmão de Felipe II. Pai de Ana de Austria.

JUANA. Irmã mais nova de Ana de Austria.

FIGURAS E PERSONAGENS *11*

JUANA DE AUSTRIA. Mãe de Sebastião, irmã de Felipe II.
LLANO [OU LLANOS] DE VALDÉS [OU VALDÉZ], JUAN DE. Juiz apostólico, cânone, inquisidor.
LOAYSA, GARCÍA DE. Capelão de Felipe II.
MENDES, MANOEL. Mercador português, suposto aliado de frei Miguel de los Santos e D. António, prior do Crato; jamais localizado.
MENDES PACHECO, MANOEL. Médico português; supostamente tratou de Sebastião depois da batalha de Alcácer-Quibir, mais tarde aparece em Arévalo; preso e absolvido.
MENDOZA, MARÍA DE. Mãe de Ana.
MENESES, DUARTE DE. Governador de Tânger.
MOURA, CRISTÓBAL DE. Auxiliar próximo de Felipe II, mais tarde vice-rei de Portugal sob Felipe III.
MOURA, MIGUEL DE. Auxiliar de Sebastião e mais tarde de Alberto.
NIETO, BLAS. Criado de Ana, preso e absolvido.
NIETO, MARÍA. Freira. Irmã de Luisa de Grado e Blas Nieto.
ORTIZ, FREI ANDRÉS. Vigário depois da queda de frei Miguel de los Santos.
PÉREZ, ANTONIO DE. Ex-secretário de Felipe II; aprisionado, fugiu; fugitivo e traidor.
FELIPE DE ÁFRICA. Filho de Muhammed, o governante usurpador de Marrocos; antes da sua conversão para o cristianismo, era conhecido na Espanha como Muley Xeque.
FELIPE II. Rei da Espanha.
FELIPE III. Rei da Espanha, filho de Felipe II.
POSADA, JUNCO DE. Presidente do tribunal de Chancelaria Real.
QUIROGA, GASPAR DE. Arcebispo, patrono do convento de Madrigal.
REDONDO, CONDE DE, JOÃO COUTINHO. Da alta nobreza portuguesa, aliado de D. António, prior do Crato.
RÍO, BERNARDO DEL. Espião e mensageiro disfarçado de frei, trabalhando para Antonio Pérez.
RODA, FRANCISCA DE. Freira.
RODEROS, JUAN DE. Criado de Ana de Austria.

RODRÍGUEZ, FREI ALONSO. Confessor das freiras.

RODRÍGUEZ, GABRIEL. Estalajadeiro em Valladolid.

ROSETE, FREI ALONSO. Outro confessor no convento, português.

RUIZ, SIMÓN. Banqueiro mercador em Medina del Campo.

SANTILLÁN, DIEGO DE. Irmão de Rodrigo de Santillán, tem um posto no castelo La Mota.

SANTILLÁN, RODRIGO DE. Juiz no tribunal da Chancelaria; nomeado por Felipe II para supervisionar o interrogatório de Madrigal.

SANTOS, FREI MIGUEL DE LOS. Agostiniano português, confessor real e pregador; mais tarde, vigário do convento de Madrigal.

D. SEBASTIÃO I. Rei de Portugal; morre na batalha de Alcácer-Quibir.

SILVA, JUAN DE. Conde de Portalegre. Embaixador de Felipe II em Lisboa; acompanha Sebastião a Marrocos, mais tarde torna-se governador de Portugal.

SILVA, PEDRO (TAMBÉM CONHECIDO COMO LUÍS). Preso em agosto de 1595.

SOSA (SOUSA), FREI ANTONIO DE. Agostiniano, aliado de Gabriel de Goldaraz, provável autor das cartas anônimas aos juízes.

SOTOMAYOR, LUÍS DE. Dominicano, aliado de D. António, prior do Crato. Uma das autoridades religiosas que deviam supervisionar o testamento de D. António.

TAPIA, ANA DE. Freira.

TÁVORA, CRISTÓVÃO DE. Melhor amigo e auxiliar de D. Sebastião; morre com D. Sebastião.

ULLOA, MAGDALENA DE. Guardiã de D. Juan de Austria e sua filha, Ana de Austria.

Vázquez de Arce, Rodrigo de. Presidente do Conselho de Castela.

ZAYAS, GABRIEL DE. Secretário real.

ZÚÑIGA, FREI DIEGO DE. Clérigo em Toledo que prega contra Felipe II e diz que D. Sebastião ainda está vivo; identidade jamais estabelecida.

FIGURAS E PERSONAGENS

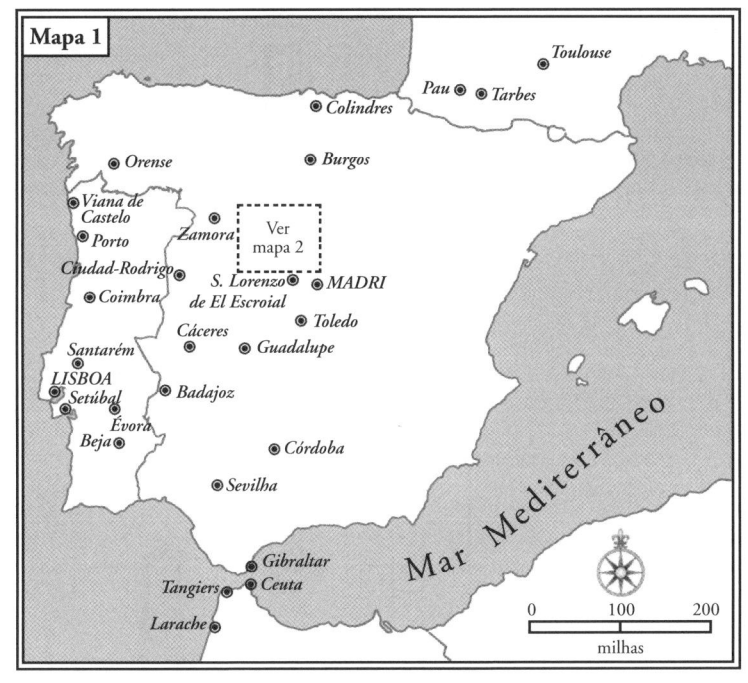

Ibéria no século XVI. Cortesia de Dick Gilbreath,
Gyula Pauer Center for Cartography and GIS, Universidade Kentucky

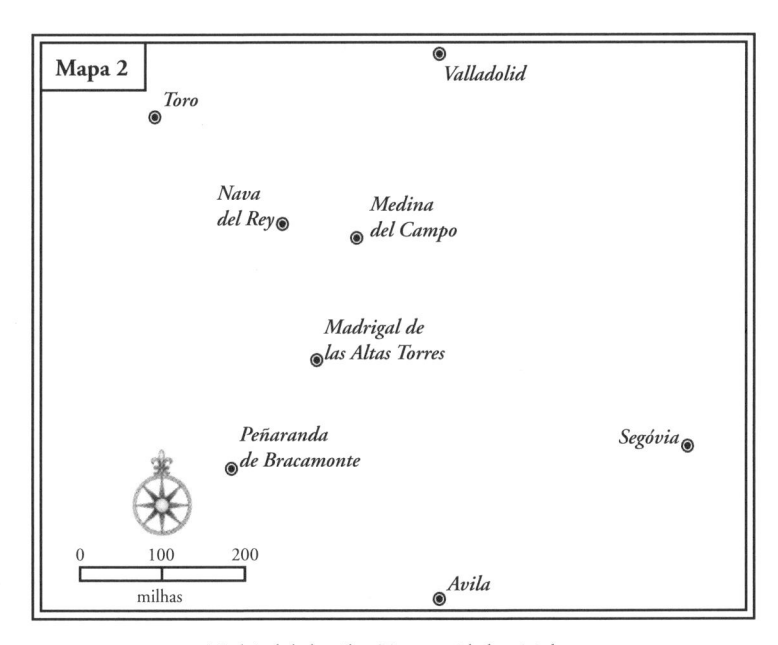

Madrigal de las Altas Torres e cidades vizinhas.
Cortesia de Dick Gilbreath, Gyula Pauer Center for Cartography and GIS,
Universidade Kentucky

ÁRVORE GENEALÓGICA DE SEBASTIÃO E ANA

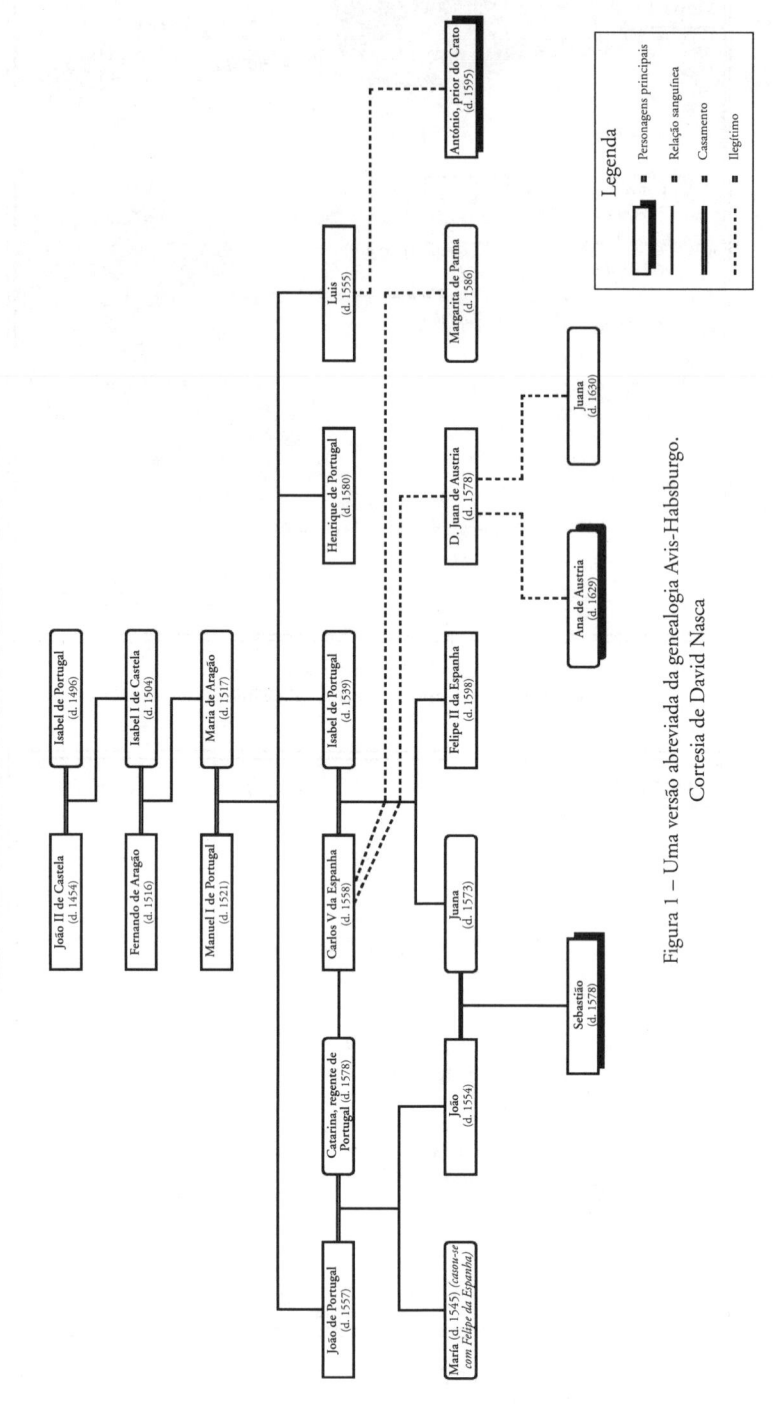

Figura 1 – Uma versão abreviada da genealogia Avis-Habsburgo.
Cortesia de David Nasca

PRÓLOGO

No dia 4 de agosto de 1578, sob o causticante sol marroquino, D. Sebastião de Portugal liderou suas tropas para a carnificina. Quando o jovem rei morreu, o mesmo aconteceu com a independência de Portugal, uma vez que ele não deixou herdeiros. Seu tio, Felipe II, rei da Espanha, assumiu o trono depois de uma breve luta pelo poder, seguida por uma invasão armada. Do sangue e da poeira da batalha de Alcácer-Quibir surgiram alguns dos mais famosos e perpétuos impostores reais, os falsos Sebastiões. Este livro conta a história de um deles, talvez a menos plausível, mesmo numa era em que profecias e ocorrências maravilhosas formavam a estrutura natural do imaginário das pessoas.

Dezesseis anos depois da batalha, numa cidade da Espanha, surgiu um homem que dizia ser (ou que se pensou ser) Sebastião. Seu nome era Gabriel de Espinosa. Pelo que se pode saber, o inventor desta impostura foi o vigário português de um convento agostiniano para mulheres bem-nascidas, e o objetivo imediato do plano era convencer uma das freiras que, por acaso, era sobrinha de Felipe II, que este homem, ex-soldado e padeiro ocasional (*pastelero*), era seu primo. A partir daí, o plano consistia em colocar um aspirante português no trono. Autoridades e um grande elenco de freiras, monjas e criados foram presos e interrogados por quase um ano, enquanto um grupo de juízes tentava desvendar a história, mas os acusados morreram deixando muitas perguntas sem resposta.

A conspiração se deu num momento de grande tensão política. As relações entre Espanha e Portugal, como aquelas entre qualquer tipo de vizinhos, eram ao mesmo tempo íntimas e contenciosas, e havia portugueses que não se conformavam em ser governados por um espanhol, mesmo por um cuja mãe era portuguesa. Os anos de 1590 foram instáveis não só na Espanha e em Portugal, mas em boa parte da Europa, e não apenas no âmbito político, mas também cultural e até subjetivo. Convicções se mostravam frágeis. O clima era terrível, o rei estava morrendo, as guerras iam de mal a pior e as fortunas da Espanha encolhiam. Portanto, era o momento para se agarrar a qualquer esperança que fosse. Quando o mundo parece estar entrando em colapso, as pessoas se apegam ao que têm à mão, à ajuda que se mostrar mais provável. Elas buscam explicações. O fenômeno dos falsos Sebastiões, o chamado *sebastianismo*, é uma variedade de milenarismo, às vezes considerada como evidência de nacionalismo frustrado ou prova de que Portugal era um trágico, derrotado manicômio. Não concordo com esta interpretação, mas este não é um livro sobre *sebastianismo*, entre outras razões porque ele tende para o lado da Espanha e não o de Portugal, porque foi lá que a fraude foi encenada.

A conspiração para tirar Felipe do trono de Portugal, em favor de um governante português, talvez não tenha tido chance de sucesso, mas isso não faz dela uma simples anedota. E embora haja poucas dúvidas de que D. Sebastião fosse um personagem estranho, há mais coisas a se divisar a partir de sua breve vida do que se pode encontrar na historiografia, com frequência tendenciosa, que varia entre adulação e rejeição, com pouca diferença entre uma e outra. Nas páginas que se seguem, tento corrigir este erro, criando uma ponte entre a história e a política, entre as estruturas da narrativa e as exigências da diplomacia. Esta história de um falso Sebastião tem muito a nos ensinar sobre notícias e política e sobre como as pessoas conseguem viver entre forças que talvez não compreendam.

A história, em outras palavras, é importante. As pessoas na época, como agora, andavam ávidas por notícias. Estavam ansiosas para escutar uma boa história, uma história importante, e igualmente ansiosas para virar as costas e contar para outras pessoas. Contar histórias, inclusive esta, as ligava a um lugar e tempo. Numa era em que as notícias começavam a circular por toda a península Ibérica, e as adversidades e intrigas colocavam as pessoas com o pé na estrada. Gente simples e elites falavam e liam sobre independência nacional, intrigas, defesa da cristandade, verdade visível, autoridade real e os limites do possível. Ao narrar de novo a história do *pastelero* de Madrigal, este livro indica os sinais de reconhecimento que ajudavam as pessoas a interpretar seu mundo. Em suas dobras ilógicas, a história continha sequências familiares de aventura e redenção que faziam algum sentido para vítimas, observadores e juízes, que se viram enredados ou fascinados pelos acontecimentos na cidade castelhana de Madrigal de las Altas Torres.

Embora eu possa, por vezes, ter cedido à tentação e pintado esta conspiração e seus atores em tons cômicos, quero deixar claro que não os considero divertidos. A história do *pastelero* tem sido contada há séculos como curiosidade; tem sido considerada um exemplo do exotismo e da credulidade do passado, algo para fazer turistas e leitores verem a história como entretenimento. Na minha visão, os personagens exibem imaginação ousada, enfrentam desafios conceituais, políticos e físicos que não podemos conceber, e são muito, muito sérios. Deveriam ser vistos segundo seus próprios termos, não como simples curiosidade ou curiosas simplificações. Suas escolhas, mesmo aquelas punidas com a morte, revelam o que pensavam ser correto ou possível, e suas descrições e memórias eram um modo de expressar opinião. Embora suas vidas personificassem o que poderíamos considerar visões de mundo contraditórias – devoção e mentiras, acuidade política e erros crassos, confinamento e perambulação –, tais incoerências não deveriam nos levar a rejeitá-las, mas sim a tentar entender as ambiguidades do passado.

A história fervilha de personagens que são outros e não as pessoas que aparentam ser. Plebeus se disfarçam de reis, reis se disfarçam de eremitas, nobres acreditam ser plebeus, vários falsos frades vagueiam de um lado para outro, e viajantes alegam ser aparentados com a freira real, o que provavelmente não são. Esta foi uma era, o alvorecer da era de Quixote, em que a diferença entre verdade e ficção tornara-se uma importante questão filosófica. E também uma consideração religiosa prática; uma das tarefas prioritárias da Inquisição foi desencavar falsos cristãos, visto que nem judeus nem muçulmanos podiam praticar legalmente suas religiões, embora pudessem estar fazendo isso secretamente. Durante a Idade de Ouro da literatura, dramaturgos espanhóis enchiam os palcos com personagens disfarçados. Impostores espalhavam-se como epidemia em muitas famílias reais europeias. E a política era compreendida como o legítimo exercício da malícia e de estratégias fraudulentas.

A conspiração dependia das notícias. Crônicas circulavam por toda a Europa, repetindo a história da tragédia em Alcácer-Quibir e, anos depois, seu extraordinário segundo ato. Veremos que as pessoas escreviam e recebiam cartas constantemente; as precursoras dos nossos jornais eram chamadas de cartas informativas por essa razão. O arquivo de ocorrências de Madrigal inclui cartas anônimas, cartas forjadas, cartas codificadas, cartas de amor, cartas traduzidas, cartas oficiais e cartas contendo testemunhos, algumas que acabavam em cartas pessoais e depois em relatos informativos, copiadas e reescritas e, em seguida, passadas adiante, oralmente ou por escrito, com ajuda do surpreendente número de viajantes ao longo das estradas da península Ibérica. Frades, espiões, vagabundos, desertores, oficiais e mensageiros, todos iam e vinham, e todos transportavam contos. A literatura da época apresenta invariavelmente viajantes que, em cada uma das grutas protegidas, em cada uma das hospedarias, a cada encontro casual, aproveitavam a oportunidade para trocar histórias. Parte deste mundo pode ser visto nas páginas a seguir. Os limites de uma boa história eram uma preocupação no final do século XVI, e testemunhos oculares eram frequentemente evocados para garantir aos leitores e ouvintes que estas histórias fantásticas eram verdadeiras; assim, cartas informativas com frequência representavam o melhor de ambos os mundos, verdade e falsidade. Mas, embora fatos e veracidade fossem importantes, poucos inventores de histórias não eram também guiados pela fé na Providência Divina, conhecimento da vida dos santos e noção de tradição que se originava no fato de pertencerem a um povo ou a uma nação. Eles deviam fidelidade a tudo isso.

O livro começa com as origens da história em Marrocos e, dali, passa para Portugal, Castela e Madrigal de las Torres Altas. Partimos de D. Sebastião que, por uma tolice, perdeu o reinado para D. António, o aspirante português que nunca conseguiu um, e para Felipe II, o monarca mais poderoso do mundo. E passamos de frei Miguel de los Santos, o vigário santo, a Gabriel de Espinosa, o padeiro itinerante, e a Ana de Austria, a jovem freira que merecia coisa melhor.

1

Marrocos: D. Sebastião

Sebastião era uma figura com pouca probabilidade de excitar a imaginação romântica, e foi sua morte, mais do que sua vida, que lhe garantiu a sobrevivência nas narrativas. Foi o último da dinastia de Avis a subir ao poder, em 1385, depois da batalha de Aljubarrota, na qual Portugal ganhou sua independência de Castela. O primeiro governante da dinastia de Avis foi João I. Uma reserva de hábeis marujos pronta para entrar em ação, mercadores aventureiros e recursos financeiros permitiram explorações e conquistas além-mar durante o século seguinte. Numa cruzada religiosa e em busca de riquezas (os objetivos materiais eram com frequência encobertos pelos espirituais), os portugueses, no início do século XV, começaram a se aventurar até a África. Primeiro veio a conquista, em 1415, da joia estratégica de Ceuta, do lado oposto de Gibraltar, onde os donos da fortaleza poderiam controlar o tráfego de saída e entrada do Mediterrâneo e do Atlântico. A conquista de Ceuta por um dos muitos filhos de João, príncipe Henrique, "o Navegador", foi seguida pela tomada de ilhas atlânticas, incursões pela costa oeste africana e pelo seu interior em busca de ouro e escravos. Em 1471, os portugueses conquistaram as cidades marroquinas de Asilah e Tânger, e, em 1488, deram a volta ao Cabo da Boa Esperança. Em 1497, Vasco da Gama chegou à Índia, abrindo os caminhos marítimos para a Ásia e seu comércio de especiarias que Portugal dominou durante o século seguinte. As viagens de Vasco da Gama foram a base para a obra mais importante do início da literatura portuguesa e seu épico nacional, *Os Lusíadas*, de Luís Vaz de Camões (publicada em 1572) que, aliás, foi dedicada a D. Sebastião:

> E vós, ó bem-nascida segurança
> Da lusitana antiga liberdade,
> E não menos certíssima esperança
> De aumento da pequena cristandade,
> Vós, ó novo temor da maura lança,
> Maravilha fatal da nossa idade,
> (Dada ao mundo por Deus, que todo o mundo o mande
> Para do mundo a Deus dar parte grande);[1]

Sebastião nasceu em 20 de janeiro de 1554, 18 dias após a morte de seu pai, João, de 17 anos, também filho único.[2] A mãe de Sebastião era Juana de Austria, irmã do rei da Espanha, Felipe II. O casamento de seus pais foi parte de uma estratégia centenária da Espanha para manter uma base vizinha. Cronistas que souberam como a história terminou relataram o início da vida de Sebastião como tendo sido marcado por sonhos e visões, "profecias que se realizaram", típicas de falecidos monarcas medievais destinados a ser salvadores da fé.[3] As supostas visões de Juana enquanto aguardava o nascimento do filho pareciam apontar para a África. Segundo um dos relatos, ela viu um grupo de mouros, vestidos com mantos de cores diferentes, entrando em seu quarto. De início, ela achou que eram seus guardas, mas, quando eles saíram e depois entraram de novo, ela desmaiou nos braços de suas criadas.[4] Retratos de Juana mostram uma mulher firme e possivelmente bela, cuja inteligência salta das telas. Foi educada por criados portugueses que sua mãe, a imperatriz Isabel, nascida em Portugal, levara para Castela, e se casou com um príncipe português, seu primo João, em 1552. (O futuro Felipe II havia se casado com a irmã de João, María.) Apenas cinco meses após a morte de João e do nascimento

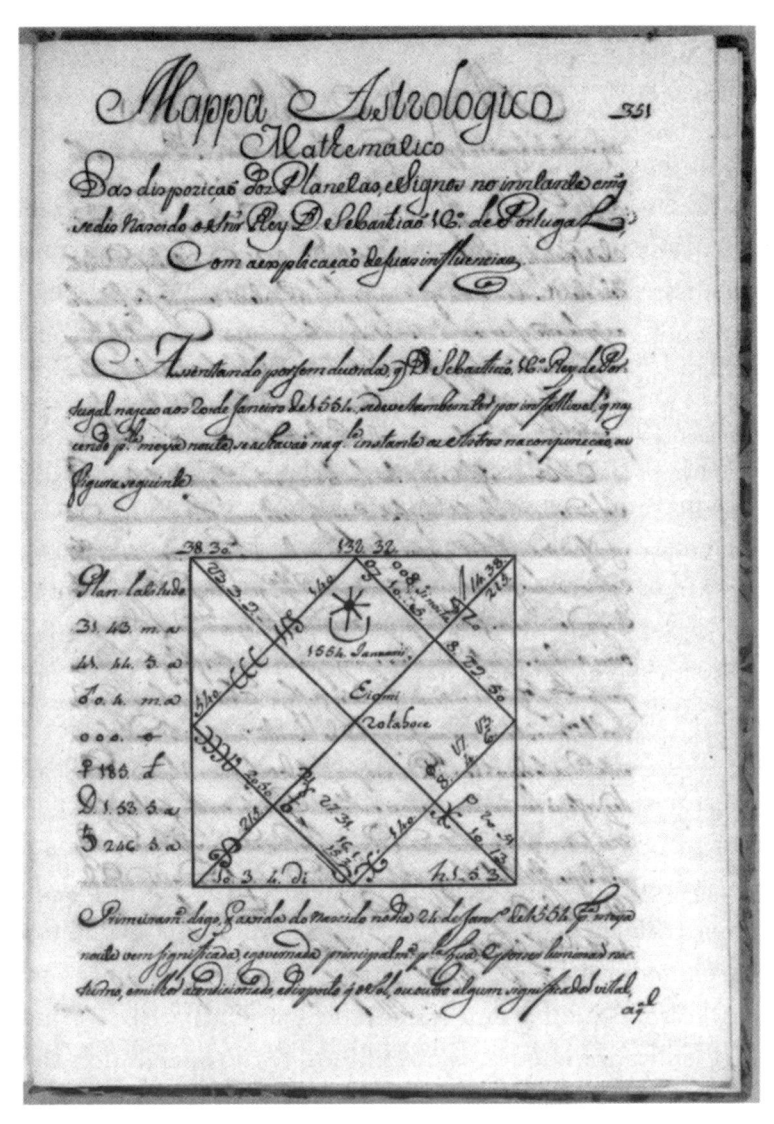

"Mappa Astrologico Matematico", traçado por ocasião do nascimento de D. Sebastião em 1554, da "Colleccão curioza das profecias e controversias sebasticas...", vol. 2 (MS; Lisboa, 1766). Cortesia da Fernán Nuñez Collection (Banc MS UCB 143), Bancroft Library, Universidade da Califórnia, Berkeley (vol. 145, fol. 351).

de seu filho Sebastião, Juana foi chamada de volta para a Espanha, enquanto Felipe II seguia para a Inglaterra para se casar com Mary Tudor (Maria de Portugal havia morrido em 1545). A princesa, de 19 anos, nunca mais viu seu filho. Ela acabou sendo uma das conselheiras de maior confiança de seu irmão, atuando como regente na sua ausência. Fundou o mais belo e elitista convento de Madri, as Descalzas Reales, onde existem vários retratos de Sebastião, que ele enviava periodicamente à mãe. De uma profunda espiritualidade, ela possivelmente foi a primeira mulher aceita entre os jesuítas.[5]

Quando criança, Sebastião era "agradável, louro e bonito, de temperamento alegre. Em sua época, a navegação era bastante próspera, sem naufrágios", contava uma história da realeza ibérica, apontando para uma prioridade daquele tempo.[6] Lisboa, capital do reino, era a maior e mais imponente das cidades ibéricas; o historiador Fernand Braudel disse que, se Felipe tivesse feito de Lisboa a sua capital, em vez de Madri, poderia tê-la transformado numa outra Londres ou Nápoles.[7] Sebastião foi criado por uma série de tutores e confessores jesuítas e também por dois parentes: a avó, Catarina, que era, ao mesmo tempo, mãe do seu pai e tia de sua mãe, e seu tio-avô Henrique, que entrou para o sacerdócio aos 14 anos, tornou-se arcebispo aos 22, e vestiu os mantos vermelhos de cardeal aos 33. Os dois parentes tinham atitudes profundamente opostas quanto à criação dos filhos, educação, religião e fidelidade nacional. A lealdade primordial de Catarina era para com a Espanha, cujo governante, Felipe (seu sobrinho e um dia genro), era seu correspondente constante e uma das poucas pessoas que haviam restado de sua família; ela e o marido, João III, enterraram todos os nove filhos, tendo apenas dois sobrevivido por tempo suficiente para se casarem. João III morreu em 1557 e Sebastião foi declarado rei aos 3 anos. Catarina atuou como regente até 1562, quando Henrique assumiu, sinalizando uma mudança no sentido de melhor atender os interesses portugueses. Em janeiro de 1568, ele entregou o trono a Sebastião, então com 14 anos.

Embora fosse um ávido esportista e cavaleiro, relatava-se que o jovem Sebastião também possuía uma saúde frágil.[8] O primeiro indício que temos é que ele sofreu fortes calafrios, depois de um dia de caça pesada, aos 11 anos. O incidente foi atribuído ao excesso de exercício, mas logo ficou evidente que havia alguma origem urogenital no distúrbio, embora sucessivos médicos não pudessem definir o que fosse. Em 1565, Juana enviou de Madri um de seus auxiliares mais fiéis, Cristóbal de Moura, para investigar e Felipe mandou sua própria equipe de médicos. Os sintomas parecem ter envolvido ejaculação involuntária, vertigem, febre e calafrios. Pelo menos um relatório médico se referiu à gonorreia.[9] A pergunta que todos se faziam, claro, era se ele poderia ter filhos; infelizmente, a questão parece jamais ter sido colocada em teste. Em meio a negociações para arranjar um casamento apropriado para Sebastião, o embaixador espanhol contou a Felipe II, em 1576, "ficou demonstrado que o rei não mostrou seu vigor sexual, nem jamais tentou". Além disso, prosseguiu, expressando a opinião de todos os emissários espanhóis ao longo de toda a vida de Sebastião, "ele odeia de tal forma as mulheres que não suporta olhar para elas. Se uma dama lhe serve uma bebida, ele tenta pegar a taça sem tocar-lhe a mão... Os jesuítas que o educaram ensinaram-lhe que o contato com mulheres era equivalente ao pecado da heresia e, aceitando esta doutrina, ele perdeu a capacidade de distinguir virtude e cortesia das ofensas a Deus". Inimigos dos jesuítas, assim como aqueles simplesmente preocupados com a instabilidade da nave estatal portuguesa, acusavam os tutores do menino de mantê-lo cativo.[10]

Se Sebastião não gostava de mulheres, adorava atividades, tanto espirituais quanto físicas. Cronistas e biógrafos, todos observam a capacidade atlética de Sebastião e o seu admirável entusiasmo pela religiosidade. Ele "era por natureza extremamente belicoso e desde a infância inclinava-se para as armas e jogos de guerra".[11] O dramaturgo espanhol Luis Vélez de Guevara, por volta de 1607, retratou uma criada perguntando ao jovem monarca se ele desejava dançar, pintar ou lutar esgrima, sugerindo que a dança seria a escolha correta:

Mi corazón
tales cosas no apetece.
Soy colérico e no quiero
estar dos oras o tres,
moliendo el cuerpo y los pies
al compás de um majadero.
A armas mi estrella me yncita,
quanto es flema lo aborrezco,
y si la caza apetezco,
es porque la guerra ymita.[12]

Provavelmente não havia cristão na Ibéria de meados do século XVI (ou em qualquer outro lugar) que não fosse devoto. Mas havia graus de religiosidade e a de Sebastião era do tipo militante. Em particular, ele era consumido pela paixão por retomar partes da África do Norte a que seu avô João III fora forçado a renunciar na década de 1540. Esse recuo, que fora considerado por muitos como um episódio vergonhoso, fez com que Sebastião se sentisse no dever de retificar. Esse jovem profundamente religioso, que, julgando-se pelas visões de sua mãe, nasceu para combater os infiéis, foi chamado de *O Desejado*. Filho após filho, primo após primo, todos haviam morrido e poucos cortesãos ousariam criticar ou restringir os movimentos do único herdeiro do sexo masculino que restara em Portugal. (Seu primo morto mais famoso foi D. Carlos, filho de Felipe II e Maria de Portugal, aprisionado pelo pai e morto em circunstâncias suspeitas em 1568, aos 23 anos de idade.) Um relato sobre a infância de Sebastião, escrito por seu confessor, nos informa que o menino era "dotado de uma força tão extraordinária que superava todos os outros de sua idade". Tinha talento para os esportes e "incomparável agilidade de braços e pernas... Tinha uma boa estatura, com membros bem-proporcionados... absolutamente sem defeitos [e com] graça e beleza".[13] A adulação era tal que o embaixador espanhol Juan de Silva informou a um colega em Madri, que "eles lhe dirão que era o homem mais alto de Portugal, ou o melhor músico, ou qualquer coisa semelhante. Sua inteligência é aguçada, mas confusa, ele imagina coisas que não pode compreender, e assim monstros nascem e lhe dizem que ele é melhor do que [Cícero]". Mais tarde, naquele mesmo mês, Silva contou a Felipe II que a educação de Sebastião havia sido tão "bárbara" que suas virtudes permaneceriam para sempre ocultas. Silva não deveria ter se surpreendido; fora alertado por seu predecessor, Juan de Borja, que teria que pisar em ovos com seus sensíveis compatriotas (Silva tinha sangue português) e seu rei, sempre lhes reafirmando o amor da Espanha por eles.[14]

Em busca de uma terra para reconquistar

Persistentes endogamias, educação ideologicamente rígida, excesso de religiosidade, vaidade e adulação e uma comprovada falta de jeito para argumentar com capacidade intelectual não são elementos aconselháveis quando se está lançando uma expedição militar. Mas essas, segundo cronistas, embaixadores e parentes, eram as características que definiam o monarca adolescente, cada vez mais obcecado com a missão religiosa de sua família e de sua nação.[15] No verão de 1569, quando uma forte epidemia obrigou a família real a deixar Lisboa (cerca de 50 pessoas morreram diariamente em Lisboa durante semanas; conta um historiador que metade da população de Lisboa pereceu),[16] ele viajou por todo Portugal e decidiu abrir as tumbas de vários de seus ancestrais no belo mosteiro de Alcobaça. Passando por cima dos protestos dos monges cistercienses, que guardavam os restos reais, ele jurou aos corpos desenterrados, inclusive aos de Afonso II e Afonso III, que restauraria a glória de Portugal. Segundo relatos posteriores, Sebastião foi impermeável à voz da razão: "Senhor, estes reis e seus ancestrais não lhe deram um exemplo de conquista de outros reinos, mas, sim, ensinaram-lhe a conservar o seu próprio",

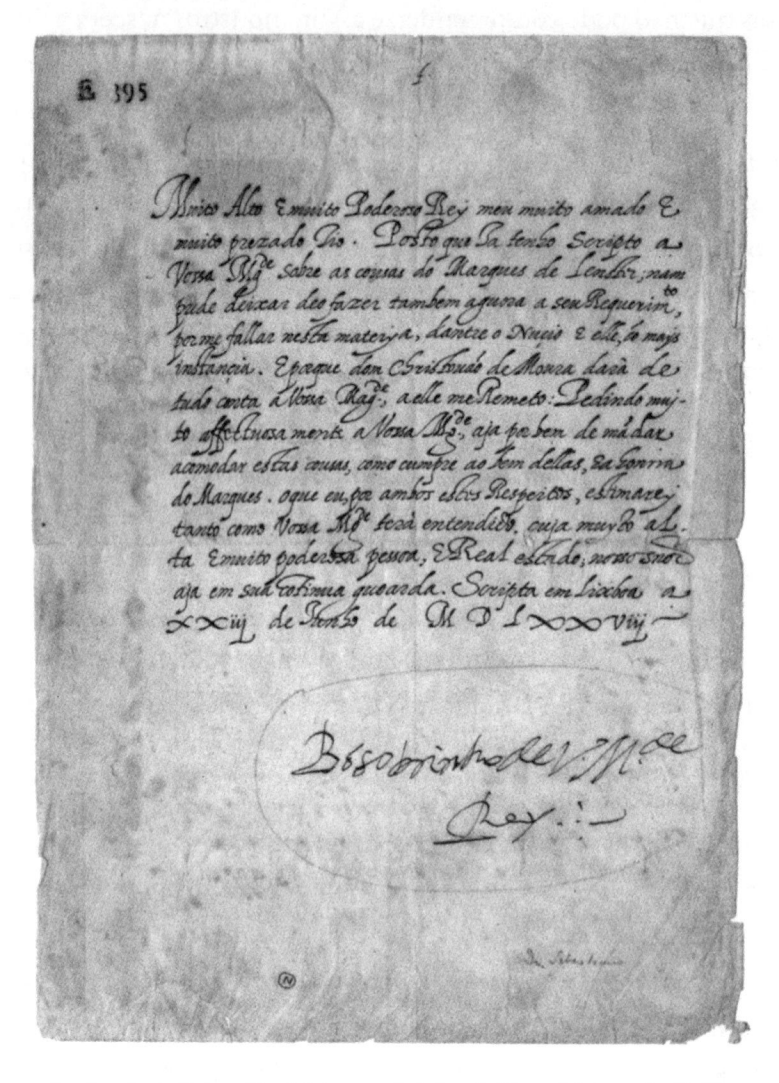

Autógrafo de Sebastião, "O bom sobrinho de Vossa Majestade, Rei".
De uma carta datada de 28 de junho de 1578, para Felipe II (HSA MS B113).
Cortesia da Hispanic Society of America.

aconselhou padre Francisco Machado, da Universidade de Paris, que por acaso estava em Alcobaça. "Que Deus lhe conceda uma longa vida e lhe dê um nome e uma tumba tão honrosa como estas."[17]

O entusiasmo religioso de Sebastião foi alimentado ainda mais pela batalha de Lepanto, em 7 de outubro de 1571, cujo herói foi D. Juan de Austria, seu tio. D. Juan havia acabado de subjugar os mouriscos (muçulmanos convertidos) nas montanhas de Alpujarras, nos arredores de Granada, que se revoltaram em 1568 por causa de elevadas e repressoras restrições. Depois dessa vitória, D. Juan assumiu o comando de uma frota da Santa Liga, organizada pelo papa Pio V, e garantiu uma vitória dramática e audaciosa contra os turcos, capturando centenas de galés e milhares de homens, assim como libertando 15 mil escravos. Cerca de 40 mil homens podem ter sido mortos em Lepanto. A liga prontamente se desfez e os turcos se rearmaram, mas, não obstante, Lepanto tornou-se uma referência tanto para os vitoriosos quanto para os vencidos, uma batalha contemporânea de Actium em que o Ocidente derrotou o Oriente e os cristãos triunfaram sobre os infiéis.[18] No ano seguinte, em julho de 1572, o vice-rei português da Índia, Luís de Ataíde, retornou a Lisboa para grandes comemorações e procissões. Isso também inflamou as visões imperiais de Sebastião, que iniciou esforços para reunir tropas e navios, embora não se soubesse quem exatamente seria o inimigo.

Havia, no entanto, maus presságios sobre os quais todos comentariam depois. A peste de 1569 foi mais tarde interpretada como o primeiro deles. No dia 13 de setembro de 1572, uma violenta tempestade atingiu Lisboa e 30 navios de guerra foram despedaçados no porto, enquanto casas e estruturas ao longo do rio Tejo ficaram destruídas. E o jovem rei continuava a dar sinais alarmantes de má saúde. O embaixador de Felipe II durante a juventude de Sebastião, Juan de Borja, informava regularmente a seu senhor sobre os calafrios, febres e sangramentos.

Com o triunfante pano de fundo de Lepanto e o retorno de Ataíde a Portugal, no verão de 1574, Sebastião começou a planejar sua própria cruzada. O cronista real espanhol, Antonio de Herrera, escreveu que Sebastião a princípio queria ir para a Índia, mas seus conselheiros o convenceram a ir para Marrocos, jamais sonhando que era isso mesmo que ele faria.[19] Seu plano era recapturar o território dos mouros, um objetivo que os cronistas contaram que ele acalentava desde criança e para o qual, deve ser lembrado, ele estava destinado. Embora o mais ousado de seus ministros o aconselhasse a abandonar o plano – que não era bem um plano –, o rei insistiu recrutando homens para aumentar o número de combatentes, tentando o tempo todo manter o projeto em segredo. No dia 14 de agosto, Borja escreveu a Felipe II: "O rei deixou Lisboa rumo a Sintra [o refúgio real nas proximidades] no dia 3 de agosto, e embora durante dias as pessoas desconfiassem de que ele enviara D. António com soldados a Tânger [em julho] a fim de ir mais tarde ele mesmo, a ideia parecia tão louca que nem informei a Vossa Majestade, tendo tido a mesma desconfiança no ano passado... Mas, desta vez, existem tantas evidências de que seja verdade que me sinto obrigado a escrever, embora o rei ainda não tenha informado à rainha [Catarina] o seu objetivo." Na verdade, a avó de Sebastião, de quem ele estava afastado, foi mantida no escuro até que já fosse bem tarde. "Meu neto zarpou ontem e todos me dizem que ele irá para a África. Ele sempre escondeu isso de mim e também escondeu sua partida. Embora tenha recebido, hoje, uma carta sua dizendo que irá para Algarve [sul de Portugal], temo o que todos dizem, estou sofrendo e muito triste", Catarina escreveu a Felipe II.[20] O cardeal Henrique, "cansado e aflito porque o rei não lhe dava ouvidos", como ele insistisse, instruiu Sebastião a primeiro produzir um herdeiro e só então partir para a guerra . Sebastião o ignorou.[21] Havia, disseram, nobres a bordo do navio do rei que não tinham ideia de para onde estavam indo, e as notícias de chegada da insignificante expedição à África, somando uns 3 mil homens, foram recebidas com choque e raiva em Lisboa e em Madri. Um jovem monarca sem herdeiro em vista não tinha nada que colocar a vida em risco.

A expedição, baseada em Tânger, durou cerca de três meses e foi marcada por sua óbvia falta de propósito. A certa altura, Catarina enviou um mensageiro a Sebastião dizendo-lhe que, se não voltasse para casa imediatamente, ela iria até lá buscá-lo. Outro que se correspondia com Sebastião era Abu Abdallah Muhammed, "Senhor dos Senhores da Monarquia e do Império da África e de todos os seus habitantes", e ele não seria o último governante marroquino a aconselhar Sebastião a se manter afastado. Ele fora informado de que, movido por "real e generoso espírito", o rei de Portugal havia decidido visitar suas terras. "Somos muito gratos por este nobre ato e estamos dispostos a ajudá-lo de todos os modos possíveis", ele escreveu. "Mas se sua intenção é outra" que não nobre, Muhammed alertou-o, "encontrará nosso povo aguardando, pronto para mostrar sua força contra o seu ousado atrevimento".[22] Enquanto estava em Tânger, Sebastião depôs D. António do cargo de governador daquele posto avançado, substituindo seu primo, e eventual pretendente ao trono, por Duarte de Meneses. A aventura finalmente terminou em outubro, quando o clima esfriou e Felipe II recusou-se a enviar às forças do jovem rei um carregamento de grãos para reabastecer o exaurido estoque de alimentos. Na defensiva depois de passar três meses atormentando norte-africanos confusos, que, em sua maioria, o deixaram sozinho, Sebastião escreveu várias cartas abertas para cidades de Portugal sobre seu retorno, explicando que sua intenção havia sido realmente a de visitar seus fortes. Também escreveu um caótico relato da aventura, com 53 páginas.[23]

No século XVI, Marrocos era governado pelos xeques Sa'did; os Sa'dianos eram uma família do sul de Marrocos que alcançou proeminência exatamente pela oposição aos portugueses, e xeques eram aqueles que se diziam descender do Profeta. A dinastia havia fundado um Estado que armara a estrutura para o Marrocos moderno. Suas capitais eram Fez e Marrakech, de onde dirigiam importantes centros comerciais na costa do Atlântico. Os Sa'dianos também avançaram para o interior, acabando por capturar Timbuktu, em 1591, o que lhes possibilitou controlar mercados de escravos e de ouro. A importância de Marrocos para Portugal derivava não apenas de sua posição geográfica na entrada para o Mediterrâneo, mas de sua crescente riqueza e de seu lugar simbólico como lar de mouros infiéis que um dia ocuparam a Ibéria. Também possuía potencialmente vastos depósitos de salitre (nitrato de potássio), um componente crítico da pólvora, de grande interesse para todas as potências europeias. Em geral, os xeques conseguiam colocar os turcos, as duas nações ibéricas e os ingleses, uns contra os outros, cada membro desse quarteto diplomático finamente sintonizado, desconfiado, ganancioso e cauteloso.

A oportunidade para Sebastião retornar a Marrocos (e perturbar o equilíbrio) chegou em 1576, quando Muhammed foi deposto por seus tios, Abd al-Malik e Ahmad al-Mansur, por causa da linhagem impura. Malik, que governaria de 1576 a 1578, era um homem culto e sofisticado, que passara muitos anos em exílio nas agitadas cidades de Constantinopla e Argel, e era amplamente patrocinado pelos turcos. Com trinta e poucos anos, ele foi um dos grandes exemplos da influência cruzada entre o cristianismo mediterrâneo e o islã. Depois da batalha de Lepanto, ficara por um breve tempo prisioneiro na Espanha. Outro veterano de Lepanto, Miguel de Cervantes, conheceu Malik em Argel e escreveu sobre o oriental ocidentalizado que "fala turco, espanhol, alemão, italiano e francês, dorme de pé, come à mesa, senta-se como um cristão e, acima de tudo, é um grande soldado, liberal e sábio, entre milhares de virtudes".[24]

O deposto Muhammed, que antes havia implorado a Sebastião para que não invadisse, agora se virava para Espanha e Portugal pedindo ajuda contra seus tios. (Na versão de Lope de Vega, o marroquino adulou o jovem rei português ao compará-lo a seu avô imperial: "Vós, o famoso Sebastião, em cujo rosto vejo a imagem do Quinto Carlos...")[25] Enquanto aguardava ajuda ibérica, Muhammed foi hóspede em Ceuta. Felipe II relutou em se envolver na luta; escritores subsequentes especulariam quanto a seus motivos ocultos (ele esperava para ver se Sebastião vencia ou perdia), mas havia boas razões para desviar sua atenção do norte da África. Na época, os turcos estavam em declínio e lançavam olhares cobiçosos em direção ao Oriente, para a Pérsia. Em 1578, Felipe terminou assinando uma trégua com eles. Provavelmente, Felipe também achou melhor para a Espanha continuar amiga do maior número possível de marroquinos e evitar o estabelecimento de uma aliança muçulmana no Mediterrâneo ocidental. Suas tarefas mais imediatas agora estavam ao norte, no Atlântico: combater os protestantes holandeses lutando por independência, ficar de olho na Inglaterra e na França e proteger a frota americana, tudo enquanto administrava um orçamento em contínua crise.

Sebastião, entretanto, insistia, e os dois monarcas, tio e sobrinho, encontraram-se, em dezembro de 1576, na companhia de seus conselheiros mais próximos para discutirem tanto a iminente campanha africana quanto as tentativas de longo tempo para encontrar uma esposa para Sebastião. O local do encontro, que durou 10 dias, foi o imenso e rico mosteiro hieronimita de Guadalupe, no oeste da Espanha, perto da fronteira com Portugal. Tratava-se de um dos maiores santuários na Castela do século XVI e destino frequente de peregrinos. Colombo foi até lá agradecer depois de voltar da América; o mesmo fizeram os peregrinos nas obras de Cervantes e Lope de Vega. Essencialmente uma cidade real em si mesma, o complexo incluía hospitais, uma escola, mosteiro e igreja, oficinas e uns 700 habitantes. À luz de eventos subsequentes, o encontro seria assunto de crônicas e produções dramáticas, que traçaram a origem do trágico desenlace a partir dessa majestosa reunião à sombra de relíquias inestimáveis.

Questões de família às vésperas da batalha

O encontro foi prefaciado por jornadas gêmeas. Felipe viajou oito dias de seu palácio-mosteiro de El Escorial até Guadalupe e chegou antes do sobrinho para se encarregar da distribuição dos quartos. Com ele estavam muitos dos principais membros da Igreja e da nobreza espanholas, incluindo o duque de Alba e o fiel assessor de Felipe, Cristóbal de Moura, que atuava como tradutor.[26] Sebastião demorou uns dois dias mais, saindo de Lisboa a 11 de dezembro. Felipe foi recebê-lo, e a sua imensa comitiva, quando chegaram em Guadalupe, esperando na estrada quase meia hora seu sobrinho se aproximar.[27] Quando se viram ao longe, os dois monarcas desceram de suas respectivas carruagens, retiraram o chapéu, caminharam na direção um do outro e se abraçaram; de acordo com o relato que estou usando, Sebastião era inconfundivelmente um Habsburgo, uns quatro centímetros mais alto do que o tio. Felipe também tirou o chapéu para cumprimentar a alta nobreza portuguesa. Sebastião, entretanto, manteve o chapéu na cabeça enquanto duques e condes espanhóis o cumprimentavam, uma prática que continuou a adotar durante toda sua estada e que irritou os críticos espanhóis, sempre prontos a apontar a afetação portuguesa. "Indagado sobre quantas pessoas o rei [Sebastião] havia trazido", continua um verso quebrado contemporâneo, "ele respondeu com ousadia, 'não mais do que 800; viajamos com pouca bagagem'."[28] Como o tio, Sebastião chegou acompanhado pelos membros mais importantes da nobreza e da Igreja, inclusive o duque de Aveiro, e em todas as cidades por onde passou havia triunfantes comemorações e elaboradas festividades. Uma composição chamada "Romances Muito Famosos", sobre a chegada do rei à cidade espanhola de Badajoz, na fronteira, retrata Sebastião como "pálido, louro e muito bonito, com o corpo bem-proporcionado".[29] Vélez de Guevara escolheu fazer de Guadalupe o centro de sua peça, do início do século XVII, sobre Sebastião (a primeira parte acontecendo em Lisboa, a terceira em Marrocos), inserindo cenas muito típicas da Era de Ouro, em que o rei, disfarçado de plebeu, encontra um joão-ninguém que fala a verdade ao poder. Este joão-ninguém em particular, Baquero, aconselha Sebastião: diga ao rei "que esta campanha que ele deseja na África é loucura (*loca*) e que os mouros não o magoaram nem o insultaram". Diga-lhe para olhar os presságios, ele acrescenta. Diga-lhe para nos dar um herdeiro.[30]

Conversações sobre as perspectivas de casamento de Sebastião provavelmente começaram no minuto em que ele nasceu.[31] Durante os 24 anos que elas duraram, os planos de várias e aparentadas casas reais da Europa foram continuamente perturbados por mortes prematuras que tornavam a embaralhar as cartas do casamento. As candidatas mais fortes a se casarem com Sebastião foram Marguerite de Valois (sua preferência inicial) e Elizabeth de Austria. Ambas eram sobrinhas de Felipe e primas de Sebastião. Por razões estratégicas, a opção francesa foi substituída pelo plano austríaco, que também se desfez depois que tanto D. Carlos quanto a esposa de Felipe II, Elizabeth de Valois, morreram, significando que Felipe tinha que se casar de novo. Ele escolheu outra sobrinha, Ana de Austria (originalmente noiva de D. Carlos), e com isso Elizabeth de Austria foi para a França casar-se com Carlos IX, destinando Marguerite a Sebastião. A essa altura, entretanto, o jovem rei português não queria mais se casar com Marguerite, ainda que o papa estivesse entusiasmado com a ideia, a fim de garantir a cooperação da França com a Santa Liga. Sebastião hesitou, possivelmente influenciado por seus conselheiros jesuítas, e Carlos IX, ansioso para ver a irmã casada, casou-a com o futuro Henrique IV, da França. Pouco depois, Carlos IX morreu, deixando viúva Elizabeth de Austria, que preferiu entrar para um convento a se casar de novo. As candidatas estavam rapidamente desaparecendo. "Falar com ele de matrimônio é o mesmo que lhe falar de morte", observou um dos enviados de Felipe a Lisboa.[32] Sem dúvida, Sebastião mudava frequentemente de ideia, mas também é lógico supor que estivesse farto de ver outras pessoas resolvendo as coisas por ele. Para sua mãe, Juana, entretanto, ele escreveu: "Fiquei chocado com o fato de a senhora estar agora tentando me convencer a ceder poderes com respeito ao meu casamento na França, tendo antes se esforçado para bloquear estes planos."[33]

Sebastião "tem estado muito magoado desde que esta questão começou", o mesmo enviado escreveu, "por causa das mudanças ocorridas depois que os primeiros planos para seu casamento estiveram tão avançados e ele se inclinava naquela direção. Embora seu caráter o torne difícil e o rei seja jovem e desconfiado, parece-me que ele é como uma criança, com queixas e sentimentos, mas que se contenta com um brinquedo".[34] Em 1570, o embaixador Borja disse explicitamente a Felipe que seu sobrinho não era homossexual (*vicioso*), mas que não achava uma explicação lógica para a aversão do rapaz ao casamento ou para alguns comportamentos de Sebastião, tais como a recusa em deixar qualquer um vê-lo seminu, o que perturbava o embaixador e inspirava piadas no palácio.[35]

Quando dos encontros em Guadalupe em dezembro de 1576, a única candidata ao casamento que sobrava era a própria filha de Felipe, Isabel Clara Eugenia, a opção preferida de Catarina, embora isso em nada beneficiasse a Espanha. Três dos filhos de Felipe estavam mortos, e o que restava, Felipe, era fraco. Se ele também morresse, Isabel Clara Eugenia seria rainha. Felipe não estava entusiasmado em casar sua filha com esse primo em particular; a saúde de Sebastião e uma provável impotência eram sérias preocupações, e Juan de Silva, que a essa altura havia substituído Borja como embaixador de Felipe, informou ao seu senhor sobre "encontros secretos de vários médicos em Lisboa".[36] De fato, Felipe provavelmente jamais levou a sério a opção de casar Sebastião com sua filha, embora dissesse que estava considerando. Sebastião sem dúvida viu o pedido como um meio para obter concessões em Guadalupe sobre a aventura marroquina.

O conteúdo dos encontros não foi registrado por ninguém. Os dois monarcas estiveram na verdade cara a cara – as únicas ocasiões em que realmente se encontraram – cinco vezes, num total de 12 horas, dos dez dias que durou a reunião. No restante do tempo houve apresentações musicais, serviços religiosos e refeições – "com aves selvagens, cabras, faisões, coelhos, vitela, veado, carne bovina e tanto vinho que dava para se pensar que [os portugueses] eram flamengos ou alemães" –, durante os quais Felipe tinha o cuidado de colocar Sebastião à sua direita, um sinal de respeito e um gesto que os críticos espanhóis disseram que os portugueses deviam ter o bom senso de imitar. Eles eram cheios de desdém, arrogantes como somente aqueles em condição inferior podem ser, dizia-se. Quando um espanhol e um português caminhavam por um claustro, por exemplo, e o espanhol de repente visse Felipe se aproximar, avisava ao companheiro: "Lá vem o rei." "Que rei?", replicava o português.[37]

Sebastião, que diziam ser nervoso e desatento (nada surpreendente, diante das circunstâncias), ficou hospedado num grande salão decorado com flâmulas de seda e tapeçarias que retratavam histórias bíblicas, os sete pecados mortais e as virtudes sagradas e batalhas entre deuses e criaturas míticas. Nas proximidades, ficavam quase 20 aposentos menores ocupados por seus auxiliares. Uma crise diplomática irrompeu quando um gato [espanhol] conseguiu entrar nos aposentos e sujou de tal forma as roupas de cama, deixando-as imprestáveis, "e os portugueses se armaram por causa disso como se tivessem sido extremamente insultados". Por sua vez, o cronista, possivelmente pouco confiável, continua dizendo que os portugueses transformaram os alojamentos dos monges numa total pocilga, passaram a noite inteira fazendo barulho e até trancaram os monges em suas celas. Encontrando uma cisterna de água da chuva, na enfermaria, que os monges haviam intencionalmente coberto com grandes e pesadas pedras para que a água permanecesse lá dentro, alguns senhores portugueses urinaram ali, assim como emporcalharam de tal modo uma das escadarias que o cronista não teve coragem de descrever. "E se eles se comportam assim aqui, imagine o que fazem em casa." Ou assim disse o escritor espanhol. Enquanto isso, tudo o que Felipe prometeu a Sebastião foram 50 navios, 5 mil homens e mais suprimentos, com a condição de que a campanha marroquina ocorresse no próximo mês de agosto (impossível de cumprir), que Sebastião levantasse ele mesmo 15 mil homens, e que a expedição desembarcasse em Larache, na costa marroquina, e ficasse ali. Um relato afirma que Sebastião ficou tão aborrecido com a recusa do tio em sancionar a expedição que planejou partir ao alvorecer do último dia sem dizer adeus; Felipe soube de seus planos e levantou-se ainda mais cedo.[38]

Na ausência de Sebastião, um enorme incêndio se alastrou por Lisboa; entre os mortos estava a esposa do secretário de Estado, Miguel de Moura. Outro presságio. Ao retornar a Lisboa, Sebastião persuadiu os nobres a desconsiderarem seus melhores instintos, embora eles – em particular seu melhor amigo, Cristóvão de Távora – conseguissem convencê-lo a não partir no outono de 1577. Outra influência tranquilizadora foi Francisco Aldana, um oficial militar e poeta, que não só mantinha contato com Juan de Silva (que o descreveu como "um homem de tão bom caráter"), mas foi empregado por Felipe como espião em Marrocos, principalmente para mostrar a Sebastião a loucura de seus planos.[39] Um terceiro nobre que resistiu à pressão militarista de Sebastião foi o vice-rei Luís de Ataíde, que preferiu retornar à Índia em vez de participar da aventura em Marrocos. Mais tarde, Silva relatou que Sebastião imaginava "milhares de dificuldades para seus inimigos e nenhuma para si mesmo... e no momento não há meios humanos capazes de dissuadi-lo".[40] Durante os meses seguintes, a nobreza, o clero e as cidades portuguesas foram pressionados a "doar" fundos; judeus convertidos também fizeram doações em troca de um compromisso da coroa de, durante 10 anos, não apreender suas propriedades caso, mais tarde, eles fossem considerados culpados de ofensas à Igreja. (Este último acordo desagradou por demais a Juan Luis de la Cerda, duque de Medinaceli, a quem Felipe enviou a Lisboa para conter Sebastião e que escreveu de volta dizendo que Portugal era "uma grande sinagoga".)[41] A pressa em obter suprimentos e aprontar navios causou tumulto nos mercados locais, segundo um contemporâneo, visto que a ganância era implacável, os preços sofriam alterações e Lisboa estava repleta de recém-chegados.[42] O relato fortemente antiportuguês do cronista genovês Gerolamo Franchi di Conestaggio dizia que Sebastião ignorou todos os conselhos em contrário daqueles que "expunham na sua frente que ele não tinha herdeiros, que os cristãos deviam usar suas armas contra os hereges e não contra os infiéis, que suas forças apenas eram fracas demais para um ação tão grande, reforçando suas razões com muitos exemplos... [Mas] não havia razão nem exemplo [que] pudesse prevalecer contra a opinião do rei. Fortalecido em sua resolução por homens que (fosse por razões particulares ou por falta de bom senso) o aconselhavam a guerrear, o assunto estava encerrado".[43]

Avisos dos céus e da terra

Não eram apenas seus próprios homens que o alertavam. Havia também as epidemias, o incêndio e o clima alarmante. "O ano mais miserável e triste para Portugal foi 1577, quando as portas se abriram para imensas e assustadoras calamidades que afetaram uma boa parte da cristandade. Observadores contaram que parecia haver maiores e mais frequentes mutações e estranhas ocorrências do que se vira em muitos séculos."[44] Pior de tudo, o mais temível (e previsível) dos presságios, um cometa apareceu por volta de 7 de novembro de 1577, permanecendo visível por cerca de dois meses, como "o maior e mais extraordinário dos cometas vistos pelos homens em muitos anos".[45] Cometas eram conhecidos como sinais de alterações iminentes nos assuntos relacionados com a natureza e com as sociedades, em geral para pior. Muito dependia de como e quando eles aparecessem. Se grandes luzes fossem vistas em muitas partes do céu de uma só vez, escreveu um erudito contemporâneo, então, "secas e grandes turbilhões no ar e ataques de exércitos" podiam ser esperados. "Se cometas separados do Sol por 11 sinais aparecerem no ângulo de um rei ou reino... então, o rei ou uma pessoa importante desse reino morrerá. Se aparecerem na casa seguinte, então, seu tesouro e pertences estarão seguros, mas o governador ou administrador de seu reino mudará; se aparecerem numa casa em ruínas, doença e mortes súbitas se seguirão." Ptolomeu e outras autoridades antigas, em quem essas teorias se basearam, nem sempre estavam corretos, admitiu o erudito. Mas, às vezes, sim.[46] No caso de 1577, "Muitos julgamentos foram emitidos, a maioria visando ao Rei de Portugal porque ele era visto como tão imerso na guerra e tão despreparado para um assunto tão importante... Mas como os antigos também interpretariam essas maravilhas a seu favor, para incitar seus soldados... os portugueses diziam que seu sangue fervia e que o cometa estava dizendo ao rei para atacar, atacar (*acometa, acometa*) e, não, prevendo um desastre".[47] Dizem que o jogo de palavras era repetido pelo próprio Sebastião: "Usando uma engenhosa paranomásia e um jogo de palavras, o nunca suficientemente chorado rei D. Sebastião respondia aos que desejavam distraí-lo de seu malfadado objetivo apontando para o sempre fatal cometa e dizendo, com notável astúcia e sagacidade, 'Não, vocês não entenderam; o cometa está me dizendo para atacar (*acometa*)'."[48] Quando o cronista Fernando de Goes Loureiro escreveu sobre o "horripilante e terrível cometa no céu", é surpreendente notar que ele colocou o cometa depois, e não antes, de seu relato da morte de Sebastião, como para dar sentido ao caos e à tragédia. "Houve muitos julgamentos e opiniões", ele escreveu, "e alguns diziam que o cometa certamente anunciava a calamidade e a ruína que mais tarde atingiram o reino, no entanto, isso não dissuadiu o infeliz D. Sebastião de seu propósito e campanha, embora os céus, eles mesmos, avisassem sobre a sentença que haviam pronunciado."[49] Para Pero Roiz Soares, "foi o mais aterrorizante cometa jamais visto".[50] Outro homem do clero presente à batalha de Alcácer-Quibir, frei Bernardo da Cruz, afirmou, em relato de 1586, não só que o aterrorizante cometa apontava literalmente para a África, "onde prometia fazer efeito", mas também que muita gente em Penamacor (perto da fronteira espanhola) viu naquele mesmo ano exércitos de homens no céu.[51] O embaixador Juan de Silva descreveu o cometa para o secretário do rei, Gabriel de Zayas, dizendo que era uma "estrela luminosa, fulgurante, emitindo tantos raios e criando uma bola tão grande que era assombrosa, crescendo a cada noite e viajando em direção ao Oriente. Tem quem diga não ser um cometa", ele escreveu. "Não sou astrólogo, nem acredito neles."[52] Vale notar que Felipe II encomendou um relatório sobre o cometa, escrito pelo cosmógrafo Juan López de Velasco, que se revelou um conjunto razoável de argumentos, provando basicamente, que ninguém na verdade sabia muita coisa a respeito. Mas López de Velasco tinha certeza de não haver nenhuma base para a teoria de que cometas anunciavam a morte de príncipes e reis.[53]

De qualquer maneira, Sebastião não deixou que o cometa atrapalhasse seus planos. A influência repressora de Catarina desapareceu em fevereiro de 1578, quando a exausta ex-rainha e regente morreu. (A mãe dele, Juana, havia morrido cinco anos antes, aos 38 anos; tio Henrique ainda pairava em segundo plano.) Em março, Sebastião escreveu ao mosteiro de Santa Cruz, em Coimbra, pedindo autorização para levar para a batalha a espada e o escudo de Afonso Henriques, o primeiro rei de Portugal, cujo túmulo, do século XII, estava (e ainda está) ali. Um relato do século XVIII descreve as condições sob as quais estes tesouros foram entregues ao rei, embora, por razões desconhecidas, felizmente não tinham sido levados para a batalha.[54] O recrutamento militar foi lento e, como em qualquer outro lugar no início da Europa moderna, um ímã para a corrupção. Enquanto embaixadores portugueses eram despachados por toda a Europa católica para angariar o comprometimento de homens, munições e dinheiro, as ruas de Lisboa ficavam congestionadas com soldados e mercadores, e os incansáveis tambores eram ouvidos noite e dia. Mesmo aqueles que não estavam indo para a guerra fingiam que estavam, para agradar ao rei. E, não pela última vez nesta narrativa, a vestimenta tornou-se um modo de identificar caracteres e motivos: "Não havia ninguém que não houvesse mudado de roupa; até os ministros mais velhos e os mais respeitados homens de letras... que usavam longas, honestas e autorizadas vestes, decentes para suas pessoas e dignidade, agora vestiam roupas curtas... com medalhas, enfeites de plumas e muitas outras elegâncias loucas e luxuosas."[55] Felipe II enviou emissários a Lisboa para ponderar com o sobrinho, que se tornava cada vez mais ressentido por não estar conseguindo o que queria. "Ele está exaltado", o embaixador de Felipe, Silva, escreveu, "e é impossível dissuadi-lo." Embora Felipe lhe houvesse dado instruções de que não devia nem pensar em marchar para o interior, depois de desembarcar na costa marroquina, Silva soube que Sebastião estava coletando o que descreveu como trincheiras portáteis e veículos semelhantes a tanques, obviamente destinados para o deserto. Na opinião de Silva, o monarca buscava o máximo possível de dificuldades e perigos; o apelo da coisa estava em seu grau de dificuldade. Quando Sebastião perguntou a Silva se Felipe desconfiava que ele estivesse planejando marchar para o interior, Silva respondeu (como contou a Felipe) que seu tio não desconfiava de nada porque uma decisão como essa seria pura loucura. Segundo uma carta de 13 de maio, o melhor amigo de Sebastião, Cristóvão de Távora, implorou a Silva que pedisse a Felipe mais ajuda militar, pois estava claro que não havia como impedir Sebastião, e ele não poderia ir desprotegido.[56] As missivas de Silva ficavam cada vez mais desesperadas: "O rei está em brasas", ele repetiu em pelo menos quatro ocasiões em maio. No dia 8 de junho, uma semana antes da data programada para o embarque, este homem extremamente leal e inteligente escreveu ao secretário Zayas, "Estou partindo para a guerra, embaixador de Sua Majestade, sem armas e sem tendas... Só posso esperar morrer nos próximos seis dias".[57]

O governante marroquino, Abd al-Malik, também implorou a Sebastião para não embarcar numa aventura sem garantias, não só porque colocaria em risco o frágil equilíbrio de poder na região, mas porque os portugueses perderiam. Descrições subsequentes de Malik são universalmente positivas, coerentes com a tradição espanhola de admirar inimigos valorosos. As descrições contrastam com as de Sebastião, para quem *jovial*, *impetuoso* e *devoto* foram os melhores adjetivos que os escritores puderam encontrar. Frei Luis Nieto, um pregador espanhol mendicante, presente à batalha de Alcácer-Quibir, escreveu extensamente a respeito de Malik e, como Cervantes, admirava as habilidades linguísticas do marroquino:

> Ele era um homem de estatura média e boa postura, com umas costas largas; ... branco como leite, com faces rosadas e barba espessa, grandes olhos verdes e, em todos os outros aspectos, um homem muito atraente e gracioso. Além disso, era muito forte e estava continuamente travando escaramuças, dando muito trabalho a seus cavalos e atirando flechas. Falava nosso espanhol muito bem, e escrevia. Também sabia italiano e falava turco melhor do que qualquer outra língua, exceto a sua, que era o árabe, na qual era um eminente poeta. Era extremamente esperto, muito comedido e discreto em todas as coisas, particularmente no que dizia respeito ao governo de seus reinos. Tocava vários instrumentos e dançava com graça; apreciava muito armas e estratégia, e com as próprias mãos fabricava algumas peças de artilharia. Era talentoso em todas as atividades e, embora infiel, gostava tanto dos cristãos, e dos espanhóis em particular, que não me canso de elogiá-lo.[58]

Um cronista anônimo descreveu-o como "um homem forte, de estatura média, com uma testa larga, grandes olhos claros, um rosto redondo, um nariz romano, boca larga, lábios grossos, dentes estreitos, um pouco encurvado, com a pele da cor de papel pardo".[59] E um terceiro, como homem de "estatura comum, bem-feito de corpo e magro... de presença agradável... e aparência séria, mas feliz. Ele era um bravo soldado".[60]

Malik provavelmente escreveu três cartas a Sebastião: uma no final de 1577, uma segunda em abril de 1578 e uma terceira em julho, depois que Sebastião chegou a Marrocos.[61] Nenhum original sobreviveu. Em sua primeira missiva, ele explicou pacientemente as regras de sucessão no país para demonstrar que era o legítimo governante de Marrocos. "Vos ofereço este breve relato porque sei, como soldado que fui um dia, que antes que alguém conquiste reinos por meio das armas, deve usar a razão", escreveu. Ele pediu a Sebastião para enviar emissários para que pudesse melhor conhecer as pretensões do jovem rei e explicar as suas. Também o alertou de que Muhammed não merecia a confiança de Sebastião.[62] A segunda carta chegou com um capitão Zúñiga, que havia sido prisioneiro em Marrocos e libertado como mensageiro. De novo, Malik apontou para seu direito legal à sucessão e, mais uma vez, solicitou que Sebastião enviasse um negociador.[63] A terceira carta, a de maior circulação, julgando-se pelo número de cópias restantes, foi escrita pouco antes da batalha.[64] "Que um só deus seja louvado em toda parte", começava, sinalizando que tanto o escritor como o destinatário eram seguidores de credos monoteístas. Mais uma vez, ele aconselhou Sebastião, dizendo que sua guerra era injusta e acrescentando que, se ele realmente quisesse conquistar terras que não eram suas, devia fazer isso sozinho e não na companhia do sobrinho de Malik, que era um cachorro, um pagão e um traidor indigno até "do escravo dos meus escravos". Malik lembrou a Sebastião que Muhammed havia matado emissários anteriores de Portugal e prometia o que não podia cumprir. Malik, por outro lado, podia, e prometia a Sebastião terras para cultivo além das fortalezas de Portugal, uma oferta valiosa, que aliviaria o isolamento das guarnições. "Dizem-me que o senhor está trazendo consigo o estandarte [de Carlos V] e que planeja se coroar imperador de meu reino", ele escreveu, bem informado como sempre. (Muhammed havia prometido fazer Sebastião imperador em troca de sua ajuda.) "Não sei quem o está iludindo, pois quero apenas sua amizade e boa vizinhança. Vamos nos encontrar num lugar em que esteja a salvo, e o senhor poderá me dar seu estandarte, e eu prometo que o hastearei nos muros mais altos das minhas cidades para confirmar que o senhor é imperador, como dizem que deseja ser; qualquer coisa para evitar sua perdição, que de outra forma é certa." Pense em quantos homens são necessários para expulsar alguém de sua própria casa, Malik escreveu, e quanta vantagem os nativos sempre têm sobre os invasores. "O senhor não traz um décimo do número de homens que eu tenho, e eu o estou alertando a tempo. Que Deus seja minha testemunha e juiz, pois Ele ajuda a quem tem a justiça do seu lado." Por fim, Malik escreveu, "o senhor vem em busca de mim injustamente e quer travar contra mim uma guerra que não serve e nem agrada a Deus. Saiba que isso custará mais vidas do que grãos de mostarda podem encher um saco. O senhor é jovem, inexperiente e mal-aconselhado".

A frota de Sebastião – entre 500 e 800 naves – deixou Lisboa no dia 8 de julho de 1578, depois de quase duas semanas no porto aberto da cidade, aguardando ventos favoráveis. (O Tejo estava "coalhado" de navios, disse um observador.[65]) Atrás de si, o rei deixou três homens encarregados do governo "durante minha breve ausência".[66] Segundo Nieto, o rei levou consigo 14 mil soldados de infantaria (dos quais oito mil carregavam picaretas, "a arma mais inútil que se poderia ter em Berberia"), dois mil cavalarianos, três mil ex-prisioneiros, mil condutores e um "número infinito" de criados. Ao todo, 26 mil almas. Os soldados incluíam três mil alemães, 300 italianos sob o comando do inglês Thomas Stukeley e dois mil espanhóis (menos do que Felipe havia prometido).[67] Havia também 2.500 "aventureiros", cavalheiros que haviam pagado sua própria passagem e serviam sob Cristóvão de Távora. Junto com eles iam carroças, coches, armamentos e centenas de cavalos e gado. Juan de Silva calculou que havia equipamento suficiente para um exército cinco vezes maior; um cronista português que sobreviveu à batalha estimou serem 40 mil pessoas, a maioria "sem nenhuma utilidade para o propósito de guerra".[68] Diferentemente de outras guerras, um observador notou, os homens embarcavam sem sorrir, de cara fechada. "Como se pudessem ver o desastre iminente, eles sofriam por estarem sendo levados contra sua vontade. No porto, havia um silêncio carregado e, durante todo o tempo em que os inúmeros navios eram aprontados, não se ouviu nem uma vez soar um pífaro ou uma trombeta."[69]

E os sinais continuavam vindo, mesmo quando os navios partiram do "famoso porto de Ulisses", uma referência ao suposto fundador de Lisboa.[70] Ao se virar em direção ao mar, a nave real foi apanhada por uma corrente e sua proa esmagada contra outra nave, provocando o disparo de uma peça de artilharia e matando um marinheiro. Outro infortúnio menor, muito comentado, ocorreu quando um membro da Igreja tentou prender a bandeira da expedição num mastro e ela estava ao contrário, com a imagem do Cristo crucificado e o brasão real de cabeça para baixo. Depois disso, um tenente tropeçou duas vezes e a bandeira foi derrubada. Quando finalmente partiram, Sebastião pediu a um músico, Domingos Madeira, para cantar e ele concordou: "Ontem éreis rei de Hispania, hoje não tendes castelo", gorjeou o homem, aparentemente sem saber de nada, cantando uma cantiga que comemorava Rodrigo, o último dos reis visigodos espanhóis cuja derrota pelos mouros deu início a 800 anos de ocupação muçulmana. Como todos sabiam, o corpo de Rodrigo jamais foi recuperado da batalha de Guadalete, embora alguns afirmassem que ele conseguira escapar.[71] Para Conestaggio, "a partida do rei de Portugal de Lisboa foi tão triste que mostrava visíveis sinais de insucesso".[72] Mas havia um precedente imediato para maus presságios que terminavam em uma gloriosa viagem: em *Os Lusíadas*, que os cronistas de Sebastião certamente leram, o capitão português conta a solene partida de sua frota de Lisboa, onde "Por tão longo caminho e duvidoso / Por perdidos as gentes nos julgavam". Em um dos mais comoventes e intrigantes episódios do épico, um velho "honrado" declama no porto um notável discurso de 10 versos sobre vaidade e húbris no momento em que os navios partiram, minando a confiança imperialista de todo o poema:

> A que novos desastres determinas
> De levar estes reinos e esta gente?
> Que perigos, que mortes lhes destinas,
> Debaixo dalgum nome preminente?
> Que promessas de reinos e de minas

De ouro, que lhes farás tão facilmente?
Que famas lhes prometerás? Que histórias?
Que triunfos? Que palmas? Que vitórias?[73]

"Aqui morreu o rei que se matou..."

Depois de várias paradas e atrasos pelo caminho, a frota chegou a Asilah em meados de julho, tão desordenadamente no mar quanto estiveram no porto, segundo Juan de Silva, que continuou escrevendo cartas enquanto velejava. "Os mouros brincaram com a gente e capturaram uma par de naves na retaguarda com 30 ou 40 homens a bordo", o embaixador relatou de Cádiz, "e o que parece mais incrível, o rei [Sebastião] está ancorado numa baía aberta sem proteção do mar." A frota navegava descontrolada, ao sabor dos ventos.[74] Às forças de Sebastião juntaram-se 2 mil homens leais a (ou pelo menos a seu serviço) Muhammed, o xeque destronado. Os assessores de Sebastião, Afonso de Portugal, conde de Vimioso, supostamente entre eles, insistiam que o exército devia descer a costa do Atlântico 20 milhas até o forte de Larache, cuja recuperação, em teoria, era o objetivo da expedição (e uma das condições de Felipe), e enfrentar o inimigo ali.[75] Em vez disso, como Silva havia desconfiado, Sebastião decidiu marchar para o interior pelo deserto de Asilah em direção a Alcácer-Quibir (al-Qasr al-Kabir), uma cidade de milhares de habitantes, distante cerca de 25 milhas, e dali virar para noroeste de volta à costa para Larache. Espiões relataram que Malik estava reunindo dezenas de milhares de homens bem armados; Sebastião decidiu que a informação era falsa.[76] Malik, que, nas palavras de Conestaggio, avaliou "o quanto uma paz ruim é [melhor do que] uma guerra justa", enviou a sua última carta, que, como vimos, foi rejeitada. (Sobre a oferta de Malik, um correspondente anônimo afirmou notavelmente que "o mouro se justificou como um cristão e o rei respondeu como um mouro".)[77] Um dos críticos de Conestaggio, o clérigo espanhol Sebastián de Mesa, em termos similares aos de Conestaggio, lamentou que "o enérgico rei [Sebastião] não viu como é certo a paz valer mais do que uma vitória duvidosa".[78] Silva, é claro, sabia de tudo isso. Ele escreveu ao rei de Asilah: "Acabei de saber que o xeque em pessoa pedia a [Sebastião] para ficar onde estava... o que não adiantou de nada. Assim, partimos, tão carentes de todas as formas que soldados de Andaluzia foram mandados de volta para casa porque não têm armas... Nenhuma outra nação iria com tamanho entusiasmo atrás do perigo."[79]

Em 29 de julho, a expedição por terra que Silva tanto temia teve início. Sob o causticante calor do verão, as forças atravessaram penosamente o deserto. No quarto dia, exaustos sob o peso das armaduras, eles haviam consumido a maior parte dos alimentos e da água. Confrontados com o fato agora inegável de que o exército de Malik era na verdade bem mais numeroso do que o deles e estava reunido bem à frente, os conselheiros reais insistiram inutilmente com Sebastião para recuar. Enquanto aguardavam a ação, os homens de Sebastião estavam famintos, sedentos, indisciplinados e aterrorizados por se verem prestes a ser massacrados.[80] Dois dias mais tarde, depois de as tropas terem marchado mais alguns quilômetros, o capitão e poeta Francisco Aldana apareceu com 500 reforços e mais uma carta, esta do duque de Alba, cuja grande bravura militar Sebastião deve ter admirado. Aldana também trouxe um precioso presente, o capacete e a túnica de seda de Carlos V, avô de Sebastião, que, como Malik sabia, Sebastião desejava imitar. (Camões havia escrito que os dois avós de Sebastião, Carlos e João III, "em vós esperam ver renovadas / Sua memória e obras valerosas"[81]); "Que Deus vos conceda sucesso em sua campanha e um bom retorno", Alba escreveu, acrescentando: "Parece que o senhor foi para a África sem me informar." Foi o último aviso que Sebastião receberia. O famoso herói militar deu alguns conselhos táticos e um lembrete de que "o senhor leve consigo o inimigo, pois a África é uma planície desfavorável para posições".[82] Na verdade, a essa altura, espiões informavam a Malik sobre as impropriedades e inferioridade de seu adversário e, como disse o cronista, "os mouros começaram a perder o medo".[83] Na noite de 3 de agosto, os soldados famintos clamavam por comida, tendo consumido oito dias de ração em quatro. Sebastião respondeu às súplicas ordenando que se matasse um boi e distribuíssem biscoitos.[84]

Na manhã seguinte, 4 de agosto, acampados próximo à confluência de dois rios ao norte de Alcácer-Quibir, as forças cristãs confessaram seus pecados e ouviram exortações para morrerem pela fé. Tendo expressado suas últimas palavras de conselho, os assessores reais não tinham mais nada a dizer. O último discurso de Sebastião foi registrado nas crônicas de acordo com as normas clássicas de oração *antebellum*:

> "Posso apenas dizer como deveis estar felizes nesta ocasião. Pois hoje iniciamos esse justo e sagrado empreendimento tão desejado por todos, a nós confiado e desejado por meus ancestrais. Conheceis muito bem as frequentes afrontas à cristandade nesta terra de infiéis, por um inimigo tão próximo de nós que é praticamente um ladrão em nossa própria casa, e bem sabeis o perigo que representam os homens que [Malik] trouxe aqui sob as ordens dos turcos... Acredito que vós e todos mais sabeis que a santa fé católica, a proteção dos fiéis, e a clemência devida aos que sofrem me obrigam a empreender esta missão. Espero que Deus me ajude, e estou certo de que todos vós estareis comigo... porque os soldados de Deus, quando têm fé suficiente, são senhores do campo de batalha."
>
> O discurso foi encerrado com uma ave-maria, liderada pelo padre Alexandre, da Companhia de Jesus.[85]

Ao meio-dia, foi disparado o primeiro tiro de canhão. Segundo Nieto, um dos primeiros cronistas que foram testemunhas oculares da batalha, o som de todo o fogo de artilharia disparando ao mesmo tempo, "com tamanha e estranha fúria, horror e medo, parecia mesmo que a terra, com enorme ribombar, e o céu, com fogo, trovões e estrondo de artilharia, queria afundar em suas entranhas".[86] As forças cristãs fugiram apavoradas, fazendo com que um alarmado Aldana dissesse a Sebastião que suas forças eram jovens, inexperientes e precisavam de que alguém as contivesse e lembrasse quem elas eram. "E, assim, o rei cavalgou entre seus homens invocando-os: 'Meus portugueses, um acontecimento tão pequeno provocou tamanha demonstração de medo? Não foi assim que guerras foram vencidas por aqueles portugueses que vieram antes de vós, cuja honra e bravura são conhecidas no mundo inteiro.'"[87]

Mas num "piscar de olhos" estava tudo acabado.[88] Os mouros – na verdade árabes, berberes, turcos e renegados (ex-cristãos) – de início pareceram romper fileiras e recuar, mas foi apenas uma astuta tática de Malik. Foi a última. Ele estava doente havia pelo menos um mês, possivelmente envenenado, e no caos da batalha caiu e morreu, embora sua morte fosse mantida em segredo até o final.[89] Suas forças retornaram e os cristãos, rapidamente cercados, ficaram sem munição e tão aglomerados que muitos se pisoteavam e esfaqueavam-se uns aos outros. Nieto e outros escritores espanhóis relataram que nobres portugueses desmontaram e se esconderam sob suas carroças, e depois se dispersaram e fugiram para a costa a fim de escapar da morte, da poeira e do calor insuportável. Em apenas quatro horas, de 3 mil a 8 mil combatentes marroquinos foram mortos, junto com 12 mil soldados e a nata da nobreza portuguesa. Os plebeus cativos, em sua maioria, terminaram como escravos, dispersados pelo Magreb, muitos pelo resto de suas vidas. Os nobres – entre eles Juan de Silva (gravemente ferido) e D. António, prior do Crato, ex-governador de Tânger e futuro pretendente ao trono português – acabaram libertados mediante resgate, tornando Ahmad al-Mansur, que sucedeu ao irmão Malik, um homem rico e poderoso. Ahmad garantiu a independência marroquina e permaneceu um grande amigo da Inglaterra até a sua morte, em 1603.

Sebastião pode ter sido um comandante instável e terrível, mas parece que não era um covarde e estava determinado a ser o último homem a permanecer de pé. Convenientemente, falsas notícias e sinais mal interpretados levaram à sua morte, o que foi um prato feito para cronistas. Cercado pelo caos e pela morte, o jovem e afoito rei galopava sem parar, enfrentando um atacante após o outro. Dando-se conta, em determinado momento, de que vários mouros vinham ao encontro deles, o porta-estandarte alertou seu senhor, que respondeu que havia menos inimigos do que parecia. O porta-estandarte foi morto imediatamente, depois do que as forças portuguesas não tinham como seguir o rei, deixando-o "como um homem perdido", nas palavras de Conestaggio. "Todos os portugueses foram cercados por um número infinito de mouros, perdendo o rei de vista, enganados por aqueles que diziam tê-lo visto em outro lugar." Alguns afirmaram que o exército português acreditava que Sebastião tinha sido levado prisioneiro ou estava em outra parte do campo de batalha, portanto ninguém se preocupou em protegê-lo. Os mouros também podem ter pensado que ele havia sido aprisionado ou morto. (Portanto Sebastião estava vivo e seus inimigos pensavam que estava morto; Malik estava morto, e seus inimigos pensavam que estava vivo.) Frei Antonio San Román escreveu que soldados cristãos seguiam, por engano, o estandarte de D. Duarte de Meneses. Em círculos, Sebastião prosseguia, coberto de poeira e lama. Seu cavalo foi abatido debaixo dele, e um de seus homens lhe ofereceu o seu. O rei voltou a cavalgar, prometendo que o homem seria recompensado, e de novo seu cavalo foi abatido. A maioria das crônicas e relatos fictícios diz que três cavalos foram mortos debaixo dele.

Lutando como um leão, Sebastião continuou, até que de repente, os mouros perceberam quem ele era. "E para cada cristão houve 300 mouros." Sebastião ficou reduzido a apenas quatro assessores ao seu redor, entre eles Távora. "Meu senhor, o que podemos fazer?", Távora perguntou a seu grande amigo. "O que os céus quiserem, se merecermos", e com isso, espada na mão, ele se lançou novamente contra os mouros, ignorando os apelos de Távora. Então, o rei (ou Távora, ou outro soldado, todas as versões existem) "colocou um lenço na ponta da espada como sinal de paz e cavalgou em direção aos mouros como um embaixador, mas os bárbaros capturaram a ele e a D. Cristóbal". Távora foi morto imediatamente. O conde de Vimioso também caiu. Nenhum membro sobrevivente do exército português testemunhou a morte do rei. Os homens de Malik discutiram por alguns minutos sobre quem devia matá-lo, uma honra que acabaram dividindo entre si. Segundo Nieto, eles não eram berberes, mas árabes, que não entenderam bem o sinal de paz.[90]

"Não confie em ninguém que diga ter visto coisas naquele dia e queira contar histórias... pois foi um raio da ira de Deus que nos cegou a todos."[91] O raio da ira de Deus significou o fim da independência portuguesa: "Oh, infeliz pátria! Oh, desafortunado rei de lamentável memória! Pois quando o seu império e seu nome eram mais conhecidos no mundo e sua virtude oferecia grandes esperanças, iniciastes esta insana aventura, cena de tão trágicas histórias, nas quais todos os males do mundo conspiraram contra os seus reinos. Aqui morreu o rei que se matou, seu próprio algoz, a própria adaga de seus vassalos."[92]

Aqui morreu o rei, mas aqui também nasceram mitos originados de outros mitos e memórias mais antigos. Se tal coisa como Alcácer-Quibir pôde ser verdade, então qualquer coisa podia ser. Dois dias depois da batalha, o novo xeque disse ao servo de Sebastião, Sebastián de Resende, que ele poderia ganhar sua liberdade identificando o cadáver real, certamente um incentivo (disseram) para apontar o primeiro candidato plausível entre os milhares de corpos em decomposição e partes de corpos empilhados e espalhados no campo de batalha. Os restos que escolheu haviam sido despojados das roupas.[93] Como o corpo de Cristo, trazia cinco talhos (embora não provocados por setas, como aqueles sofridos pelo amado e martirizado homônimo de Sebastião). Havia também dois ferimentos de mosquete no torso. O cadáver foi carregado para uma tenda, agora o lugar de descanso de três reis mortos: Malik, Sebastião e Muhammed, que se afogou num rio ao tentar escapar. "Foi o espetáculo mais triste jamais visto, suficiente para fazer até o homem mais insensível irromper em lágrimas, ver três reis, tão poderosos, todos mortos em batalha", escreveu Nieto.[94] Malik foi enterrado em grande triunfo. Sebastião de novo foi identificado por um grupo de camaradas cativos, desta vez liderados por Duarte de Meneses que "examinou cuidadosamente" o corpo, nas palavras de Conestaggio. *Sebastianistas* mais tarde diriam que um corpo nu, pálido, em grande estado de decomposição, sem nenhuma insígnia real ou acessório, podia facilmente ter pertencido a um soldado suíço, flamengo ou alemão do exército português. Os portugueses ofereceram ao novo governador de Marrocos, Ahmad, 10 mil ducados pelo corpo, oferta que ele julgou um insulto. Em vez disso, ele sugeriu que lhe devolvessem Asilah, Ceuta, Mazagan e Tânger. Como isso não era possível, Sebastião foi enterrado com honras em Alcácer-Quibir no dia 7 de agosto. Mas, de novo, dois compatriotas foram chamados para reconhecer o corpo, cujo estado de decomposição àquela altura era tão avançado que se tornara totalmente irreconhecível.

Mais tarde naquele mesmo ano, Felipe II convocou os serviços de Andrea Gasparo Corso para ajudar a transportar o corpo de Sebastião para Ceuta. Um dos cinco irmãos corsos que trabalhavam por todo o Mediterrâneo cristão e muçulmano como mercadores, agentes e intermediários, Andrea administrava o escritório da família em Argel. Obviamente, ele também trabalhava para Malik (e conhecia Cervantes) e imediatamente após a batalha começou a ajudar Felipe no esforço para o resgate. O corpo de Sebastião foi desenterrado em Alcácer-Quibir e enterrado no dia 4 de dezembro na igreja trinitária de Ceuta. Uma das testemunhas da exumação foi Juan de Silva, que perdeu o uso de um dos braços devido aos ferimentos. O novo governante marroquino havia ordenado a soltura de Silva quase imediatamente, mas ele permaneceu no norte da África sob supervisão médica até o final de dezembro. "Rogo a Deus que castigue esse jovem e orgulhoso rei, como seu tio e aqueles que o amaram disseram que Ele faria", Silva escreveu ao secretário Zayas.[95]

Quanto ao terceiro rei, Muhammed, seu corpo foi esfolado, salgado, empalhado e exibido por todo o reino que ele havia traído e perdido. Ele deixou um filho, que voltaremos a encontrar. O grande poeta português Camões morreu dois anos depois, no dia 10 de junho de 1580, pouco antes de seu país ser dominado pela Espanha. A era heroica de seu épico havia terminado muito antes que ele começasse a escrevê-lo.

"Assim foi o fim deste desfortunado príncipe em quem se encontravam todas as coisas que tornam a morte lamentável: juventude, busca pela virtude, falta de sucessão, morte violenta e corpo prisioneiro. Ele tinha excelentes qualidades, mas de nada elas lhe serviram... As intenções que o impeliram a este fim imprudente foram as da generosidade, magnanimidade, piedade religiosa, desejo de glória militar, galanteria e um coração forte. Não é diferente do que se dizia a respeito de Alexandre: ele tinha as virtudes da natureza e os vícios da sorte..."[96] Esta grande tragédia, o abismo entre o que foi e o que poderia ter sido, evoca o que Paul Fussell chamou de "toque de reunir assistido pela ironia", referindo-se às reminiscências e memórias da Primeira Guerra Mundial e à *belle époque* que a precedeu. Mesmo que a guerra mais recente tivesse sido vencida pelos aliados, os participantes, como se recontando uma derrota, com frequência retornavam àqueles pontos onde as coisas poderiam ter sido feitas de outra forma. Foi esse o caso em Alcácer-Quibir, importante e impensável, mas também totalmente previsível: se Sebastião tivesse pelo menos escutado; se pelo menos tivesse dado ouvidos aos prognósticos. O contraste entre o otimismo glorioso e a matança absurda, a demorada construção e a súbita derrota, a certeza moral de vitória e a certeza física de catástrofe foram demais para suportar.[97]

Troia chora

Era impossível acreditar nas notícias. Ao mesmo tempo, histórias que não podiam ser verdade eram consideradas como fato. *Nove-*

dades, o jeito de se dizer novas em espanhol (que também significa novidades), nunca foram uma boa coisa. Nada menos do que uma autoridade do porte de Covarrubias, autor do primeiro dicionário espanhol, disse que *novedades* eram coisas novas, a que não estamos acostumados, "em geral perigosas, porque significam mudança de velhos hábitos".[98] No dia 8 de agosto, um agente português em Puerto de Santa María, perto de Cádiz, ouviu de Ceuta que Sebastião havia sido derrotado, mas talvez levado prisioneiro.[99] Rumores do desastre chegaram às cortes de Lisboa e de Madri no dia 10 de agosto (seis dias depois do acontecimento) e rapidamente se espalharam pela península. Felipe II, que estava em seu palácio em El Escorial, nas montanhas nos arredores de Madri, soube da notícia tarde da noite do dia 12 de agosto; logo rezou em sua capela e depois foi para cama, mas não conseguiu dormir. No dia seguinte, mais mensagens chegaram dizendo que Sebastião havia sido capturado vivo. Cartas subsequentes reconfirmaram a morte do jovem rei, mas dúvidas persistiram na mente de Felipe até provavelmente 18 de agosto.[100]

Enquanto isso, em Lisboa, o que restara das autoridades portuguesas lutava para administrar a história.

> Temendo problemas [*novedad*], os governadores diziam apenas que tinha havido uma batalha, mas o povo adivinhava as más notícias... Era impossível encobrir algo dessa importância, porque as notícias já haviam chegado, as pessoas viam os rostos tristes dos governadores e sabiam que havia reuniões todos os dias. O correio foi suspenso, não se permitia gente de fora da cidade em lugar algum e todas as estradas e entradas para Lisboa estavam guardadas... Toda a cidade estava tomada pelo medo; os homens estavam desconfiados, tristes, confusos, alguns emudecidos, e não sabiam o que dizer ou o que imaginar, cada um dando sua própria versão dos acontecimentos conforme lhe parecia, amontoados em grupos... [e falando sobre] os maus presságios que haviam existido desde o início.[101]

Desde o princípio, portanto, a circulação e o controle de notícias foi um componente crucial dessa história. Aos 66 anos, o cardeal Henrique, agora aparentemente o próximo rei, permanecia em Alcobaça, ao norte de Lisboa, aguardando confirmação. Segundo Diogo Barbosa Machado, Henrique era uma das muitas pessoas (Santa Teresa supostamente foi outra) que tiveram visões no dia 4 de agosto; ele viu o bispo de Coimbra, D. Manoel de Meneses, deitado numa poça de sangue.[102] Enquanto isso, em 18 de agosto, um oficial do Vaticano em Lisboa, Roberto Fontana, escrevia a Roma dizendo ter recebido notícia de que Sebastião, junto com D. António e o duque de Aveiro estavam todos a salvo. No dia seguinte, outro interlocutor contou a Roma que Sebastião estava provavelmente morto.[103]

Em 24 de agosto, a notícia finalmente tornou-se oficial. Os sinos das igrejas em Lisboa dobraram o dia todo. "A cidade tornou-se uma Troia, queimando em meio a gemidos, lágrimas nobres e suspiros ilustres, enquanto as pessoas do povo enlouqueciam de dor e tristeza."[104] A morte cruel de um jovem monarca e a perda da soberania nacional de Portugal eram um castigo que em muito excedia o crime de híbris.

> De repente, a cidade explodiu em gritos e gemidos, lágrimas e lamentos, não só em Lisboa, mas por todo o reino... alguns perderam pais, outros, maridos e outros, filhos e irmãos... Nas ruas e nas casas só se ouviam soluços... Durante muitos dias, as mulheres não queriam acreditar que seus maridos e D. Sebastião estavam mortos, e por todo o reino acreditava-se que ele apareceria e que o corpo que diziam ser do rei era na verdade de um alemão. Mas com o passar do tempo, perceberam que isso era ignorância.[105]

Este não foi o único escritor a apontar as mulheres e as classes mais baixas como a origem de crenças tolas e desesperadas. Até mulheres ilustres tomavam "novas licenças" em sua tristeza e orações, escreveu o autor do anônimo "Los ytenes de Portugal". "Não há devoção que não pratiquem, feitiçaria em que não acreditem, mulheres santas que não as roubem com suas superstições. E a pior parte é que elas se tornaram tão inquietas e incômodas que, se seus maridos, onde quer que estivessem, soubessem de tudo isso, prefeririam permanecer cativos." Num relato de Conestaggio:

> Era triste ouvir as mulheres (as mais nobres em suas casas), de onde se podia escutar o barulho, e o resto nas ruas, lançando seus gritos e lágrimas aos céus, os quais eram redobrados com a frequência com que as notícias eram confirmadas por qualquer novo anúncio. E como acontece frequentemente que mentes sufocadas se voltem muitas vezes para a superstição, assim elas, e da mesma forma muitos homens, não acreditavam no que era dito, mas esperando além de todas as esperanças e confiando mais do que deveriam (embora lhes fosse confirmado que seus maridos e parentes estavam mortos, eles os prefeririam vivos), e eram enganados por feiticeiros e bruxas, mas principalmente por seus próprios desejos. Assim, permaneceram por muito tempo sem os seus hábitos de luto, esperando em vão por notícias daquele que havia passado para uma outra vida.[106]

As notícias viajavam rápido. Em Ávila, a futura Santa Teresa escreveu exatamente duas semanas após a catástrofe: "Choro a morte de um rei tão católico e sinto raiva daqueles que o deixaram se colocar em tamanho perigo", mostrando que sabia da batalha, mas não de seu prelúdio político.[107] Um agente Fugger informou a seus senhores em Augsburg sobre a calamidade: "Os homens andavam de um lado para o outro, atordoados. O gemido das mulheres era tão alto que se podia comparar com aqueles despertados pela tomada de Antuérpia. Era deplorável perder em um dia o rei, maridos, filhos e todos os bens e escravos que tinham com eles." Mas, ele acrescentou, assumindo um tom mais prático, "o que é ainda mais terrível é o reino agora ficar sob o governo espanhol, o que elas não suportam nem um pouco".[108]

A incredulidade portuguesa, pelo menos como foi retratada nas crônicas, tinha um precedente histórico. Quando os atenienses souberam que seu exército havia sido derrotado na Sicília, segundo Tucídides, eles também se recusaram a acreditar nos relatos dos soldados que haviam escapado. Mais tarde, "eles se viraram contra os oradores públicos que haviam se manifestado a favor da expedição, como se eles mesmos não tivessem votado a favor, e também ficaram irados com os profetas e adivinhos" que tinham prometido vitória.[109] Em *Nícias* e também em "Sobre a Loquacidade", na *Moralia*, Plutarco contou uma história ("dizem...") em que as notícias sicilianas chegaram com um estrangeiro que se sentou numa cadeira de barbeiro e começou a falar da derrota, supondo que não era nenhuma novidade. O barbeiro horrorizado saiu correndo da barbearia e começou a divulgar a notícia, cujas fontes o infeliz estrangeiro foi ordenado a explicar. "E ele, não dando um relato satisfatório, foi tomado por um divulgador de falsas informações e um perturbador da cidade, e, portanto, amarrado a uma roda e torturado por um bom tempo, até chegarem outros mensageiros, que relataram o desastre todo em detalhes."[110] Num caso semelhante, Veneza recebeu notícias da queda de Negroponte em 31 de julho de 1470, quando um marujo naufragado chegou à cidade com um maço de cartas encharcadas de chuva, descrevendo fogueiras comemorativas ao longo da costa turca. No início, as pessoas ficaram apenas intrigadas e reinou a incerteza, mas em breve novos relatos chegaram e houve dobres de sinos de igreja, lamentações e procissões para apaziguar temores, como haveria um século mais tarde em Lisboa. "Então, ouviram-se rumores de que Negroponte havia se perdido. As notícias espalharam-se por todo o país, é impossível descrever como eram terríveis os gemidos e suspiros", que só pioraram quando os sobreviventes começaram a aparecer de volta, cada um com seu próprio e terrível relato.[111]

Se o corpo de Sebastião foi enterrado múltiplas vezes, o rei assassinado também teve vários funerais. Às 6 horas do dia 27 de agosto, uma quarta-feira, os vereadores e outros oficiais de Lisboa, enlutados, caminharam solenemente da prefeitura até os degraus da catedral, acompanhados por um homem a cavalo arrastando atrás de si uma grande bandeira preta. Entre os carpideiros oficiais estavam três juízes idosos, cada um segurando um escudo no alto sobre a cabeça. Quando chegaram à igreja, um dos juízes subiu os degraus e virou-se para a multidão enquanto um notário municipal gritava: "Chorem, senhores; chorem, cidadãos; chore, povo, por seu rei D. Sebastião... Chorem por sua juventude abreviada, pois ele morreu na guerra contra os mouros a serviço de Deus e pelo bem de seu reino." Então, o juiz colocou o escudo no chão e o quebrou em pedacinhos. Acompanhados por multidões, os homens então caminharam atrás do cavaleiro que arrastava a bandeira preta até a rua Nova, onde de novo a convocação foi pronunciada e outro escudo quebrado em frente a Nossa Senhora de Oliveira. A cerimônia se repetiu uma terceira vez diante do hospital real, depois do que a procissão retornou à igreja e assistiu à missa fúnebre, provavelmente rezada pelo grande pregador jesuíta Luís Alvares.[112] No dia seguinte ao da quebra dos escudos, Henrique foi coroado.

O segundo funeral de Sebastião foi na grandiosa igreja hierominita de Belém, no dia 19 ou 20 de setembro, em ocasião de muita pompa, presidida pelo novo e idoso rei. Historiadores discordam sobre quem rezou a missa fúnebre. A confusão é resultado de declarações de frei Miguel de los Santos, anos mais tarde, quando foi preso por ser o mentor da impostura, e de obras semificcionais de Camilo Castelo Branco, no século XIX. Frei Miguel, que na época de Alcácer-Quibir era provincial (chefe de ordem religiosa em uma província) da ordem dos agostinianos, contou ao juiz no caso Madrigal que fora ele quem havia pregado em Belém, e a maioria dos cronistas seguiu esta versão. Antes da missa, ele disse, havia sido alertado por alguém para ter cuidado, porque o próprio Sebastião encontrava-se na igreja e estaria escutando. Um relato conta que frei Miguel fora correndo perguntar a Henrique o que fazer – era mesmo uma missa fúnebre que ele iria rezar? – e que o rei supostamente lhe dissera para seguir em frente e rezar.[113] Mas os historiadores em geral acreditam que missas fúnebres eram presididas por Luís Alvares, não por frei Miguel.[114] A história seria talvez mais atraente se fosse o frei Miguel, mas Alvares certamente sabia como rezar. Fora a híbris que levara Portugal por caminhos que terminaram em três horas de massacre, ele alertou os ouvintes. Foi o final de "tantos sonhos, de tantos homens, de tantos estados, de tantos ofícios, de tantos sacrifícios... o fim de tanta loucura, de tamanhas mentiras, orgulho e arrogância, tamanha esperança e tamanha inutilidade". Malditos sejam, ele disse àqueles que se aglomeravam na enorme igreja, pois eles é que haviam esbanjado a fortuna de Portugal. "Vós matastes o bispo, vós matastes o clérigo... Vós matastes o nobre, o plebeu, o povo, vós os matastes a todos, falou, e o pior não terminou, pois 'Deus tem o costume de anunciar um grande mal enviando outros menores'." Este foi o menor; o próximo, ele sugeriu, viria da Espanha.

O terceiro funeral foi no final de 1582, também em Belém, e, desta vez, finalmente havia um corpo. Felipe II, a essa altura rei de Portugal e preparando seu retorno à Espanha, ordenou que seu sobrinho fosse exumado em Ceuta e transportado para casa, entre outras razões para deixar claro que estava morto. (Num estilo similar, depois de histórias de que Ricardo II da Inglaterra não havia realmente morrido, em 1400, seu sucessor Henrique IV organizou uma procissão por todo o país exibindo o corpo, inclusive o rosto do rei.)[115] A procissão carregando o corpo (ou, como disse um escritor, "o corpo dito ser o de D. Sebastião") parou em seu caminho para o norte, partindo de Algarve, em Évora, onde dois ancestrais de Sebastião foram exumados a fim se juntar a ele em Lisboa. Felipe ordenou que um total de 20 corpos de pais, filhos e netos do rei Manuel I fossem recolhidos de todas as partes do reino, e todos (inclusive o cardeal Henrique) foram enterrados novamente, com "suntuosa cerimônia e grande espetáculo", na necrópole real de Belém.[116] E houve ainda mais uma mudança. Depois que Portugal recuperou sua independência da Espanha, no final do século XVII, o rei Pedro II, em 1682, ordenou que os restos de Sebastião fossem transferidos para uma tumba monumental na mesma igreja, e ali eles ainda residem. Os túmulos de Vasco da Gama e de Camões ladeiam a entrada da igreja e, no fundo da nave, os membros da casa real circundam o altar. Catarina e Henrique estão lá, e assim também Sebastião, embora com uma advertência. A inscrição em sua tumba diz o seguinte:

> Conditur hoc tumulo si vera est fama Sebastião
> Quem tulit im Libicis mors properata plagis
> Nec dicas falli regem qui vivere credit
> Pro lege extincto mors quase vita fuit.

> Nesta tumba, se rumores são verdade, jaz Sebastião,
> Cuja morte se deu nas planícies líbias.
> Não se diga que aqueles que acreditam que o rei vive foram enganados,
> Pois, segundo a lei, morte é como vida para aqueles que foram mortos.

A milagrosa sobrevivência do rei

Já em 13 de agosto, um notário espanhol em Ceuta havia informado Felipe II de que ex-companheiros (em particular os Alencastros, ou Lancasters) estavam dizendo que Sebastião havia escapado a cavalo e se dirigido para Asilah.[117] Imediatamente, o rei despachou Cristóbal de Moura para Lisboa. Como Juan de Silva, a quem ele essencialmente substituiu como embaixador nessa época, Moura era produto de uma família nobre hispano-portuguesa; havia sido enviado para a Espanha ainda adolescente com a mãe de Sebastião, Juana, quando ela se mudara para lá, em 1554, sendo usado como enviado durante as negociações de casamento e tradutor nas conversas em Guadalupe. Agora de volta a Lisboa, depois daqueles sinistros dias após a batalha, na qual perdeu um irmão, ele escreveu a Felipe: "São tantas as diferentes e diversas opiniões, com homens honestos afirmando que o rei está vivo e neste reino, dizendo que têm testemunhas. E embora seja comum aos homens do povo [*el vulgo*] acreditar nessas coisas, nesta província [Portugal] é ainda mais frequente do que em qualquer outra parte do mundo."[118] Até Henrique dizem que tinha suas dúvidas. À medida que homens resgatados começavam a voltar de Marrocos para Lisboa como Lázaros modernos, cada um trazendo seus próprios rumores, milagres pareciam possíveis. Segundo um relato: "Gente ignorante acredita que ele está vivo e escondido", e isso era exatamente o que frei Miguel de los Santos tinha em mente.[119] Desde que não houvesse um corpo, havia esperança. Registrem-se boatos, pintados em todas as línguas.

A dificuldade aparentemente começou em Asilah, embora, se não tivesse sido ali, teria sido em qualquer outro lugar. Na noite seguinte à batalha, três ou quatro portugueses se aproximaram da cidade-fortaleza costeira (hoje um destino sofisticado para se passar férias), exigindo que os deixassem entrar. Como a pessoa lá dentro relutasse em abrir os portões, os visitantes afirmaram que haviam escapado da batalha e estavam com Sebastião. Os portões foram abertos imediatamente. Um dos homens, aparentemente ferido e parcialmente oculto por uma grande capa, era alvo de enorme deferência por parte dos companheiros, que o acompanharam até uma moradia na cidade murada. Notícias do milagroso aparecimento chegaram ao governante da cidade, Diogo da Fonseca, que exigiu ver o homem ferido que revelou não ser o rei. Foi tudo um infeliz mal-entendido, o rapaz explicou a Fonseca, visto que ele e seus amigos queriam dizer simplesmente que tinham vindo do exército do rei, não que o rei estava com eles. Irado, Fonseca ordenou que os homens embarcassem de volta para casa no próximo navio, o que acabou sendo um erro, porque, quando o *San Martinho* atracou em Portugal, a história adquirira vida própria "entre os ignorantes e os maliciosos". Embora Fonseca tivesse obtido declarações por escrito de testemunhas que identificaram o corpo de Sebastião, as quais passou a Henrique ao retornar para casa (Henrique talvez tenha organizado o segundo funeral exatamente para deixar claro que Sebastião estava morto), as histórias do moderno Rodrigo se espalharam, "em parte, porque as pessoas desejavam que esses falsos produtos da imaginação fossem verdade, porque o desejo, quando não regrado pela razão, imagina que até causas impossíveis são prováveis; e, em parte, porque quem defendia a rebelião de D. António queria que houvesse intranquilidade e agitação".[120] As circunstâncias da identificação do corpo de Sebastião após a batalha foram vagas o suficiente para inspirar todo tipo de épicos de sobrevivência, em particular devido ao fato de que declarações públicas eram proibidas, deixando boatos e cartas como a única fonte de notícias.

Logo apareceu em Lisboa um homem dizendo que havia oferecido algo para beber a um homem ferido, a 5 quilômetros de Asilah, que tinha escapado da batalha a cavalo e talvez fosse o rei. O portador desse relato conseguiu uma audiência com Henrique.[121] Apenas duas semanas depois de assumir o trono, o idoso cardeal recebeu a visita de outro portador de notícias, dessa vez um monge hieronimita chamado Manuel Antonez, "que lhe confidenciou a surpreendente informação secreta de que D. Sebastião não morrera no conflito de Alcácer, mas vivia no momento como interno em seu mosteiro, muito doente devido à gravidade dos ferimentos que recebera em batalha. Como garantia da veracidade de sua declaração, Antonez entregou ao rei uma confirmação assinada pelo prior do mosteiro. Ele afirmou ainda que, doente e com o coração partido pela desgraça da derrocada para o infiel, D. Sebastião no presente não tinha intenção de retomar o cetro, antes que o tempo tivesse mitigado a pungência de sua dor". Segundo esta versão, de um autor do século XIX, Sebastião havia permanecido sob uma pilha de corpos até o cair da noite, quando então levantou-se, vestiu-se com manto e turbante, vagou pela costa e de algum modo conseguiu chegar a Lagos, no sul de Portugal.[122] Um relato ficcional do final do século XVII diz que Sebastião foi resgatado de uma pilha de cadáveres por uma princesa moura que o levou para seu palácio, onde seu irmão, o maligno xeque, o acorrenta por um ano e então o liberta, depois ele aparece em Veneza, reunindo-se à sua amante e pronto para se tornar o Charlatão de Calábria, o mais famoso dos falsos Sebastiões.[123] Um relato do século XVIII coloca Sebastião sobrevivendo à batalha na companhia de Cristóvão de Távora (que estava morto), do conde de Redondo (que voltaremos a encontrar) e de Jorge Tello, um dos pajens de Sebastião, e que todos conseguiram chegar ao porto português de Cabo de São Vicente, onde se vestiram com roupas de "homens comuns" (imagina-se como estariam vestidos durante a fuga), profundamente afetados pelo que havia acontecido. "O rei, que era honrado e orgulhoso, sentiu-se muito afrontado, envergonhado por seus erros e, portanto, não queria mais ser conhecido ou reinar... Assim, vestido com mantos hieronimitas, eles vagaram pelo reino e pelo mundo."[124] No relato remontado na *Historia de Gabriel de Espinosa*, o mais conhecido panfleto sobre a conspiração, frei Miguel de los Santos conta que Sebastião (isto é, Gabriel de Espinosa) lhe dissera que havia estancado o sangramento de suas feridas em batalha com areia.[125] Três ou quatro meses depois, a viúva de Cristóvão de Távora pediu a um certo Dr. Manuel Mendes (às vezes chamado Mendes Pacheco) para acompanhá-la até Guimarães, no norte de Portugal, para cuidar de um nobre ferido em uma cabana numa encosta remota. Mendes acompanhou-a, encontrando um homem com uma das pernas ferida e quatro ajudantes portugueses. Ele passou uma ou duas semanas, dependendo do relato, cuidando do paciente, embora nunca visse seu rosto, coberto por uma máscara de tafetá marrom. Ele foi levado a acreditar que era Sebastião. Mais tarde o médico foi preso por propagar a história da sobrevivência do rei. Vamos encontrá-lo novamente.[126]

Bem mais tarde, quando sua plateia fora reduzida das igrejas lisboetas apinhadas de gente a apenas um cético juiz, frei Miguel de los Santos resumiu todas as boas razões que teve para acreditar que

Sebastião estava vivo.[127] Primeiro, em Belém, onde disse ter pregado, não se rezou missa pela alma de Sebastião, uma omissão técnica, mas crucial. Segundo, um dia antes da missa, como vimos, um fidalgo o alertou de que o próprio Sebastião estaria presente ao sermão, depois de deixar o mosteiro dos Descalços no Cabo de São Vicente. Terceiro, um colega agostiniano de frei Miguel havia lhe contado que Sebastião estava num mosteiro cartusiano perto de Badajoz, onde era conhecido por toda a caça levada para o mosteiro, mesmo que os monges não comessem carne. Quarto, Francisca de Alva, viúva de Távora, havia enviado uma trouxa de lençóis para o mosteiro dos Descalços em Caparica, perto de Lisboa, destinados a Sebastião. Quinto, D. Diogo de Mesa (Sosa ou Sousa), um almirante da frota que foi para Marrocos, retornou a Lisboa no mesmo dia da batalha sem ficar para ajudar, o que só poderia ter feito porque o rei estava com ele. E isso ficou plenamente provado pelo fato de Henrique não o ter punido por haver deixado Marrocos antes da hora.[128] Sexto, ele havia escutado de fontes confiáveis que um homem contara a Henrique que havia dado de beber ao rei ferido após a batalha. Sétimo, um homem do outro lado do Tejo cruzou o caminho com dois cavaleiros e pouco depois com um terceiro. Ao lhe perguntar se havia visto dois cavaleiros, o primeiro homem respondeu que sim e imediatamente caiu de joelhos. Por que te ajoelhas?, perguntou o cavaleiro. Porque vos reconheço como D. Sebastião, o homem respondeu, e o cavaleiro colocou o dedo sobre os lábios, pedindo-lhe que ficasse calado, mas o homem contou a história assim mesmo. Oitavo, quando frei Miguel estava num mosteiro agostiniano em Castel Blanco, os monges lhe disseram que num mosteiro franciscano das proximidades (a quinta ordem religiosa mencionada por aqueles que seguiam as pistas), um monge em seu leito de morte disse ter ouvido a confissão de Sebastião, em Alcácer-Quibir, e que o rei estava vivo. Nono, uns dois anos antes (significando 1592), um soldado e ex-cativo em Alcácer-Quibir passara por Madrigal de las Altas Torres, dizendo que Sebastião sobrevivera à batalha e escapara num barco com dois ou três outros homens.

Isso nos traz ao final da história de Sebastião, visto que vamos assumir que ele realmente morreu naquele escaldante dia em agosto. A partir daqui, sua vida pertenceu aos demais. A lista de frei Miguel, com nove boas razões para acreditar que o rei estava vivo, oferece um repertório bastante completo de visões e tropos que aparecem repetidas vezes ao longo das décadas subsequentes. Se acreditaram nelas ou não é irrelevante; elas foram contadas e repetidas. Agora, voltamos a Portugal, lar de Miguel e de seu mestre, o embusteiro D. António, prior do Crato, que naturalmente não tinha nenhum interesse em que Sebastião estivesse vivo. Os temas de híbris e loucura, fé e presságios, nacionalidade e história confiável, que tiveram um lugar tão proeminente na história de Sebastião, foram retrabalhados ao longo dos anos subsequentes a fim de ajudar as pessoas de alguma forma a entender a catástrofe de Portugal e preparar caminho para sua suposta resolução numa pequena cidade em Castela.

2

Portugal: D. António e Frei Miguel

Em várias ocasiões mencionamos António, prior do Crato, a quem deixamos no campo de batalha de Alcácer-Quibir. Ao contrário de Sebastião, ele estava vivo.

D. António ocupa uma curiosa posição nesta história. Fisicamente ele pode ou não ter estado em Madrigal, embora provavelmente não. Ao contrário de Sebastião, ele não parece ter inspirado muitas emoções duradouras da parte de seus compatriotas. Mas uma vez estando Felipe II no trono de Portugal, António era a única alternativa, e parecia que o único objetivo de frei Miguel era fazer com que fosse coroado, com ou sem o seu consentimento. Esse era o objetivo da trama.

António era o filho de Luís, duque de Bragança, irmão do rei João III. Ele e Felipe II, portanto, eram ambos sobrinhos da ex-regente, Catarina, e do cardeal Henrique. (Quando Catarina morreu, Felipe escreveu uma carta de condolências a António, dirigindo-se a ele como "meu querido primo".)[1] A mãe de António, Violante Gomes, supostamente tinha sangue judeu, e seus pais supostamente não eram casados, embora ambos os relatos sejam incertos. Havia precedentes nas genealogias portuguesa e espanhola para um pretendente ilegítimo ter sucesso, mesmo para um com sangue judeu, começando com o primeiro Avis, rei João, vitorioso na batalha de Aljubarrota e filho ilegítimo do rei Pedro. Não obstante, possivelmente com a ajuda de frei Miguel, António tentaria provar que seus pais eram casados.

Ele nasceu em 1531. Quando rapaz, estudou no famoso Mosteiro de Santa Cruz, em Coimbra, e mais tarde na universidade jesuíta em Évora, embora não tivesse propensão para isso nem fosse um bom clérigo, preferindo as artes da guerra. Depois que o pai morreu, em 1555, ele recebeu o rico priorado de Crato, quartel-general português dos Cavaleiros de Malta. Recusou-se a fazer os votos solenes, argumentando (como sua parente distante, Ana de Austria, anos mais tarde, embora com mais sucesso) que havia sido forçado a entrar para a Igreja contra sua vontade, quando era jovem demais. O cardeal Henrique não gostava em particular de António nem de seu desordenado estilo de vida, em que acumulara dívidas e gerara cerca de 10 filhos. Ele acabou sendo liberado da proibição clerical para o porte de armas e Sebastião o nomeou governador de Tânger, mas, como vimos, foi deposto em 1574 em favor de Duarte de Meneses. Disputas familiares, em especial com Henrique, o levaram a, ironicamente, buscar refúgio em Madri, com Felipe II, dando início, na década de 1560, a uma pequena crise diplomática e familiar entre as duas casas reais, na qual o ubíquo Cristóbal de Moura foi um dos intermediários. Outra rixa familiar irrompeu em 1578, pouco antes da partida para a África, quando António se aborreceu porque o amigo do rei, Cristóvão de Távora, se apropriara de um de seus criados e Sebastião ficara do lado de Távora. A princípio, isso fez com que António se recusasse a acompanhar o rei até Marrocos, embora no final tenha sido convencido a ir.[2]

À véspera da catástrofe, segundo alguns relatos, D. António estava entre os membros da nobreza que insistiram com Sebastião para não atravessar o rio Loukous, imaginando que ele lhes proporcionaria uma linha de defesa. Opondo-se a essa ideia, Sebastião sacou da espada com um grande floreio, cortou as cordas que sustentavam suas tendas e ordenou que as tropas atravessassem o rio.[3] De alguma forma, António sobreviveu à batalha que se seguiu. As histórias sobre o que aconteceu depois tornaram-se a base para as narrativas de suas aventuras, fugas e disfarces subsequentes. Logo depois de chegar a Lisboa, Cristóbal de Moura escreveu a Felipe que todos os dias havia notícias sobre quem havia caído prisioneiro em Marrocos. "Presume-se que certamente D. António está entre eles e que ele conheceu um judeu que pagou 60 mil maravedis de resgate, e em seguida o escondeu, mas nada disso pode ser confirmado, visto haver tantas histórias com tão poucos fundamentos.[4] Na verdade, o novo xeque, Ahmad, imediatamente ordenou que nobres prisioneiros fossem mantidos nos lares dos judeus de Fez que falassem castelhano, para melhor negociar com Felipe. António, entretanto, esquivou-se dessa malha e foi levado para um campo de prisioneiros em algum lugar entre Asilah e Tânger. Ao despir suas roupas sujas e rasgadas, a insígnia dos Cavaleiros de Malta apareceu e seus captores perguntaram o que ela significava. Com a ajuda de outro nobre cativo, que era bilíngue, ele improvisou uma história, dizendo que ela mostrava que ele possuía um pequeno benefício, contando-lhes que estava bastante preocupado com a possibilidade, caso não fosse libertado antes do final do ano, de o papa dar o benefício a outra pessoa. Foi combinado um acordo com seus captores no valor de 3 mil cruzados, a serem pagos por Abraham Gibre, um judeu de Fez que devia favores a António desde a época em que ele fora governador de Tânger.[5] Uma versão similar diz que António e o outro nobre convenceram os marroquinos de que, se o levassem para Asilah, ele lhes pagaria 3 mil ducados. A própria versão de António, publicada no exterior, afirma que ele passou 40 dias como escravo e finalmente conseguiu escapar, disfarçado de padre, "o que se pode dizer que é uma espécie de milagre". Seja qual for a sequência, António chegou a Asilah e de lá foi para Lisboa.[6]

Ao desembarcar em Portugal, no dia 12 de outubro (algumas fontes dizem que ele foi o primeiro prisioneiro a retornar), Henrique detinha o trono e António, aos 47 anos, imediatamente começou a trabalhar para reivindicá-lo para si. O período entre o outono de 1578 e a morte de Henrique, em janeiro de 1580, foi de conspirações, lobbies e inquéritos judiciais, enquanto o cardeal basicamente mantinha aquecido o assento para seu sucessor. Havia três sérios pretendentes:

Felipe II, por intermédio de sua mãe; Catarina de Bragança, por seu pai (a opção que mais agradava a Henrique, embora ele pouco fizesse para ajudá-la); e António, que, se seus pais houvessem se casado, teria grande chance. Em consequência da morte de Sebastião, Felipe mantinha-se cauteloso, apesar dos conselhos de seus conselheiros para aproveitar o momento. Tipicamente, ele não queria se apressar e suas intenções não estavam claras: em janeiro de 1580, um embaixador italiano comentou que parecia "um baile de máscaras com muitos personagens, e não se pode prever com certeza o que vai acontecer".[7] Conforme se esgotava o outono, e com Moura distribuindo dinheiro e promessas enquanto insistia com seu senhor para que autorizasse uma obra histórica documentando a legitimidade de sua sucessão, Felipe induziu Catarina e o restante da nobreza portuguesa a ficarem a seu lado. Assim, havia apenas António entre o rei espanhol e o trono português. Henrique, que desprezava António e se resignava diante da inevitável anexação pela Espanha – embora se recusasse a concordar com o pedido de reconhecimento oficial –, solicitou ao papa Gregório XIII que decretasse que a ilegitimidade excluía António do trono. O enfermo cardeal, de 67 anos, também tentou obter a dispensa papal para se casar de modo a poder gerar um herdeiro, sendo este o único modo concebível de impedir Felipe. Como o restante da Europa, o papa preocupava-se com o espectro de um Felipe ainda mais poderoso, mas ao mesmo tempo não queria irritá-lo agradando Henrique. Portanto, o papa hesitou (ou se associou a Felipe por prudência), e o pedido de dispensa, sem precedentes, para não falar ambicioso, não deu em nada. Por sua vez, Henrique declarou António bastardo (em ambos os sentidos da palavra) e rejeitou o apelo de que seus pais eram casados. Mandou prender as testemunhas de António e ordenou que ele não voltasse a falar do assunto.[8]

Em abril, a assembleia representativa do país, as cortes, foi aberta em Almeirim e tornou-se evidente que os portugueses não queriam um rei estrangeiro e que Felipe enfrentaria oposição. Um correspondente, provavelmente o duque de Osuna, escreveu a Madri: "Estes dias em Santarém, [cinco quilômetros] daqui, freis pregaram que o povo não deveria obedecer ao seu rei [Henrique]... Eles não foram punidos, o que significa ser provável que voltem a fazê-lo com maior entusiasmo, o que prejudicará o ignorante, visto que os nativos deste reino fazem causa comum... Entre as classes inferiores, suspeito que exista um grande afeto por D. António, visto que elas naturalmente preferem mudanças [*novedad*] para melhorar sua posição." Uma semana antes, Osuna havia escrito ao secretário do rei, Antonio Pérez: "As intenções dos pregadores são claríssimas e o rei não faz nada, embora tenha reagido às queixas de D. Cristóbal [de Moura], que ordenou que fossem punidos, embora não tenhamos visto sinal disso. Nem vemos sinais de que as cortes terminarão em cem anos, porque só falam de pagamentos de resgate."[9] A coroa espanhola intercedeu a favor dos principais nobres portugueses, mas os regates, em geral, eram pagos pelas ordens religiosas de mercedários e trinitários ou até pelas famílias dos prisioneiros, que tinham que comparecer com dinheiro, bens ou, com mais frequência, um prisioneiro que poderiam barganhar.[10]

António jurou aliança com Henrique e com as cortes no dia 13 de junho de 1579, mas as cortes suspenderam as sessões com a chegada de mais uma epidemia. Em pelo menos duas ocasiões, Henrique baniu António de Lisboa para Crato, capital de sua ordem militar, e ordenou-lhe observar silêncio perpétuo quanto à sua reivindicação ao trono. Segundo sentença publicada por Henrique no dia 23 de novembro de 1579, António foi "desobediente e teimoso" e continuou a fazer campanha entre as classes mais baixas e o baixo clero, não deixando a Henrique outra opção senão a de despojá-lo de todos os títulos, direitos e privilégios; declará-lo estrangeiro ("*desnatural de mis Reynos*") e "temido como se não tivesse nascido aqui"; e ordenar que deixasse o reino em duas semanas.[11] António não fez nada disso. As cortes reuniram-se em janeiro de 1580 e, naquele mesmo mês, um dos enviados de Felipe relatou que António se mudava de um lugar para o outro, dormindo em diferentes mosteiros todas as noites e usando os frades como mensageiros porque não confiava no correio. "Eu lhe dou a minha palavra de que o prior D. António tem o povo de Portugal de seu lado", ele escreveu.[12] Três semanas depois da abertura das cortes, Henrique morreu sem ter nomeado um herdeiro. Em vez de reconhecer Felipe, ele havia indicado cinco governadores para dirigir o país até que seus sobreviventes colocassem as coisas em ordem. (Segundo um verso de pé-quebrado, ele devia ter nascido mais tarde ou governado mais cedo.[13]) As cortes suspenderam as sessões, embora o terceiro Estado, base de apoio de António, permanecesse em sessão em Santarém, insistindo, com algum fundamento, que precedentes medievais portugueses davam à assembleia o direito de eleger um sucessor ao trono.

Os meses seguintes foram marcados por mais indecisão e um vácuo de liderança: os homens mais importantes do país estavam morrendo, sendo capturados em Marrocos ou subornados pela Espanha. Os portugueses, segundo um correspondente dos Fugger, "recusam-se categoricamente a se tornar espanhóis, embora eu gostasse de saber como vão resistir. Eles não têm um único soldado em Portugal que já tenha visto qualquer combate ou saiba como liderar convenientemente. Eles não têm armas, pois as perderam todas na guerra africana. Não têm dinheiro, e existe uma assustadora escassez no país. Além disso, a peste reina por toda parte. No entanto, de mãos vazias, eles se acham fortes o suficiente para os espanhóis". Mais tarde, o mesmo correspondente escreveu: "Estou convincentemente informado de que D. António está tramando em todas as direções. Entretanto, a luta não pode durar muito, pois todas as melhores pessoas aqui estão a favor da Espanha, embora não ousem demonstrá-lo... Não tenho dúvidas de que a Espanha tomará posse de Portugal, como é apropriado."[14] Uma das fontes de informação de Felipe nesses meses era Andrea Gasparo Corso, o astuto agente corso que havia providenciado muitos dos resgates. Pelo menos desde janeiro de 1580, ele estava em Lisboa e aparentemente em contato com todos.¹⁵ Ele tinha um "amigo" do lado de Henrique, visto que o velho rei estava prestes a expirar (possivelmente o confessor de Henrique, que ele conhecia). Ele se encontrou com Catarina de Bragança e tinha informantes nas reuniões das cortes em andamento. Trabalhou lado a lado com Moura e achou que poderia ter uma conversa pessoal com D. António, cuja chegada à capital, ele disse, inspirou pouco entusiasmo graças às palavras de seus "amigos". Enquanto isso, o irmão de Andrea, Philippo, estava em Marselha e lhe enviava notícias sobre a posição da rainha da França na ordem da sucessão portuguesa, que Andrea obedientemente transmitia a Madri. (Em cartas posteriores, mais amargas, o corso se queixava de que outros eram recompensados, ele não. Gente que não era melhor nascida do que ele "está comendo galinha em casa, e aqui estou eu, longe de casa e gastando do meu próprio dinheiro; eles obtêm favores e eu não consigo nada".)¹⁶

Àquela altura, Felipe estava pronto para agir. Ele ordenou que tropas da Itália e Alemanha se juntassem às forças castelhanas que avançavam para a fronteira. No dia 13 de março de 1580, Felipe ordenou que António jurasse aliança e reconhecesse "o direito e a reconhecida justiça que tenho à sucessão dos reinos desta coroa". Se António fizesse isso, afirmava Felipe, então o povo português o seguiria. Em vez disso, em Alcobaça, António era carregado pela cidade enquanto o povo o proclamava rei, gritando *"Real, Real, por el Rey don António, Rey de Portugal!"*.¹⁷ Felipe não foi o único a recomendar que o pretendente parasse de criar confusão. O bispo de Salamanca, que parece ter tido alguma simpatia pelo rebelde do outro lado da fronteira, escreveu-lhe em abril para explicar-lhe delicadamente que seria melhor se D. Diego de Cárcamo, um castelhano trabalhando como chefe da criadagem de António, voltasse para casa "até tudo isso ficar acertado". (Cárcamo na verdade optou por retornar a Castela e nos meses seguintes, com o duque de Alba, atuou em vão como intermediário.)¹⁸ Mais importante, em 6 de abril, o próprio Alba escreveu um alerta floreado, mas inconfundível. Ficara muito feliz em saber da libertação de António em Marrocos, dizia, e lamentava ter estado ocupado demais para viajar até Portugal e beijar-lhe as mãos. Depois de um prólogo tão afetuoso, ele contou a António que não poderia deixar de ousar sugerir que "nestes mares altos [ele] baixasse um pouco as velas". Felipe estava decidido a vencê-lo, Alba o alertou, e as forças de Felipe eram "cristãs, mas ao mesmo tempo aterrorizantes". O possível conquistador de Portugal acrescentou: "Com todas as forças do grande poder [de Felipe] e seus reinos, ele está fortemente inclinado neste sentido. Não sinto prazer em ver Sua Excelência do outro lado, nem é consolo dizer que esses grandes homens estão destinados a grandes coisas."[19] Ele também escreveu a parentes distantes do outro lado da fronteira, aconselhando-os a escolher o lado vencedor. Um desses destinatários foi Manoel de Portugal, um dos quatro filhos do conde de Vimioso e um dos representantes de Lisboa nas cortes. Veja a bela cidade de Lisboa, Alba alertou o primo. Agora, imagine-a queimando, seus nobres uivando, suas mulheres estupradas, suas igrejas em cinzas.[20]

Não muito longe do bispo de Salamanca, na cidade senhorial de Albuquerque, próxima à fronteira, uma mulher da localidade com experiência em visões reais e santas foi visitada no Domingo de Ramos por São João Batista, vestido de peregrino. Ele lhe falou para avisar a Felipe II que o rei devia completar a missão de Sebastião. Se o rei não derrotasse primeiro os infiéis africanos com um exército de homens de Espanha e Portugal, morreria no ataque a Portugal, lhe disse o peregrino. (Ele a havia visitado antes, quando a levou até as portas do paraíso, que ela abriu com ele, e viu São Miguel "exatamente como está pintado aqui no mundo".) Ela confidenciou a um frei local que São João Batista e seu companheiro também lhe contaram coisas sobre Portugal que a proibiram de repetir exceto a certas pessoas daquele reino, e "mesmo que ela fosse torturada mil vezes", permaneceria em silêncio. Os peregrinos a visitaram de novo umas poucas noites mais tarde, desta vez dizendo-lhe para ir até o bispo e revelar-lhe tudo para que ele pudesse organizar uma reunião com as pessoas certas em Portugal. O frei achou que a mulher tinha "imaginação e não revelação", mas, por via das dúvidas, transmitiu a notícia a seus superiores.[21]

Dois meses depois, quando as tropas castelhanas se reuniam em Badajoz, o pregador jesuíta Luís Alvares – o da causticante e triste missa fúnebre para Sebastião – fez outro de seus inflamados sermões, desta vez em Évora, no Dia da Ascensão, por volta de 12 de maio.[22] O "grande mal" que ele havia prometido na missa fúnebre havia passado. "Oh, glorioso, oh, tímido, oh, renomado reino de Portugal, que tristes notícias são estas que ouço? Dizem que quereis tirar a coroa da cabeça, deitar de lado o cetro e, como se isso não bastasse... dizem-me que querem colocá-lo em cativeiro e servidão. Não estaremos enlouquecendo?" Quando o grande guerreiro judeu, Judas Macabeu, e seus homens eram superados em número, lutavam ainda mais heroicamente, lembrou aos fiéis. Ainda não havia chegado a hora em que os portugueses teriam que comer gatos, ou ratos, ou a água lhes faltaria. Então, por que não estavam resistindo? Uma razão poderia ser, claro, a de que o país perdera uma geração de homens apenas dois anos antes. Mas, como disse Alvares, "não vos intimideis pelos estranhos acontecimentos da África". Aquela havia sido uma guerra de janotas, conduzida com luvas de criança e prostitutas; esta seria uma guerra pura, honesta. Finalmente, ele citou uma fonte improvável, Abd al-Malik, o culto líder dos mouros, que morrera em Alcácer-Quibir e cujas cartas a Sebastião haviam circulado tão amplamente. Lembrem o que ele disse a Sebastião, que ele descanse em Santa Glória: "Se são necessários pelo menos quatro homens para arrastar um homem morto para fora de sua casa, quantos serão necessários para remover um português vivo, separá-lo de sua esposa, seus filhos, seus pertences?"

Em 19 ou 20 de junho (dependendo do relato), dois dias depois que a primeira cidade portuguesa se rendeu ao exército invasor, Santarém, onde D. António havia estabelecido seu quartel-general, aclamou-o rei numa explosão de violento entusiasmo, liderada pelo bispo de La Guarda. "Na visão de muitos", segundo uma avaliação do bispo em 1582, "era de espantar que uma pessoa tão respeitada, cega pela paixão da amizade, se permitisse ser arrastada por esses caminhos tortuosos."[23] Num cenário que nos leva de volta aos momentos finais da batalha de Alcácer-Quibir, o historiador contemporâneo e teórico político espanhol Juan de Mariana escreveu que, entre a multidão de espectadores entusiásticos, "um sapateiro, sustentando no alto uma lança com um lenço na ponta, acenava como uma bandeira e proclamava António rei de Portugal".[24] Conestaggio conta a mesma história: "Mal havia iniciado a cerimônia, António Barachio, um sujeito ousado (portando um lenço na ponta da espada) proclamava António rei, sendo acompanhado de muita algazarra e aclamações... Naquele momento, António, fingindo certa modéstia, ou movido pela própria hesitação, gritou não, não, e deu um passo à frente como se quisesse conter o povo... Estava surpreso e tremia, dando visíveis sinais a seus seguidores, [e] ao primeiro passo, ele tropeçou e quase caiu, em sinal de mau presságio."[25]

De lá, António foi para Almeirim, onde se alojou num convento dominicano e se apossou de todas as propriedades de Henrique, e depois para Lisboa, acompanhado por centenas de defensores, que o ovacionavam, gritando, "*Real, real!*", conforme ele ia da igreja para o palácio e para a fortaleza.[26] Na cerimônia de sua proclamação em Lisboa, um de seus defensores, Emanuel Fonseca Nobreza, enfeitou a fuga providencial de António, preparando o terreno narrativo para as próximas fugas. "Deixarei de lado as desgraças que ele sofreu com D. Sebastião em sua partida para a África", disse, numa referência à contenda com Távora,

> o que outros tomariam como uma desculpa para ficar, mas familiarizados com a carranca da sorte, embora justamente previsse que caminhava para sua ruína, ele preferiu (com tão grande perigo para sua pessoa, seguindo a temeridade de outro) permanecer escravo dos mouros em vez de manchar sua honra com qualquer censura, por

menor que fosse. Permaneceu prisioneiro como havia previsto naquele dia infeliz... Mas, embora pareça às vezes negligente, o rei dos reis igualmente pesa e executa todas as coisas, providenciando assim que, enquanto o rei Henrique usufruía do reino naqueles poucos dias de vida que lhe restavam, milagrosamente fosse libertado das mãos dos mouros aquele que se pretendia que fosse nosso verdadeiro rei... Ele retornou ao reino onde a fortuna, ainda não cansada dele, o marcou com mil aflições, as quais todas ele venceu e superou por suas virtudes.[27]

Em junho, Felipe II estava em Badajoz, a cinco milhas da fronteira, com seu exército liderado pelo duque de Alba. Felipe havia hesitado antes de indicar Alba, que caíra em desgraça e vivia doente, velho (estava com 73 anos) e aposentado, em sua propriedade. Mas o cruel governo do duque nos Países Baixos, um componente fundamental da Lenda Negra de Espanha, certamente causaria medo nos rebeldes portugueses, e assim ele foi chamado de volta. Pela primeira vez se dizendo "rei e senhor natural" de Portugal, o rei publicou um edital proibindo quem quer que fosse de dar abrigo ou ajuda a António; transgressores seriam considerados culpados de traição e condenados à morte, infâmia, perda da dignidade e confisco de propriedades. O rei ordenou que autoridades pregassem o edital nas "praças e nos lugares de costume, e nos portões de cidades, burgos e vilarejos, nas igrejas e mosteiros e em todos os outros lugares públicos".[28] Os governadores indicados por Henrique haviam insistido com os portugueses para aceitarem Felipe como seu rei; a autoproclamação de António e sua entrada em Lisboa finalmente forçaram o restante dos Braganças a fazerem exatamente isso, facilitando bastante o caminho de Felipe.

O pretendente em retirada

O exército liderado pelos espanhóis, de cerca de 20 mil soldados, entrou em Portugal no final de junho, quando António se proclamava rei, e marchou para o oeste enquanto a frota espanhola navegava de Cádiz até a costa portuguesa. No dia 18 de julho, Setúbal, um dos baluartes de D. António, caiu e foi saqueada. No dia 1º de agosto, foi Cascais, cujos defensores militares foram executados. No dia 25 de agosto, desejando evitar o espetáculo de um ataque à própria Lisboa, as forças espanholas, em vez disso, atacaram Alcântara, nos arredores da cidade. (As autoridades de Lisboa haviam implorado a D. António para lutar fora da capital, e ele consequentemente retirou seus homens de Belém.) Seu exército improvisado tinha milhares de homens, inclusive marroquinos do lado perdedor em Alcácer-Quibir e pelo menos 109 nobres ou outros membros da elite, entre eles o bispo de La Guarda (João de Portugal, outro dos Vimiosos; a família não deu ouvidos às advertências de Alba) e membros dos clãs dos Meneses, Coutinho, Alencastro, Melo, Mendonça e Mascarenhas. Mas todos os cronistas enfatizaram que a força de António estava com a ralé. Conestaggio escreveu, ainda pior, que as mulheres apoiavam sua causa, brandindo frigideiras como armas e "parecendo lembrar a antiga batalha de Aljubarrota, entre castelhanos e portugueses, em que os conquistadores se vangloriaram de que a esposa de um padeiro havia matado sete castelhanos com uma frigideira". Entre 3 mil e 5 mil portugueses foram mortos quando Lisboa caiu.[29]

Quinze anos mais tarde, o impostor Gabriel de Espinosa, o *pastelero*, que àquela altura era prisioneiro há cinco meses e havia sido torturado mais de uma vez, contou ao juiz Rodrigo de Santillán que encontrara frei Miguel de los Santos durante o cerco de Lisboa. Fora soldado antes de ser padeiro e, como veremos, lutou em muitas frentes pela monarquia espanhola. Em agosto de 1580 ele estava entre as tropas de Alba. De acordo com seu relato, ele e cerca de 50 outros soldados se encarregaram de defender o Mosteiro da Graça, quartel-general dos agostinianos de Lisboa, que ele disse estar correndo o risco de ser saqueado por tropas alemãs sob comando espanhol. (Felipe e Alba haviam proibido expressamente a pilhagem, em vão.) Este relato entrosa-se muito bem com o do cronista contemporâneo, Pero Roiz Soares, que descreveu como o duque de Alba, ouvindo rumores de que D. António estava escondido num convento, soltou residentes da capital contrários a António contra as casas religiosas da cidade, inclusive a Nossa Senhora das Graças. "Percebendo a sorte que estavam tendo, eles foram direto para o Mosteiro de Nossa Senhora das Graças, atravessando prédios e celas, agitando espadas e gritando, 'vamos pegar o judeu, D. António, que está escondido aqui...' e outras infâmias."[30] O local do suposto encontro dos protagonistas da conspiração de Madrigal fica no topo de um morro, à margem do famoso distrito de Lisboa, Alfama. Hoje, o mosteiro é usado por escritórios do governo, mas a igreja, fundada em 1271, ainda está aberta, embora obviamente reconstruída. O que atrai os visitantes não é o prédio, e certamente não é a história, mas a majestosa vista. Felipe II esteve lá em novembro de 1582, quando residia na capital portuguesa, observando que a igreja e o mosteiro "são muito bons".[31]

"Na época [do ataque], frei Miguel era o provincial", escreveu mais tarde o juiz Santillán, "e ficou muito agradecido; assim, quando Espinosa veio para Madrigal, frei Miguel o reconheceu e o recebeu gentilmente."[32] Portanto, na ausência de qualquer outra explicação, o mosteiro de Lisboa foi onde tudo começou. O colega apostólico de Santillán, juiz Juan Llano de Valdés, jamais conseguiu fazer com que frei Miguel admitisse ter encontrado Espinosa em Lisboa. "Os dois [Espinosa e Santos] concordam em tudo, exceto que se encontraram em Lisboa", Llano contou ao rei. "Frei Miguel ainda insiste que eles não se encontraram. Acho isto irrelevante, com questões muito mais sérias a considerar a este respeito, portanto, não insisti mais." E, acrescentou, referindo-se ao agostiniano, "a diabólica resolução deste homem é realmente extraordinária".[33] Santillán, cujo emprego usual era o de juiz nos tribunais da Chancelaria, embora tivesse indicação especial do rei para cuidar do caso Madrigal, era mais astuto do que Llano; sobre a versão de frei Miguel, ele disse: "Frei Miguel nega vagamente ter encontrado Espinosa em Lisboa. Na minha opinião, ele está negando a fim de encobrir o fato de que tudo começou naquela época." [34]

Enquanto isso, em seu próprio relato, D. António contou estar escondido na casa de um padre nos dias que antecederam o ataque a Lisboa. Depois, quando as tropas castelhanas se aproximaram, escondeu-se no mosteiro de Belém. Ele lutou heroicamente, recebendo "dois grandes ferimentos na cabeça", que não o impediram de salvar a vida de uma outra pessoa. Depois da batalha, segundo um relato, dirigiu-se a um imenso bosque de oliveiras numa encosta próxima e começou a se afastar a pé da cidade. Ele mesmo lavou suas feridas e as enfaixou. Em seguida, vestiu uma capa e caminhou 15 quilômetros até Sant Juan de la Talla, onde entrou na igreja. O decano de Évora chegou logo depois com 40 cavalarianos. A eles se juntaram mais tarde o novo conde de Vimioso (filho do conde morto em Alcácer-Quibir) e seu irmão, o sempre confiável bispo de La Guarda, que trouxe mais homens. Em outra versão, o duque de Alba disse que António foi de Lisboa para a vizinha Vila Franca de Xira, aonde já tinham chegado de 80 a 100 cavalarianos, inclusive Vimioso e Diogo Botelho, um ajudante de António.[35] De qualquer modo, António e seus homens avançaram para o norte até Santarém, que estava prestes a se render; portanto, eles continuaram na direção norte, vivendo da terra e da generosidade do povo até atingirem a grande cidade universitária de Coimbra. Ali, segundo uma crônica, "os estudantes, preferindo não estudar, uniram-se a ele como populacho". D. António dormia nos campos ou era abrigado nas casas de viúvas e camponeses, auxiliado por criados fiéis. Mais de uma vez ele escapou dos soldados castelhanos por uma hora ou menos, deixando a seus pobres anfitriões a tarefa de responder às violentas e insolentes perguntas dos invasores, muitas vezes pagando com a própria vida por terem protegido seu rei.[36]

Aqui começa a segunda série de providenciais fugas do homem que, em seus editais e cartas para levantar fundos, agora referia-se a si mesmo como "Eu, o Rei". Apesar das instruções de Felipe a Alba para avançar rapidamente, o pretendente escapulia. De Coimbra, ele foi para o norte, estabelecendo seu quartel-general no Porto, onde indicou Diogo Botelho como governador. (Botelho mais tarde tornou-se seu embaixador itinerante na Europa; sua última tarefa foi como testemunha dos últimos desejos e do testamento de António.) O governo do Porto durou apenas três semanas. No dia 23 de outubro, as tropas do novo comandante espanhol, Sancho Dávila, entraram na cidade que havia içado bandeiras brancas, mas o pretendente, que a essa altura tinha uns dez mil homens, mais uma vez escapou.[37] Durante sete meses, apesar do preço de 80 mil ducados por sua cabeça, monges, freiras e pessoas do povo abriram suas casas para D. António e contaram histórias.

> Os portugueses choraram seus infortúnios, por não terem se defendido bem ou se rendido bem... Alguns acreditavam que [António] havia sido morto pelos castelhanos, que mantiveram a morte em segredo porque tinham roubado suas joias. Outros diziam que ele estava esperando navios da França e da Inglaterra... Outros o queriam escondido até que [Felipe], que, dizia-se, tinha pouco tempo de vida, morresse, porque então ele poderia assumir o reino. E embora alguns pensassem que ele havia partido, a maioria dizia que não, que ele ainda estava tentando partir, com medo de ser levado prisioneiro.[38]

Segundo o duque de Alba, as forças de António capturaram navios portugueses que voltavam do Brasil carregados de açúcar e outras mercadorias.[39] Ele também recebeu armas e suprimentos em navios ingleses e franceses.

"Nesta terra, eles prometem muito e cumprem pouco", Sancho Dávila escreveu em outubro, queixando-se a Alba do pouco apoio que estava tendo ao tentar caçar D. António.[40] Durante todo o outono, ele relatou frequentes prisões de defensores de António, inclusive criados, fidalgos e clérigos ("eles emergem à luz do sol como lesmas"),[41] mas elas rendiam poucas informações valiosas. Depois de derrubadas as forças do pretendente no Porto, e de ele estar novamente em fuga, Dávila contou ao duque que um de seus homens dera com um frei suspeito levando cartas para "Ana de Miranda" e mais tarde um mensageiro com uma carta para a filha de D. António, Luisa, e uma longa lista de outros destinatários em Coimbra, inclusive uma de "o gordo irmão", acusando o recebimento da missiva de Ana de Miranda. Mas nem todos os interrogatórios do mundo conseguiam fazer com que os freis revelassem o que estava por trás de todo esse ir e vir, dizia. Assim, o segundo mensageiro recebeu "o tratamento da corda", deixando que Dávila soubesse que António ainda estava em Portugal, indo de um lado para o outro entre conventos e mosteiros, e que uma rede de franciscanos e dominicanos parecia saber onde ele estava. Dávila organizou operações de farsas bem planejadas para que as cartas fossem entregues a seus destinatários, que seriam imediatamente presos. O mensageiro era informado de que, se alguém ficasse sabendo, ele perderia tudo: pertences, filhos, vida. Dávila disse ao duque que queria obter permissão do núncio papal para processar criminalmente esse exército insolente de frades. "Se forem pressionados, tenho certeza de que encontraremos [António], mas de outra forma isto não vai acabar nunca; essas coisas sempre pioram com o tempo." Para o secretário real, Gabriel de Zayas, ele escreveu: "A voz de D. António está por toda parte, o povo não quer abandonar as esperanças e esta falta de vergonha aumenta a cada dia, especialmente entre os frades e as freiras que planejam rebeliões."[42] O truque com o falso mensageiro tinha funcionado, ele relatou, e Luisa estava sob controle, embora ele desejasse que ela pudesse ser mandada para outro lugar. Mas no final do mês, sua presa ainda estava em liberdade. Sobre seu papel de assessoria nesta versão portuguesa de *Pimpinela Escarlate*, Dávila escreveu a Zayas: "Todos os dias recebemos milhares de informações, mas não conseguimos pegá-lo. As freiras e frades devem tê-lo enterrado vivo, porque nem as maiores promessas e ameaças o trouxeram à luz."[43]

O mundo lá fora também observava a caça dos castelhanos ao homem a quem Felipe se referia como um tirano.[44] Um correspondente dos Fugger em Colônia queixou-se de que cartas italianas não eram confiáveis, mas que ele tinha boas fontes em Portugal. "Eles são informados de que [António] e seus partidários, depois de serem desbaratados pelos espanhóis perto do Porto, embarcaram num navio inglês em [Viana do Castelo], a fim de navegar até a França ou Inglaterra", ele escreveu em janeiro de 1581. "Mas não puderam fazer isso devido a ventos contrários, de modo que foram obrigados a deixar o navio e seguiram para a Galícia por terra. Foram surpreendidos e roubados por soldados espanhóis, que não fizeram menção à sua morte, temendo serem privados do saque. A notícia chegou recentemente aos portugueses de Antuérpia e encontra crédito universal. Portanto, não há necessidade de temer o reaparecimento de D. António e dos demais rebeldes."[45] Este relato da fuga fracassada e o prematuro anúncio da morte de António foram em parte ecoados por uma crônica de 1596: "[António] embarcou com seus seguidores num barco que lhe foi dado pelo bispo de La Guarda. Devido a uma tempestade e fortes ventos, eles foram obrigados a retornar a terra. E caminhando entre os soldados de Sancho Dávila, que haviam ocupado a marina, ele não foi reconhecido porque estava vestido como um pobre marujo. Escapou e em seguida passou meses escondido no reino antes de ir para a França, onde foi bem recebido pela rainha-mãe e seu filho, Henrique III." Um primo da família Fugger escreveu de Portugal mais ou menos na mesma época, dizendo, também prematuramente, que, com a ajuda dos monges franciscanos, António, "que estava vivendo sem recursos e vestido como campônio", havia zarpado da Galícia para a França, num navio veneziano.[46]

D. António nunca foi traído. Por quase oito meses, ele conseguiu despistar a vigilância que os castelhanos mantinham em todos os portos e postos de fronteira. Ele finalmente partiu por mar para a França, em maio de 1581, embarcando de Setúbal, perto de Lisboa, graças a uma viúva rica, Beatriz Gonçalves, que pagou ao capitão de um navio holandês para levá-lo e a um grupo de fiéis seguidores a bordo. (António mais tarde escreveu que Felipe II ordenou enforcar o quadro da viúva, uma vez que a própria havia fugido.)[47] Consigo, ele levou cerca de dez criados e uma boa quantidade das joias da coroa, com as quais mais tarde financiou seus esforços para se apossar do trono. Foi para Paris e para a receptiva corte de Henrique III e sua mãe, Catarina de Médici. Em junho de 1581, Felipe II jurou perante as cortes portuguesas (em Tomar em vez de Lisboa, por causa da persistente peste) preservar as leis, os costumes e os privilégios de Portugal. Mais tarde, naquele mês, o monarca entrou na capital. Quando a procissão chegou à rua Nova, em Lisboa, dizem, uma vendedora de rua se aproximou: "ela e seus compatriotas o receberam como rei", ela disse, "até D. Sebastião chegar, e uma vez ele chegando, Felipe teria que retornar com Deus a Castela e deixar o reino". Felipe sorriu. Ele ficou por quase dois anos, conseguindo finalmente unificar a península sob uma só coroa.[48]

Patriotas e vizinhos

Apesar da partida de António e da presença de Felipe em Portugal, o povo português aguardava a volta de D. António, esse intolerável e atroz tirano.[49] Em junho de 1581, Esteban de Ibarra, assessor do duque de Alba, ofereceu ao secretário real Matheo Vazquez um quadro eloquente e perturbador do país que o pretendente havia deixado para trás. Inglaterra e França rodeavam, esperando para atacar, e Felipe não devia jamais baixar a guarda, escreveu:

> Eu vos asseguro, esse povo é tão bárbaro e insensível que é capaz de qualquer tipo de maldade, por vaidade e compromisso, sem considerar nem o perigo nem o método. Eles odeiam tanto Sua Majestade e desejam tanto D. António que não podem se impedir de

declarar que sem nosso rei estariam livres do jugo castelhano. Estou certo de que achareis isso um absurdo, mas Deus sabe que não penso assim... Vejo o povo solto, sem medo da justiça, desenfreado, com ódio e queixas do rei, lamentando não ter lutado pela pátria e agora se vendo submisso a Castela. Por tudo isso, culpam sua falta de unidade e liderança, se consideram desonrados por estarem tão diminuídos, e querem se recuperar. Existe um número infinito de pessoas pobres e endividadas, sem ter como ganhar a vida; tudo isso, e o amor por D. António, por quem choram e por cujo retorno rezam.[50]

Depois que Felipe partiu, nomeando seu sobrinho, o arquiduque e cardeal Alberto como governador (o duque de Alba morrera em dezembro de 1582), as coisas não melhoraram. Muita gente ainda pensava que Sebastião voltaria, como Alberto contou a Felipe, ou que ele de fato já havia voltado e estava escondido em Lisboa.[51] Em geral, o alto clero apoiava Felipe, embora nem todos com muito entusiasmo. (O bispo de La Guarda era a exceção.)[52] Era o médio e o baixo clero, em particular os de ordens religiosas, que continuavam a agitação, com um controle potencialmente perigoso sobre um povo tonto com as derrotas, as epidemias e a perda da independência. Enquanto desembolsava gratificações entre oficiais da Igreja após a morte de Henrique (Felipe desconfiava que os jesuítas apoiavam a opção de Bragança), Cristóbal de Moura relatava regularmente ao rei sobre padres e frades cujos sermões incitavam os paroquianos. Mais ou menos nessa época, um memorando discutia a punição apropriada para o clero regular que causava problemas. Deviam ser todos enviados para os mosteiros mais remotos e mais reformados possíveis, sugeria o escritor, separados um do outro, sem voz ativa no governo de seus novos lares. Dominicanos, franciscanos, carmelitas, hieronimitas, trinitários e agostinianos eram todos culpados, e entre os últimos estava "frei Miguel dos Anjos, provincial, que, montado a cavalo, se envolvia em escaramuças, andava armado e era um grande conselheiro de D. António". Este é nosso frei Miguel, "anjos" erroneamente no lugar de "santos".⁵³ Portanto, as autoridades espanholas haviam tomado nota do futuro vigário. O núncio papal em Portugal, cardeal Riário, emitiu um edital em 11 de fevereiro de 1581, quando D. António ainda perambulava, condenando os facilitadores religiosos do pretendente: "Sem temer a Deus, causando graves danos e riscos a suas almas e escândalo por todo este reino de Portugal e Algarve, eles deixam seus mosteiros e igrejas para pegar em armas, e muitos deles despem o hábito regular para participar de guerras e perturbações em favor de D. António, prior do Crato."⁵⁴ Três meses mais tarde, o bispo de Tuyd escreveu ao secretário de Felipe, Gabriel de Zayas, em Madri, relatando mais perturbações: "Penso que a solução é retirá-los de Portugal, espalhando-os por toda Castela, em discretas instituições religiosas", escreveu, o que de fato aconteceu.⁵⁵ Frei Luis de Granada, uma das maiores figuras do catolicismo ibérico do século XVI, escreveu, em novembro de 1580, relatando o mau comportamento entre seus confrades em Portugal, alguns de sua própria ordem dominicana, que ele precisava disciplinar. "Um mestre em teologia muito culto... pregava na igreja de Belém para o exército de D. António... que era pecado mortal não pegar em armas por ele, dizendo que, se filhos eram obrigados a voltar para lutar por seus pais [provavelmente uma referência à *Eneida*], muito mais estavam eles obrigados a voltar para defender sua pátria; ele deu mais razões, e nesse mesmo tom todos os outros pregadores estão pregando, enganados por mentiras, dizendo que combater Castela é como combater os luteranos." Quanto à ordem papal para que o clero permanecesse neutro, frei Luis escreveu que um professor em Coimbra havia anunciado que tal ordem violava a lei natural e que todos os homens eram obrigados a defender seu país. Ele também contou a Zayas que um agostiniano, obviamente não frei Miguel, havia pregado a seus seguidores que os castelhanos eram homens exatamente como eles, o que deu início a um quase motim no Mosteiro da Graça. O agostiniano foi preso sob ordens do "bispo mau de La Guarda".⁵⁶

Vale a pena pensar na motivação do clero para se opor à união das coroas. O historiador João Francisco Marques explica a determinada intriga de frei Miguel (e, por extensão, a desordem criada pelo restante do clero) como evidência de nacionalismo: "Ele agiu por patriotismo, com objetivos sinceros e meios inescrupulosos. Cego por sua aversão nacionalista por Castela, ele foi impelido a lutar pela restauração da independência da coroa portuguesa, incitado por uma memória coletiva."[57] Não pela primeira vez no início da moderna história europeia, o baixo clero tomou sobre seus ombros o peso da defesa nacional ("nestas questões portuguesas tenho visto que freis e clero estão na raiz, e nesse assunto parece acontecer o mesmo", observou o juiz Santillán sinistramente ao começar o caso Madrigal).[58] Mas patriotismo certamente não é o melhor termo para examinar seus motivos. Ao contrário dos dois aparecimentos anteriores de falsos Sebastiões, a história de Madrigal não é a de um nacionalismo messiânico e, portanto, não serve de exemplo de *sebastianismo*. É simplesmente a da substituição de um governante por outro, a substituição de um "estrangeiro" por um "português". Na grande revolta dos *comuneros*, em 1520, quando cidades castelhanas se ergueram contra o ausente Carlos V, rendendo-se apenas oito meses depois, foi o clero que deu aos rebeldes a linguagem religiosa que uniu e inspirou as cidades em sua luta multifacetada (política, fiscal, social). Quando a Catalunha se rebelou, em 1640, de novo o clero fez o mesmo, e naquele mesmo ano Portugal finalmente começaria a rechaçar a coroa espanhola, também com o apoio do clero. No nosso caso, em 1580, as ordens religiosas portuguesas tinham muitas razões para resistir a Felipe: eram os pastores de rebanhos dolorosamente feridos; eram guardiães de antigas tradições e valores; elas falavam pelo bem comum; e, num nível mais prático, certamente se preocupavam com as inevitáveis reformas na Igreja sob o governo de Castela.

Patriotismo nunca é um assunto simples, mas no caso de Portugal e Castela é particularmente difícil de definir. Portugal como tal só passou a existir depois de conquistar sua liberdade de Castela, apenas 200 anos antes dos acontecimentos que estamos descrevendo, quando "A sublime bandeira castelhana/Foi derribada aos pés da lusitana".⁵⁹ Mas, mesmo em Aljubarrota, o grande herói português Nuno Alvares tinha dois irmãos que lutavam do outro lado, e houve outros membros da nobreza portuguesa que fizeram a mesma coisa. Vimos o quanto a alta aristocracia ibérica casava entre si; na verdade, não tivesse sido assim, nada disso teria acontecido. Não está claro se os primos reais até considerassem isso endogamia. Simplesmente, eram todos membros de uma só família. (Na juventude, como vimos, D. António voltara-se para Felipe II para se livrar de sua família opressiva.) Muitos dos principais cortesãos e conselheiros de Felipe II vieram de Portugal para a Espanha, seja com sua mãe, Isabel, ou com a irmã, Juana. Quando Felipe argumentou que ele era o *"rey natural de Portugal"*, devemos lembrar que natural significa nativo e que a anexação era um ato de vontade real, não um sentimento nacional; Felipe estava simplesmente pegando o que de direito e por linha de sangue lhe pertencia. Escritores espanhóis às vezes pareciam achar que "português" era uma subcategoria de "espanhol", portanto alguém podia ser espanhol de Andaluzia ou de Portugal. A peça de Vélez de Guevara, referida anteriormente, por exemplo, tem um soldado a quem se pergunta: "Você, cristão, de onde é?" A resposta: "Sou espanhol e português." Na mesma peça, o próprio Sebastião se descreve como português e espanhol.⁶⁰ Se havia sentimentos de lealdade entre as classes altas portuguesas, eles não são facilmente identificáveis com fronteiras nacionais. Isso dito, o impacto da Espanha em Portugal foi muito maior do que o inverso, e isso não foi uma relação entre iguais. Vizinhos pobres em geral se ressentem de vizinhos ricos. (Na península Ibérica isso acontece até hoje.) Mas também não havia consenso em Portugal entre qualquer classe, inclusive o clero, no que dizia respeito ao suposto inimigo. Quando D. António encerrou seu manifesto, publicado com uma saraivada de invectivas, usando a palavra *ódio* (ódio antigo, ódio natural, ódio em geral) quatro vezes em duas páginas para descrever o relacionamento ibérico, pensa-se que ele protesta demais.⁶¹

A fronteira era permeável, como é a maioria das modernas. Havia muito contrabando, e trabalhadores rurais, artesãos e soldados rotineiramente iam e vinham por ali. A mistura de espanhóis e portugueses pode ser vista claramente na cidade de Madrigal de las Altas Torres, o local da conspiração. O próprio frei Miguel, pelo visto, era neto de andaluzes; seu avô paterno deixou a Espanha depois de matar um homem.[62] O juiz Santillán acreditava que as pessoas que trabalhavam na padaria de Espinosa eram portuguesas. Viajantes portugueses visitavam Madrigal, como veremos pelo testemunho. Um dos mensageiros de Ana de Austria no convento, Miguel Pérez, era português. Mas, embora houvesse mistura, havia também distinção. Depoimentos de testemunhas portuguesas sempre incluíam referências a seus antecedentes: frei Alonso Rosete "disse... que seu pai [era] da cidade de Pereña, perto de Ledesma, e que sua mãe nascera na cidade de Magadorio, no reino de Portugal, onde esta testemunha nasceu". Na margem alguém escreveu, "nascido em Portugal".[63] O juiz Llano mais tarde anotou a respeito da mesma testemunha que seu pai era castelhano, mas que Rosete "era todo português".[64] Do lado espanhol da fronteira, os portugueses eram sempre identificados como tais. O rótulo poderia parecer questionar a lealdade, e nas circunstâncias dessa história, isso pareceria lógico. Mas dizer "Miguel Pérez, *portugués*" não é muito diferente de dizer "Miguel Pérez, *de Segovia*". Não obstante, relatos espanhóis das reuniões em Guadalupe e da batalha de Alcácer-Quibir não mostram muito respeito pelos portugueses, independentemente da classe social. A literatura da Era de Ouro muitas vezes os retrata como vaidosos em excesso, ridiculamente orgulhosos. Vários anos depois dos infelizes acontecimentos em Marrocos, cronistas provavelmente acharam que tinham boas razões para depreciar seus presunçosos vizinhos, cujo comportamento parecia de acordo com as palavras de Juan de Borja, embaixador da Espanha em Lisboa na década de 1570: a corte portuguesa era irritadiça, ele contou a Felipe, rápida em perceber insultos imaginados, considerando todas as razões para um ato particular de negligência e erroneamente convencida de que a Espanha precisa dela mais do que o inverso.[65]

Consciente de sua índole agressiva, depois de 1580, Felipe tomava o máximo de cuidado para não antagonizar os portugueses mais do que o necessário, embora não houvesse dúvida em sua cabeça de que Portugal lhe pertencia e que sua aquisição era parte de um "passo vital no caminho da Espanha para o domínio global".[66] Era uma questão de herança dinástica e missão imperial. Era também uma questão de vontade divina. Mas Portugal e seu povo não eram o inimigo, e não fazia sentido considerar seus vizinhos ibéricos como súditos. A casa real portuguesa permanecia mais ou menos intacta, uma boa forma de integrar as elites naquele país. As leis portuguesas não podiam ser mudadas, novas taxas não podiam ser cobradas, os castelhanos não substituiriam os portugueses em postos civis ou religiosos, guarnições não podiam ser estabelecidas e o império português permaneceria português, embora todas estas condições começassem a definhar no final do século.

Amarrar com a mesma corda os protestos das décadas de 1580 e 1590, que, não obstante, ocorreram como atos de desesperada nostalgia por D. António ou por Sebastião, priva esses eventos de sua fértil mistura de motivações econômicas, religiosas e até imaginárias. A retórica de patriotismo talvez signifique muitas coisas. Explicar como impulsos nacionalistas a série de perturbações que teve início na década de 1580 e continuou intermitentemente durante os 60 anos em que Portugal foi governado pela Espanha significa responder a pergunta antes que seja formulada.[67] Similarmente, colocar o chauvinismo castelhano como a força motriz por trás das ações da coroa espanhola não pode explicar os complicados meios segundo os quais os monarcas governavam suas complicadas monarquias. O fato de Portugal acabar se rebelando em dezembro de 1640 não deve ser lido de trás para a frente para explicar a agitação, cujas motivações e origens se devem muito pouco ou nada ao que chamamos de nacionalismo.[68] Existem repetidas referências nos documentos ao ódio por parte dos portugueses, mas não tenho certeza se é possível levá-las ao pé da letra. Um pequeno indício de mentiras sensacionalistas sobre a crueldade castelhana – um defensor de António em Londres escreveu que Felipe havia ordenado que o presidente do Conselho de Castela estrangulasse e queimasse dois duques, dois condes, o bispo de Jérez e o arcebispo de Córdoba – sugere que eles estavam com falta de bom material e tinham de se esforçar muito para incitar o ódio contra os vencedores.[69]

A longa jornada de frei Miguel a Madrigal

Parecia haver um óbvio e intrínseco conflito entre os interessados em colocar António no trono e aqueles que propagavam histórias da sobrevivência de Sebastião. Mas as duas correntes pelo visto se fundiram ou pareceu lógico para alguns que elas poderiam ter se fundido. O arquiduque Alberto sugeriu que se tratava do mesmo povo e, como veremos, frei Miguel proclamaria o retorno de apenas um para arquitetar o retorno do outro. Sebastião estava escondido, disfarçado, aguardando o momento certo de voltar; e o mesmo fazia D. António, perambulando em sua própria espécie de deserto: as cortes reais europeias. Ambos esperavam o reconhecimento. Ambos estavam sozinhos, com ajuda apenas da bondade do clero.

Então, vamos agora para Madrigal de las Altas Torres, onde a figura chefe da conspiração era um frade português que havia trabalhado tanto para Sebastião quanto para D. António. Depois das primeiras semanas, não havia dúvida entre os juízes de que a trama fora urdida por frei Miguel de los Santos. Os juízes não precisavam entender seus motivos ou a lógica da trama, o que era uma sorte para eles porque, em vista das evidências que temos, ela não fazia muito sentido. Eles não tinham que imaginar o que frei Miguel pensava, quem era sua audiência ou por que ele achava que D. António era adequado ao trono. Tudo o que tinham que fazer era confirmar que ele estava tramando para afastar Felipe. Nossa tarefa é mais difícil e mais frustrante. Frei Miguel não teria chegado ao ponto em que estava se não houvesse sido muito inteligente, o que nos faz pensar que havia mais coisas do que sabemos. Deve ter havido. Mas não sabemos o que ele pensava a respeito da Espanha, de Portugal ou de patriotismo, ou como ele justificava o que fazia ou como harmonizava isso com sua fé e seus votos. Sabemos, simplesmente, que o juiz Llano e outros o achavam "muito inteligente e ladino".[70]

Miguel de los Santos provavelmente nasceu em Santarém, em 1537 ou 1538. O juiz Rodrigo de Santillán era de opinião que ele descendia de judeus (uma acusação frequente contra portugueses, embora a ancestralidade portuguesa de frei Miguel fosse muito curta), mas não parece haver qualquer evidência disso, e Santillán também achava que o frei era o demônio encarnado. "Não penso ter havido um homem de consciência tão demoníaca desde Judas", Santillán pronunciou. "Ele tramava enquanto dizia missa todos os dias. Por fora, executava atos de tamanha santidade que enganava a todos. O povo [em Madrigal] o tomava por um dos apóstolos, embora a verdade é que nunca o viram jejuar ou comer peixe em todo o tempo em que esteve aqui."[71] Em maio de 1591, Felipe II solicitou cartas de recomendação referentes ao recente e quase nomeado vigário de Madrigal, e temos o valioso testemunho de frei Agustín de Jesús, colega de frei Miguel por muitos anos durante seu treinamento religioso e pelo tempo em que eram estudantes em Coimbra. "Ninguém pode dar melhor testemunho do que eu sobre sua vida, costumes, conhecimento e habilidades", declarou Agustín, arcebispo de Braga. Frei Agustín sabia de fonte limpa que frei Miguel não tinha nenhum traço de sangue judeu nas veias; seus avós eram de Jeréz de los Caballeros e de Sevilha, no sul da Espanha, e se sentiam aparentados com o grande soldado Gonzalo Fernández de Córdoba. Depois que o avô matou o próprio primo, a família fugiu para Portugal, onde se estabeleceu no Algarve e teve dois filhos, um deles o pai de frei Miguel, que se casou com uma boa mulher. O futuro vigário foi criado numa família de bem; uma lista de profissões agostinianas dá como nomes de seus pais Diogo Fernandes Arjono e Inés Alvares de

Campos.⁷² Frei Miguel professou sua fé no Mosteiro da Graça em Lisboa, em 1554 (frei Agustín professou no ano seguinte), e se saiu muito bem, embora seu professor fosse mais tarde queimado pela Inquisição por heresias luteranas.⁷³ Ele era "um exemplo de virtude e religião", modesto e sério, segundo seu amigo de escola. Era um talentoso latinista, o melhor da classe em muitas matérias. Era também um renomado pregador, o que o levou a ser convocado para a corte real, onde trabalhou para Catarina, Sebastião, Henrique e D. António, em vários papéis religiosos. Embora nunca tivesse sido responsável por um mosteiro, foi eleito provincial da ordem em maio de 1574, numa idade inusitadamente jovem. Em maio de 1578, tornou-se prior do Mosteiro da Graça, onde, segundo alguns historiadores, se manifestou contra a iminente campanha africana.⁷⁴ Nem um só de seus sermões sobreviveu. Segundo alguns historiadores, ele foi o autor das cartas ao papa Gregório XIII em defesa do nascimento legítimo de D. António. Pouco antes da queda de Lisboa, em abril de 1580, foi eleito provincial uma segunda vez. Estava presente quando António foi aclamado rei em Lisboa e, como vimos, pegou em armas em Alcântara a seu favor.

Após a queda de Lisboa, foi feito prisioneiro em Coimbra. Felipe emitiu perdões preemptivos gerais, começando em meados de julho de 1580 e terminando com a exclusão de apenas 52 pessoas de sua anistia final, em 18 de abril de 1581.⁷⁵ Frei Miguel foi uma delas, considerado entre aqueles culpados demais para serem perdoados. Em agosto de 1581, o rei escreveu que havia primeiro pensado em mandar frei Miguel para Burgos, mas depois decidiu enviá-lo para um convento no reino de Toledo e pedia ao provincial castelhano dos agostinianos para dar uma sugestão. O mosteiro "deve ser seguro de modo que ele não possa sair ou se comunicar de nenhuma forma com ninguém fora do convento. E quanto à comida e necessidades diárias, ele deve ser tratado como os demais religiosos e permanecer ali até que Sua Santidade ou seu geral (sabedor de seus crimes) ordene o que fazer com ele".⁷⁶ Não sabemos quais eram as dúvidas de

Felipe ou qual foi a resposta do provincial, mas frei Miguel foi mandado para Salamanca, que não ficava no reino de Toledo, mas era o principal centro de aprendizado para a ordem agostiniana. Uma das testemunhas no caso Madrigal relatou que havia encontrado frei Miguel por acaso no mosteiro agostiniano em Salamanca, no final de 1581.[77] Dois anos depois, no Natal, frei Miguel escreveu uma carta untuosa de congratulações de Valladolid (*sic*) ao prior geral agostiniano em Roma a respeito de questões internas da ordem, na qual explicava que havia sofrido as acusações de "homens iníquos, em uma época perversa".[78] Após dois anos em exílio, um deles em "isolamento" (não está claro o que ele quer dizer), "fui agora devolvido à minha antiga liberdade por favor real", com a condição de não voltar a Portugal. "Tendo sido expulso de meu país, embora nesta província de Castela eu tenha sido tratado com muita dignidade e razoavelmente pelos padres da mesma província, não duvido de que vou permanecer aqui entre eles", disse. Mas ele também desejava ir para Roma, assim como para casa, em Portugal, o que requisitou com muita humildade, mencionando de passagem que havia sido provincial por duas vezes e professor em Coimbra e pedindo que o prior geral o ajudasse nesses desejos. Entretanto, em agosto de 1586, quando Felipe II escreveu ao prior do seu mosteiro instruindo-o para soltá-lo, ele ainda estava em Salamanca. Por alguma razão, o processo andava devagar. "Tendo sabido por padre Agustín de Jesús, vigário geral de sua ordem em Portugal, que frei Miguel de los Santos, natural desse reino e que reside em seu convento, tem se comportado de tal modo que merece clemência e bondade", o rei escreveu, "e tendo recebido uma solicitação do vigário geral, decidi conceder [a frei Miguel] permissão para ir para Portugal e estou escrevendo para informá-lo disso, de modo que possa permitir que ele saia quando desejar.[79] Portanto, o velho amigo de frei Miguel, Agustín, o estivera ajudando por uns tempos, embora possivelmente o prior geral em Roma não estivesse. Segundo o próprio frei Miguel, ele passou em seguida 10 meses na cidade portuguesa de Castelo Branco, equidistante entre

Salamanca e Lisboa.[80] Frei Miguel também contou que estava em Madri por volta de 1588 e, na verdade, outra testemunha, que trabalhava como criado do conde de Redondo, o nobre defensor mais fervoroso de D. António, relatou que, por volta de 1589, havia visto frei Miguel na sede agostiniana de San Felipe, em Madri, bem na saída das encruzilhadas da Puerta del Sol, um dos melhores lugares na Espanha para se ouvir notícias.

Nas belas palavras de Peter Burke, "O ponto crucial de contato e tensão entre o público e o privado eram as notícias".[81] Todas as cidades, pequenas e grandes, têm seus lugares onde as notícias são inventadas, canalizadas ou transmitidas. E o tipo de lugar, em geral, corresponde ao tipo de notícias. Rios onde as mulheres se reúnem para lavar roupa; bombas-d'água ou poços; a praça em frente ao palácio ou o tribunal; tavernas, moinhos, farmácias e mercados, todos atraem uma multidão com interesses específicos, redes sociais e rotas, e cada um pode marcar uma intersecção com o palácio, o convento, o tribunal, a estrada, o mercado e o campo de batalha. Puerta del Sol era a maior de todas as encruzilhadas espanholas. Era o centro geográfico exato do país, e os degraus do lado de fora de San Felipe, que logo seria conhecido como a loja de boatos (*mentidero*) de San Felipe, ficaram famosos como o ponto de origem de notícias e boatos. Cervantes, Vélez de Guevara e Quevedo, entre outros escritores, mencionaram os degraus, providencialmente situados próximos tanto de um grande mosteiro quanto da primeira agência de correio da Espanha, usada por indivíduos assim como pelo funcionalismo. A Calle de Postas começou (ainda está lá) bem ao lado de San Felipe (que não está). Algumas décadas mais tarde, oficinas imprimindo avisos, ou boletins de notícias, se estabeleceriam nestes quarteirões; na década de 1590, entretanto, a cultura de notícias impressas do tipo que vinha se desenvolvendo em Londres e Veneza ainda estava em segundo lugar com relação às cartas particulares e fofocas. *Ruídos* e *murmullos* (murmúrios) de reis renascidos, atrocidades castelhanas, freiras infelizes, aparições milagrosas e batalhas catastróficas nasciam ou ecoavam aqui.⁸² Ao contrário do que acontecia em outras capitais europeias, em Madri, os cortesãos, ministros e criados com frequência não moravam no palácio real. Portanto, carregavam com eles suas *novedades* enquanto atravessavam a cidade a caminho de casa. Soldados, em particular, tendiam a ficar flanando e a origem da palavra *mentidero* (de "mentir") poderia ser muito bem as histórias de bravura exagerada que trocavam entre si enquanto aguardavam novas missões, desperdiçavam o soldo no jogo ou se escondiam dos recrutadores. O pólen colhido no moinho de boatos de Madri seria disseminado por onde quer que os soldados fossem, o que era por toda parte.

Um segundo local para o tráfico de notícias em Madri, ou pelas vizinhanças de Calle León, perto da Plaza de Antón Martín, era onde se reuniam artistas e atores. A história do *pastelero* de Madrigal está cheia de disfarces, aparições de surpresa e uma preocupação em distinguir verdade de ficção, expedientes teatrais familiares às plateias da época. É impossível saber se nossos atores passaram por esses caminhos, mas é tentador encontrar por ali a inspiração para conspirar e também imaginar ressonâncias depois do fato ocorrido. Madri era o centro da atividade teatral na Espanha e a década de 1590 foi o início da grande era da *comedia*, o nome dado às obras dramáticas espanholas, de que Espinosa tanto gostava. Finalmente, esses centros de circulação, é óbvio, eram locais de reunião. Uma quantidade extraordinária de testemunhas neste caso contou aos juízes que tinha se encontrado com algumas outras testemunhas em um lugar na península, e não havia gente mais itinerante ou faladora do que soldados e clérigos. Gabriel de Espinosa era um soldado, e frei Miguel, um agostiniano; ambos foram vistos em Madri no final da década de 1580, e ambos mais tarde apareceram em Madrigal. Se notícias podiam ser transmitidas, planos também podiam ser urdidos.

Claro que frei Miguel não foi o único de nacionalidade portuguesa a ser transportado para Castela durante aqueles anos. Um de seus companheiros *exceptuados* – nome dado aos excluídos da anistia de Felipe – conseguiu escapar, pelo menos de início: foi o bispo de La

Guarda, João de Portugal. Segundo o diretor da Universidade de Coimbra, o bispo havia cruzado a fronteira para Castela disfarçado de serrador, com um grande serrote preso às costas. "Se tão pouca atenção se dá e não se pergunta às pessoas quem elas são, D. António poderia escolher o mesmo caminho", ele sensatamente alertou.[83] Escapar para dentro, e não para fora, do território inimigo, pode não parecer um movimento prudente, mas listas de prisioneiros mostram que a maioria da família do bispo (ele tinha quatro irmãos e sete irmãs) estava sendo transportada na mesma direção, portanto talvez ele quisesse permanecer perto deles. Seu irmão Francisco – terceiro conde de Vimioso, presente tanto em Guadalupe quanto em Alcácer-Quibir – morreu lutando por D. António nos Açores, em 1582, mas o irmão, Luís, foi feito prisioneiro no castelo do duque de Francavilla em Castela.[84] As mulheres da família do bispo, como quase todas as desta história, eram enviadas para conventos. Houve instruções para se tentar levar a mãe e as irmãs do bispo para o convento agostiniano em Madrigal, o que teria sido uma coincidência, mas isso não aconteceu, e não sei onde elas foram parar.[85] Parentes do lado feminino dos principais conselheiros de D. António (as esposas e viúvas de Diogo Botelho, Manuel Fonseca Nobreza e Diogo de Meneses entre eles), assim como as próprias filhas de António, foram distribuídas em conventos por toda a Espanha. Assim também foram os clérigos causadores de problemas, homens e mulheres, cuja chegada era anunciada por cartas de Felipe II aos priores e autoridades reais nas províncias ao longo do caminho, avisando-os de que prisioneiros sob guarda armada estavam passando por terra ou por mar.[86] Quanto ao próprio bispo de La Guarda, ele ganhou alguns anos disfarçando-se de serrador, mas em abril de 1585 foi capturado perto de Évora, desta vez vestido de eremita. Foi despojado do grau, dos benefícios e da nacionalidade, e condenado à prisão perpétua em Setúbal, onde morreu.[87]

Ao contrário do bispo, frei Miguel cumpriu sua sentença. De algum modo ele foi então para Madrigal de las Altas Torres, provavelmente logo depois de ter estado em Madri. No extremo norte da província de Ávila, Madrigal é uma cidade cuja localização e aparência não correspondem à importância de outrora. O confiável censo de 1591 relata 670 domicílios (aproximadamente 3.350 pessoas), comparados aos 2.826 em Ávila e 879 na vizinha Arévalo. Em 1751, de acordo com o importante censo de meados do século XVIII, conhecido como Cadastro de Ensenada, havia 357 moradias habitáveis.[88] Situado na agreste e bela planície castelhana, era um dos muitos postos avançados reais, instalados numa época em que as cortes estavam sempre mudando de lugar. A cidade ficou do lado de Carlos V durante a revolta dos *comuneros*.[89] O pai de Isabel de Castela tinha ali um pequeno palácio; o prédio mais tarde se tornou o convento onde frei Miguel então se estabeleceu. O convento fica na parte baixa da cidade, abraçando suas muralhas um dia magníficas, que ostentavam dúzias de torres construídas por seus antigos habitantes muçulmanos. Bem do outro lado das muralhas, havia um segundo mosteiro, antes habitado por freiras agostinianas. Depois que elas se mudaram para o palácio, em 1525, ele foi tomado por freis da mesma ordem. Apesar de abrigar a realeza, não era uma cidade luxuosa ou bela, e hoje é impossível imaginar os ricos e famosos reunindo-se ali. Nas palavras do juiz Juan de Llano, é "um lugar pobre e estéril".[90] Perto de Arévalo, ela fica a 25 quilômetros da que foi um dia a atraente cidade-mercado de Medina del Campo, e a mais 40 quilômetros de Valladolid pela mesma estrada. Seguindo para o oeste, são cerca de 70 quilômetros até Salamanca, e dali mais 100 até a fronteira com Portugal. A cidade situava-se, portanto, no centro de uma junção de estradas de intenso movimento, embora tráfego e negócios houvessem sofrido uma forte queda em décadas recentes. Medina del Campo, por exemplo, em 1561 tinha nove correios; em 1597, eram apenas dois, mais um agente do correio e um carteiro.[91] Mas Madrigal tinha acesso às notícias. Não estava isolada.

Obviamente, Felipe II cometeu um erro estupendo ao permitir que frei Miguel fosse indicado para um convento que abrigava um membro da família real, embora o mecanismo da verdadeira indicação tenha ficado confuso. O vigário contou a Juan de Llano que havia conhecido Ana de Austria quatro anos antes de ser indicado. "Ele falou com ela duas vezes, e isso deve tê-la feito desejar que ele fosse o vigário, o que conseguiu, embora ele não saiba por que razão, exceto que ela não estava contente com os últimos vigários", escreveu o juiz. Um resumo do depoimento de Ana diz que "por sua insistência, Sua Majestade ordenou que frei Miguel fosse o vigário".[92] A versão de uma crônica de ampla circulação, que se costuma chamar de *Historia de Gabriel de Espinosa,* relata que o agostiniano "fora preso e levado para Castela numa carruagem guardada por mosqueteiros e depois de muito tempo mostrara-se arrependido; Sua Majestade quis demonstrar-lhe a sua confiança e então [frei Miguel] pediu para ser indicado vigário do dito mosteiro e confessor de *doña* Ana".[93] O cronista Luis Cabrera de Córdoba escreveu que frei Miguel havia sido indicado vigário em Madrigal "por insistência de importantes fidalgos".[94] Em várias ocasiões, o provincial definidor, Juan de Benavente, insistiu que a indicação de frei Miguel era imprópria e que, de qualquer modo, excedia o termo estipulado de três anos. Llano também suspeitava de trapaça; provavelmente, em março de 1595, ele perguntou a María de San Vicente, a subprioresa, sobre um mandado papal que frei Miguel tinha ou havia tentado obter para um posto perpétuo. Ele também perguntou a frei Miguel quanto tempo ele estivera em Madrigal, como havia conseguido a indicação e por que, "visto ser ele português e esta província contar com tantos e excelentes freis da ordem que poderiam fazer o trabalho... e por que ele propôs vir para cá como vigário, sendo estrangeiro, e por que deteve o cargo por tanto tempo, quando é costume da ordem não permanecer no posto por mais de três anos".[95]

Apesar de tudo, frei Miguel era um brilhante teólogo, um líder hábil, uma personalidade carismática e uma pessoa cuja rápida promoção ao palácio de Lisboa foi bastante merecida. Ele não parece o tipo de homem a quem as coisas simplesmente aconteçam. Ele as fazia acontecer. E de algum modo foi parar em Madrigal. Pode ter havido intervenção real a seu favor; pode ter havido uma tentativa deliberada por parte de um dos inimigos de Felipe de colocar uma raposa no galinheiro. Podem ter tramado um plano durante as conversações em Madri. Ou, quem sabe, ele não tinha ideia de quem estava no convento e chegou ali por acaso, deparou-se com Ana e pensou: "Humm, o que posso fazer com isso?" Uma vez ali, talvez tenha arranjado para Gabriel de Espinosa chegar no verão de 1594 e se fazer passar por D. Sebastião. Ou talvez não. Talvez apenas tenha esperado, como Mr. Micawber em *David Copperfield*, "alguma coisa acontecer". Paciência era uma virtude, afinal de contas. E ele foi inexplicavelmente recompensado.

Conspiração no convento

O mandato de frei Miguel como vigário de Nuestra Señora de Gracia la Real terminou em 15 de outubro de 1594, quando ele foi colocado em prisão domiciliar. A princípio, ficou preso na casa de um oficial local, depois na de um padre da Igreja de San Nicolás, na praça principal da cidade e mais tarde na fortaleza de La Mota, em Medina del Campo. Ele era levado de barco até Madrigal para depor e voltava. Suas últimas semanas foram passadas em Madri, quase um ano mais tarde. Em seu primeiro depoimento (*confesión*), que começou às 5 horas da madrugada do dia 17 de outubro, o juiz Rodrigo de Santillán disse ao prisioneiro, depois de anotar "três páginas de mentiras e contradições", que ele seria torturado se não falasse a verdade. Então, o frei disse que seu companheiro preso era, na verdade, D. Sebastião. O monarca cumpria o voto que fizera depois da batalha de Alcácer-Quibir "por ter causado tanta ruína a seu reino e perdido tantos homens, fazendo o que ele queria, em vez de ouvir os outros". Santillán escutou tudo isto até duas horas da tarde, quando foi rudemente interrompido pelo provincial agostiniano, que irrompeu clamando jurisdição, e em seguida foi almoçar.[96]

Assim começaram os últimos 12 meses da vida de frei Miguel, durante os quais ele teceu mentiras e fez atraentes insinuações sobre a arquitetura e o propósito de seu projeto, levando os ministros do rei a vasculhar toda a península Ibérica em busca de confirmações. Com início em janeiro, quando realmente foi torturado, suas histórias mudavam quase sempre quando ele se encontrava com Juan Llano, o juiz apostólico que assumiu jurisdição sobre testemunhas eclesiásticas. Cada nova versão prolongava sua vida. Entre os muitos enigmas neste caso, um deles é o que um homem famoso por seu conhecimento e devoção pensava estar fazendo ao mentir descaradamente para uma freira. Pois o sucesso de seu plano (por falta de uma palavra melhor) dependia da colaboração não premeditada de Ana de Austria. Mentir, afirmava Juan de Aranda em sua enciclopédia da sabedoria de 1595, "é um dos vícios mais abomináveis que existem".[97] Como todos os outros que escreveram sobre a mentira naquela época, Aranda recorreu a Santo Agostinho, de cuja ordem, devemos lembrar, frei Miguel havia sido por duas vezes provincial. Agostinho escreveu dois livros sobre a mentira, nos quais foi firme: em nenhuma circunstância devia-se tolerar a mentira, escreveu o santo. Jamais, nem mesmo (especialmente nem mesmo) se estiver próxima da verdade, ou se o objetivo for louvar a Deus.

A primeira aparição do vigário no caso aconteceu com duas cartas que ele enviou ao *pastelero* Gabriel de Espinosa, que, sem o conhecimento de frei Miguel, fora preso em Valladolid, no dia 8 de outubro de 1594. As cartas, junto com outras duas de Ana, que veremos mais adiante, foram recolhidas por Rodrigo de Santillán antes que chegassem ao padeiro na prisão.[98] Eram intrigantes, para dizer o mínimo. Dirigindo-se ao prisioneiro como "Sua Majestade", frei Miguel atualizava-o a respeito do estado de saúde de sua senhora (*mi señora*), da menina e da babá, todas muito bem e desejando o retorno de Espinosa. A menina era a destinatária de lindas roupas e presentes. Ele dizia que sua senhora desejava que a babá e a criada desta deixassem a cidade. Ele se referia à esperada chegada de um grupo de homens disfarçados, prontos para provocar boatos na cidade, o que era uma grande preocupação. Os homens seriam liderados pelo criado de alguém que atendia pelo nome Barbara Blomberg e ficariam numa taverna, num vilarejo vizinho. Um se chamava D. Francisco, outro, D. Carlos, outro, Benamar, e Sua Majestade também estaria entre eles. Fala-se de uma iminente viagem, sente-se que algo complicado está para acontecer e que não deveria ser descoberto. "Meu rei, meu senhor", uma das cartas diz num determinado ponto, e nos perguntamos: por que ela foi escrita? A audiência das cartas acabou sendo os juízes, o rei e seus ministros, mas em princípio elas iriam apenas para Espinosa, que se presume soubesse quem ele era. A não ser, é claro, que ele devesse mostrá-las a outra pessoa.

Durante a primeira semana de novembro, Santillán manteve conversações preliminares tanto com Espinosa quanto com frei Miguel, nas quais o segundo insistia que o primeiro era Sebastião. O vigário havia rezado fervorosamente pela volta de Sebastião, e Espinosa sabia de coisas que só Sebastião podia saber, ele disse, fazendo com que tivesse quase certeza de que era verdade, embora admitisse que o monarca português aparecera quatro anos antes do final do voto de 20 anos de penitência que fizera ao viajar para Jerusalém.[99] Suas explicações, certezas e teorias foram confusas durante as primeiras semanas. Mas, quando Llano e o vigário se sentaram, no dia 18 de janeiro de 1595, para uma longa conversa cheia de interessantes revelações e mais mentiras, muito mais se sabia, oferecendo aos juízes uma base na qual fundamentar suas perguntas. A menina de 3 anos a que se referia em sua carta era a filha da babá, Inés Cid, que, de fato, era companheira de Espinosa. O nome da menina era Clara Eugenia. A identidade dos homens que teriam invadido a cidade disfarçados permanecia um mistério, embora D. Francisco revelasse ser o homem que Ana pensava ser seu irmão. Durante todos os meses de outono, Rodrigo de Santillán ouviu testemunhas civis e Llano (e autoridades agostinianas, que se acotovelaram para entrar) falou com as freiras. Entre eles, montaram um bom drama: pelo visto, Espinosa havia se encontrado diariamente com Ana no convento, falando através da *grada*, a grade que separava as freiras dos visitantes, distraindo-a e a suas amigas com histórias e promessas. As freiras adoravam a menina, a quem Ana chamava de *hija*. Como um mestre de cerimônias, frei Miguel parecia guiar os atores e dizia-se que ele havia supervisionado uma espécie de cerimônia de casamento entre Ana e o homem que ela acreditava ser seu primo, o rei de Portugal morto. Nas palavras do historiador britânico de início do século XX, Martin Hume, "a maldosa cidadezinha estava repleta de boatos" sobre os encontros de Ana e Espinosa.[100]

Frei Miguel nunca havia se encontrado com Espinosa antes que ele chegasse no verão, como garantira ao juiz em janeiro, negando a história de Espinosa sobre a queda de Lisboa.[101] Ele tinha certeza de que Sebastião estava morto, afirmava agora, e, na sua opinião, Espinosa era um mentiroso, embora ao mesmo tempo confessasse que no início chegara a acreditar um pouco nele e dissera a Ana que o padeiro parecia ser Sebastião, embora provavelmente não fosse. Na verdade, ele esclareceu, Ana obviamente queria acreditar que ele era Sebastião, assim ele disse a seu colega português frei Agustín de los Angeles (mais tarde preso) para contar a Ana que em Portugal muita gente pensava que Sebastião estava vivo. Ana, ele acrescentou, dissera a um juiz local (não relacionado com este caso) que ela não era realmente uma freira e que sairia do convento para reinar e governar. Fora ela que viera com a ideia de frei Miguel casá-la com Espinosa, o que o vigário fez, de pé ao lado da grade da igreja. Ele admitia agora que nunca devia ter consentido nisso, ou em pedir ao papa uma dispensa, sendo que a noiva e o noivo eram primos em primeiro grau, e ele implorava perdão. (A *Historia de Gabriel de Espinosa* acrescenta o detalhe de que Espinosa prometeu a Ana que conseguiria uma dispensa, "facilmente obtida pela realeza, e que não seria a primeira vez".)[102] O vigário e Ana haviam arranjado para Espinosa deixar a cidade por alguns dias, com a ideia de que ele viajaria até a fronteira com a França, via Valladolid, e se encontraria com os fidalgos, inclusive o irmão de Ana e alguém "que havia tomado posse da Inglaterra".[103] Quando Llano lhe perguntou por que não havia alertado Felipe II sobre o impostor, ele disse que imaginou que Espinosa desapareceria em breve. O criado de Ana, Juan de Roderos, também havia perguntado a frei Miguel por que Sebastião não anunciara a todos sua presença; frei Miguel contou a Llano que havia respondido a Roderos que Espinosa lhe dissera que tudo seria revelado assim que Felipe morresse.

Ana, que na primeira versão de Miguel organizara a maior parte da conspiração, ouvira a história do Dr. Manuel Mendes, a quem vimos pela última vez tratando do Sebastião ferido na cabana de uma montanha remota em Portugal. Como parte de seu esforço para confirmar que o primo Sebastião estava vivo, ela pediu ao médico português para ir até Arévalo, que estava precisando de um médico, e, imediatamente, ele foi. Mais tarde, Mendes contou a Santillán que fora "por ordem de frei Miguel" e conhecia o vigário "desde a época em que os dois frequentavam a escola em Coimbra".[104] No interrogatório de janeiro, quando frei Miguel ainda fingia que a presença real era ideia de Ana, ele contou a Llano que havia perguntado a Mendes se Espinosa lhe parecia ser o rei português, e Mendes respondera que não. Mendes foi preso quase imediatamente em outubro e passou todo o outono de cama, doente. Segundo sua última sentença, o médico insistiu nas funestas pretensões de frei Miguel, sempre afirmando que Sebastião estava morto; na verdade, disse, Ana não queria acreditar nele: "Vocês, portugueses, são tão fúteis que só porque ele está vestido assim não o reconhecem", Ana lhe dissera, desgostosa com sua falta de fé. Mendes contou a Santillán que agora achava que toda aquela história da fuga para a cabana nas montanhas havia sido "uma piada". Ele foi um dos poucos absolvidos.

No dia 7 de março de 1595, com ajuda de tortura, os juízes obtiveram mais informações de frei Miguel, e desta vez começou a surgir um quadro mais coerente.[105] A *Historia de Gabriel de Espinosa* parece uma versão dramatizada de acontecimentos reais, tanto aqui quanto em outras partes, mas seu relato do primeiro encontro de frei Miguel com os instrumentos de tortura conta a verdade, embora não apareça em lugar algum nos arquivos do caso. O agostiniano foi levado de Medina para Madrigal, onde os torturadores (carrascos, ou *verdugos*, com frequência faziam os dois trabalhos) tinham suas instalações prontas. Colocaram Miguel diante do ecúleo (*potro*) e outros equipamentos, e ele foi aconselhado (o panfleto usa sujeitos indefinidos no plural, embora o aviso deva ter vindo de Llano e apenas dele) a dizer a verdade, ou eles tirariam todas as suas roupas.

> Ele se manteve firme, dizendo que não tinha mais nada a falar. Aquele homem era D. Sebastião, era quem ele achava que era, conforme tinha dito antes, e nem torturas ou a morte o fariam falar mais nada, e se ele dissesse alguma coisa não seria a verdade. E com isso ele foi posto à prova e recebeu uma tortura brutal [*recio tormento*], que suportou como se fosse um jovem robusto, sem dizer mais nada, depois do que as cordas foram novamente esticadas e a tortura aumentou, e ele não pôde resistir, dizendo, afrouxem as cordas, vou falar, e foi isso o que aconteceu.[106]

Frei Miguel tinha sido o enganador, não o enganado, Llano confirmou ao rei, e o vigário ratificou sua confissão 24 horas depois da tortura, conforme exigido por lei. A *Historia de Gabriel de Espinosa* diz que o agostiniano havia passado os últimos doze anos procurando um sósia e plantando rumores de que Sebastião estava vivo. Segundo relatório de Llano, quando Espinosa chegou a Madrigal (o vigário continuou negando que eles tivessem se encontrado em Lisboa), frei Miguel viu certa semelhança entre ele e Sebastião. Então, propôs a impostura, dizendo que trabalharia para convencer Ana. Espinosa concordou. Frei Miguel contou a Espinosa coisas a respeito de Sebastião que apenas o próprio Sebastião saberia, que Espinosa em seguida contou a Ana. Lentamente, ao longo do verão de 1594, ele a fez acreditar que tinha um primo e, ainda mais importante para ela, um jeito de sair do convento.

> O dito frei Miguel levou Espinosa a encontrar e conhecer a dita *doña* Ana pela grade do mosteiro, contando a ela que estava disfarçado por causa de um voto que havia feito em Jerusalém de que não retornaria a seu reino durante 20 anos por causa da batalha que havia perdido na África. Embora a dita *doña* Ana demorasse a acreditar nele, frei Miguel esforçou-se tanto para persuadi-la e usou de tanta esperteza que ela finalmente se convenceu e, uma vez isso estabelecido, o dito frei Miguel lhe falou sobre casar-se com o dito Gabriel de Espinosa, comprometendo-se numa promessa de casamento, como foi feito. O dito Gabriel de Espinosa escreveu um documento assinado com seu nome como rei D. Sebastião e o deu à dita *doña* Ana na presença do dito frei Miguel e de *doña* Luisa del Grado, dizendo que a tomava como esposa. E ele deu o dito documento a *doña* Ana, tudo sob as ordens de frei Miguel.[107]

Esta parte da história não mudou muito depois desse ponto. Como o disfarçado D. Sebastião não pretendia se declarar antes da morte de Felipe II, o plano fora cortado pela raiz. Embora fosse escandaloso e traiçoeiro, deixara de ser arriscado. Por outro lado, durante essa mesma sessão com Llano, frei Miguel também falou sobre seus pretensos cúmplices e seus objetivos de longo alcance, que eram muito mais importantes. Antes, ele dissera que nunca havia se correspondido com ninguém em Portugal, exceto com alguns poucos prelados e com o arcebispo, que eram velhos amigos. Agora, revelava-se que havia. Estas histórias mantinham os juízes interessados e, portanto, o mantinham vivo, mas, como ele as modificava sempre, a tortura tornou-se uma característica regular de sua miserável existência. Em março, abril, maio, junho e julho, ele passou por repetidos interrogatórios, a cada vez contando uma novidade, a cada vez confessando ter feito as declarações anteriores, só porque estava sob tortura.[108]

Santillán falou várias vezes que essas repetidas sessões só pioravam as coisas; nas palavras de um secretário, Santillán acreditava que "perguntar a frei Miguel sempre as mesmas coisas só lhe dá oportunidade de mudar sua história". [109]

O envolvimento do pretendente

Desde o início, Rodrigo de Santillán suspeitava de uma conexão antoniana, o que faz sentido, visto ele saber que António estava vivo enquanto tinha certeza de que Sebastião não estava. Já em 12 de outubro de 1594, ele relatou que o *pastelero* detido, que a essa altura havia recebido na prisão as cartas de Ana e de frei Miguel dirigindo-se a ele como Sua Majestade, era provavelmente o próprio António, a quem, claro, ele jamais vira, nem mesmo em retrato.

"Penso que deva ser D. António", Santillán disse a Felipe, referindo-se a Espinosa, "porque nenhuma outra pessoa que se deixe ser chamada de Majestade poderia se esconder na Espanha por tanto tempo sem que sua falta fosse sentida em seu próprio país e porque este homem tem as marcas de distinção [señas] que dizem ter D. António; ele é um homem mais baixo do que alto, de rosto magro, olhos azuis, um deles com uma nuvem [provavelmente catarata] e tem por volta de 64 anos de idade." No mesmo dia, ele escreveu a Cristóbal de Moura: "Lembro-me de ver a descrição [señas] de D. António nos cartazes de procura-se, distribuídos durante a guerra."[110] Cinco dias mais tarde, frei Miguel também foi detido: "[frei Miguel] foi preso e exilado porque se correspondia com D. António durante a guerra de Portugal... Ele pregava para os reis de Portugal, e eu vos digo [escrevendo para Moura] que ele está longe de ser estúpido e, portanto, é impossível que o homem que estou mantendo prisioneiro [Espinosa] possa tê-lo iludido, dizendo ser D. António ou D. Sebastião."[111] Moura, que havia passado um bom tempo na corte portuguesa, evidentemente escreveu de volta, dizendo-lhe que Sebastião não poderia ter 64 anos (teria quase 41 anos) e que D. António não tinha o olho enevoado. Mas o pretendente tinha sessenta e poucos anos, portanto isso fazia algum sentido. Enquanto Santillán insistia que Espinosa era D. António, ele também dizia a Moura que frei Miguel, um homem sério e santo, havia dito que Espinosa era D. Sebastião. (Em um dos pontos mais bizarros do caso, frei Miguel bem mais tarde contou a Llano que Espinosa havia escrito para ele depois de ser preso, implorando a frei Miguel que dissesse às autoridades quem ele realmente era [querendo isso dizer qualquer coisa]. "Alguns disseram que ele era D. António e outros que ele era D. Sebastião, e outros que ele era Drake.")[112]

Retornaremos às impressões que os juízes e outros tinham de Espinosa, mas uma vez estabelecido que ele não era D. António, restava ainda o problema de determinar o verdadeiro envolvimento do pretendente. Desde que deixara Portugal de barco, ele não estivera ocioso. Passou o restante de sua vida indo e vindo entre França e Inglaterra, buscando ajuda financeira e militar, e ambas coroas o usaram como moeda de barganha em seu triplo empate com a Espanha. As ilhas dos Açores combateram a anexação espanhola até 1583; a resistência ali era em geral organizada pelo clero e em parte financiada pela França, cujo entusiasmo (António havia acenado com o Brasil como incentivo) diminuiu depois de uma derrota naval nas mãos do marquês de Santa Cruz, em junho de 1582. No ano seguinte, as ilhas portuguesas, que ocupavam uma localização estratégica para o comércio com as Américas, aceitaram o inevitável. Em 1585, António saiu da França e foi para a Inglaterra. A rainha Elizabeth não estava disposta a irritar Felipe, ajudando o homem que desejava derrubá-lo do trono português, mas também queria manter António em seu arsenal de vexames espanhóis, de modo que saldou-lhe as dívidas e o deixou satisfeito. Depois de 1588, quando a Inglaterra impôs uma notável derrota à Armada espanhola, Elizabeth pôde ser mais generosa. Dando ouvidos às garantias de D. António de que o povo de Portugal se levantaria em fúria caso fosse lançado um ataque antifelipino, ela concordou em ajudar a patrocinar esse ataque, liderado por Sir Francis Drake, um desastre que saiu caríssimo. Em abril de 1589, Drake perdeu tempo saqueando La Coruña a caminho de Portugal, irritando ainda mais Felipe, que se mantinha bem informado sobre os planos de Drake, porque tinha espiões nos círculos de D. António. Quando os britânicos chegaram a Lisboa, encontraram as ruas desertas, em vez das multidões de partidários que esperavam, embora Cabrera de Córdoba relatasse que mais de 300 clérigos e freis uniram-se ali aos atacantes, provavelmente não era o tipo de apoio que os invasores imaginavam. Os navios britânicos foram incapazes de manobrar subindo o Tejo, portanto, desencorajados e irados, eles recuaram, saqueando Vigo no caminho de volta.[113]

Felipe estava muito interessado na eliminação física do pretendente potencialmente perigoso. Mesmo antes de António fugir de Portugal, o ex-embaixador, Juan de Silva, havia pensado em medidas drásticas: "Deve-se chegar a uma conclusão, se ele vai morrer ou não, e se vai morrer, como e de que modo isso deve ser resolvido", escreveu. Afinal de contas, António era primo de Felipe e um clérigo. Opções foram consideradas: decapitá-lo onde fosse capturado, ou talvez levá-lo até o Porto e realizar o ato em sua própria casa, de modo que ninguém pudesse ter dúvidas a respeito. (Um nobre português retornando dos mortos já era o suficiente.)[114] O manifesto publicado de António, sua apologia, acusava Felipe de mandar muitos castelhanos e portugueses para a França a fim de tentar matá-lo, o que provavelmente era verdade.[115] O embaixador de Felipe em Londres, Bernardino de Mendoza, mantinha o rei bem informado sobre as atividades de António ali. Na França, o Tratado de Joinville, de 1584, prometendo aos espanhóis ajuda para a Liga Católica, incluía uma cláusula exigindo que o duque de Guise devolvesse o pretendente português à Espanha, caso ele fosse encontrado. E o principal agente de António na França, Antonio de Escobar, codinome Sampson, estava, na verdade, na folha de pagamento de Felipe.[116] Mensageiros e espiões faziam viagens regulares de ida e volta entre Portugal, Inglaterra e França e todos estavam sob controle. Em 1587, Juan de Idiáquez, um dos principais assessores de Felipe, mais uma vez sugeriu ao embaixador Mendoza que António fosse morto. Mendoza respondeu numa carta que seria fácil matar seus criados colocando veneno em sua cerveja, mas que o pretendente mantinha suas libações em separado. "Dois ingleses se ocupam com a questão agora; e eles dizem que, tendo em vista que D. António visita com frequência uma condessa que mora perto do vilarejo onde ele está, encontrarão alguma oportunidade de lhe dar um gole", escreveu em março de 1587.[117]

Oito anos mais tarde, durante a investigação, surgiram evidências de que o homem, a essa altura de novo na França, havia estado em Madrigal de las Altas Torres. Num inquérito que durou dois dias, em 19-20 de outubro, conduzido pelos agostinianos e não pelos juízes, as freiras foram todas interrogadas a respeito de pensarem ou terem ouvido falar que o padeiro que cortejava Ana era D. António disfarçado – ou seu criado, ou seu espião –, e se elas sabiam se D. António havia estado algum dia em Madrigal.[118] Várias das mulheres confirmaram que pensavam ou tinham ouvido falar que o padeiro era, na verdade, nas palavras de María Belón, "D. António ou algum outro príncipe". Ana de Espinosa (sem nenhuma relação com Gabriel) havia escutado no convento que o padeiro era espião de D. António, mas ela achava que era uma enorme mentira e não lembrava quem lhe havia contado. Ela ainda havia escutado no convento que as pessoas na cidade estavam dizendo que D. António visitara o padeiro, mas ela também não acreditava nisso. Augustina de Ulloa, Inés de Cangas e María Belón igualmente haviam ouvido dizer que o padeiro hospedara António em sua casa. Augustina de Ulloa escutara de outra freira, Isabel Manjon, que soubera disso numa carta postada a seis léguas de distância, que Ana de Austria estava se correspondendo com D. António; ao lhe pedirem para confirmar a informação, Isabel Manjon esclareceu que a carta viera apenas de duas léguas de distância, era de seu irmão, um frei agostiniano chamado Alonso Gutiérrez, que morava na cidade de Cabezas (provavelmente Cabezas de Alambre) e por alguma razão havia relatado à irmã que ali se dizia que Ana e D. António estavam em contato.

No dia 21 de março de 1595, um sumário da confissão de frei Miguel na véspera declarava o objetivo da conspiração com bastante clareza e confirmava que as freiras sabiam do que estavam falando: "As intenções e motivo desta questão é criar rumores de que Espinosa era o rei D. Sebastião e aí, depois de persuadir o rei [de Portugal] e incitá-lo, convocar D. António e coroá-lo rei de Portugal, e Espinosa trabalharia para ele, ou D. António veria o que fazer com ele, desde que não o matasse."[119]

Mas para qualquer uma dessas coisas funcionar, D. António tinha que aprovar o plano em primeira mão. (Segundo a *Historia de Gabriel de Espinosa*, o pretendente permanecia do outro lado da fronteira, aguardando notícias de frei Miguel de que tinha encontrado um bom sósia; o sósia viajaria então para a França a fim de se encontrar com o verdadeiro, que poderia ter sido o que Espinosa estava fazendo em Valladolid quando foi preso.)[120] Portanto, o vigário contou a Llano, António parou em Madrigal, a caminho da Inglaterra para Portugal, via Galícia. Frei Miguel marcou a visita escrevendo a frei Alvaro de Jesús, procurador da Ordem de Santo Agostinho, que passou a carta a Manuel Tavares, um mercador de Lisboa que garantiu que ela chegasse a D. António. (Frei Alvaro foi usado como correio em mais de uma ocasião; supostamente ele também recebia e enviava cartas que frei Miguel e Ana mandavam a frei Antonio de Santa Maria, um importante agostiniano, membro do clã Alencastro, tio do duque de Aveiro e futuro bispo.) O pretendente chegou a Madrigal em 20 ou 21 de agosto de 1594, disfarçado (*desfrazado*) numa roupa multicolorida, coberta por um manto manchegano; outro interrogatório se refere ao visitante como "disfarçado, o rosto coberto por uma capa colorida ou cor de púrpura". [121] Ele e um dos seus companheiros, um frei franciscano chamado Diego Carlos, que não usava o hábito usual, hospedaram-se numa hospedaria na cidade. Frei Miguel estava passeando perto do convento quando D. António aproximou-se dele, retirou a capa, e os dois velhos amigos se abraçaram e em seguida fizeram uma longa caminhada pelos arredores da cidade. O pretendente contou a frei Miguel que esta era a terceira vez que ele estava na península Ibérica desde que partira em exílio. Enquanto caminhavam, o vigário explicava o plano, segundo o qual Espinosa se casaria com Ana e reivindicaria o trono, depois do que António o exporia como uma fraude e lhe daria destino. António disse que o plano era bom e que, apesar das dificuldades, desejava participar. Ele concordou que seus seguidores ficassem sabendo que ele tinha visto Sebastião vivo em Madrigal. Dois dias depois, ele e seus companheiros de viagem encontraram-se com o vigário na cela do frei por uma hora e todos concordaram em ir em frente. (Uma das freiras que prestaram depoimento em outubro, María del Portillo, disse que sabia do encontro porque Rodrigo de Santillán havia falado a esse respeito assim que entrou no convento para iniciar a investigação; não está claro como Santillán soube disso tão cedo.) Mais tarde naquela noite, eles se encontraram de novo na cela e depois partiram para os campos ao redor, onde caminharam até as duas ou três horas da madrugada, aparentemente cruzando caminho com o padeiro. "D. António disse [a frei Miguel], muito feliz e rindo, que havia visto Espinosa sem que o padeiro soubesse, e embora suas *señas* não fossem semelhantes às de D. Sebastião, outros fatores garantiriam que o plano tivesse sucesso." (Numa versão posterior, em 23 de junho, frei Miguel afirmava que alguém do grupo de D. António na verdade visitara Espinosa em sua casa.)[122] O séquito deixou a cidade no dia seguinte sem ter sido identificado: "Em Madrigal, [D. António] foi tão cuidadoso que aqueles que o acompanhavam fingiram ser vendedores de linho, transportando suas mercadorias debaixo do braço", disse frei Miguel mais tarde.[123] Nas semanas subsequentes, uma série de cartas entre António, seus seguidores e frei Miguel supostamente estabeleceu a rede que guiaria a conspiração.

Rodrigo de Santillán finalmente estava satisfeito. "Este bolo parece ter mais camadas do que pensávamos", ele escreveu a Cristóbal de Moura, "e agora tudo que temos a fazer é torturar bem aqueles dois mercadores lisboetas e descobrir onde está D. António".[124] Mas existem muitas razões para este cenário ser implausível. Se um correspondente Fugger pôde escrever em outubro de 1587 que o pretendente, disfarçado, estava indo da Inglaterra para Constantinopla via Danzig e Moldávia, e dali viajaria para Cairo, Pérsia e Índia, então a perspectiva de ele ir a Madrigal seria menos problemática.[125] Mas se D. António estava interessado em ficar com o trono, é difícil acreditar que ele escolhesse uma rota tão arriscada e indireta como a descrita pelo vigário. É pouco provável que o pretendente de 63 anos estivesse viajando até Portugal, muito menos via Madrigal. Segundo o sempre razoável Juan de Silva – a essa altura conde de Portalegre, capitão-geral e um dos cinco governadores de Portugal –, que em maio estava em Lisboa investigando uma extensa relação de supostos cúmplices de frei Miguel e o contínuo ruído clerical em favor de D. António, não se pode provar uma negativa, por mais inacreditável que seja. Isso dito, Silva fez o melhor que pôde, sugerindo que o rei examinasse bem o calendário de António, o que certamente estava dentro da capacidade do rei e de seus espiões. Era mesmo possível que ele tivesse feito esta viagem entre junho e setembro?, Silva perguntava. "Se Vossa Majestade sabe por alguma fonte que D. António estava na França ou na Inglaterra durante estes quatro meses, então o frei obviamente está mentindo. Penso que ele deva ser interrogado de novo sobre esse ponto."[126] O que ele foi, repetidas vezes. Frei Miguel rapidamente desmentiu a história, colocando a culpa em seu medo da tortura, embora a reafirmasse quando Llano anunciou uma nova série de interrogatórios e ameaçou matá-lo de fome.[127] Em julho e agosto, ele novamente se retrataria. Llano, deve-se observar, acreditava que D. António havia estado em Madrigal e se ressentia profundamente com as conjecturas de Silva, feitas de longe. Na opinião de Silva, o acompanhamento no que dizia respeito à história da visita de D. António e sua suposta rede de defensores tinha sido insignificante, e se um juiz português (em vez de Llano, supõe-se) estivesse encarregado, a verdade rapidamente teria vindo à tona. Llano pediu licença para discordar: "Faz sentido que as coisas acontecessem assim porque, em vista do mínimo sentido, possibilidade e consideração com os quais D. António tem conduzido todos os seus assuntos, parece que devemos julgar estas e outras ações de semelhante modo, especialmente porque é provável que ele não esteja sendo bem recebido em outros lugares... A incredulidade do conde quanto às confissões de frei Miguel resulta de ele não conhecer os fatos básicos sobre a questão."[128]

O espectro de uma rede de contatos

Felipe II e seus assessores queriam determinar até que ponto D. António estava envolvido na trama de frei Miguel, mas, em vista da crescente probabilidade de que o próprio pretendente não estivesse envolvido, eles também precisavam descobrir que tipo de rede de apoio o vigário tinha. Começando em janeiro de 1595, as confissões de frei Miguel incluíam tantalizantes listas de visitantes, correspondentes e mensageiros.[129] Um dos companheiros de D. António quando ele foi a Madrigal era, disse o vigário, Francisco Gomes, que trabalhava para o conde de Redondo. Manuel Tavares, o mercador que supostamente atuou como um conduto em Lisboa, revelou na verdade ser um advogado de nome Antonio Fonseca, na casa de quem D. António ficou e que era um conhecido de frei Miguel de seus dias em Salamanca. Em 9 de março, frei Miguel citou Francisco Mascarenhas, Juan Coutinho e Martín de Alarcón, todos membros de nobres famílias portuguesas. Mencionou também o duque de Aveiro (Alvaro de Alencastro, um descendente dos Lancasters ingleses; o duque anterior, que estava na reunião em Guadalupe, foi morto em Alcácer-Quibir), Rodrigo de Noronha, Jorge Barbosa e Alvaro de Medeyros. Alvaro de Jesús, o agostiniano que supostamente notificara Tavares (agora Fonseca), também havia enviado uma carta com as notícias para Jorge de Albuquerque, em Goa. Lamentavelmente, frei Miguel havia queimado todas as respostas e nunca as mostrara a Espinosa, como contou aos juízes. Portanto, não havia evidências materiais dessa correspondência.

No dia 22 de maio, ele retirou alguns nomes: "Transtornado em consequência da tortura, ele havia dito ter escrito a Rodrigo de Noronha, Jorge Barbosa e Alvaro de Medeyros, mas na verdade não havia escrito para eles nem eles haviam respondido, o que ele afirma para aliviar sua consciência. Mas escreveu para o restante e eles responderam, conforme declarou." Mas também acrescentou novos nomes: o conde de Monsanto (da família Castro), Juan González de Ataíde, Luís de Portugal (irmão do bispo de La Guarda), o arcebispo de Lisboa, Antonio de Melo e um homem em Lisboa chamado Manuel Mendes, que não era o mesmo Dr. Manuel Mendes que supostamente havia curado Sebastião. D. António garantira a frei Miguel que o duque de Aveiro, o conde de Redondo e D. Luís estavam a bordo. D. António planejava ir a Paris poucos meses depois de sua visita a Madrigal para se encontrar com *"el de Béarne"*, também conhecido como Henrique de Navarra, Henrique IV, rei da França, em quem o pretendente depositava grandes esperanças. A correspondência entre todos esses homens era constante e fluida, o vigário indicou, e as cartas de D. António eram assinadas com o nome de frei Juan Peregrino (João, o Peregrino), "sua assinatura usual entre os amigos desde que desapareceu".[130] No dia 23 de junho, frei Miguel tirou Melo da lista: "Pensando melhor, e para aliviar sua consciência, ele afirmou que Antonio de Melo, um residente de Lisboa, um daqueles a quem ele escreveu, respondeu apenas que ninguém jamais o escutaria [Melo] dizer que o rei D. Sebastião estava vivo porque ele o vira na batalha da África num tal estado e correndo tamanho perigo que, a não ser que uma nuvem descesse dos céus e o erguesse, era impossível escapar."[131]

Estes homens, que supostamente haviam sido alertados de que Sebastião fora descoberto vivo em Madrigal, ou que sabiam da impostura, eram todos cúmplices plausíveis. Alguns, como Luís de Portugal, haviam sido *exceptuados*. O conde de Redondo, João Coutinho, fugiu de Alcácer-Quibir com o malfadado Muhammed, embora tenha ido mais longe do que o usurpado rei marroquino.[132] Redondo também lutou contra as forças castelhanas em 1580 e foi capturado depois da queda de Lisboa, mas solto. Em seguida, o conde esteve envolvido na fracassada rebelião de 1589 (quando Drake chegou), como Juan Gonzáles de Ataíde, e foi preso de novo. O ajudante de Redondo, Francisco Gomes, que supostamente acompanhou D. António a Madrigal, era um mercador, nascido, curiosamente, em Asilah, a cidade marroquino-portuguesa que serviu de base para a infeliz campanha militar de Sebastião. Gomes, revelou-se, tinha dois irmãos agostinianos que haviam vivido no velho mosteiro de frei Miguel, em Lisboa, embora agora estivessem nas Índias. Seis anos antes, ele falara com frei Miguel em Madri, em San Felipe, quando estivera lá para supervisionar os processos do conde. Mas, em seu depoimento depois de preso, ele insistiu que não teve nenhuma correspondência com frei Miguel nem com D. António.[133] Rodrigo de Santillán entrevistou os donos das hospedarias onde os visitantes de frei Miguel supostamente ficaram, e eles confirmaram que os "disfarçados portugueses" haviam mesmo chegado em julho de 1594, pedindo orientação para chegar até o convento (que é difícil não se avistar). Os donos da hospedaria não sabiam quem eram os homens, mas os viram sair a pé da praça da cidade, onde ficava a hospedaria, para se encontrarem com frei Miguel.[134]

No último dia de agosto de 1595, quando estava preso em Madri e os dois suspeitos portugueses, Gomes e Fonseca, haviam testemunhado não ter nada a ver com ele, o ex-vigário decidiu botar para fora toda a história. Todas as suas sete confissões passadas eram falsas. Na verdade, ele disse, D. António nunca havia estado em Madri, e ele (frei Miguel) não tinha cúmplices. Nenhum.[135] Mais uma vez ele atribuiu suas mentiras passadas ao medo da tortura.

A lógica das regras da tortura estava sendo testada, como Llano muito bem reconheceu. "A lei dita que aqueles que negam suas confissões podem ser mandados de volta para mais tortura [*tormento*] a fim de fazê-los falar a verdade", ele escreveu ao rei, "mas se mandarmos frei Miguel de volta, ele ratificará suas confissões anteriores e negará o que diz agora, como tem sido sempre o caso. Portanto, penso ser melhor encerrarmos a questão de uma vez por todas porque parece que ele muda a história apenas para prolongar a questão."[136] Confissões obtidas por meio de tortura eram inadmissíveis como evidência, um princípio incluído no código medieval de leis de Castela, as *Partidas*. Daí a necessidade de que os réus ratificassem a informação no dia seguinte. Como cientistas que precisam replicar resultados, os juízes tinham que replicar confissões, e mudanças nos depoimentos necessariamente levavam a uma nova série de inquéritos e tormentos. Estritamente falando, a tortura não era uma punição, mas uma utilidade. Era um meio, o único meio, de confirmar algo para o qual as provas eram incompletas. Certas pessoas costumavam estar isentas de tortura; entre elas incluíam-se os nobres, os doutores em leis, as mulheres grávidas, os muito jovens, os muito velhos e o clero. Mas certos crimes não admitiam a isenção, e o crime de lesa-majestade era um deles. Se um clérigo fosse torturado, poderia ter o privilégio de carrascos clericais, mas não necessariamente. Um manual do século XVII afirma que, embora se pudesse pensar ser indecente para um leigo colocar as mãos num clérigo, "seria muito mais indecente para um clérigo exercer uma função tão vil". No nosso caso, Llano, cujos títulos incluíam o de capelão de Sua Majestade, membro do capítulo da catedral de Oviedo e comissário do Supremo Conselho da Santa Inquisição, supervisionou a tortura de frei Miguel; quem, na verdade, torturava os réus principais eram carrascos ou pregoeiros públicos. Um notário também estaria presente. Existem referências a cordas de girar ou apertar, que sugerem o *potro*, o instrumento mais comum depois do século XVI, embora as cortes se queixassem, na década de 1590, de "novos tipos de tormentos requintados, ao mesmo tempo cruéis e extraordinários e jamais imaginados pela lei".[137]

A culpa de frei Miguel ficou logo estabelecida; ele foi interrogado e torturado repetidas vezes – sempre apenas sob as ordens do rei – unicamente para obter os nomes de seus cúmplices. Eles, junto com a filhinha de Espinosa, eram o que fazia o caso ter importância para Felipe II, pois neles depositava-se potencial ameaça a seu governo. Em janeiro, uma vez conhecidos os fatos básicos da conspiração, Moura e Juan de Idiáquez escreveram um memorando dizendo não haver mais necessidade de torturar ninguém, visto que a identidade dos principais estava estabelecida: "Agora, a verdade é bem conhecida, e o mundo será convencido mais por confissões judiciais obtidas sem força do que por aquelas conduzidas sob tortura, de que os maliciosos duvidarão", escreveram.[138] Mas o rei não estava satisfeito, e em março redigiu uma série de instruções e notas com referências a como deveria ser feito o interrogatório. A esta altura ele sabia que Gabriel de Espinosa em geral dizia a verdade, e que frei Miguel em geral mentia. Mas frei Miguel também havia mentido a Espinosa, possivelmente contaminando seu depoimento. Perguntem a Espinosa quando foi que frei Miguel lhe contou sobre as cartas aos cúmplices portugueses, Felipe instruiu os juízes. Façam a mesma pergunta a frei Miguel. Perguntem-lhe se ele mostrou as cartas a Espinosa (vimos que ele não mostrou). Perguntem-lhe por que ele tinha tanta pressa em contatar todas essas pessoas e como lhes ousou escrever sobre o casamento de Ana e Espinosa, se isso não era nem uma parte necessária do plano e só o colocava em risco. Digam a frei Miguel "para falar a verdade, não perturbar mais sua consciência com outros crimes e confessar se o que ele diz sobre os cúmplices é invenção, tal como as revelações, e se ele contou tudo isso a Espinosa só para encorajá-lo, e se ele está agora dando falsas evidências com esses nomes, pensando que isso o ajudará a escapar ou a adiar o caso".

Perguntem-lhe, finalmente, como um homem capaz de raciocinar, especialmente um homem culto como ele mesmo, o que ele pensava realizar com um caso tão emaranhado e o que ele pensava estar fazendo, elevando um assunto tão mesquinho a uma condição tão alta, com tantas dificuldades. E se, por acaso, sua intenção era usar essas histórias para enganar e atrair pessoas mais simples e mais crédulas, e depois, uma vez provocada a agitação, livrar-se do homem que estava sendo usado como isca e aderir a uma revolta em prol de D. António.[139]

Em algum ponto, entretanto, as perguntas tinham que cessar. O presidente do Conselho de Castela, o organismo mais alto de justiça real do reino, que entrou no final como uma formalidade, escreveu no dia 7 de setembro de 1595: "De modo algum pode-se acreditar que este frei criou esta extraordinária invenção sem incluir aqueles que podiam ajudá-lo. Ele não teria conseguido [sem ajuda] e é possível que pretendesse se comunicar com eles mais tarde." Mas isso realmente não importa mais, concordou: "Seja feita justiça."[140]

Um bandido que se tornou espião e se vestiu de frade

Um dos aspectos mais estranhos neste caso é a possibilidade de Antonio Pérez também estar envolvido. Pérez foi secretário de Estado de Felipe II e uma das principais figuras, ao lado de Ana de Mendoza, princesa de Eboli, de uma das duas facções que dominaram a corte de Felipe na década de 1570; a outra era liderada pelo duque de Alba. Num dos maiores escândalos do reinado de Felipe, Pérez organizou o assassinato de Juan de Escobedo, secretário de D. Juan de Austria, meio-irmão de Felipe. Felipe concordou com o assassinato, mas depois da morte do meio-irmão ele percebeu que Escobedo fora morto injustamente. Em 1579 (em meio às manobras políticas antes da anexação portuguesa), Pérez e a princesa de Eboli foram presos. Mas Pérez tinha provas de que o rei era cúmplice na morte de Escobedo, colocando Felipe numa posição constrangedora. Em 1590, Pérez escapou do cativeiro e fugiu (disfarçado) para Aragão, onde a lei do rei não poderia alcançá-lo; a fuga para Aragão foi um tropo na literatura castelhana, cujo paralelo na história de Madrigal é refugiar-se em Béarn, do outro lado da fronteira com a França. Pérez foi acusado de heresia, permitindo a intervenção da Inquisição, cuja jurisdição estendia-se até Aragão. Em maio de 1591, quando estava sendo transferido de uma prisão para outra, novamente escapou, e Aragão revoltou-se contra Castela, a rebelião mais grave na Espanha do século XVI, excetuando-se a revolta dos *comuneros* em 1520. As perturbações antirrealistas, abafadas somente depois que Felipe enviou cerca de 17 mil soldados castelhanos a Aragão (quase tantos foram necessários para anexar Portugal), foram detonadas pelo caso Pérez, mas tinham raízes profundas na insatisfação com impostos e questões constitucionais, assim como no conflito de classes na região. Como prior do Crato, Antonio Pérez, passou o resto de sua vida indo e vindo entre as cortes da Inglaterra e da França, levantando fundos, organizando invasões fracassadas a sua terra natal, escrevendo suas memórias (publicadas em 1592) e espreitando por trás das ideias de Felipe. A princesa Ana de Eboli, filha do duque de Francavilla e viúva do nobre português Ruy Gomez da Silva, era um importante membro do clã Mendoza e objeto de eterno ódio do rei e de muitos de seus ministros. Ela passou os últimos 13 anos de sua vida em prisão domiciliar.

Os vínculos de Antonio Pérez com a conspiração de Madrigal são obscuros, provavelmente inexistentes. Ele e o prior do Crato, ambos exilados, certamente estavam interessados na existência um do outro e, até certo ponto, como inimigos de Felipe II, eram aliados naturais, embora também competissem pelo mesmo apoio. O médico que relatou de Londres que Felipe havia ordenado o estrangulamento e a queima de nobres e bispos talvez não tenha sido uma das fontes mais confiáveis, mas ele também disse que Antonio Pérez havia se encontrado secretamente (*sic*) com o rei da França, o que eram "boas-novas para o rei nosso senhor", isso é, D. António.[141] Quando Antonio Pérez estava em Pau (França), supostamente escreveu para

D. António, em Portugal, propondo que juntos incentivassem a rainha Elizabeth a atacar a Espanha.[142] Os dois Antonios conviveram por algum tempo no Eton College, na companhia do Dr. Lopez, um judeu português que mais tarde foi executado por traição.[143] D. António favorecia cortesãos vestidos com hábitos de monge (o embaixador veneziano relatou a prisão desses freis em fevereiro de 1591), de modo que não seria de surpreender que Pérez usasse semelhantes métodos ou que eles, de fato, compartilhassem mensageiros.[144]

Um desses homens, Bernardo del Río, testemunha das mais fascinantes no caso Madrigal, colocou os dois Antonios juntos em Toulouse.[145] No início de fevereiro de 1595, oficiais em Olmedo (35 quilômetros de Medina del Campo em linha reta) recolheram dois freis suspeitos, que pareciam estar viajando juntos, embora um deles caminhasse poucos dias atrás do outro. As prisões deflagraram um escândalo estrondoso, exatamente o que os juízes não queriam, quando começou a se falar que eles eram espiões pagos pela França. Houve também muito estardalhaço quando os agostinianos reivindicaram jurisdição, depois que Del Río requisitou-lhes a intervenção. Devido à possível conexão dos dois freis com a França, e aos bem conhecidos vínculos do provincial agostiniano com Navarra e com a França (sobre os quais falaremos mais tarde), Santillán imediatamente informou ao rei sobre a questão e fez uma primeira série de interrogatórios com os freis presos em Medina. Nessa conversa, Del Río disse que caminhava de Segóvia até Ávila (aparentemente pegando o caminho mais longo), onde precisava esclarecer sua condição na ordem a que pertencia. Quando lhe ordenaram que lesse o texto de um livro em latim, ele explicou sua deficiência linguística dizendo que na França não se exigia que aqueles que exerciam sua profissão tivessem competência em latim. Santillán então passou para outros assuntos (o mês de março transcorreu com ele interrogando Espinosa e frei Miguel) e só em abril ele retornou aos monges, que permaneciam trancados.

O primeiro, Francisco Montenegro, revelou-se um vagabundo (embora na verdade um frei) que vivia de esmolas e não oferecia nenhum interesse. Mas o segundo, Del Río, era outra questão. Vestia-se como um frei leigo trinitário, mas havia pedido ajuda aos agostinianos. Primeiro dissera que era catalão, mas Santillán achou que era galego disfarçado de português. De fato, era francês. Esta era sua história, que ele contou sob tortura e mais tarde ratificou. Em suas viagens pela Espanha, quando estava em Torrelaguna, ao norte de Madri, encontrou outro trinitário que detectou logo a fraude. O verdadeiro trinitário levou o falso pelo braço na direção de Alcalá de Henares, onde a questão seria resolvida na sede da ordem. Mas, ao atravessarem uma ponte, Del Río jogou fora um maço de cartas. Os trinitários lhe ordenaram que parasse de usar o hábito deles, mas em algum momento depois disso Del Río deve ter se juntado a Montenegro e mais uma vez vestiu-se de frei. Mais ou menos nessa época, ele foi visto em Segóvia, falando um bom francês. A verdade, ele contou ao juiz, é que ele não era frei. Era um ex-bandido. O prisioneiro, de 34 anos, contou a Santillán que sua gangue em Zaragoza, liderada por um tal de El Pintado, participara do tumultuado e bem-sucedido esforço para livrar Antonio Pérez de seus carcereiros inquisitoriais, em 1591. Del Río chamou a atenção de Pérez durante a desordem (segundo a versão de Santillán, "Antonio Pérez gostou desse Bernardo quando o viu comportar-se como um verdadeiro homem") e o bandido juntou-se à comitiva que acompanhava o desgraçado secretário real até a França. Ali, em Béarn, eles ingressaram na corte da irmã de Henrique IV, Catherine, referida como Madama. Isso foi no finalzinho das guerras religiosas francesas, quando Felipe mandava tropas para combater Henrique IV. Foi então que os dois Antonios se encontraram em Toulouse, contou Del Río. Logo, Del Río começou a transportar mensagens entre a França e Portugal. As cartas que ele jogou da ponte eram de Antonio Pérez a Manuel Mendes, em Lisboa. Pelo que parecia, era o mesmo Mendes que frei Miguel citou em suas confissões. Mendes, por sua vez, dera a Del Río cartas para Pérez, assim como para D. António, prior do Crato.

Depois de ser preso em Olmedo, Del Río contou a Santillán, ele recebera, em sua cela na prisão, um visitante no Domingo de Ramos chamado frei Antonio, um monge franciscano terciário. Este homem, cuja existência Santillán confirmou, contou a Bernardo que ele também era mensageiro entre Manuel Mendes e Antonio Pérez e estava indo para Lisboa. Parava em Madrigal "porque era muito amigo de frei Miguel de los Santos". Seu conselho a Del Río fora: "Diga apenas que você é um frei vagabundo e eles o libertarão." Frei Antonio continuou dizendo a Del Río que seu povo em Lisboa (entre eles o próprio D. António) havia lhe dito que no próximo verão os franceses e os ingleses atacariam a Espanha.

Então, frei Miguel estava mentindo sobre Mendes? Juan de Silva jamais o encontrou e insistiu que ele e outros supostos contatos de frei Miguel em Portugal eram invenções, mas o nome é muito comum.[146] Bernardo del Río estava mentindo? O monge franciscano era na verdade um agostiniano? O homem "que havia se apossado da Inglaterra" e que aparece em vários depoimentos de testemunhas era realmente Antonio Pérez? A história de Del Río é uma das mais intrigantes entre as muitas colaterais na conspiração de Madrigal. Mas estou convencido de que tentar rastrear todos os nomes e pistas não é produtivo, em vista da falta de informações que temos e da probabilidade de que as testemunhas mentissem ou repetissem as mentiras de outras testemunhas. A questão aqui, como em outras partes, é que Madrigal fazia parte de um mundo físico e discursivo de disfarces e aventuras, política e diplomacia, e que correspondência e mensageiros traçavam as linhas que ligavam as partes. O ex-bandido Bernardo del Río era uma dessas conexões. Em julho de 1595, quando trabalhava nas sentenças, Santillán admitiu que tudo o que tinha a respeito de Del Río era uma confissão, "que por lei não é o suficiente para condená-lo". Mas no caso de lesa-majestade, ele prosseguiu, não era necessário tantas provas. Assim, Del Río foi condenado no dia 2 de agosto a 200 chibatadas e 10 anos nas galés espanholas. Seu *pregón*, a declaração de sua culpa lida em voz alta, em público, dizia que ele fora condenado "por ser um criminoso e por ter chegado com cartas de Antonio Pérez para alguém nestes reinos, em detrimento de Sua Majestade".

"Todo o reino está observando"

As cartas de Bernardo del Río enviadas por Antonio Pérez foram jogadas de uma ponte, mas quatro missivas sobreviventes lançam novas luzes, ao mesmo tempo que confundem ainda mais a conspiração. Elas nos lembram que a investigação estava muito na esfera pública, a despeito do que o rei e os juízes fizessem para abafar o barulho, os intermináveis ruídos. As cartas eram anônimas e começaram a aparecer no início de janeiro de 1595.[147] A primeira chegou na casa do famoso mercador-banqueiro Simón Ruiz, em Medina del Campo, onde Santillán se hospedava. A carta de uma página, numa caligrafia miúda e clara, sugeria que o juiz consultasse especialistas religiosos, conforme desenredasse os fios, exatamente o tipo de conselho que Santillán não queria. ("Eles pensam que não se pode fazer nada sem a opinião de um teólogo", Santillán resmungou para o rei.) Se ele estava interessado em mais, o escritor sugeria a Santillán, devia assistir à missa numa certa igreja, no dia seguinte, como um sinal. Santillán fez isso e no dia seguinte foi premiado com uma segunda carta. Semanas depois, Santillán e Llano receberam uma terceira e uma quarta. O autor estava bem informado e tinha acesso a uma boa quantidade de informações antecedentes. Estava bem claro para os juízes, assim como para Felipe e seus conselheiros, que o autor era um homem da Igreja. "Não dê muita atenção às cartas anônimas", Moura escreveu a Llano no dia 16 de fevereiro, "porque está claro que elas são de freis e pessoas que querem colocar obstáculos no caminho da justiça".[148] Os freis possivelmente eram o setor da população de que Santillán menos gostava, e é provável que o comportamento dos agostinianos no escândalo de Madrigal tenha destruído o pouco que restava de simpatia que ele tivesse por homens de hábito. "A intenção do escritor foi boa, mas o conselho não", afirmou Santillán. "É óbvio que se trata de um frei. A opinião deles em questões de governo republicano em geral não está sendo visada porque sua Constituição luta pela perfeição e pela pureza, como é correto entre aqueles que professam essa vida, e seu governo é um problema para um pequeno grupo de pessoas, e até aí, como podemos ver [uma referência às contendas internas entre os agostinianos], é difícil preservar um espírito puro e perfeito. Portanto, não há comparação entre o seu modo de governo e o republicano." Llano, ele mesmo membro do clero, em teoria era mais generoso, mas a carta anônima, instando com prepotência que ele "se consultasse com algum teólogo sério" em questões legais e de justiça divina, deve tê-lo aborrecido.

"Todo o reino está observando", começava a primeira carta, uma ideia desanimadora. Foi a mais curta das quatro cartas e servia apenas para insistir no papel necessário de teólogos e descobrir se Santillán queria saber mais. Além disso, ela apresentava dois argumentos interessantes: todos sabiam que Santillán e Llano escreviam ao rei constantemente, várias vezes por dia. E o autor das cartas não era "português nem está relacionado com ninguém daquela nação".

A segunda carta, cinco páginas e meia de caligrafia minúscula, entrava nos detalhes da impostura, exibindo as habilidades retóricas e de raciocínio do escritor. Este funesto padeiro (*este negro pastelero*) era um homem do povo. Todo mundo sabia que frei Miguel tinha sido muito amigo de D. Sebastião. Todos sabiam também que o vigário havia realizado uma cerimônia de casamento unindo Ana de Austria e o padeiro. Era impossível que frei Miguel pensasse que aquele plebeu fosse o rei, mas ao mesmo tempo ele não deve ser um plebeu se o vigário realizou a cerimônia de casamento. Portanto, ele era outra pessoa, mas de alta condição social: "Ele não pode ser um homem humilde, mas sim uma pessoa muito, muito importante." Outro indício de que o prisioneiro [Espinosa] não era um plebeu vulgar era que ele havia recusado as joias com que Ana lhe presenteara. Nenhum plebeu faria isso. Além do mais, o prisioneiro não havia sido torturado (embora o fosse em breve, o que o autor das cartas não sabia), mostrando que ele estava isento. Embora o autor tivesse certeza de que frei Miguel não podia ser levado a pensar que o prisioneiro era Sebastião, vamos supor por um momento, ele postulou, que o prisioneiro fosse realmente Sebastião: então por que permanecer escondido? Se o povo português descobrisse (e iria descobrir) que seu rei estava sentado numa cela de prisão em Castela, se revoltaria. Portanto, definitivamente, o prisioneiro não era Sebastião. "É ridículo dizer que D. Sebastião tenha se escondido durante todos esses anos e que agora não possa encontrar melhor proteção que a de frei Miguel, nem uma posição melhor do que a de um padeiro ou lugar melhor do que Madrigal", escreveu. O rei estaria seguro e melhor atendido em milhares de casas em Portugal, observou. E a história de Sebastião ter jurado não governar ou entrar em Portugal durante 20 anos era ainda mais ridícula; nenhum padre de mente sã aceitaria tal voto ou, se ele tivesse sido aceito, facilmente seria anulado. Então, quem era o prisioneiro? O escritor se esquivava, referindo-se a "muitos documentos secretos" que revelariam tudo. Mas em sua opinião, o homem era D. António. Ninguém mais se encaixava no papel. "Sabemos que este frei e D. António eram muito amigos, portanto não seria motivo de espanto que António, vagando de um lado para o outro como faz, o procurasse e que o frei o apresentasse a *doña* Ana. Pouco a pouco, eles teriam tecido a tapeçaria, ou talvez já a tivessem tecido por meio de cartas, que fora o que o trouxera ali para ter noção de como estavam indo as coisas no reino." Há, aqui, uma falha pouco característica, embora inevitável, no raciocínio do escritor, pois dar abrigo a D. António, fosse lá por que razão, seria um ataque direto a Felipe II. Portanto, a teoria faz pouco para proteger frei Miguel, o que era nitidamente o objetivo do escritor. Ou, quem sabe, como disse Moura, o objetivo fosse simplesmente fazer as coisas andarem mais devagar.

No final de janeiro, o segundo conjunto de cartas foi entregue, uma para Santillán e outra para Llano. O escritor iniciava lembrando a Santillán que todos estavam observando e que lhe seria útil alguma ajuda: "Muitos olhos, como Vossa Graça sabe, veem muito e seria ao mesmo tempo presunçoso e arrogante confiar apenas no que os próprios olhos enxergam e pensar que os outros possam não estar vendo mais do que isso." Ele elogiava o comedimento do juiz (embora isso fosse inerente aos deveres de Santillán e não ao fato de o juiz aceitar os conselhos do escritor) e insistia em mais comedimento; precipitar-se imprudentemente não levaria a lugar algum, dizia, "como um nadador exausto afogando-se na margem do rio". A essa altura, o escritor já soubera das ordens de Felipe para torturar os dois principais suspeitos. "Cordas não produzirão resultados nesse tipo de questão nem revelarão a verdade. É meu grande temor que o sangue que eles derramem oculte a verdade, como cobri-la de terra." Ele sabia que os prisioneiros teriam que ser torturados em algum momento, disse, mas ainda não, não até que outros métodos fossem tentados. Sua lógica novamente o abandonou por um momento em sua terceira carta a Santillán, quando se referiu à iminente tortura de frei Miguel: "De novo suplico a Vossa Graça mil e uma vezes, com toda a veemência, que pare e perceba que, em questões como essas, é bem mais sensato demonstrar calma e maturidade do que o espírito da lei."

Finalmente, ele suplicou a Llano, como um colega membro da Igreja a quem sabia que Deus concedera grandes habilidades (mas não tão grandes que não fosse útil um pouquinho de opinião teológica externa). E elogiou o bom vigário. "Não posso dizer mais do que lhe contar quem é frei Miguel de los Santos. Eu vos garanto que conheci poucos, se conheci alguns, com mais dons e melhores qualidades. Ele é um homem de grande compreensão, rara prudência, amplo conhecimento e tem sido sempre considerado um grande homem religioso e um servo de Deus. Nada se encontrou contra ele em muitos anos." E agora, dizia o escritor, este farol de discrição religiosa está para enfrentar seu criador, acusado de ter sido iludido por um humilde padeiro, "desonrado, tomado como louco e morto como tal; ou punido não como louco, mas como alguém que cometeu uma das maiores e mais perniciosas loucuras que se possa imaginar, o que não pode também ser o caso, pois ninguém poderia creditar tal coisa a frei Miguel. E, assim, não havendo fundamento na verdade, a porta está aberta para todos pensarem e dizerem o que querem".

Em vários pontos ao longo das cartas, o escritor sugeriu, quase ameaçou, que a intranquilidade em Portugal estava à beira de se tornar feia e que "infinitos danos" pairavam no horizonte. Certamente todos dizendo e pensando o que bem queriam era uma perspectiva perigosa. Se a notícia escapasse – e escaparia – de que Sebastião ou António estavam escondidos na Espanha ou que frei Miguel havia sido torturado, Portugal se revoltaria. Na terceira carta a Santillán, até o espectro de Antonio Pérez foi invocado. As iminentes perturbações "seriam muito maiores do que aquelas de Aragão, uma vez que Antonio Pérez não tinha em Aragão a reputação nem a autoridade que frei Miguel tem em Portugal, e a nação aragonesa é menos crédula do que a portuguesa e se sentia menos violentada pelo governo [castelhano], nem eles sentiam falta de seu rei natural como os portugueses sentiam". Estas repetidas referências implícitas e explícitas à iminente violência não são argumentadas com lógica (nem são a teoria de António ou a absolvição de frei Miguel). Tem-se a noção de que, como disse Moura, o escritor estava lançando tudo o que tinha no caminho dos juízes, esperando que falar em derramamento de sangue os faria ir mais devagar, assustados.

No início, Santillán preocupava-se que a busca pelo autor das cartas pudesse agitar ainda mais uma cidade que já falava muito. "Não desejo investigar para não fazer barulho [*hacer ruido*] e levantar suspeitas de que as cartas continham coisas que nelas não havia", contou a Felipe. Mas depois que o segundo par foi entregue, Santillán começou a fazer indagações. Imediatamente, descobriu, numa extraordinária coincidência, que um dos clientes de uma hospedaria da cidade era um estudante que havia sido criado de D. António em Portugal, até a queda do Porto, em 1581, 14 anos antes. Ou ele fora um criado muito jovem ou era um estudante muito velho, mas de um modo ou de outro tinha um álibi para a noite em que as cartas anônimas foram deixadas na porta de Santillán: sua caligrafia não combinava e, de qualquer forma, ele contara que estava estudando para ser beneditino. Portanto, isso não levou a lugar algum.

Em vista do evidente desejo do autor de que a investigação fosse contida, não havia dúvida na mente de Santillán ou na de Llano de que ele era um agostiniano, provavelmente frei Antonio de Sosa (ou Sousa ou Sossa), que vivera em Valladolid e era amigo íntimo do provincial, Gabriel Goldaraz. A principal fonte para esta teoria era frei Juan de Benavente, o definidor agostiniano para Castela, que acreditava que a razão para Sosa temer tanto a tortura de frei Miguel era que o vigário pudesse começar a abrir a boca sobre seus cúmplices agostinianos na conspiração. No outono, Benavente começou a escrever cartas para os juízes sobre Goldaraz, a quem odiava, e sobre os amigos do provincial, que ele disse estarem envolvidos em atividades ofensivas e possivelmente de traição. Llano conhecia Benavente havia anos e confiava nele. Assim, no dia 18 de fevereiro, os dois homens se encontraram em Medina del Campo para falar sobre as cartas anônimas. A caligrafia, o estilo e a clareza, tudo dizia a Benavente que o autor era Sosa, cujas habilidades literárias eram bastante conhecidas, e o fato de algumas das cartas terem sido deixadas na casa de Simón Ruiz só aumentava sua certeza, em vista da amizade entre Ruiz e Sosa e entre os criados dos dois homens. Benavente "não conhece ninguém em toda a província que seja mais imprudente e ousado nessas coisas do que o dito frei Antonio de Sossa, que publicamente pregava em Valladolid contra a ordem de Sua Majestade contra os dois prisioneiros", segundo um resumo das descobertas de Llano, referindo-se às prisões de frei Miguel e Espinosa.[149] Examinando-se os documentos sobre sua mesa, certamente se encontraria um rascunho, que Benavente disse ter certeza de estar todo marcado com as digitais de Goldaraz. Além disso, afirmou Benavente num golpe de misericórdia, Sosa vinha de uma família portuguesa. Llano e Santillán queriam ir a Valladolid imediatamente para prender Sosa e confiscar seus papéis, mas a permissão foi negada.[150] Moura e Juan de Idiáquez, assim como o rei, achavam necessária uma abordagem mais sigilosa. Apesar de a essa altura estar muito doente, Felipe II continuava sendo informado. "Quanto a frei Antonio de Sosa, penso que o conheço", ele escreveu na margem de um memorando. "Ele é muito velho, mais velho ainda do que eu, portanto não sei como sua caligrafia é ainda tão boa." A imagem de Sosa dissipou-se conforme os juízes voltaram sua atenção para outros assuntos e desprezaram o conselho de se valerem da sabedoria do clero vivo em vez de confiarem em "papéis mortos" (*papeles muertos*).

O jesuíta que sabia tudo

Outra correspondência que andou circulando durante aqueles meses não foi escrita por um agostiniano preocupado, mas por um jesuíta.[151] Como o autor anônimo, o jesuíta estava em Medina del Campo e supunha que Espinosa era Sebastião porque de outra forma frei Miguel teria que ser um mentiroso, o que era impossível. No mínimo, Espinosa era um fidalgo. O relato do jesuíta é significativo porque boa parte da linguagem usada era idêntica à do único panfleto conhecido sobre o caso, publicado em 1683, mas que alguns pensavam ter circulado numa versão anterior, desde 1595. Vamos retornar a este panfleto, mas por enquanto podemos supor que o autor extraordinariamente bem informado deste relato era também o autor do panfleto, ou então sua fonte. O documento, chamado "Um relato do que se conhece sobre o *pastelero* de Madrigal que está sendo mantido prisioneiro em Medina del Campo sob ordens de Sua Majestade", foi escrito entre dezembro de 1594 e fevereiro de 1595. Não há indícios de que fazia parte de uma carta nem de a quem era endereçado. Começa descrevendo uma visita a Madrigal, "poucos anos atrás", de um grupo de homens disfarçados que se encontrou com

Ana de Austria. Conversaram demoradamente com ela até perceberem que sua presença havia sido descoberta e que até Felipe II fora notificado, quando se assustaram e foram embora. Um desses homens, diz o escritor, mais tarde abriu uma padaria na cidade vizinha de Nava; era um "padeiro muito ruim", embora nada ganancioso, cobrando pouco por suas mercadorias. De Nava, ele se mudou para Madrigal. Portanto, embora os juízes sempre insistissem que Espinosa nunca havia estado em Madrigal antes, o jesuíta fora informado do contrário. Em Madrigal, escreveu o jesuíta, Espinosa passou a maior parte do tempo, dia e noite, na sala de visitas do convento, com Ana, ou na cela de frei Miguel. Quando foi preso em Valladolid, Espinosa estava a caminho de Burgos; o jesuíta sabia que Espinosa havia reservado cavalos com este propósito. Nesse ponto inicial da investigação supostamente secreta, o autor sabia não só a respeito dos hábitos de trabalho de Espinosa (notário particular, interrogatórios com duração de até 11 horas), como também havia dissecado a prisão em seus mínimos detalhes, conhecia o conteúdo de grande parte do depoimento e estava familiarizado com quase todos os pontos que apareceriam nos relatos e especulações subsequentes de quase todo mundo: camisas de linho, joias, cartas apreendidas, o irmão de Ana, a cela de Espinosa, o voto após Alcácer-Quibir, o médico, a missa fúnebre de Sebastião. Não havia nada que ele não soubesse. Havia claras indicações narrativas, a sintaxe, tanto da conspiração quanto de seu desenrolar. O jesuíta, portanto, provavelmente estava na origem. Mas, embora ele possa ter estabelecido a sintaxe, sua escrita também refletia uma sensibilidade geral de que sinais seriam úteis para interpretar eventos confusos. O caso, que se baseou tanto na palavra escrita quanto em relatos orais, é uma bela ilustração de como a estrutura literária e a cronologia legal/política coexistiram na narrativa. O relato do jesuíta é um dos primeiros e melhores exemplos disso, e voltaremos a ele mais tarde.

Além de denunciar Sosa e Goldaraz, frei Benavente mencionou um terceiro agostiniano que tomava o nome do rei em vão: frei

Diego de Zúñiga, um pregador em Toledo que Benavente disse que ia de um lado a outro falando não haver razão para se pensar que D. Sebastião estava morto. Duas semanas mais tarde, Santillán transmitiu esta informação ao rei, chamando a atenção para o óbvio risco de encorajar os portugueses a continuarem esperando Sebastião.[152] Em Toledo, "fala-se sobre a questão de Madrigal como não se devia falar", Moura e Juan de Idiáquez contaram ao rei, sugerindo que o governador local investigasse Zúñiga. Mas Felipe II estava mais adiantado; nas anotações manuscritas que fez sobre o memorando, acrescentou: "Aqui, todos sabemos quem é frei Diego de Zúñiga. Ele se diz filho de D. Diego de Zúñiga, que foi embaixador na França, e portanto seria melhor... realizar esta investigação com muita dissimulação e sigilo."[153]

Exatamente quem era Diego de Zúñiga não está claro. Os duques de Béjar, entre os mais antigos e importantes nobres da Espanha, eram Zúñigas e, na verdade, o atual duque tinha sido embaixador de Felipe na França. Cerca de metade dos homens da família pareciam ter sido chamados de Diego, muitos eram religiosos, e vários usavam sobrenomes alternativos. Um deles fora indicado definidor da Ordem dos Agostinianos em maio de 1595 (substituindo Benavente), mas é pouco provável que nosso agitador de multidões tivesse sido escolhido.[154] Outro agostiniano foi considerado santo e morreu em 1599, cuidando das vítimas da peste em Valladolid, a cidade errada; outro ainda apareceu como uma testemunha hostil (alguns disseram perjúria) no julgamento pela Inquisição, em 1572, de frei Luis de León, também em Valladolid. Esse Zúñiga havia sido colocado em Madrigal em 1568, e também foi confundido com Diego de Zúñiga, famoso astrônomo e filósofo em Toledo, durante aqueles anos. É pouco provável que Felipe e outras autoridades não conhecessem o astrônomo, portanto, ele provavelmente também não é o nosso homem. No dia 4 de março, o governador de Toledo, Alonso de Cárcamo, recebeu ordem de descobrir, com muita discrição, o que Zúñiga estava aprontando. No dia 11 de julho (a tarefa foi adiada por alguma razão), Cárcamo escreveu ao secretário Martín de Idiáquez que o frei estava "muito persuadido de que o homem mantido prisioneiro em Medina del Campo é o D. Sebastião e que Sua Majestade [Felipe II] ordenará que seja morto, como ordenou muitos outros. E ele chama Sua Majestade de cruel, vingativo e mau governante. Num lugar tão sintonizado com as notícias, como Toledo, alguém tão livre e ousado é ruim". Na opinião de Cárcamo, isso exigia um inquisidor, com o que Felipe concordou.[155]

Sosa e Zúñiga juntos, Benavente insistia, eram o bastante para causar perturbação e fazer a comunidade se levantar (*levantar una comunidad*), palavras assustadoras para um governante, cujo reino do pai fora incendiado pelos *comuneros* e que agora, no final da vida, enfrentava uma sucessão incerta, dificuldades por toda parte, ameaças de toda a Europa e críticas diretas a seu governo em casa. Durante as semanas em que Felipe e seus ministros se corresponderam a respeito do espião francês Bernardo del Río e dos freis possivelmente rebeldes, agentes venezianos relataram que Lisboa havia sido evacuada, temendo que os ingleses estivessem a caminho para saqueá-la.[156] Felipe era um homem ocupado, aflito.

3

CASTELA: REI FELIPE II E O PADEIRO, GABRIEL DE ESPINOSA

A Espanha esteve em guerra praticamente todos os dias do reinado de Felipe II. Conforme o rei envelhecia, ficava mais doente e mais desconfortável, não conseguia obter nenhuma satisfação com qualquer solução que visse pela frente. A década de 1590 começou com a fuga de Antonio Pérez, seguida por uma série de protestos domésticos, resistência nas cortes e contínuas más notícias chegando da França, dos Países Baixos e do Atlântico, tudo pontuado por frequentes acessos de alarmante e dolorosa doença no corpo real. As crises militares, fiscais e constitucionais estavam relacionadas, é claro, e pareciam combinar-se a desastres naturais e à inevitabilidade dos castigos divinos. "Há descontentes de todos os tipos, em todos os reinos da Espanha", observou o extrovertido embaixador veneziano em 1595.[1]

Relatórios sobre as idas e vindas do rei durante sua última década de vida parecem boletins médicos. Deitado ou sentado, sofrendo, ele se preocupava, pois conhecia melhor do que ninguém os riscos de uma dinastia em extinção. A sucessão segura da monarquia dependia da boa saúde e do bom senso do príncipe Felipe, que, em 1595, durante o caso Madrigal, começou a assistir às reuniões do governo e a participar de cerimônias oficiais sozinho (outro rei à espera, este legítimo). Era sabido entre os observadores da corte que o príncipe não era especialmente talentoso, ao contrário da irmã Isabel Clara Eugenia, e os conselheiros do reino se preocupavam com a má influência do duque de Lerma, Francisco Rojas de Sandoval, que futuramente seria o poderoso favorito do novo rei. Já na década de 1580, depois da anexação portuguesa, a má saúde de Felipe II tornara-se assunto de generalizadas especulações, fosse por excesso de otimismo ou por fiel interesse. Ele havia contraído a mesma influenza que matara sua jovem esposa, em outubro de 1580, e as forças de D. António, no norte de Portugal, consideravam os rumores de que o rei também havia sucumbido.[2] Na categoria do excesso de otimismo, um panfleto impresso em Londres, no ano de 1590, supostamente escrito por um católico francês, observava que os portugueses e os flamengos "nunca indagam por outras notícias" que não o iminente falecimento do rei, "cuja idade avançada dá origem a contínuos riscos".[3] Em outubro de 1594, o núncio papal na Espanha, Camilo Caetani, pôde escrever a seu secretário de Estado, em Roma: "O rei está velho e sempre doente."[4] Embora ainda se inserisse na administração da monarquia, Felipe dobrou o número de conselheiros de seu gabinete de três para seis membros, e seus contemporâneos em geral comentavam que Cristóbal de Moura e Juan de Idiáquez agora dirigiam o governo. O rei reconhecia sofrer do que chamava de melancolia, "algo muito ruim, embora adequado a estes tempos e ao que está acontecendo no mundo, que não pode deixar de me afetar, pois o estado da cristandade muito me aflige".[5]

Castela, o ventre da besta de onde frei Miguel de los Santos escolheu lançar sua conspiração, era um lugar frio e desagradável na década de 1590. Chovia mais do que o usual, as colheitas eram impróprias e havia fome e pobreza. A população afundava, especialmente no coração de Castela. O peso dos impostos continuava aumentando, embora não a ponto de satisfazer as necessidades de guerra da coroa. O déficit, portanto, aumentava regularmente, e Felipe, em novembro de 1596, declararia sua quarta suspensão de pagamentos. Antes disso, ele se volta para as cortes, que haviam se reunido em assembleia em Madrigal de 1592 a 1598. O principal imposto cobrado durante aqueles anos eram os *millones*, tributação paga de uma só vez e em geral financiada por impostos sobre gêneros alimentícios. Muitos conselhos municipais, a quem os representantes das cortes, a essa altura, deviam prestar contas, recusaram-se a sancionar estes impostos, entre outras razões porque o primeiro e o segundo estados não estavam isentos dos *millones* como haviam sido de impostos anteriores.[6] Mas até um homem rico como D. Pedro Tello de Guzmán, representante de Sevilha nas cortes, compreendeu que a coroa simplesmente não podia espremer mais riqueza de constituintes paupérrimos. Num discurso, em maio de 1595, enquanto o caso Madrigal se arrastava para o encerramento, ele disse: "Os pobres subsistem de sardinhas e bacalhau, o que comem o ano inteiro. Com isso e pão frito eles sobrevivem, sem estufadeira com carne. Eles não conhecem peru, galinha, coelho, perdiz, bolos sofisticados, manjar-branco e outras comidas caras e refinadas, que são apenas para os ricos e ilustres. Com tamanha desigualdade entre um e outro, um muito mais valioso do que outro, tiramos muito daqueles que têm pouco e nada daqueles que têm tudo."[7]

Ao rejeitar o que o embaixador veneziano, segundo dizem, chamou de "insidiosa requisição", os representantes das cortes naturalmente tinham outras motivações que não as de defender os interesses dos pobres, embora não haja razão para se pensar que Guzmán não fosse sincero.[8] I. A. A. Thompson escreveu de forma bem convincente que suas motivações transcendiam as financeiras.[9] Considerações constitucionais com relação aos respectivos direitos de um monarca e seus vassalos pairavam em segundo plano. Ao negarem a Felipe II os impostos que ele requisitava (embora, no final, ele os conseguisse), deixavam claro sua insatisfação com o governo. O final do século XVI na Espanha marcou o momento de importantes delegações de poder político, conforme as finanças e o recrutamento militar passavam para as mãos de municipalidades, senhores e empreiteiros, em parte uma reação organizacional à crescente crise, mas também um reconhecimento da natureza pouco maleável da monarquia e sua gênese peculiar. Os *millones* marcam o ponto definidor dessas delegações de poder. Mas a sovinice fiscal durante todo o reinado, não apenas de Felipe, mas também de seu pai, refletia o desconforto dos castelhanos com a agenda imperial dos Habsburgos. A anexação de Portugal constituía um artigo dessa agenda, e embora as cortes a defendessem em 1580, não é exagero pensar que uma década mais tarde poderia haver pessoas influentes em Castela que não teriam feito objeção ao retorno de Portugal aos portugueses. Certamente havia simpatias pela libertação em outras partes. No dia 19 de maio de 1593, um dos representantes de Madrigal nas cortes, Francisco Monzón, respondendo à contínua solicitação de receita pela coroa, disse: "Sua Majestade devia trazer de volta os exércitos que tem na França e em Flandres, e assim os rebeldes que não desejarem se submeter à santa fé serão total e rigorosamente punidos. Se querem ser abandonados, que vão embora." Dizia-se que frei Antonio de Sosa, o homem suspeito de escrever as cartas anônimas a Rodrigo de Santillán e a Juan de Llano, anunciara em seu mosteiro de Medina del Campo: "É heresia dizer que o rei, em sã consciência, pode defender os estados de Flandres ao custo dos reinos de Espanha, e eu disse isso na sua cara."[10] O que Geoffrey Parker chamou de "visão messiânica" de Felipe basicamente equacionava sua missão com a de Deus, o que, é claro, piorava ainda mais o lesa-majestade, o crime em Madrigal.[11] Mas havia aqueles que não tinham tanta certeza de que Deus estivesse do lado de Felipe.

Divergência nas cidades

Atualmente, a capital provincial de Ávila, uma das maiores cidades muradas da Europa, fica a cerca de 50 quilômetros de Madrigal. Era a sede da autoridade real e religiosa na região e foi também local de algumas das mais preocupantes agitações da década, com exceção da rebelião aragonesa, o que era particularmente perturbador devido à participação de membros da nobreza. Facções palacianas e pequenas rebeliões de famílias nobres, seguidas pelo banimento de suas propriedades, não foram desconhecidas durante o reinado de Felipe (de fato, o duque de Alba saiu da prisão domiciliar para liderar o exército que anexou Portugal), mas a perspectiva de alianças entre pessoas comuns, elites urbanas e aristocratas certamente invocava ideias da revolta dos *comuneros,* em 1520. Em 1589, o conselho municipal de Ávila recusava-se até a se reunir para aprovar impostos ou a liberar seus representantes nas cortes de consultá-lo antes das votações (uma luta decisiva entre a coroa e as cidades, na qual a primeira acabou vencendo). Agora, nobres e membros do clero zangavam-se por não estarem isentos dos *millones* e por terem sido criados novos postos municipais, cujos rendimentos ajudavam os cofres reais, mas diluíam o poder dos conselheiros existentes.

No dia 20 de outubro de 1591, o governante real anunciou no conselho municipal que panfletos ou volantes haviam aparecido da noite para o dia com relação ao impasse com o rei. Diziam o seguinte:

> Se existe uma nação no mundo com boas razões para ser favorecida, estimada e concedida liberdade por seu rei e senhor, é a nossa. Mas a ganância e a tirania de nossos dias torna isso impossível. Oh, Espanha! Espanha! Como nossos serviços estão sendo reconhecidos, encharcados de sangue nobre e plebeu! No entanto, em pagamento, o rei pretende taxar nobres como se fossem pessoas comuns! Recupere-se e defenda sua liberdade, pois a justiça está do seu lado. E você [*tú*], Felipe, fique satisfeito com o que é seu e não cobice o que os outros têm ou faça com que aqueles a quem você deve a sua honra defendam a deles, por tanto tempo preservada e defendida pelas leis destes reinos.[12]

Em poucos dias apenas, Felipe II enviou a Ávila oficiais encarregados do cumprimento da lei para tomarem conta da situação. Houve prisões imediatas de aristocratas, membros do conselho municipal, um padre e importantes profissionais. As punições foram brutais: Diego de Bracamonte, membro de uma das famílias mais importantes da cidade, foi decapitado na praça da cidade. Até o cronista real, Luis Cabrera de Córdoba, reconheceu que "alguns disseram que o rei foi longe demais na investigação e nas sentenças, especialmente com D. Diego". Cabrera ocupou diversas nomeações na corte durante anos e era intimamente instruído a respeito da vida palaciana. O rei o mandou a Ávila para investigar e, quando ele relatou que a cidade era em geral fiel e sempre tinha sido, e que panfletos semelhantes haviam aparecido em outras cidades, o rei (segundo Cabrera) respondeu: "É mesmo? Não foi lá que depuseram o rei Henrique? E não ficaram eles do lado do tirano [e líder *comunero*] Juan de Padilla?"[13]

Antes, naquele mesmo ano, nobres e artesãos também haviam encontrado um ponto comum em Madri. Um dia em março, depois da refeição do meio-dia, mil sapateiros zangados, carpinteiros, chapeleiros e afins marcharam até o palácio do condestável de Castela, nobre de mais alto nível, e exigiram que falasse em seu nome com o conde de Barajas, presidente do Conselho de Castela. Os comerciantes estavam zangados com as rígidas novas regras que determinavam onde eles podiam vender e manufaturar suas mercadorias. Com base constitucional, eles argumentavam que o rei não tinha o direito de tratar os pobres dessa maneira. É possível supor que houvesse boas razões para acreditar que o condestável Juan Fernández de Velasco, a quem aclamavam como seu defensor, ficaria do lado deles. E estavam certos, porque Velasco disse à multidão que iria ao palácio falar com o rei. Foi seguido por uma multidão, gritando palavras de ordem sobre justiça e misericórdia. O núncio papal relatou a Roma, logo depois, que haviam sido feitas exceções às novas regras por causa da pobreza e das necessidades por que passavam os artesãos de Madri. Entre os cabeças do motim, vários artesãos foram banidos, chicoteados ou mandados para as galés. Depois do episódio, o condestável seguiu para uma importante carreira diplomática, e o conde de Barajas, Francisco Zapata de Cisneros, foi retirado da vida pública. Dizem que passou o ano seguinte inteiro sem arredar pé de sua propriedade em Barajas, onde morava com a mulher, María de Mendoza e Mendoza.[14]

Enquanto isso, os portugueses resistiram à tentação de se revoltar, em 1589, quando Drake esteve em suas praias. Mas isso não significava que estivessem contentes ou que houvessem esquecido o jugo. Em 1584, o primeiro dos falsos Sebastiões apareceu. Era um jovem ex-monge que havia sido expulso do mosteiro e se tornara eremita, estabelecendo-se finalmente em Penamacor. Contara que havia estado na batalha de Alcácer-Quibir, dando origem à crença de que ele era o rei, e ele não fez nada para silenciá-la. De fato, conseguiu dois assessores, a quem chamou de Cristóvão de Távora e de bispo de La Guarda, e fundou dois conselhos reais. Finalmente foi preso, mas como não havia pretendido propagar a mentira (embora a nomeação de seus assessores sugerisse o contrário), foi mandado para as galés, em vez de ser executado; seus assessores não tiveram tanta sorte. No ano seguinte – sete anos, desde Alcácer-Quibir, o tempo de penitência que alguns diziam que Sebastião havia assumido –, houve um segundo aparecimento, bem mais perigoso. O impostor, Mateus Alvares, também havia abandonado o mosteiro para se tornar eremita, e na verdade se parecia com Sebastião. Mas em vez de entreter inofensivamente os vizinhos, como seu predecessor havia feito, Alvares organizou um exército de cerca de mil homens e foi proclamado rei, tomando como rainha a filha de seu principal patrono e organizador, um rico fazendeiro que havia feito nome como adversário da Espanha. O novo rei em seguida ordenou que o arquiduque cardeal Alberto deixasse a cidade. Aquilo obviamente não podia continuar, e tropas do governo, sob o comando de Diogo da Fonseca (que sete anos antes havia comandado a fortaleza de Asilah, onde surgiram as primeiras histórias da sobrevivência de Sebastião), marcharam sobre Ericeira, a base dos rebeldes. Houve muitas execuções, muito mais sentenças do que galés, e Alvares foi enforcado, arrastado e esquartejado em Lisboa, no dia 14 de junho de 1585. Sua cabeça foi fixada num mastro e exposta ao público durante um mês.[15] Apesar, ou devido à repressão, o nível do mau humor contra os espanhóis permanecia alto. Em junho de 1586, "o rei concedeu audiência a uma mulher portuguesa e foi subsequentemente informado de que ela e alguns companheiros eram espiões de D. António e haviam planejado golpear o rei com uma adaga afiada que ela trazia escondida em seu cajado de peregrina". Ela foi presa, mas não confessou nada.[16] Em janeiro de 1592, de Lisboa, Juan de Silva alertou o rei de que os portugueses continuavam sendo os vassalos mais desobedientes. "É impossível, tendo crescido com seu próprio rei, odiando nossa nação e a grandeza de Vossa Majestade, que eles agora se sintam consolados", escreveu. E acrescentou que as pessoas comuns estavam loucas (sofriam de *locura*), ainda aguardando a volta de D. António (e a de Sebastião, supõe-se).[17] Dois anos depois dos episódios de Aragão, Madri e Ávila, havia problemas no sul de Portugal, na cidade de Beja.[18] Alberto, vice-rei de Portugal, partiu de Lisboa para Madri em agosto de 1593, deixando em seu lugar cinco governadores (um deles, Silva). Duas semanas mais tarde, surgiram "papéis abomináveis". Os defensores de D. António haviam aproveitado o momento. Os panfletos "diziam [Felipe II] trata seus vassalos de modo insuportável e o povo devia se levantar e buscar outro rei", Silva escreveu a Cristóbal de Moura.[19] Eles não precisavam de nenhum falso Sebastião para inspirá-los. Ao contrário dos que protestaram em Ávila, os supostos insurgentes em Portugal eram pessoas do povo, embora provavelmente estivessem em íntimo contato com nobres no exterior e, através deles, com D. António. Eles insistiam, como os portugueses durante as reuniões nas cortes antes da anexação, que leis antigas de Portugal lhes davam o direito de eleger seu próprio rei. Silva – também chefe militar do país – ordenou que tropas fossem enviadas imediatamente para Beja, inspirando novos protestos. Alguns foram presos, inclusive o homem que diziam ser um dos filhos de D. António. Mas panfletos e boatos continuavam circulando.[20]

Profecias sobre o fim do mundo

Em retrospectiva, foi o início de um longo desencanto. Em Castela, a percepção de que a Espanha recuava, ou tinha que recuar, foi o começo de uma era em que tratados eruditos e não tão eruditos (chamados *arbitrios*), propondo soluções para as doenças da monarquia, circulavam, eram discutidos e, com frequência, ignorados. Ao começar a última década do século, havia sinais de que a Espanha poderia estar no ponto de ruptura. As pessoas ousavam expressar temores e dúvidas, e muitos acusavam Felipe II pelas incansáveis calamidades. Como se um feitiço estivesse se dissipando e a visão de repente retornasse, certezas eram expostas como fraudes, e o brilho, reconhecido pelo que realmente era. A convicção dos espanhóis de que as coisas estavam seriamente erradas confirmou-se com uma nova série de cometas, embora tenhamos visto que cometas, eclipses e outros presságios podem ser interpretados como boas ou más novas, arautos de maravilhas ou promessa de punições. Em março de 1590, um cometa se demorou por oito dias e foi acusado por meses de mau tempo e tempestades que mantiveram os navios nos portos; outro apareceu em julho de 1593, permanecendo no céu todas as noites por duas horas.[21] Como no caso de cronistas examinando cadáveres em Alcácer-Quibir, para ler sinais do desastre anunciado, entretanto, talvez não se devesse confiar em cometas.

Se alguns homens haviam ficado desencantados, outros estavam encantados, pois esta foi também uma das grandes eras de visionários e videntes. Entre eles estava Miguel de Piedrola, ex-funileiro e soldado que perambulava pelo império espanhol, na Europa, conseguindo escapar da prisão por mais de uma vez graças às vozes que o guiavam.[22] Como outros videntes, ele encontrava o significado alegórico de suas visões e vozes nas Escrituras, e a interpretação em geral estava associada à injustiça e ao erro real. Felipe II fora informado sobre as profecias de Piedrola, embora não estivesse totalmente convencido. Em um memorando, ele escreveu que Piedrola não era muito bom da cabeça, mas mesmo assim o convidou para uma audiência, embora os dois nunca se tenham encontrado. Piedrola tinha defensores importantes, alguns deles haviam sido defensores de Antonio Pérez. Sua popularidade chegou ao auge em 1587, quando as cortes recomendaram que Felipe criasse o cargo de profeta real e nomeasse Piedrola para o posto, o que parece não ter acontecido, embora indique em que grau a profecia era considerada potencialmente benéfica e certamente não criminosa. Depois de sua prisão naquele ano, Piedrola foi ficando cada vez menos atrevido, finalmente admitindo perante a Inquisição não ser nenhum profeta, apenas "um idiota analfabeto que estudou a Bíblia só um pouquinho".[23] Alegar ignorância e delírio era uma tática comum usada por aqueles que enfrentavam a Cúria Romana. A acusação – que provavelmente ouviu o caso em 1588, o ano da Armada – discordou, alegando que ele era um "herege, apóstata, perturbador da paz na república, usurpador de autoridade divina e celestial, arrogante, sedicioso, escandaloso, impostor e vigarista, que tinha um pacto com o Diabo e que se declarava e assinava como um verdadeiro profeta de Deus, nem falso nem meritório... e que afirmava não estar sujeito nem à Sua Santidade nem à Sua Majestade em coisas terrenas".[24] No entanto, como era comum nesses casos, as autoridades encontraram imaginação, não revelação. Falsos profetas eram em geral ignorados, não punidos. A sentença de Piedrola foi branda: ele serviu dois anos numa fortaleza e foi banido para sempre de Madri. Também foi proibido de voltar a ler a Bíblia, possuir papel, escrever cartas ou falar sobre assuntos religiosos.

Vimos que, em Albuquerque, uma mulher humilde comunicava-se com São João Batista sobre a iminente anexação de Portugal. Dois anos antes, o sempre cético Juan de Silva contou a Felipe II que tinha escutado falar de um franciscano em Fez que profetizou uma vitória cristã ali, em 1578; Silva estava ocultando a notícia de Sebastião, ele disse, para não "despertar seu apetite".[25] Um exemplo mais proeminente de Portugal como assunto de conversas com os santos foi María de la Visitación, às vezes chamada de "a freira de Lisboa", que declarou que Felipe seria punido por pegar o que não era dele. (Seu julgamento ocorreu na mesma época que o de Piedrola, e um de seus visitantes foi um homem mais tarde considerado responsável pelos panfletos sediciosos em Beja.[26]) Um morador de Madri, chamado Juan de Dios, que se identificava como São João Batista, também predisse a iminente ruína da Espanha e se proclamou o rei que a salvaria. Muitas dessas figuras se conheciam ou sabiam a respeito umas das outras, e suas proclamações e visões eram registradas, circulavam em panfletos e, claro, oralmente, seja na forma de fofocas ou de material criticado (e assim circulando ainda mais) em sermões.

Entre os mais famosos visionários desses anos estava Lucrecia de León, uma jovem mulher de classe média, em Madri.[27] Lucrecia era alfabetizada, conhecia história e teologia, e, tendo trabalhado no palácio real, tivera acesso a muitas notícias. (Ela sabia a respeito de María de la Visitación, por exemplo.) Tinha também parentes na América. Portanto, seu mundo era bastante amplo. De novembro de 1587 a maio de 1590, ela ditou centenas de sonhos apocalípticos, povoados por um elenco regular de personagens, a um pequeno grupo de proeminentes defensores e estenógrafos, entre eles um clérigo chamado Alonso de Mendoza, membro extremamente bem relacionado de um dos clãs nobres mais poderosos da Espanha. Richard Kagan sugeriu que Mendoza, atuando como padrinho e diretor de cena de Lucrecia, usou seus sonhos para pressionar o rei a libertar a princesa de Eboli e Antonio Pérez, a quem muitos dos Mendozas haviam defendido durante o escândalo. Os sonhos de Lucrecia apresentavam como atração principal gafanhotos, invasões mouras e palácios incendiados. Havia aparições de Felipe II, ministros reais (inclusive Juan de Idiáquez e Cristóbal de Moura), Sir Francis Drake, rainha Elizabeth e Miguel de Piedrola (a quem ela conhecia). Havia previsões de destruição e revolta, e dramas de negligência real e vinganças justificadas. O tema mais importante de todos era a total e merecida destruição da Espanha. Oito meses antes da derrota da

Armada, Lucrecia foi testemunha da frota sendo derrotada. Os personagens que guiavam Lucrecia nesses sonhos nada tinham além de desprezo pelo rei, cuja injustiça, cegueira, decrepitude e corrupção eles consideravam responsáveis pelo colapso. Felipe II era retratado como mau pai, mau marido e possivelmente assassino, um Rodrigo moderno (o último rei visigodo), provocando a morte da Espanha cristã. Tudo isso e mais foi anotado e posto em circulação pelo grupo de conselheiros de Lucrecia, e Felipe talvez estivesse disposto a deixar continuar, não tivesse Antonio Pérez escapado de sua prisão em Madri, em abril de 1590. Era o bastante, e Lucrecia foi presa. Seu julgamento pela Inquisição se arrastou, aos trancos e barrancos, do verão de 1590 até agosto de 1595, o mesmo mês em que Gabriel de Espinosa foi executado. Depois de receber sua sentença, ela desaparece do registro histórico.

Portanto, havia terreno fértil para ideias como a de que Sebastião pudesse ter retornado ou de que a monarquia espanhola havia perdido o rumo e se aproximava do fim de sua grandeza. Embora o rei certamente estivesse sintonizado com os riscos do excesso de imaginação, ele mesmo não estava imune. As pessoas tendiam a acreditar em coisas extraordinárias. Textos proféticos podiam até proporcionar conforto, embora anunciassem calamidades piores para o futuro; pelo menos eles apontavam numa direção, davam explicações. Certamente não é por acaso que, naquela mesma época, os principais assessores do rei lhe sugerissem que poderia ser um bom momento para encomendar uma história oficial de seu reinado.[28]

Julgando-se pelo testemunho coletado pelos juízes de Madrigal, as estradas da península Ibérica viviam abarrotadas na década de 1590. Era uma queixa comum na época, e tratados lamentavam uma alegada praga de vagabundos. As denúncias talvez fossem exageradas, mas artesãos, trabalhadores do campo a caminho de uma miserável colheita, soldados aguardando ser designados ou desertores, habitantes de vilarejos que não podiam mais sustentar suas populações, todos pelas estradas vagavam sem direção certa, em busca de outro lugar para viver. Depois da guerra de anexação, muitos portugueses foram forçosamente erradicados para Castela, como vimos. E embora um manual de 1595 definisse o banimento como "uma das piores calamidades que existem", era uma das mais frequentes punições impingidas por juízes civis e inquisitoriais.[29]

Começando em 1561, os réus nos casos submetidos à Inquisição tinham que descrever para os juízes como suas vidas haviam sido até seus supostos crimes. Estas autobiografias (*discursos de la vida*) são como guias de viagem. (Não por acaso, são também semelhantes aos romances da Idade de Ouro, em que personagens precipitam-se em contos de aventura e infortúnios com frequência corroborados por testemunhas. As estruturas narrativas legais e românticas não eram assim tão diferentes; ambas supunham discursos e palcos.) Satoko Nakajima compilou uma série de dados sobre movimentos demográficos, retirados de uma amostra representativa de casos inquisitoriais.[30] Vistas em conjunto, as narrativas revelam um movimento constante, pelo menos entre membros das classes mais baixas, os mais prováveis de se tornarem réus nesses casos, em sua maioria banais. Quase todos deixaram a terra natal em algum momento e cobriram grandes distâncias, às vezes centenas de quilômetros. A maioria daqueles que deixaram suas cidades jamais retornou, seja porque foram banidos (aprendizes fujões, por exemplo, ou desertores), porque não tinham parentes (a maioria dos réus não sabia quem tinham sido seus avós), ou por não conseguirem trabalho. Sua lealdade era para com o lugar onde moravam, não para com o lugar onde tinham nascido. Todo este trânsito tornava possível – necessário até – aos andarilhos inventarem novas identidades, novos cônjuges, novos passados. Ou talvez a perambulação fosse resultado dessas novas identidades, não a causa. De qualquer maneira, conforme perambulavam, eles transportavam e criavam notícias; as leis contra o nomadismo, portanto, também devem ter sido tentativas de manter baixo o nível de ruído.

Mas a perambulação e o deslocamento não eram apenas um sinal de crise. Embora réus da Inquisição possam não ser típicos, trabalhadores que blasfemavam e fornicavam não eram assim tão raros, e seus movimentos indicam uma interconexão mais geral de pessoas e lugares na Ibéria do século XVI. Ninguém parecia se surpreender que frei Miguel pudesse se mudar para Madrigal, ou que Gabriel de Espinosa (como Piedrola, um ex-artesão e soldado) pudesse simplesmente aparecer, ou que Bernardo del Río, o falso trinitário que era mensageiro de D. António, se deparasse com um trinitário de verdade e outro mensageiro para o pretendente. As coincidências e encontros casuais que emergiram ao longo dos interrogatórios dos juízes não pareciam extraordinários para ninguém. (Ou talvez os juízes achassem as coincidências tão alarmantes que preferiam não investigar mais.) Fernand Braudel observou as "complicadas estruturas internas e externas e pesadas instituições" que mantêm uma cultura de transumância; ele se referia a estruturas financeiras e legais, mas penso que o mesmo pode se dizer de uma cultura ou conhecimento.[31] Subjacente ao movimento demográfico, permitindo-o e incentivando-o, havia uma cultura de notícias e conexões. Nas hospedarias, por exemplo, viajantes compartilhavam histórias e criavam comunidades efêmeras que desapareciam na manhã seguinte, quando partiam de novo em suas jornadas. Ali, "coisas maravilhosas sempre pareciam acontecer" aos heróis de um dos romances de Cervantes.[32] Quando D. António e seus amigos supostamente visitaram Madrigal, ficaram numa hospedaria, e o mesmo fizeram o ex-criado de D. António, aspirante beneditino, e Espinosa em Valladolid. Os testemunhos dos estalajadeiros eram frequentemente úteis a Rodrigo de Santillán e a Juan de Llano, na medida em que revelavam quem tinha visitado quem nos últimos meses e como todos pareciam conhecer todo mundo ou conheciam alguém que conhecia. Estalagens eram pouco respeitáveis e alvos de inúmeras queixas às autoridades do governo. Mas os proprietários eram uma fonte inestimável de informação. Como diz Adam Fox, cervejarias eram "portas giratórias" de notícias; na verdade, por toda a Europa, estalajadeiros com frequência eram agentes do correio.[33]

Uma das histórias mais curiosas sobre essas viagens no caso Madrigal é a de um padre português capturado em julho de 1595, numa hospedaria em Medina del Campo, que se dizia chamar Luís de Silva, embora tenha se revelado que seu nome era Pedro.[34] Santillán contou a Moura que o suspeito mal chegara a Medina e já começara a perguntar o que estava acontecendo em Madrigal. Tinha uns 58 anos. Com ele estava uma jovem mulher a quem ele primeiro identificou como sua filha Catalina, embora outros a chamassem de Luisa, e na verdade, ele admitiu, ela não era sua filha. Deu seu testemunho numa casa particular em Madrigal, de propriedade de Beatriz Espinosa (nenhuma relação com Gabriel). Ele nasceu e foi criado em Lisboa, onde ainda residia. Estudou teologia em Salamanca e havia ocupado vários postos em igrejas portuguesas. Solicitado a explicar o que estava fazendo em Medina, respondeu que saíra de Lisboa em novembro de 1594, rumo a Sevilha, e de lá para uma pequena cidade nos arredores de Córdoba, para cuidar de alguns assuntos religiosos legais. Lá, ouvira dizer que havia dois navios ancorados em Málaga, prontos para partir para a Itália, e fora até lá para ver se pegava uma carona até Roma, onde queria discutir uma questão de consciência com Sua Santidade. Mas os navios já haviam partido quando ele chegou a Málaga; portanto, resolvera visitar seu primo Luís, em Sanlúcar de Barrameda. Possivelmente, era o mesmo Luís de Silva que fora embaixador de Sebastião na Espanha; ferido em Alcácer-Quibir, fora feito refém e depois se aposentara. (Era também cunhado de Cristóvão de Távora, o melhor amigo de Sebastião.) Luís lhe dissera que havia um navio ancorado em Cádiz a caminho de Veneza. Por algum motivo, isso também não funcionara, portanto Silva viajara para Salamanca (via Cáceres), onde caíra doente, e de lá para Madri, onde queria continuar tentando achar um jeito de chegar a Roma. Mas no caminho para Madri parara no mosteiro de Nossa Senhora das Virtudes, perto de Peñaranda (provavelmente Peñaranda de Bracamonte), onde os monges lhe disseram ser bem melhor ir para Madri via

Medina (decididamente não era esse o caso). Ele seguiu a sugestão, mas adoeceu em Medina, passando nove dias ali, antes de ser preso.

Na mente dos juízes, a credibilidade de Silva estava baixa, visto que por duas vezes ele escapara da cadeia usando limas e não se esforçava para dar respostas convincentes. Ao lhe perguntarem por que, se seu nome era Pedro, ele assinava documentos como Luís, respondeu que simplesmente gostava disso. Durante seu testemunho, Silva mostrou que conhecera certas pessoas muito influentes, inclusive o duque de Lerma e o irmão do duque, o arcebispo de Sevilha. Seus próprios parentes incluíam não só Luís, mas membros da família Mascarenhas e o duque de Aveiro, nomes por demais familiares aos juízes. Também recebeu a visita de um frei português, que chegou em Medina montado numa mula e deixou a cidade assim que soube que o amigo estava na prisão.[35] Silva não conhecia frei Miguel de los Santos, mas revelou-se que sabia do caso Madrigal. Em Salamanca, lembrou, tinha estado num bar de propriedade de um tal Rincón, na praça principal, e o estalajadeiro contava que, numa cidade próxima (Madrigal), um homem que diziam ser o príncipe D. Carlos havia sido preso junto com algumas freiras, e que as autoridades haviam convocado o conde de Fuentes (predecessor de Juan de Silva como capitão-geral de Portugal) para identificá-lo. Pedro de Silva contou ter dito ao estalajadeiro que parasse de falar coisas absurdas, porque ele havia estado no funeral de D. Carlos.[36] Porém, mais tarde, ele contou a Rodrigo de Santillán que em Nossa Senhora das Virtudes não pôde deixar de comentar com os freis dali sobre essa conversa e de perguntar se por acaso eles sabiam de alguma coisa sobre o caso. Na verdade, eles sabiam; um frei lhes contara que em Madrigal havia freiras, um frei e outro homem mantidos prisioneiros, e Silva tinha a impressão de que o frei lhe dissera que haviam sido torturados por heresia ou alguma outra coisa semelhante, e que o homem preso (Espinosa) tinha um parente que era da Inquisição, por isso um inquisidor estava tratando do caso. O papel de Pedro de Silva na conspiração, se teve algum papel, é um mistério. Poderia ter aparecido com a intenção de ajudar os prisioneiros, mas chegou tarde demais. Quando Silva falou com os juízes, Espinosa estava morto e frei Miguel estava em Madri. Sem saber mais o que fazer com Silva, os juízes o consideraram culpado de concubinato.

Entra o padeiro

Vamos voltar agora para o próprio impostor, Gabriel de Espinosa, o *pastelero de Madrigal*, cuja crônica de ampla circulação anunciava sua chegada com estas palavras: "Perto do final de setembro de 1594, um homem chamado Gabriel de Espinosa, vestido com roupas de homem comum, chegou em Valladolid." Sua companheira, Inés Cid, contará suas viagens no próximo capítulo, mas, antes de encontrar Inés, ele já estava se mudando. Provavelmente nasceu em Toledo; disse ter 43 anos, embora Santillán achasse que tinha uns sessenta. (Com o passar dos meses, raízes grisalhas e brancas começaram a aparecer, então ele tingiu os cabelos.[37]) Quando jovem, como tantos outros, ele entrou para o exército. Disse a Ana de Austria e sua amiga Luisa del Grado que havia lutado com as forças de Juan de Austria e estado na Terra Santa. Sabemos que ele estava em Portugal em 1580, ainda lutando; depois disso, contou a Ana e Luisa, fora capturado pelas forças de D. António e levado para a França. Quando do ataque de Drake à Galícia, em 1589, ele estava de volta ao solo ibérico. Pelo caminho, adquiriu algumas habilidades (escassas, segundo testemunhas) como padeiro e cozinheiro. O depoimento de Inés Cid sugere que Espinosa ainda era militar, um ano ou dois antes do caso Madrigal, embora ele pudesse ter estado cozinhando para os soldados, em vez de combatendo.

Não devemos nos surpreender que testemunhas que, teoricamente, não tinham nenhum relacionamento com Espinosa, dessem ao juiz informações sobre seu paradeiro. O frei agostiniano Marcos de Amador, por exemplo, contou a seu superior, no dia 18 de outubro de 1594, quando o processo começou, que ao chegar a Madrigal, apenas uns dois meses antes, reconheceu imediatamente Espinosa como o homem a quem havia contratado para preparar o jantar depois da missa que rezara em Pamplona.[38] Comprava comida no mercado principal de Pamplona quando um homem se aproximou, perguntou o que ele estava comprando e por quê, e ofereceu os seus serviços; era Espinosa. Durante o interrogatório, o provincial agostiniano, Gabriel de Goldaraz, perguntou a Amador o que Espinosa costumava vestir em Madrigal (às vezes, o traje marrom de padeiro, outras vezes, veludo). Amador disse não saber mais nada sobre os antecedentes de Espinosa, nem mesmo seu primeiro nome. No mesmo mosteiro, frei Luis Ortiz confirmou o depoimento de Amador, acrescentando que encontrara Espinosa cozinhando em Madri sete ou oito anos antes. Ortiz estava comendo com seu amigo frei Gerónimo de Guevara, e viu Espinosa "vestido de cozinheiro, com as mangas arregaçadas, fazendo um guisado e preparando galinhas", embora não se lembrasse exatamente de onde ficava o restaurante. Na mesma série de depoimentos, a freira María del Portillo disse ter ouvido de pessoas de dentro do convento, e também de outros lugares, que Espinosa havia sido padeiro e cozinheiro do duque de Albuquerque.

A essa altura servindo como cozinheiro do conde de Niebla, Gregorio González disse que tinha trabalhado com Espinosa em Ocaña, perto de Toledo.[39] Cerca de seis anos atrás, ele disse, trabalhava para o marquês de Almazán, preparando uma refeição para membros do Conselho de Ordens e, como não estava se sentindo bem, deram-lhe um assistente, Espinosa, que chegou malvestido, com um filho de 16 anos de idade. (Foi a primeira confirmação de que Espinosa tinha outros filhos.) Depois de preparar a refeição, Espinosa comeu com González e sua esposa, María de Torres. Recentemente, em setembro, González descia a pé a Calle de la Comedia, em Valladolid, a caminho do teatro, e com quem ele esbarra, senão com o mesmo cozinheiro? Valladolid era uma cidade universitária próspera e agitada (em breve, embora por pouco tempo, se tornaria a capital da Espanha), sede das cortes reais de apelo e lar de muitas famílias nobres; tinha por volta de 40 mil habitantes. González reconheceu Espinosa de longe, contou, homem de estatura média, cabelos grisalhos e duas nuvens (provavelmente catarata) num olho. Vestia calças velhas de veludo marrom e um gibão debruado de dourado. González chamou a atenção de Espinosa, que conversava com um grupo de pessoas. Espinosa interrompeu a conversa e pegou González de lado. Os tempos mudaram, irmão, Espinosa disse, e se tinha alguma coisa que pudesse fazer por seu velho amigo ficaria satisfeito em atender. González o levou para casa para comer com María e alguns vizinhos. María também o reconheceu logo e lembrou dos bons velhos tempos. Ah, isso, Espinosa disse. Eu estava disfarçado naquela época. Não, González falou, você me disse que era padeiro em Ocaña e me mostrou suas credenciais. Verdade, Espinosa retrucou, mas "reis e príncipes andam disfarçados, e se [González] queria ficar com ele, faria a ele e a sua esposa muitos favores, e o cozinheiro riu porque ele e sua esposa pensaram que [Espinosa] estava maluco porque também dissera que havia transportado as armas de Sua Majestade até Navarra. Espinosa foi embora, mas voltou num outro dia... e mostrou [a González] coisas de valor", inclusive um relógio, alguns camafeus, uma caixa de prata e o retrato de uma bela dama, talvez do tipo chamado naipes, porque eram do tamanho de cartas de baralho. "Quando [González] elogiou-lhe a beleza [Espinosa], disse que, embora fosse uma freira, ela podia se casar e que o príncipe nosso senhor não tinha mais ninguém para se casar a não ser com ela. E quando os vizinhos perguntaram como uma freira podia se casar, ele disse: "Para os reis não há leis", e que ela era freira contra sua vontade e que tinha dito isso a um bispo ao entrar para o convento.[40] Ele fez mais algumas visitas, sempre contando histórias e exibindo joias. González decidiu parar de convidar Espinosa e, dias depois, ao saber que ele havia sido preso, prestou seu depoimento.

Espinosa era um homem do seu tempo: soldado da monarquia, andarilho com umas poucas habilidades interessantes para o mercado – cozinhar, fazer pão, tecer –, um liminar, sedutor e aventureiro, futuro protagonista de poesias e dramas românticos. Como Cabrera de Córdoba ironicamente expressa: "Ele tinha muitas habilidades, não tendo aprendido nenhuma delas."[41] Podia ser qualquer um, e esse era o problema. Na cadeia pública de Medina del Campo, no dia 17 de fevereiro de 1595, ele disse a Juan de Llano que seu nome era Gabriel de Espinosa, mas depois imediatamente mudou de ideia.[42] Ele não podia dar seu verdadeiro nome, explicou, porque havia jurado não o revelar até morrer. Furioso, Llano respondeu com ameaças e recriminações, invocando inutilmente a lei apostólica e punições por perjúrio, uma vez que o réu confirmara que não daria seu nome, nem os de seus pais, que disse estarem mortos. Ele não conhecera o pai, embora lembrasse da mãe, como na verdade era o caso de D. Sebastião. (Mais tarde, entretanto, Espinosa diria que também não se lembrava da mãe.) Sim, era verdade que havia dito a Rodrigo de Santillán que seu nome era Gabriel de Espinosa, contou a Llano, mas isso porque naquela época (logo depois da prisão) estava trabalhando como padeiro e esse era o nome no documento emitido pela guilda, atestando as habilidades do portador. Isso é tudo que saberemos sobre sua identidade, da boca do próprio prisioneiro: seu nome não era Gabriel de Espinosa.

Ele contou a Llano que chegou a Madrigal em junho de 1594. Antes, tivera uma loja na cidade vizinha de Nava, mas esperava ter mais sucesso.[43] Começou fazendo massas para o convento, onde encontrava *doña* Ana e as outras freiras quando ia receber pagamento. Admitiu que às vezes falava com elas perto da *grada*, a treliça de ferro que separava os alojamentos das freiras do salão de visitantes. Grade semelhante dividia as seções públicas e privadas da igreja. Elas lhe perguntavam como ele estava indo na cidade, e ele se oferecia para levar sua filhinha para brincar com elas. De tempos em tempos, encontrava-se também com frei Miguel na cela do vigário. Mas segundo o criado de Ana, Juan de Roderos, apenas dois dias depois da chegada de Espinosa a Madrigal, frei Miguel o chamou à sua cela e os dois homens mais tarde se encontraram com Ana. "Ele pensa que a chegada [de Espinosa] a Madrigal foi sob as ordens de frei Miguel, e eu acredito nisso também", Santillán contou ao rei.[44] Segundo a *Historia de Gabriel de Espinosa*, a primeira coisa que Santillán fez ao chegar a Madrigal foi ir até a casa de Espinosa, "na qual não encontrou sinais de padaria, apenas um forno e utensílios de madeira. Todo o restante havia desaparecido". (Outra coisa que desaparecera fora a escrivaninha portátil de Espinosa, que estivera repleta de documentos. Santillán determinou que alguém a havia recolhido e levado para o convento, mas ele nunca a encontrou.)[45] As investigações de Santillán o levaram de volta a Nava, onde lhe disseram que Espinosa tinha sido um mau padeiro, que cobrava pouco dos clientes e que, na verdade, não era padeiro coisa nenhuma. Outra pessoa fazia seu trabalho, embora de vez em quando ele tentasse colocar a mão na massa. Como ele poderia assar, as pessoas em Madrigal se perguntavam, se ficava no convento o dia inteiro?[46]

Na entrevista de Espinosa com Llano, em fevereiro, ele negou ter algum dia dito ser Sebastião, mas admitiu que Ana e frei Miguel o tratavam como se fosse:

> Ele viu que queriam considerá-lo como tal, e a testemunha [Espinosa] lhe contou que isso era malfeito e errado porque era traição para com o rei nosso senhor, porque em nenhum reino pode outra pessoa ser chamada de rei e não ser chamada de traidora. E, por causa disso, e também por causa de uma carta do provincial agostiniano a *doña* Ana, dizendo-lhe que ela estava recepcionando um padeiro [um dos principais crimes de Ana era o de ter sido íntima de um plebeu], ele decidiu deixar a cidade, o que de fato fez, não querendo ofender o rei nosso senhor.[47]

Ele não era Sebastião, contou a Llano. Então, por que pensavam que ele era?, o juiz perguntou.

Por causa dos sinais [*señas*] observados por frei Miguel e reconhecidos por ele como pertencendo a Sebastião. E *doña* Ana disse a mesma coisa à testemunha [Espinosa], reconhecendo seus sinais. E a testemunha lhe contou que estavam se enganando, porque ele não era o rei, e *doña* Ana respondeu que ele devia tomar cuidado com o que dizia, pois ela havia passado seis anos aguardando o dito D. Sebastião e havia rezado e feito votos e haviam lhe dito que ele chegaria no ano de 1594, e se ele não houvesse chegado no dia de São Miguel, não chegaria nunca mais. Ele havia chegado exatamente na época e as *señas* confirmavam isso.

A explicação de Espinosa para ter deixado a cidade refere-se a sua visita a Valladolid, que o levou à prisão. Ele permaneceu em Valladolid pelo menos uma semana, ou provavelmente duas, julgando-se pelo depoimento de Gregorio González. Segundo Espinosa, o plano era deixar Madrigal e não voltar mais, embora os juízes descobrissem imediatamente que havia um plano em ação, envolvendo os visitantes disfarçados a quem Espinosa devia recolher em algum lugar e levar de volta a Madrigal. De fato, Ana e frei Miguel parecem ter pensado que ele estava em Burgos, não em Valladolid. A prisão, que levou ao desvendamento da conspiração, ocorreu na noite de 8 de outubro de 1594, quando Rodrigo de Santillán recebeu a notícia de que um homem "malvestido (*en mal hábito*), que parecia estrangeiro (*extranjero*), portando muitas joias" e falando bem alto sobre suas conexões com a realeza, causava uma certa agitação nos bares locais. Santillán teve que rastreá-lo, visto que Espinosa havia trocado várias vezes de hospedaria, mas depois de algumas horas o juiz o encontrou: "um homem de estatura mediana, meio ruivo, meio grisalho, com um golpe ou nuvem em um dos olhos", que imediatamente tentou escapar. Os homens de Santillán o agarraram, perguntando que pressa era aquela. "Estou em território inimigo e tudo pode acontecer!", ele exclamou.[48] Disse seu nome, que era cozinheiro e padeiro de Ana de Austria e estava em Valladolid a seu mando. Lutava para se vestir quando Santillán entrou, talvez para garantir que as roupas luxuosas que Ana lhe havia enviado – Santillán descobriu que suas camisas eram de fino linho holandês – não ficassem para trás. Em seus aposentos, havia objetos de valor, inclusive um retrato de Ana (provavelmente o que mostrou a González), fazendo o juiz supor que era um ladrão e levando-o para a cadeia. Na conversa posterior entre Espinosa e Llano, o juiz perguntou sobre as informações que recebera de que Espinosa se hospedara numa hospedaria em Valladolid, que pertencia a Gabriel Rodríguez, perto dos teatros da cidade. Foi Rodríguez quem levou cartas de Espinosa, em Valladolid, a Ana e frei Miguel, em Madrigal. Antes de Rodríguez sair em missão epistolar, Espinosa lhe pediu para dizer aos destinatários que na verdade ele (Espinosa) estava escrevendo de Burgos. Rodríguez também devia dizer que havia conhecido Espinosa em Burgos, anos antes, "vestindo uma roupa diferente, acompanhado de certos cavalheiros que o serviam à mesa, respeitosamente, e com a cabeça descoberta".[49] (Espinosa mais ou menos reconheceu tudo isso para Llano, mas disse não ter feito por mal.) Depois da prisão, Santillán pegou Rodríguez quando ele retornava de Madrigal com as respostas, endereçadas a Sua Majestade, e prontamente informou ao verdadeiro rei.

Imediatamente, o presidente das cortes reais de apelo, em Valladolid, se envolveu.[50] O presidente, Junco de Posada, morreu de medo de que a notícia da presença da realeza portuguesa disfarçada (fosse Sebastião ou D. António) viesse à luz, e implorou e ordenou a Santillán que tivesse certeza de que Espinosa estava sendo rigidamente vigiado. Mas, na opinião de Santillán, um número maior de guardas só chamaria atenção para o prisioneiro, a última coisa que ele queria. Trabalhava duro no caso, como garantiu a Cristóbal de Moura, e não precisava da interferência de Posada ou de qualquer outra pessoa: "Imploro a Vossa Graça que não permita injúrias a mim por aqueles que passam o tempo dormindo e entregando-se à devassidão enquanto eu trabalho o dia todo e realizo rondas a noite inteira." Ele é um bom homem, disse referindo-se a Posada, mas não consegue guardar um segredo.[51] Mas, como se revelou, parece que havia trânsito de informações na cadeia municipal de Valladolid, o que Santillán admitiu mais tarde, embora culpando os funcionários.[52] De quem quer que fosse a culpa, é provável que Espinosa se comunicasse com o mundo exterior durante sua primeira semana de confinamento.

Sinais de reconhecimento

Havia muitas razões para se pensar que Espinosa era, como as cartas anônimas diziam, "importante, muito importante", e as autoridades levaram um certo tempo para decidir suspender a descrença. Aqueles que passaram a maior parte do tempo com Espinosa foram os que mais demoraram a desistir das ideias sobre sua importância. Quem conviveu com ele, apenas brevemente, resistiu à sedução: Junco de Posada, por exemplo, desde o início teve certeza de que ele era um ninguém, embora um ninguém potencialmente perigoso. Outro juiz da Chancelaria, Martín Hernández, também não se deixou iludir: em outubro, ele contou a Felipe: "Acredito que este homem não seja mais do que um padeiro muito ruim ou um cozinheiro, incentivado pela ignorância ou pela malícia dos freis. Seus feitos merecem rigorosa e severíssima punição."[53]

Cerca de 10 dias depois da prisão, o prisioneiro foi transferido para a cadeia pública em Medina del Campo. Acompanhando-o na viagem ia o irmão de Santillán, Diego. Às duas horas da tarde, ele enfiou o prisioneiro algemado numa carruagem e partiu a cavalo com uma escolta de guardas armados. Espinosa estava melancólico e perguntou a Diego por que um pobre padeiro estava sendo transportado com tanto refinamento. Diego sentiu pena dele, como mais tarde contou ao irmão, e pediu a um dos guardas, Cervatos, para se juntar a eles dentro da carruagem. Quando Cervatos disse ao prisioneiro que tinha estado na França, o bom homem começou a falar com ele em francês tão bem que Cervatos disse que nunca tinha escutado um homem falar melhor. Em seguida, ele começou a falar alemão e tudesco [outra palavra para alemão] muito bem, segundo Cervatos. Disse que sabia um pouco de todas as línguas e eu, sendo malicioso, perguntei-lhe se falava um pouco de português, mas depois de uma resposta lacônica, ele se calou: "Nem uma palavra, embora tenha estado em Portugal." E eu lhe asseguro que esse silêncio foi misterioso, porque ele estivera gracejando, e de repente ficou quieto e novamente melancólico. Durante as duas horas seguintes não conseguimos tirar dele uma só palavra.[54]

Finalmente, ele foi persuadido a sair de seu casulo e disse que gostaria de se encontrar com Rodrigo por três ou quatro horas. Seu irmão, o juiz, era um homem muito ocupado, falou Diego, mas talvez Espinosa pudesse lhe escrever uma carta. O padeiro concordou, mas depois afirmou que não sabia escrever e não podia confiar a ninguém a informação. Disse também que queria falar com Felipe II. Eles passaram a noite em Valdestillas e chegaram em Medina às 10 da manhã. Ao entrar em sua cela, Espinosa pediu que fechassem as cortinas e dispensassem os porteiros, porque não queria que ninguém o visse. "E durante todo esse tempo", Diego contou a Rodrigo, "eu lhe garanto que em toda a minha vida nunca vi ninguém que parecesse tão grandioso, embora ele faça de tudo para parecer um padeiro." O tagarela Cervatos perdeu o emprego por causa do episódio.[55]

Segundo Rodrigo de Santillán, em dezembro, seu colega apostólico Llano ainda não sabia ao certo com quem estava falando. Sem meias palavras, ele contou ao rei, a 4 de dezembro: "O Dr. Juan de Llano afirmou que meu prisioneiro em Medina é D. Sebastião."[56] Repetidas vezes, o rei alertara os dois juízes para colaborarem um com o outro, e Santillán se esforçava, ele garantiu ao monarca, mas a obstinação de Llano nesse ponto dificultava as coisas. Llano estava tão convencido da identidade do prisioneiro que tinha parado de investigar como devia. Dias depois, um memorando do palácio dizia: "Don Cristóbal [de Moura] e D. Juan [de Idiáquez] acreditam que [Vossa Majestade] deva responder ao Dr. Juan de Llano, desenganando-o do erro para o qual está inclinado e refrescando sua memória no que diz respeito à confissão de frei Agustín de los Angeles", que havia contado aos juízes que frei Miguel lhe pedira para mentir a Ana que Sebastião estava vivo.[57] Quanto ao próprio Santillán, no dia 20 de dezembro, ele contou ao rei: "Ainda penso que ele não é um padeiro, embora os freis agostinianos digam que é, e eles o viram assando bolos aqui e em Pamplona. Mas, usando o seu notável bom senso, ele observou: "Se queria fingir, tinha que fazer alguma coisa para tornar o fingimento digno de crédito."[58]

Nessa semana, Llano havia acabado de falar com Ana e frei Miguel, e ambos "confessaram afirmativamente que o prisioneiro era quem eles diziam que era", um jeito de evitar a palavra "Sebastião" numa correspondência que podia cair nas mãos de qualquer um. Portanto, Llano decidiu que queria ver com seus próprios olhos se havia alguma validade no que eles haviam dito. Foi quando finalmente ele descobriu a verdade. Ele havia visto alguns retratos de Sebastião, embora um pouco mais jovem, como contou ao rei, e lhe pareceu que não seria ludibriado. "Fiquei sozinho com o prisioneiro por três ou quatro horas e penso que de forma alguma podemos dizer que ele é quem dizem que é. Pelo contrário, seu aspecto e aparência são bem diferentes, porque este prisioneiro é um homem muito baixo, com rosto fino e cor de pele, cabelos e barba bem diferentes, além do que ele tem uma grande e visível nuvem no olho direito, e sua idade não corresponde. Fala castelhano muito bem, sem sotaque de qualquer tipo, o que raramente acontece com pessoas de outros reinos."[59]

Nem um único indivíduo em Madrigal, além de frei Miguel, jamais tinha visto o real Sebastião. Numa era de poucos espelhos e praticamente nenhum acesso a retratos, o que as pessoas lembravam de rostos? Que sinais testemunhas, juízes, vizinhos e freiras usavam para decidir quem uma pessoa era? Havia algo inevitavelmente visível num rei ou fidalgo? Esta história está cheia de gente disfarçada: António em Marrocos, Portugal e mais tarde por toda a Europa; os portugueses que visitaram Madrigal; o irmão de Ana (ainda por chegar); freis (que não eram freis coisa nenhuma ou eram de outra ordem); Sebastião (um eremita ou um padeiro) e Espinosa (um rei ou um padeiro); e, é claro, freiras e freis que não são totalmente visíveis. Durante séculos, a literatura tem retratado reis misturando-se ou conversando no meio de seus súditos, disfarçados de plebeus, como príncipes humanos. Estas cenas muitas vezes ocorrem em florestas, territórios afastados da civilização normal; vimos um desses casos com Sebastião antes do encontro em Guadalupe. Aqueles humildes interlocutores em geral se iludem com o disfarce de seus monarcas, porque, de outro modo, não seriam tão sinceros e informados com eles. Ana acusou o Dr. Mendes de ter sido enganado. Distraído pelas roupas maltrapilhas de Espinosa, ela disse, ele não podia ver o rei por baixo delas. Mas outros não foram enganados (embora, é claro, o inverso seja verdade); eles acreditaram ter detectado sangue real sob os farrapos. As histórias que circulavam nas semanas após a batalha de Alcácer-Quibir sobre a sobrevivência de Sebastião e da fuga de D. António do cativeiro baseavam-se em pessoas vendo através de disfarces, ignorando as roupas esfarrapadas, distinguindo a nobreza através da sujeira e da fuligem, como Joana D'Arc reconhecendo Carlos VII, da França, disfarçado. Na verdade, Valentin Groebner escreveu: "Identificar o irreconhecido era um tema prevalecente na literatura medieval e renascentista. Charadas literárias eram representadas, desafiando visitantes na corte a identificar o verdadeiro soberano entre três personagens identicamente vestidos e tratá-lo da forma apropriada.[60] Se uma rosa sob qualquer outro nome tem o mesmo perfume, então a nobreza também, mesmo sem seus efêmeros adornos, deveria ser fácil de detectar.

Segundo a amplamente divulgada *Historia de Gabriel de Espinosa* e quase todas as suas variações, Espinosa vestia-se com o "hábito e as roupagens de um plebeu" ou o "hábito e roupagens de um homem comum". (Fugindo dos mouros, Sebastião e Távora também estavam vestidos como "homens comuns".) A *Historia* cita frei Miguel dizendo que Espinosa chegou a Madrigal com roupas de padeiro. Escrevendo durante a investigação, o correspondente jesuíta (provavelmente o autor do panfleto) disse que Espinosa "chegou com o hábito de um plebeu".[61] Comentando com o rei sobre a prisão de Espinosa, Junco de Posada afirmou que embora tivesse sido capturado num "hábito humilde", Santillán suspeitava que ele era de alto nível (provavelmente porque tinha visto as luxuosas roupas de linho de Espinosa na hospedaria).[62] Claro, qualquer pessoa com dinheiro poderia comprar bons linhos. Mas boas roupas de linho *não eram adequadas* a um padeiro. Roupas podiam, ou não, esconder a verdadeira identidade – de fato, nesta história, elas tanto identificavam quanto camuflavam as pessoas –, mas, além disso, a razão pela qual as testemunhas eram solicitadas a descrevê-las era porque as pessoas deviam usar certos trajes e não outros. Essa era a teoria. Na prática, leis suntuárias mostram que, se as pessoas tinham que ser constantemente lembradas a vestirem determinadas roupas, é provável que as estivessem vestindo. Uma crítica e sátira comum na Espanha, e em outras partes da Europa, durante esta época era que ninguém era o que aparentava ser. Sebastião (como qualquer rei) representava uma variedade de papéis – soldado, herói, jovem trágico, eremita penitente – cada um deles com sua própria indumentária. Assim, aceitava-se, ao mesmo tempo, um instável relacionamento entre vestimenta e condição social, algo que também emerge com as inevitáveis descrições das testemunhas sobre as roupas de Espinosa. Qualquer habitante moderadamente alfabetizado da Espanha do século XVI estava familiarizado com aventuras bizantinas de peregrinos, trapaceiros e reis, cujos disfarces confundiam ou cegavam as pessoas que encontravam pelo caminho. O drama de Madrigal não poderia parecer muito diferente.

Alfabetização e línguas são outro sinal social. Vimos que Espinosa não sabia (ou queria) falar português. Normalmente, isso encerraria a questão, mas este não foi o primeiro nem o último caso de impostura real em que trauma e tempo foram considerados influências fortes o suficiente para esquecer a linguística. O mais digno de confiança entre os diversos homens que afirmavam ser o filho de Maria Antonieta e Luís XVI – que ou morreu na prisão ainda criança, em 1795, ou foi contrabandeado por realistas – falava francês com um pesado sotaque alemão que ele atribuía à passagem do tempo. O famoso impostor na França dos anos de 1550, Martin Guerre, "falava apenas umas poucas palavras surrupiadas" da língua basca que aprendera quando criança, embora o juiz decidisse que Guerre havia se mudado para terras francófonas muito cedo para que isso representasse grande coisa.[63] A *Historia de Gabriel de Espinosa* embeleza o relacionamento de Espinosa com as línguas: "seu modo de falar com os outros, a perspicácia de sua compreensão, a nobreza de seu discurso, o modo como ligava um pensamento ao seguinte, sem que nunca se pudesse encontrar um erro no que dizia, e ele falava muitas línguas", o que não era bem verdade.[64] Espinosa dissera na carruagem, em companhia de Diego de Santillán, que não sabia escrever. O que não é plausível, em vista de suas viagens e treinamento como um ou outro tipo de artesão. Mas vimos sua assinatura, e ele não escrevia bem. Num determinado ponto do relacionamento deles, Ana obteve uma declaração por escrito de Espinosa, comprometendo-se com ela. O documento dizia: "Eu, D. Sebastião, pela graça de Deus, rei de Portugal, recebo como minha esposa a mui serena *doña* Ana de Austria, filha do mui sereno D. Juan de Austria", e assinou, "Eu, o rei". Quando Ana viu a assinatura, amassou o papel e jogou-o no chão, irada com sua má apresentação: "Deveis ser chamado D. Garatujas, não D. Sebastião!", ela exclamou.[65] O rei também notou a estranha escrita.[66] No dia 2 de março, ele escreveu numa transcrição da confissão de Espinosa a Llano, em 17 de fevereiro (que continha a confusa explicação de seu não nome): "Tem algo muito estranho na assinatura." Espinosa primeiro tinha escrito com letras muito vacilantes, desajeitadas: "Eu, o prisioneiro" (*Yo el preso*). Por baixo ele escrevera (embora seja difícil compreender) "que não é Es[p]inosa" (*q. no es es[p]ynosa*). O conteúdo obviamente tem a intenção de deixar as autoridades perplexas; a mão trêmula pode se dever ao analfabetismo ou à tortura que havia sofrido. No final de julho, na véspera de sua execução, ele já não conseguia assinar nada (ver Figura a seguir).[67]

Finalmente, outro indício de que Espinosa poderia ser outra pessoa que não um padeiro veio com certa habilidade adequada a um nobre. A última vez que alguém viu o verdadeiro Sebastião, ele estava a cavalo, cavalgando destramente de um lado para o outro enquanto ondas de soldados inimigos tentavam derrubá-lo, pulando para novos cavalos quando o seu era abatido. A cena, uma das grandes descrições das crônicas de Alcácer-Quibir, havia sido contada e recontada, e uma das primeiras coisas que Santillán relatou ao rei sobre seu misterioso prisioneiro foi que ele era um excelente cavaleiro.[68] O juiz havia sido informado de que, na terça-feira anterior (provavelmente cinco dias antes), no Campo Grande de Valladolid, hoje um parque municipal, Espinosa havia observado alguns homens tentando domar um cavalo bravo. Chamou um deles e se ofereceu para ajudar. Em seguida, montou no cavalo com surpreendente facilidade. Notícias do acontecimento circularam. Com acesso aos mesmos documentos que temos, mas provavelmente a outros também, o autor de *Historia de Gabriel de Espinosa* afirmou que Espinosa "montou [no cavalo] com tamanha perícia e elegância que os presentes, assim como o cavalariço, disseram que nunca em suas vidas tinham visto melhor cavaleiro em toda Castela, nem na Itália, nem em lugar algum. E, ao elogiá-lo, o cavalariço perguntou ao cavaleiro quem ele era, e quando ele respondeu que era um padeiro em Madrigal, o cavalariço riu e disse: "O senhor, um padeiro? Certo, eu também sou!"[69]

O que as freiras sabiam

Menos de uma semana depois da prisão de Espinosa, o provincial agostiniano, Gabriel de Goldaraz, interrogou durante dois dias todas as freiras e monges sob sua jurisdição, em Madrigal.[70] Seu objetivo era encarregar-se de uma situação que, mesmo então, dava sinais de fugir ao controle. Ele sabia muito bem o que andava acontecendo no convento (seus inimigos, vale lembrar, diziam que ele era coconspirador) e ele não queria gente de fora – especialmente um juiz arrogante e anticlerical, como Rodrigo de Santillán – assumindo o controle.

A primeira das 12 perguntas dirigidas à comunidade religiosa queria saber se eles tinham conhecimento ou ouvido falar sobre a identidade do padeiro da cidade. Duas considerações legais são relevantes aqui: na Espanha, os códigos legais medievais e subsequentes especificavam que o testemunho de mulheres era aceitável só nos casos em que elas estivessem pessoalmente envolvidas e apenas se tivessem boa reputação. As freiras qualificavam-se em ambos enquadramentos.[71] Segundo, por necessidade numa época em que provas documentais eram complicadas, os juízes (ou, nesse caso, o provincial) dependiam do que se ouvia dizer – parente próximo dos rumores e boatos. A cronologia da lei – ainda uma obra em progresso – e a cronologia da memória não coincidiam necessariamente. Alguém só sabia dos acontecimentos depois de ocorridos, mais tarde lembrava-se de saber, só depois disso contava a história. Em seu testemunho, as pessoas podiam estar se lembrando de como os acontecimentos lhes haviam sido contados e não de como eles ocorreram. Elas datavam os acontecimentos pelo tempo que se passara desde que eles haviam ocorrido.[72] Testemunhas referiam-se ao tempo do ano ou a pontos no calendário religioso, mas nunca davam dias ou datas. Coisas aconteciam várias semanas atrás, mais ou menos oito ou nove anos atrás, durante a guerra, antes do Dia de São Miguel.

Foi essa mesma série de interrogatórios que rendeu a frei Marcos de Amador a lembrança de ver Espinosa em Pamplona e a história de Luiz Ortiz sobre tê-lo visto em Madri. A freira María Belón deu informações semelhantes. Um dia, ela falou, um visitante chamado Pedro Dorado foi ao convento e lhe disse que havia encontrado Espinosa durante a guerra com Portugal, quando ele, o visitante, era um soldado de guarnição. Espinosa estava trabalhando como padeiro e talvez também, embora o visitante não tivesse certeza, numa adega de vinhos. Além disso, o visitante garantiu-lhe que a garotinha que estava com Espinosa era do padeiro. E falou que ao ver Espinosa na cidade e lhe contar tê-lo reconhecido de um encontro em Portugal, deixou-o assustado. Espinosa respondera: "O senhor tem boa memória." Quando Espinosa perguntou a Dorado se ele havia lutado

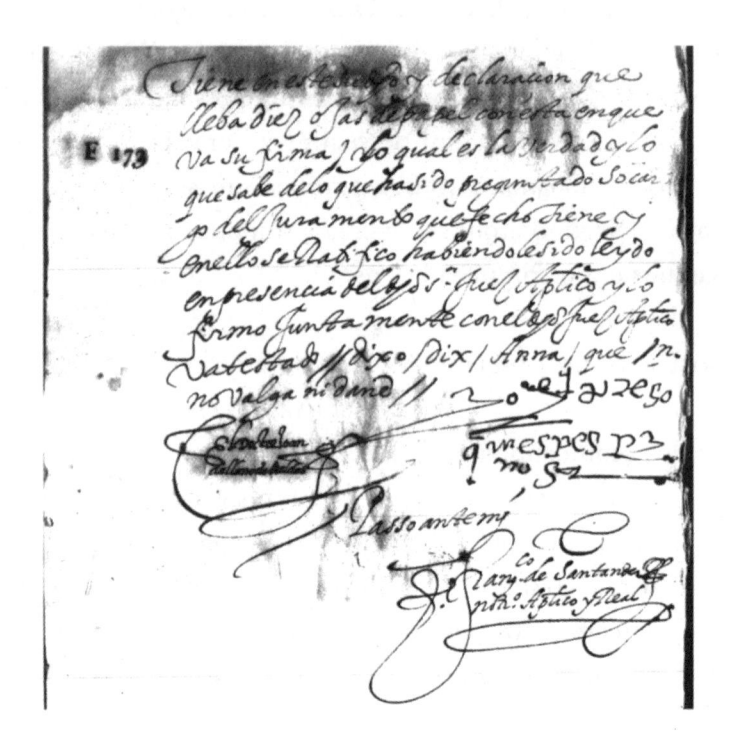

Autógrafo de Gabriel de Espinosa (1595). "Eu o prisioneiro, que não é Espinosa." (AGS E, leg. 173, doc. 239). Cortesia de Archivo General de Simancas, Ministerio Español de la Cultura.

com D. Juan na guerra contra os mouros, Dorado não só disse que tinha, como começou a fazer várias perguntas a Espinosa que ele não pôde responder, levando Dorado a acreditar que Espinosa era um mentiroso.[73]

Todas as freiras e freis tinham opiniões sobre a identidade do homem que havia chegado apenas quatro meses antes. Frei Juan de Avendaño falou ter escutado que "o dito padeiro é um fidalgo disfarçado e que [Espinosa] havia pronunciado palavras nesse sentido". Andrés de Santa Cruz comentou que ele era um "fidalgo disfarçado e membro de uma ordem militar, mas que não podia se lembrar se era Santiago, como muitas pessoas na cidade e religiosos na casa estão dizendo... [Amador] lhe contou que ele era cozinheiro e que quando [Amador] rezou a missa em Pamplona, ele preparou a refeição e [Amador] lhe deu seis ducados e o cozinheiro pediu mais quatro". Ana de Espinosa (sem parentesco) afirmou que não sabia quem era o padeiro, mas imaginava que "ele era um charlatão [de *charlar*, conversar], uma fraude, uma dessas pessoas perdidas, vagando de um lugar a outro". María de San Vicente contou ter ouvido que ele era "um mago ou um vigarista, que tinha um familiar [na Inquisição; foi também o que Pedro de Silva disse], que ela havia escutado dentro do convento e de visitantes... e soubera que ele tinha enfeitiçado os doces que preparava para *doña* Ana de Austria para que ela falasse com ele". Augustina de Ulloa nunca tinha visto Espinosa, mas estava preocupada porque, "muito relutante", havia comido um dos doces. Leonor de Cargena ouvira que ele era um "pícaro, um trapaceiro, mago, homem diabólico, mas que não o conhece". Ana de Tapia escutara que ele era um "mentiroso, mago e trapaceiro, e que o filho de um ladrão dissera que [Espinosa] era colega de seu pai". María de Portillo, que contara que Espinosa havia trabalhado como cozinheiro para o duque de Albuquerque, também disse que havia escutado, tanto no convento quanto fora dele, que ele era um comandante cavaleiro, cujas roupas oficiais estavam escondidas. Luisa del Grado, amiga íntima de Ana e facilitadora, que àquela altura devia ter sabido que ela estava em grandes apuros, falou que havia escutado que Espinosa era padeiro, embora outros dissessem que ele era um mago e trapaceiro. Sua irmã, María Nieto, disse que "não sabe quem é este padeiro, que além de padeiro é mentiroso, segundo o que ela escutou, embora de outras pessoas ela soubesse que era ele mais respeitável do que parecia e tinha roupas respeitáveis em casa". Gerónima de Arpide falou que ele era "trapaceiro e mago, que era o que ela sempre havia pensado, e tinha ouvido dizer o mesmo em outros lugares, referindo-se ao tempo de Espinosa em Nava. Um estudante lhe dissera que outro padeiro lhe contara, 'protejam-se desse demônio que vocês têm aqui', porque Espinosa havia lançado feitiços até sobre as migalhas". [74]

Ele pode ter sido um feiticeiro, mas provavelmente não um ladrão. Frei Antonio de Sosa, o provável autor das cartas anônimas, observou que a falta de cupidez do prisioneiro mostrava que ele não podia ser um plebeu. Llano também ficou intrigado porque Espinosa recusou valiosas ofertas de joias de Ana.[75] (No entanto, pode ser também que, quando foi para Valladolid, Espinosa tivesse a intenção de seguir em frente, levando as joias com ele; o fato de não ter ido para Burgos fala a favor dessa teoria.) Segundo a *Historia de Gabriel de Espinosa*, seu desdém por riquezas materiais era uma manobra deliberada para fazer as pessoas pensarem que ele era de estirpe nobre.[76] As joias e o fato de serem presente de Ana foi o elemento-chave da história, conforme recontada nas semanas que se seguiram à prisão. O cronista português Pero Roiz Soares escolheu as joias como o meio de apresentar Ana; ela era "sobrinha do rei, filha de D. Juan de Austria, freira no dito mosteiro e muito rica, com muitas joias valiosas que seu pai lhe deixou".[77] As joias aparecem na primeira frase da primeira carta de Santillán a Felipe II, relatando a respeito de um homem que "carregava muitas joias, entre elas uma caixa de joias com um unicórnio". Os colegas de copo de Espinosa "perguntaram-lhe de quem era a imagem no anel que ele usava [a imagem era de Felipe II] e ele respondeu, é o seu senhor, e eles disseram, não é ele também o seu senhor? e ele disse não, não meu senhor, eu serei o senhor dele e de vocês também".[78] Apenas, uma semana mais tarde quase todas as freiras e freis em Madrigal disseram que sabiam que, ao ser preso, Espinosa carregava objetos de valor de Ana. A prioresa contou que acreditava que ele fora preso porque não dera a uma mulher o anel que havia lhe prometido, levando-a a denunciá-lo a Santillán. Ela também disse que Espinosa levava um papagaio e outros objetos de ouro, inclusive o anel com o retrato do rei. "E ela tinha ouvido dizer que as joias eram de *doña* Ana porque [Santillán] escrevera a *doña* Ana perguntando se eram dela, e ela respondera que sim. [A prioresa estava certa, portanto a história da mulher desprezada em Valladolid também pode ser verdade.] Quando lhe perguntaram por que Espinosa levara as ditas joias para Valladolid, ela respondera apenas que soubera que ele entrara em Valladolid acompanhado de mais de 20 homens e tinha 20 mil ducados em joias e dinheiro, embora outros dissessem que eram apenas 5 mil." Avendaño contou a história de como Espinosa havia mostrado a uma mulher seu anel com o retrato de Felipe II. "Este é o seu senhor", Espinosa dissera, ao que a mulher perguntara, "Ele também é seu senhor, não?" Na versão de Avendaño, apenas uma semana depois e já alterada, Espinosa respondera, "não meu senhor, mas um primo ou parente". Luiz Ortiz também mencionou as joias; ele ouvira dizer que Espinosa havia sido preso porque "era um fidalgo disfarçado e tinha as joias porque ia vendê-las ou empenhá-las, e entre elas havia um anel com o retrato de Sua Majestade".[79] Poucas semanas depois da prisão, o núncio papal escreveu a Roma dizendo que Ana tinha dado ao padeiro "certas joias" para vender em Valladolid. Nessa cidade, o núncio continuou, o boato era que, com o dinheiro, Ana planejava fugir do convento com frei Miguel e Espinosa, que estava disfarçado de fidalgo. A investigação estava causando todos os tipos de mexericos e rumores (*gran rumore*), ele disse.[80]

Aparentemente, Ana tinha joias de sobra. Obras da literatura da época com frequência destacavam as joias como sinal de identificação para mulheres cuja presente situação fosse inferior àquela a qual estavam acostumadas. Mulheres podiam estar cativas, disfarçadas ou abandonadas, mas invariavelmente tinham gemas costuradas nas roupas, mostrando quem elas eram realmente. (Dizia-se que a virgindade era a joia mais preciosa.) Pedras e pérolas eram lembretes, sinais e garantia de futura salvação.[81] A troca de joias marcou o relacionamento de Ana e Espinosa desde o início. Ana soube pela primeira vez da existência do padeiro, ela contou mais tarde, quando ele lhe deixou uma cruz com relíquias com a porteira do convento, Luisa de Vayona, dizendo que era criado de D. Juan de Austria e pedindo que a cruz fosse entregue à filha de D. Juan.[82] Espinosa contou história semelhante em sua confissão em fevereiro: quando foi ao convento receber o pagamento por seus doces, deu uma cruz de madeira com relíquias a Luisa del Grado (Ana pode ter confundido as duas Luisas a fim de proteger a amiga). As joias também foram usadas pelo vigário que, segundo as freiras e seu próprio testemunho, deu a Ana ouro, prata, joias e dinheiro. Como ele obteve esta riqueza é um mistério.[83]

O anel de Ana com a imagem de Felipe II era um poderoso objeto para se desfazer. Na última metade do século XVI, retratos em miniatura de governantes começaram a ser usados e presenteados; o fato de serem chamados naipes provavelmente indica que a intenção era que fossem passados de uma pessoa a outra. Em 1564, o rei deu a Francisco Barreto, o ex-governante português da Índia, um retrato dele mesmo numa corrente "a fim de que eu esteja ligado ao senhor todos os dias de sua vida, para o que o senhor quiser".[84] Retratos apareciam em pingentes, anéis e caixinhas. Vários retratos em tamanho natural de mulheres da família de Felipe II as mostram segurando miniaturas do monarca, possivelmente denotando o régio poder que detinham em sua ausência.[85] Miniaturas, com frequência encaixadas em joias, eram objetos de coleção (a rainha Elizabeth tinha muitas),[86] um modo de unir o espetáculo público da realeza ao reino privado, privilegiado, daqueles considerados dignos de possuir tais objetos. Também podem ter sido uma espécie de talismã, como relíquias e imagens de santos. Pretendentes no *The Labors of Persiles and Sigismunda*, de Cervantes, lutam literalmente até a morte pela posse de um retrato da bela Auristela, como se estivessem conquistando a própria dama. Portanto, o fato de Ana ter um anel com a imagem do tio é perfeitamente coerente com a prática real, como é o de presenteá-lo a um homem que ela acreditava ser seu primo. O que certamente é menos comum é que um homem como Espinosa usasse retratos como um meio de, essencialmente, fazer amigos; ele mostrou imagens reais a Gregorio González assim como às pessoas na taverna de Valladolid.

Dar presentes era assunto sério, criando obrigações e denotando status, e os juízes e ministros prestavam obsessiva atenção aos vários relacionamentos baseados em presentes entre os personagens desta história. Ana e Espinosa trocaram presentes; o mesmo fizeram ele e Goldaraz, e ambos os relacionamentos mais tarde foram considerados impróprios e perigosos. O criado de Ana, Juan de Roderos, relatou que Goldaraz "tinha o hábito de mandar presentes a *doña* Ana, especialmente de Navarra". [87] Essa alegação confirmou-se na investigação de Llano sobre a insubordinação e os vagos contatos políticos de Goldaraz. Certo frei Juan de Tolosa, em Medina del Campo, disse que o provincial tinha um "relacionamento íntimo com *doña* Ana e com frequência lhe dava presentes, especialmente de Navarra. Esta testemunha o viu mandar-lhe uma jaqueta muito boa e algumas compotas e presunto", enviados aos cuidados do prior do mosteiro agostiniano em Medina, frei Juan de Camargo. Frei Juan de Benavente, inimigo jurado de Goldaraz, contou a Llano coisa muito parecida.[88] O assistente de Goldaraz, frei Agustín Antolinez, foi igualmente íntimo de Ana, e Santillán era da opinião de que havia algum relacionamento financeiro mutuamente benéfico entre os dois agostinianos e a freira.[89]

Numa carta interesseira de Goldaraz a um colega, em outubro de 1594, o provincial descreveu os doces que Espinosa levava de presente para o convento, o que dava ao padeiro acesso a Ana, a Luisa e ao inocente vigário.⁹⁰ Como vimos, Espinosa também levou a cruz como um presente. Ana, então, retribuiria. Como frei Miguel disse numa confissão igualmente interesseira antes de começar a tortura, Ana deu ao vigário muitos presentes de Portugal "porque ela pensava que deveria".⁹¹ No inquérito em massa das freiras por Goldaraz, Ana confessou que havia enviado uma colcha e um colchão de sua cela para a casa de Espinosa, de modo que sua filhinha tivesse um lugar melhor para dormir.⁹² (Na carta que lhe enviou em Valladolid, ela mencionou também ter encomendado roupas e lençóis para a criança.) Além disso, contou a Goldaraz, havia mandado um criado buscar em Madri seis camisas finas, três pares de culotes de seda colorida e ligas de tafetá, tudo para seu irmão, que ela acreditava chegaria em breve. Quando questionou as freiras mais uma vez, Goldaraz retornou especificamente às roupas brancas, perguntando-lhes novamente se sabiam que Ana havia enviado esses presentes à casa de Espinosa, e todas responderam que sim. Ana não só lhe dera roupas brancas, Inés de Cangas admitiu meses mais tarde, mas, quando ele partiu para Valladolid, ela lhe deu ouro, prata, seu retrato e cachos dos seus cabelos. Na verdade, a acusação de Ana, no dia 7 de março de 1595, afirmava que, depois que ela e Espinosa trocaram votos de casamento, ela lhe dera joias de ouro e prata, roupas brancas, dinheiro, um retrato seu e um cacho dos seus cabelos. Em um dos vários indícios de que Ana não era assim tão popular, Inés de Cangas acrescentou que as freiras estavam perturbadas com as amizades de Ana, mas não podiam dizer nada porque ele era o vigário, e ela era "*tan exempta*", tão privilegiada que nem precisava pedir permissão para receber visitantes na *grada*.⁹³

Quem era Gabriel de Espinosa?

Depois da prisão, Santillán deixou Espinosa sozinho, ocupando-se com outros problemas em Madrigal para finalmente falar com ele durante a primeira semana de novembro.[94] Chegou a Medina del Campo na noite de sábado e ouviu Espinosa até as quatro da madrugada. Na segunda-feira de noite, ele o interrogou até as três da madrugada e encerrou tarde na terça-feira. Santillán sempre preferia interrogar de noite; poucas pessoas notavam o que estava acontecendo e os réus estavam cansados e ofereciam menor resistência, como contou ao rei. Foi então que Espinosa admitiu que frei Miguel e Ana pareciam pensar que ele era Sebastião; eles lhe deram muitos presentes, disse, portanto, ele deixou a farsa continuar. Espinosa não revelaria nada sobre seu passado. Na opinião de Santillán, embora ele tivesse o porte e as maneiras de um fidalgo, também havia sinais indicando pacto com o Diabo. Espinosa negou qualquer desrespeito por Felipe II e disse que estava em Valladolid a caminho de pegar o irmão de Ana. Foi nesse ponto que Santillán sugeriu ao rei que a companheira de Espinosa, Inés Cid, fosse torturada.

Espinosa parece ter sido transferido para vários lugares em Medina del Campo, visto haver referências de ter estado na prisão municipal, na fortaleza La Mota e na casa de um banqueiro mercador, Simón Ruiz, assim como em Madrigal, onde a tortura ocorreu. O juiz Portocarrero, que detestava Rodrigo de Santillán, queixou-se de que o prisioneiro estava sendo transportado de sua cela na prisão para a casa de Ruiz para jantar em pratos de prata com Santillán. Isso parece improvável, mas foi o que ele falou que os guardas lhe contaram. (Uma semana mais tarde, um amigo de Santillán o alertou de que em Valladolid a notícia havia vazado; o correspondente não acreditava no que estavam dizendo, mas achava que Rodrigo precisava saber.[95]) Dada a experiência do próprio irmão de Santillán, Diego, era razoável que Rodrigo quisesse limitar o acesso regular de Espinosa aos guardas, que poderiam ser seduzidos por seus modos imperiosos. Por um lado, mantê-lo num só lugar poderia permitir o desenvolvimento de uma relação de confiança com os guardas, mas, por outro, quanto mais guardas ele encontrasse, maior as chances de encontrar aliados. De qualquer maneira, o comportamento cada vez mais frenético de Espinosa no final do outono indica que ele havia recebido notícias do mundo exterior, provavelmente por intermédio dos guardas, e estava informado sobre o fechamento dos portões do convento. Um guarda em La Mota, Juan Jiménez de Gatica, escreveu a Santillán, no dia 28 de novembro, numa caligrafia muito rudimentar, dizendo estar fora de si de compaixão por Espinosa. O prisioneiro estava febril e havia passado a noite inteira acordado, meio enlouquecido, chamando por Santillán. "Imploro que o senhor venha aqui se possível", Jiménez escreveu.[96] Santillán lhe disse para não contar com isso: "O senhor pode lhe falar que não lhe darei oportunidade de me dizer mais absurdos." Ele o interrogaria como juiz, não conversaria com ele, disse a Jiménez, e lembrou ao guarda do destino de Cervatos.[97] O próprio Simón Ruiz também escreveu a Santillán, alertando-o de que o prisioneiro estava doente e melancólico. Ruiz havia chamado um médico, que deve ter feito alguma coisa, pois uma semana depois Espinosa encontrou-se com Llano.[98]

Nos meados de dezembro, o rei autorizou a tortura de Espinosa.[99] O impostor foi transportado de mula de Medina até Madrigal na calada da noite, confinado com dois conjuntos de ferros, lamentando seu destino à medida que se aproximava da cidade do convento, onde um dia morou. Às vezes, nos 25 quilômetros de estrada, ele parecia pensar que ia ser executado. ("Não mereço isto, rei Felipe") mas então, de repente, parecia acreditar que estava a caminho de um interrogatório com frei Miguel e Ana, o que o excitava e parecia lhe dar grandes esperanças. Seu monólogo febril divertia os guardas. Quando finalmente chegaram, ele foi levado a uma residência e despido, e os verdugos começaram seu trabalho. Ele sucumbiu à dor mais facilmente do que frei Miguel, confessando logo a Santillán que havia fingido ser D. Sebastião e se casado com Ana por ordem de frei Miguel. Em essência, ele repetiu a confissão do frei, omitindo apenas que seu destino final era ser morto assim que D. António assumisse o trono, o que, naturalmente, ele não sabia.[100] Em janeiro de 1595, o prisioneiro novamente caiu muito doente. Santillán escreveu ao rei que não tinha sido capaz de transportar Espinosa até Madrigal para mais interrogatórios porque ele sofria de febres e exaustão, tanto que o governador de Medina mandou que chamassem um médico. "Estou inclinado a negar porque não quero que ninguém o veja", Santillán escreveu. Apesar de haver confessado seus crimes, o incansavelmente inventivo Espinosa ainda falava com os guardas de modo misterioso, Santillán queixou-se, e as coisas só piorariam se ele morresse depois de ter espalhado suas histórias. "Se vai morrer, de qualquer maneira, o médico não pode fazer muito por ele", observou.[101]

Em fevereiro, Llano ouviu a longa confissão de Espinosa à qual nos referimos antes. Santillán estava furioso porque Llano estava invadindo seu território; isso também aborrecia Moura e Juan de Idiáquez, mas, como disseram, "o que está feito está feito". O rei foi menos caridoso com as interferências de Llano, dizendo-lhe que o repetido interrogatório só estava produzindo novas mentiras.[102] De novo, na primeira semana de março, Espinosa foi interrogado e torturado. O principal tópico da conversa parece ter sido a sua filha.[103] Ele deu a data e o lugar do nascimento, os nomes dos padrinhos e confirmou que Inés Cid – não alguma nobre misteriosa no Porto, como se acreditava no convento – era a mãe. Mais uma vez, ele admitiu que frei Miguel o incitara a participar da farsa e que ele havia aceitado. Seria fácil convencer os portugueses de que ele era Sebastião, contou aos juízes, porque tinha algumas *señas* de Sebastião. Mais tarde naquele mês, Santillán teve nova sessão com Espinosa, que foi quando a crucial história do seu primeiro encontro com frei Miguel veio à tona.

Depois disso, os juízes sabiam o suficiente. Tinha havido mentiras e impostura, sugestão de ameaça à coroa, acesso criminoso a *doña* Ana. Faltavam muitos detalhes, mas Espinosa provavelmente não poderia fornecê-los. A partir daí, o rei estava interessado em apenas duas coisas: a filhinha de Espinosa, que na correspondência era chamada de *la niña*, e os cúmplices de frei Miguel.

Dois dos principais mistérios do caso, os que atraíram escritores românticos por 400 anos, eram quem era Espinosa e o que ele sabia.

Embora em novembro o rei ordenasse que oficiais descobrissem de onde ele era (Toledo era tudo que ele diria), quem eram seus pais e onde estivera, nenhuma informação confiável foi obtida.[104] A *Historia de Gabriel de Espinosa* diz que ele deixou a Espanha porque matou um homem, o que soa familiar porque foi isso que aconteceu com o avô de frei Miguel.[105] Ela também diz que ele não era um bom padeiro (*a muy mal pastelero*, de fato), o que poderia provar que ele não era o plebeu de classe inferior, como estava vestido. Ou não, quem sabe. Seu passado pouco confiável não era novidade, por isso é que ele foi um achado perfeito para frei Miguel; anos antes, ele havia insinuado a Inés Cid que vinha de uma família com dinheiro. Ele era tudo e ninguém, e até seu último suspiro ele se recusou a ser mais específico. Disse repetidas vezes aos guardas que o rei devia ser contatado para que pudesse reconhecê-lo.[106] Em uma das várias ocasiões em que vemos o peculiar senso de humor de Santillán com relação à tortura, o juiz entrou na cela em algum momento do final de fevereiro, encontrando o prisioneiro na cama. Espinosa deu um salto e começou a se vestir. "Fique como está, irmão", disse o alegre juiz, "tem que estar nu para o que vamos fazer." Espinosa respondeu: "Isso não pode ser verdade... [sei] que devo morrer, mas Sua Majestade deve respeitar o fato de que sou um homem honrado, ele desejará que eu morra honradamente e não sobre um instrumento de tortura."[107] Na última conversa de Espinosa, registrada pelo padre jesuíta Juan de Fuensalida, ele disse: "Não nasci para ser um príncipe ou um rei, mas imperador, e apesar das minhas dificuldades sempre fui um homem digno. E eu [Fuensalida] perguntei de novo como, se ele foi abandonado na porta da igreja... e ele riu, sem dizer quem era, sugerindo que era outra pessoa... E assim, sem dizer quem era, qualquer um que o visse e falasse com ele diria que era outra pessoa."[108]

A perspectiva de portugueses chorando em êxtase ao ver seu rei renascido pode ter lhe subido à cabeça, e essa talvez tenha sido a intenção do astuto frei Miguel. Um dos teólogos mais eruditos de Portugal insistia que ele era Sebastião. Quem era ele para discordar?

A sobrinha do rei lhe dissera que ele era a resposta às suas preces. Portanto, talvez ele fosse um rei afinal de contas. Talvez fosse até Sebastião. Seis meses de interrogatório, tortura e medo podem ter cimentado alguma versão dessa possibilidade em sua cabeça. Ou, se não era rei, era pelo menos alguém importante. E talvez realmente fosse. Mas ele não diria, falou a seus interrogadores, exceto pessoalmente a Felipe II. O que ele sabia? O cronista português Pero Roiz Soares estava entre os que retrataram Espinosa como aquele que enganou frei Miguel, não o contrário. Mas em vista do que sabemos sobre os dois homens, isso é impossível de acreditar. O próprio Roiz parece ter tido dificuldade em acreditar, concluindo que só um pacto com o Diabo poderia explicar como alguém tão eminente, culto e virtuoso, como frei Miguel, poderia ter sido iludido.[109] Em outubro, Goldaraz também retratou Espinosa como o Svengali, mas ele tinha todas as razões para afastar as suspeitas do frei (como Roiz tinha para colocar a culpa num espanhol). O padeiro de fala mansa, segundo o provincial, fez o vigário acreditar que ele havia lutado com o pai de Ana, incentivando "o bom frei Miguel" a permitir que Ana se encontrasse com ele.[110] Mas a versão de Goldaraz tem muitos buracos. Como diz a *Historia de Gabriel de Espinosa*, é mais provável que frei Miguel fosse "o cabeça".[111]

No século XIX, foi assim que o escritor romântico português Camilo Castelo Branco descreveu a cena:

> "Gabriel de Espinosa, gostaria de me ajudar a dar a Portugal um novo rei?"
>
> "Eu?", perguntou o padeiro, batendo com as mãos no peito. "Eu? Ah, frei Miguel, está brincando?"
>
> "Não! Estou ouvindo ordens divinas", confirmou o confessor de D. Sebastião, com um gesto de inspiração. "Portugal terá um rei português se você quiser... É necessário que D. Sebastião, rei de Portugal, não tenha morrido, e você será D. Sebastião!"[112]

Talvez Espinosa e frei Miguel tivessem se encontrado em Madri e urdido o plano (ambos foram vistos ali no final da década de 1580), ou seria possível que Espinosa realmente chegasse a Madrigal um dia por acaso, só para ser reconhecido pelo vigário dias depois, supondo-se que frei Miguel pudesse reconhecer alguém com quem tinha se encontrado apenas uma vez, em meio ao caos, 14 anos antes em Lisboa? E talvez o próprio frei Miguel estivesse ali por acaso. Ou talvez não. Possivelmente, Espinosa de nada soubesse para onde o plano se encaminhava e simplesmente foi se metendo em dificuldades pouco a pouco, até ser impossível se desvencilhar. Frei Miguel provavelmente esperava que o andarilho agisse exatamente assim, assumindo lentamente sua identidade, uma vez conhecendo seu novo passado. Essa foi a interpretação do cronista Cabrera de Córdoba: "Pouco a pouco [frei Miguel] fez [Espinosa] saber que acreditava que ele era D. Sebastião, embora não fosse, mas tinha *señas* suficientes para que, junto com as informações que lhe deu, todos ficassem convencidos."[113] O mentiroso mais convincente, afinal de contas, é aquele que acredita na própria mentira. Depois de 15 anos de conspirações, o vigário era, sem dúvida alguma, esperto o suficiente para descobrir isso. Embora, é claro, existam memórias muito boas; um dos mais famosos viajantes da era, Martin Guerre, "lembrou" de um passado que nem mesmo o verdadeiro Martin Guerre lembrava.[114] Por que Espinosa teria aceitado a oferta de frei Miguel e o que ele pensava que poderia ganhar com isso permanece um enigma.

As sentenças criminais foram, em sua maioria, distribuídas em julho de 1595. Espinosa foi considerado culpado por consentir com o plano do vigário de posar como Sebastião, fingindo estar disfarçado e perambulando de acordo com um voto que fizera depois de Alcácer-Quibir, "com o objetivo de se fazer rei de Portugal e persuadir os nativos desse reino de que ele era o rei, sob as ordens de frei Miguel e com base em alguns sinais corporais que dizem que Espinosa tem e que são semelhantes aos do rei".[115] Frei Miguel, a acusação continuou, escreveu a seus nobres cúmplices portugueses, que enviaram mensagens a Madrigal, onde Espinosa representou seu papel como lhe disseram, e as visitas teriam continuado não tivesse Espinosa sido preso. A proclamação oficial de culpa (*pregón*), que foi postada e lida em voz alta, existe em duas versões. Madrigal era uma cidade pequena e provavelmente o pregoeiro público (*pregonero*) tinha um ponto fixo na praça principal, embora, pelo visto, no dia da execução ele andasse ao léu. Numa cidade grande, entretanto, havia várias interseções e pontos de referência aonde o *pregonero* devia ir em horários determinados para gritar, alto e bom som, sentenças judiciais, preços máximos, medidas policiais e coisas do gênero. Em 1596, Lisboa tinha cerca de cinco desses pontos: Madri tinha um pouco mais. Era por meio dessa propagação que leis e editais se tornavam realidade; assim, a justiça era escrita, oral e visível. No documento sumário relacionando todas as acusações a Espinosa, o *pregón* diz: "Esta é a justiça ordenada por Sua Majestade e D. Rodrigo de Santillán, em seu nome, para este homem, por ser um traidor do rei nosso senhor e por ter fingido ser o rei D. Sebastião." No documento subsequente, no arquivo do caso, entretanto o *pregón* diz: "Esta é a justiça ordenada pelo rei nosso senhor e D. Rodrigo de Santillán, em seu nome, para este homem por ser um traidor de Sua Majestade e personificar uma pessoa nobre quando é um homem inferior e mentiroso."[116] Parece que essa última foi a versão gritada pelo pregoeiro enquanto o medonho cortejo abria caminho pelas ruas da cidade. Não fazia sentido nem mesmo citar o nome do monarca desaparecido, e evidentemente o palácio desejava enfatizar que Espinosa era, afinal de contas, um joão-ninguém.

As notícias se espalham

O que o mundo exterior sabia de tudo isso? As duas trombetas da fama, uma para falsidades, a outra para a verdade, podiam soar a qualquer hora, enviando ruídos que repercutiam por toda a península Ibérica. Prisioneiros e testemunhas eram transportados e interrogados à noite, Santillán usava seus próprios mensageiros particulares, e o nome de Sebastião raramente era, se era, mencionado em correspondências oficiais. Mesmo assim, as notícias se espalhavam, o que pode não ser surpresa em vista da densa rede de estradas na região, a natureza escandalosa dos acontecimentos e o fato de os prisioneiros serem alojados e torturados em casas particulares. Como disse o autor da carta anônima, todo o reino observava, e depois de um certo tempo colocava a pena no papel ou simplesmente transmitia as notícias verbalmente. A indústria das notícias na Espanha era menos desenvolvida nessa época do que em outras partes da Europa, mas podemos supor com segurança que informações contidas, digamos, nos relatórios enviados à sede do Banco Fugger ou nos despachos diplomáticos enviados da Espanha, abriam caminho na correspondência privada e dali de volta para o fluxo público, talvez ainda parecendo cartas, o que lhes emprestava crédito e proximidade. Diplomatas arquivavam relatórios, mas, como narradores substitutos, também recriavam acontecimentos, transformando as notícias num tipo de ficção estilizada ou *tableau. Se dice*, dizem, ouve-se, as pessoas estão dizendo, acredita-se...

Embaixadores venezianos em particular eram famosos por estar no topo de todos os boatos importantes. Na Idade Média, diplomatas cumpriam determinadas missões e voltavam para casa, mas no século XVI, embaixadores residentes eram captadores de informações, e seus senhores recolhiam todos os frutos e fragmentos potencialmente úteis para reforçar seu próprio poder e prestígio. No caso do *pastelero*, entretanto, o embaixador veneziano fracassou totalmente, embora, para ser justo, tivesse acabado de chegar a Madri. Seu nome era Agostino Nani. Seu relatório, datado de 10 de agosto de 1595, conforme aparece nos Documentos de Estado (indexado sob "Portugal, frívola conspiração antiespanhola em"), diz:

Um evento ocorrido recentemente em Portugal, que a princípio teve origem na frivolidade feminina e na superstição do povo, terminou na presente situação. Num certo convento, havia uma freira chamada irmã Ana, irmã de D. Juan de Austria; por meio de um frei agostiniano, ela iniciou relações com um pasteleiro, filho de um cônego em Lisboa de origem muito humilde. O frei revelou que este pasteleiro, por força de sua semelhança com D. Sebastião, era de fato o rei que erroneamente se supunha ter morrido na África. As coisas foram tão longe que foi redigido um contrato de casamento e o pasteleiro, dizendo-se o rei D. Sebastião e assinando como "eu, o rei", trocou anéis.

O caso veio à luz e Sua Majestade, vendo que havia uma freira envolvida, requisitou ao núncio que indicasse um juiz. O núncio escolheu um dos capelães de Sua Majestade e, no desenrolar do caso, descobriu-se que o frei correspondia-se com D. António de Portugal e muitos portugueses importantes. O plano deles era seduzir o povo sob a liderança deste suposto rei; uma ideia que havia sido tentada antes em Portugal. O resultado é que muitas pessoas foram presas e algumas, inclusive o frei e o suposto rei, foram enviadas para cá [Madri] para serem interrogadas. A freira foi condenada a cinco anos de rigoroso confinamento em sua cela.[117]

Os erros são inúmeros, é claro. O evento não se deu em Portugal, Ana não era irmã de D. Juan; o pasteleiro não era filho de cônego, nem era português; o núncio não indicou um juiz; o juiz não era capelão; e Espinosa não foi levado para Madri. Além do mais, o relatório foi arquivado em agosto de 1595, quando o caso já tinha 10 meses e Espinosa estava morto. Em vista de outros exemplos de correspondência privada que temos, parece que Nani não estava prestando muita atenção ou tinha fontes preguiçosas. No ano seguinte, confirmando a suspeita de que ele não era o mais distinto ou sério dos enviados, Nani parece ter iniciado um quase motim em Madri por abrigar um fugitivo e depois ordenar que seu sobrinho espancasse o oficial judicial real que fora em busca do homem. Quando o assunto foi a julgamento (a imunidade de Nani possivelmente foi revogada), os homens do embaixador apedrejaram os oficiais quando eles se aproximaram do tribunal, e então o próprio Nani sacou da espada e investiu contra eles. Nani continuou uma brilhante carreira como embaixador veneziano em Constantinopla e Roma e, em 1618, foi um dos candidatos a doge.[118]

Os ingleses não parecem ter sido mais bem informados, embora não demorasse muito para que informações mais precisas cruzassem o canal. No início de 1596, esta nota apareceu: *"Um embusteiro português*. Os ministros do rei espanhol em Portugal executaram um homem muito parecido com D. Sebastião de Portugal em rosto e figura. Ele havia começado a fingir que era de fato D. Sebastião. O caso foi fomentado por um padre provincial de St. Agostinho e o povo começava a se revoltar. Com a morte do fingidor, tudo se acalmou."[119] De novo, os erros: o caso não ocorreu em Portugal, não havia semelhança entre Espinosa e Sebastião, não houve apoio popular e a execução de frei Miguel foi omitida. Possivelmente a fonte inglesa se baseou em Nani.

Nosso terceiro exemplo é uma carta de Bartolomé Gasca de la Vega, em Valladolid, para Diego Sarmiento de Acuña, em Madri. O destinatário, mais tarde conde de Gondomar, era um dos mais distintos criados reais de sua geração, e suas cartas são um extraordinário documento da época. Seu amigo Gasca de la Vega, de família de boa posição, claramente tinha amigos nos círculos judiciais e na Igreja, como tinha Gondomar. No dia 12 de fevereiro de 1595, ele escreveu esta carta extraordinariamente precisa e detalhada:

> As notícias aqui são de que D. Rodrigo de Santillán prendeu um homem que está na prisão, com guardas, entre eles D. Diego, seu irmão... Através de algumas cartas, que acabaram nas mãos de D. Rodrigo, dizem que ele é chamado de Majestade. Existem muitas teorias de que ele é D. António, um espião de [Henrique IV], um príncipe estrangeiro, o príncipe D. Carlos e até D. Sebastião. O senhor pode

acreditar no que quiser. Alguns dizem que ele é um embaixador real. Ele está numa cela de prisão em Medina del Campo, com guardas, numa cama comum. Ele diz ser pasteleiro, que seu nome é Gabriel de Espinosa e não sabe quem são seus pais. Dizem que ele tem 44 anos, mais ou menos, embora tenha cabelos grisalhos, mas é forte e animado e às vezes muito sério. Foi padeiro em Madrigal e em La Nava, mas outro padeiro o expulsou porque ele assava doces grandes e os seus não estavam vendendo. Eles o levaram daqui [Valladolid] para Madri num coche sem algemas. D. Diego, cinco ou seis policiais e 18 ou 20 mosqueteiros o acompanharam... Ele tem uma nuvem em um dos olhos, ombros largos, mas não é um homem grande, e tem uma filhinha bonita de dois anos e meio, cuja mãe, dizem, foi sua amante, trabalhava em sua loja e também está presa. *Doña* Ana de Austria também está sendo detida, com freiras como guardas. Dizem que ela falava e escrevia para ele e era boa para a menina quando ele não estava, segundo um homem a quem Espinosa enviou a Madrigal com cartas quando era hóspede [este é Gabriel Rodríguez], e as respostas foram apreendidas por D. Rodrigo. O vigário das freiras também está prisioneiro. É uma pessoa muito honrada, esteve em La Mota e agora está de volta a Madrigal. O Dr. Llano de Valdés é o juiz eclesiástico, e dizem que ele removeu quatro freiras do convento e até torturou uma delas com tijolos [*de ladrillo*], torturou um criado do frei que fugiu [este é Juan de Roderos] e acredita-se que também um *hidalgo* de Salamanca, que é prisioneiro e também frei. [Não se sabe ao certo quem poderia ser.] Sua Graça pode acreditar no que ele quer com tudo isso; nada disso é verdade absoluta. Mas dizem com certeza que D. Rodrigo casou sua irmã com o governador de Medina, e D. Diego casou-se com uma viúva rica de Toledo... O homem que esteve aqui [Espinosa] tem dois pajens, e um deles lhe roubou 140 ducados e suas camisas de fino linho holandês. Ao ser capturado, tinha joias e presentes que, dizem, *doña* Ana lhe dera. Ele está na prisão, e ainda não o torturaram, apenas tomaram sua confissão, que, dizem, foi pública, diante de oito testemunhas; ele afirmou que era padeiro e uma pessoa inferior etc. [*sic*]. Mas não disse de onde era e quem são seus pais. Preocupa a lentidão como a questão está avançando, ainda que vá contra o rei, e não estão fazendo nada com ele, apenas tomando mais depoimentos.[120]

Gasca de la Vega obviamente não sabia quem era frei Miguel, e estava errado sobre Espinosa não ter sido torturado. Mas, no geral, sabia o que estava acontecendo. A função das oito testemunhas é de certo modo explicada na *Historia de Gabriel de Espinosa*, que diz que Santillán queria que a confissão fosse ouvida por (*sic*) testemunhas, "mas até isso não foi o bastante para acalmar as coisas e calar a falsa opinião criada em torno deste homem, que era mais do que estava dizendo".[121] Gasca de la Vega estava familiarizado não só com a mecânica judicial do caso, mas, como o jesuíta cuja narrativa vimos no último capítulo, com as joias, os presentes e a roupa branca. Ele também sabia que o caso andava a passo de lesma. As fontes provavelmente eram variadas. Ou ele conhecia o estalajadeiro Rodríguez ou alguém que o conhecia. Alguma informação deve ter chegado até ele por intermédio de criados, que frequentemente estão familiarizados com mais de uma casa. (Os criados de Simón Ruiz conheciam os criados de Antonio Sosa, por exemplo.) Muitas das freiras tinham parentes na cidade ou próximo dali, e as paredes do convento dificilmente eram obstáculo para as novidades; pelo contrário, parecem ter sido um estimulante. A família de Santillán era importante, o que ajudou; Rodrigo era calado, mas tinha pelo menos duas irmãs bem casadas que talvez comunicassem aos vizinhos as atividades do irmão. Os guardas da prisão obviamente haviam falado. No entanto, Gasca de la Vega pode não ter tido boas fontes religiosas, pois elas teriam conhecido os antecedentes de frei Miguel. De qualquer modo, se ele conhecia a narrativa assim tão bem e foi capaz de colocar os acontecimentos em ordem lógica, então outros também seriam. Em particular, o que as mulheres de classe alta em Valladolid estavam dizendo? Provavelmente muita coisa.

A ascensão do rei oculto

Quase um século antes dos acontecimentos em Madrigal, a península Ibérica testemunhou um aumento nas crenças milenares, conforme tradições cristãs e judaicas (com o islã ao fundo como ameaça e interlocutor constante) convergiam numa época de particular tensão política. Muita gente no início do século XVI achava possível que um rei oculto, um herói adormecido, se levantaria e os lideraria, livrando-os dos problemas. Na Espanha e em Portugal, este rei – um exemplo em outras partes do mundo é o rei Arthur – era chamado de *el encubierto* ou o encoberto, cujo retorno havia sido profetizado anteriormente. As revoltas dos *comuneros,* em Castela, e as Germanías, em Valência, no início da década de 1520, pareciam confirmar esse momento. Em Valência, de fato, surgiu um personagem afirmando ser *l'encobert*, o filho (morto) de Fernando e Isabel, que levantou um bando de guerreiros que lutaram contra os muçulmanos e as tropas reais.[122] Em Portugal, em algum momento entre as décadas de 1520 e 1540, um sapateiro de nome Gonçalo Anes, a quem chamavam Bandarra, previu a destruição do que ele considerava um regime corrupto e injusto, ao qual se seguiria a regeneração de Portugal. Como seus colegas espanhóis poucas décadas depois, este sapateiro – Ana de Austria conhecia seus escritos – descreveu a vinda de um grande rei que restauraria a paz e restabeleceria a Idade de Ouro. Como eles, Bandarra foi parar diante da Inquisição, acusado de criptojudaísmo e de "ser amigo de *novedades*". Em 1545, deram-lhe ordens de parar de escrever e de profetizar, o que ele fez, mas seus poemas proféticos, chamados trovas, em grande parte narrações oníricas repletas de diálogos política e religiosamente carregados, sobreviveram, circulando em novas versões apesar de proibidas. Depois da batalha de Alcácer-Quibir, logicamente, eles adquiriram novo significado e o oculto passou a ser identificado com o desejado, nome dado ao menino Sebastião, que salvaria Portugal da ruína, a última chance de sobrevivência do país. Essas várias linhas de pensamento – o aguardado messias dos judeus, as revelações dos cristãos, o rei oculto e o sentimento nacionalista – uniram-se todas num só fluxo.[123]

O reconhecimento de um rei por marcas físicas verdadeiras tinha apenas relativa importância, ao lado de profecias e desejo. (O caso Madrigal é incomum por não se basear em sinais de nascença ou cicatrizes.) Não havia, na história ibérica e europeia, escassez de exemplos de reis que retornavam, em geral depois que um corpo real se perdia no caos da batalha. Nem todas as aparições eram messiânicas; havia muitos casos, como o de Madrigal, nos quais estavam em ação maquinações políticas, e não profecias, mas as primeiras certamente tiraram vantagem das segundas. O exemplo que estabeleceu a tradição foi o do rei Rodrigo, o último governante visigodo da Espanha. Depois de derrotado pelos mouros em 711, dando início a oito séculos de islamismo na península, seu corpo não foi encontrado no campo de batalha e disseram que ele fugira para Portugal, para a cidade de Guarda (onde um certo bispo mais tarde causaria problemas). Diziam também que o rei Harold, da Inglaterra, não morreu na batalha de Hastings, em 1066; em vez disso, o homem ferido foi descoberto por um camponês, que o levou para casa e cuidou dele, e o rei acabou se tornando um eremita. No século XII, um revivido Alfonso I, de Aragão, reapareceu 40 anos depois de perder a batalha de Fraga. Como Sebastião, ele fora dominado pela vergonha e pela indignação com a derrota para os mouros e viajara para Jerusalém. Ele retornou a Aragão para reclamar seu trono, mas foi executado quatro anos mais tarde.[124] Perkin Warbeck, o falso duque de York (o verdadeiro morreu na Torre de Londres), tentou, da França, dois desembarques sem sucesso a fim de reivindicar o trono; foi executado em 1499. O corpo do rei polonês Wladyslaw III desapareceu depois da batalha de Varna, em 1444. Ele também fez sua jornada até a Terra Santa, estabelecendo-se finalmente na ilha portuguesa da Madeira. Houve múltiplos casos na Rússia: em 1591, Dimitri, filho do tzar, supostamente escapou de uma tentativa de assassinato e pelo menos três falsos Dimitris apareceram. Alexandre I hipoteticamente fingiu sua própria morte em 1825 e viveu 39 anos mais como o piedoso herdeiro siberiano, chamado Feodor Kuzmich.[125]

O rei como eremita era um tema genuíno durante o período medieval e no início da era moderna, quando regras de legitimidade dinástica podiam ser minadas por profecias. Numa época em que distinguir o falso do verdadeiro havia se tornado obsessão, quando escritores debatiam a diferença entre história e fábula, quando mensagens eram com frequência falsas, não se podia confiar nas notícias e os palcos eram habitados por personagens vestindo as roupas erradas, reis fingindo ser plebeus e plebeus afirmando ser reis. Frequentemente, a penitência do rei ocorria depois de uma batalha catastrófica. Seu corpo não pôde ser identificado, ou foi falsamente identificado, e um camponês (ou princesa moura, no caso da literatura sobre Sebastião) descobria o rei ferido e o levava para casa. Nesses casos, o rei preferia se disfarçar, fundir-se na terra do esquecimento. Seu desaparecimento, a completa ausência de um corpo, podia ser um disfarce tão bom quanto uma intencional personificação. Mas, às vezes, ele estava involuntariamente disfarçado, vítima de algum terrível acidente. Bebês eram trocados ao nascer, por exemplo. Ou uma rainha fugia de um rei malvado, levando com ela o verdadeiro herdeiro. Confissões no leito de morte eram com frequência a forma como essas histórias vinham à tona, incitando o antigo rei oculto a se apresentar com novas lembranças e a reclamar o que era seu, sempre em nome da restauração da justiça e da ordem. Amadís de Gaula, o maior herói da cavalaria romântica espanhola, foi ele mesmo abandonado ao nascer e passou o resto da vida batalhando por toda a Europa para conquistar o amor de sua dama e restabelecer sua nobre identidade.[126]

Não havia ninguém, rico ou pobre, que não conhecesse estas histórias. Para acreditar nelas, para acreditar em mágicas, não era necessário um sinal de maluquice ou ignorância. As histórias uniam os reinos da fé e do Estado, com governantes passando por uma metamorfose que certamente soava familiar a freiras e freis. Com frequência, elas davam às mulheres o papel de protagonistas, desacreditadas por alguns, mas não obstante protagonistas. Mantinham vivas lembranças e visões de um mundo justo e, em alguns casos, proporcionavam um meio de falar sobre nacionalidade e tiranicídio. Sua ubiquidade era evidência da interligação de reinos, da fluidez das correspondências. Faziam um certo sentido e ajudavam a compreender acontecimentos que de outra forma pareciam insuportáveis. Nem as reducionistas explicações de milagres, coincidências ou Providência Divina (decifrando o que "realmente" aconteceu), nem a tendência a tratar testemunhas medievais ou do início da era moderna como simplesmente suscetíveis demais ao bizarro alcançam a verdadeira e complexa experiência e significado desses acontecimentos. Observadores, letrados ou não, encontraram um jeito de simultaneamente habitar o mundo da incongruência e o que chamaríamos de o mundo da lógica.

Ocorrências como o falso Sebastião de Madrigal mostram como isso era possível: o mundo que os castelhanos habitavam tinha uma surpreendente semelhança com o que eles poderiam ler a respeito em novelas ou ver no palco. Não posso dizer o que os protagonistas sabiam sobre literatura; sei apenas que frei Miguel possuía quatro livros e que Gabriel de Espinosa gostava de teatro. Mas as freiras vinham de famílias importantes, os freis passavam uma boa parte do seu tempo indo de um lugar a outro, e os juízes tinham escutado tudo o que havia para se escutar. Todos eles conheciam história, todos tinham acesso às novidades e de certo modo todos devem ter reconhecido os acontecimentos que se desenrolavam a sua volta. Mulheres da aristocracia, como era o caso de muitas freiras, eram consideradas a plateia alvo para a novela bizantina (que na cronologia literária seguiu a novela de cavalaria e precedeu a picaresca), cujas características se encaixavam exatamente nos acontecimentos de Madrigal. A jornada de Espinosa pela vida foi essencialmente picaresca, mas a impostura encobriu sua realidade numa lenda mais antiga, porém igualmente familiar: a da peregrinação religiosa – neste caso, a de Sebastião. As jornadas seculares e religiosas, portanto, coincidiam. D. António também se referiu à sua *peregrinação*, suas perambulações em exílio, e assinava suas cartas como "João, o peregrino".[127] Essas jornadas exigiam mudanças de indumentária, subterfúgios, confusões e a superação de muitos obstáculos, no final dos quais se supunha que as coisas terminassem bem. Plateias, leitores e devotos estavam bem treinados em desvendar tramas complicadas. Eles entendiam a coerência em meio à contingência. E acontecimentos estranhos podiam se tornar inteligíveis porque essas coisas já haviam ocorrido antes. Os limites entre literatura e história eram tênues; na verdade, o gênero picaresco, com o qual esta história real tanto se assemelha, com frequência fingia ser história, e não ficção. O manuscrito descoberto por acaso, o depoimento, a carta lida em voz alta diante de pessoas reunidas numa estalagem, tudo afasta a novela de sua identidade como um faz de conta, transformando o autor num mero transmissor da verdade. Como Roberto González expressou tão bem para os nossos propósitos, "a novela veste um disfarce".[128]

Os únicos personagens neste livro que um dia viram tanto Sebastião quanto D. António foram Felipe II, Cristóbal de Moura, Juan de Silva e frei Miguel. Felipe viu seu sobrinho apenas uma vez, em Guadalupe, onde Sebastião "parecia mais como se tivesse nascido na Alemanha ou em Flandres do que em Lisboa", e tinha visto D. António pela última vez na década de 1560.[129] Os interrogadores do vigário pediram-lhe para descrever Sebastião: era ele "um homem alto, qual a sua altura, era pálido ou corado; de que cor [eram] seus cabelos e sua barba, era gordo ou magro, era bem-proporcionado; falava português [*la lengua portuguesa cerrada*] ou falava castelhano?"[130] Mas o reconhecimento físico era improvável. A verossimilhança provavelmente não era buscada por impostores em geral, e certamente não por este em particular. O caso de Martin Guerre provou, como escreveu, décadas mais tarde, o embaixador inglês em Portugal ao refletir sobre os falsos Sebastiões, que "existe com frequência tamanha semelhança entre pessoas que, especialmente quando elas não são confrontadas, podem ser facilmente confundidas umas pelas outras".[131] De fato, ninguém (exceto os visitantes portugueses, sobre quem sabemos apenas graças ao relato, provavelmente falso, de frei Miguel) jamais reconheceu Espinosa como Sebastião. Portanto, essa foi uma velha lenda que não aconteceu. Ninguém experimentou o momento em que o fingimento se desfaz, quando a verdade literalmente se revela, um momento familiar a partir das convenções literárias contemporâneas, mas também um expediente reconhecido e criticado na época como artifício. Teria sido bom demais para ser verdade.[132]

Crônicas hagiográficas sobre Sebastião muitas vezes faziam questão de dizer que ele era bem-proporcionado, uma estranha alegação explicada pelo fato de que, pela maioria dos demais relatos, ele não era. Todos os ministros de Felipe se referiam a seus defeitos físicos, que o jovem rei pode ter superado com extenuantes exercícios. O homem que apareceu em Madrigal no verão de 1594 não tinha nenhuma dessas características. Não era torto nem louro, era charmoso e sedutor, podia ter filhos, era bastante velho, não falava português. Mas que importância tinha isso comparado a uma tradição de revelações? Os métodos de Deus são muitos e misteriosos. E quem melhor para avaliar isso do que uma princesa num convento?

4

MADRIGAL: ANA DE AUSTRIA

Ana chegou no convento de Nuestra Señora de Gracia la Real aos 6 anos. Era acompanhada por Magdalena de Ulloa, a rica e filantrópica viúva que criou o pai de Ana, D. Juan de Austria, o meio-irmão de Felipe II e herói de Lepanto.[1] *Doña* Magdalena disse que era tia da criança, o que não era verdade, e que a menina não tinha pais nem sobrenome, o que também não era verdade. Portanto, a criança foi registrada, como todos os órfãos, como Ana "de Jesus". Seu dote era de 600 ducados. Ninguém, ela inclusive, sabia que tinha sangue real, exceto *doña* Magdalena, que não disse nada e aparentemente nunca mais viu a criança.

A mãe de Ana chamava-se María de Mendoza.[2] Era aparentada com um ramo do enorme e aristocrático clã dos Mendozas, os condes de Coruña, de quem D. Juan era íntimo, e essa foi a origem de seu breve romance.

Ana nasceu por volta do final de 1568, na atual província de Soria. Ao contrário do que era habitual, María criou ela mesma sua filha ilegítima. Mudou-se para Madri com a mãe, Catalina de Mendoza, e moraram numa casa que compraram, em 1570, perto da atual Plaza de Tirso de Molina, nas vizinhanças de Lavapies. Catalina morreu em novembro de 1571 e em seu testamento fez questão de dizer o quanto amava sua netinha, a quem mencionou pelo nome e especificou a sua herança. Dois meses depois, a própria María morreu. Ela havia feito dois testamentos. No primeiro, datado de 18 de dezembro de 1571, declarava que sua filha, "*doña* Ana de Mendoza", era sua única herdeira e, além do mais, era "filha do ilustre D. Juan de Austria". Um dos executores deste testamento foi Alonso de Mendoza, padre ou frei dominicano em Nuestra Señora de Atocha, igreja e santuário em Madri. É possível que este seja o mesmo Alonso de Mendoza que quase 20 anos mais tarde, quando já tinha um currículo clerical bastante respeitável, atuou como guia de Lucrecia de León enquanto ela ditava suas centenas de sonhos sediciosos. Se é a mesma pessoa, e existem evidências apontando em ambas as direções, pode ser que no início de sua carreira ele tenha ajudado um parente em necessidade, ou que ela tenha enxergado nele um bom protetor, em vista dos contatos de sua poderosa família. Mas semanas depois, ainda viva, María mudou de opinião a respeito do testamento. Numa segunda versão, datada de 15 de janeiro de 1572, a referência a D. Juan desaparece, embora a filha ainda seja citada: "*Doña* Ana de Mendoza, minha filha natural." Mercedes Formica conjectura que Alonso aconselhou María a retirar a referência a D. Juan em troca do apoio da família. Na época, o conde de Coruña, Lorenzo, era um dos cerca de 20 irmãos, incluindo possivelmente o próprio Alonso, assim como Bernardino, embaixador de Felipe II em Londres e Paris, e Francisco, chefe da casa de Juan de Austria. (Também criada na casa repleta de gente foi a prima órfã, igualmente chamada María de Mendoza, que mais tarde se casou com o conde de Barajas.) Na época em que o segundo testamento da mãe de Ana foi assinado, Alonso não era mais o executor; em vez dele, o conde, obviamente um aliado mais poderoso, foi nomeado guardião de Ana. María morreu três dias depois, em 18 de janeiro. O bebê foi dado a *doña* Magdalena, cuja família também estava interligada à dos condes de Coruña. Três anos depois, quando chegou em Madrigal de las Altas Torres, Ana não tinha nome.

    D. Juan de Austria morreu em outubro de 1578. Sua morte foi medonha, e algumas pessoas presumiram que ele havia sido envenenado, embora o tifo seja a causa mais provável. Uma autópsia revelou que muitos de seus órgãos internos estavam escuros. Desde sua grande vitória contra os mouros na guerra de Alpujarras, D. Juan desejava receber o título de infante e ter o direito de ser chamado Sua Alteza, ficando eternamente desgostoso porque seu irmão, o rei, o privou das honras que ele pensava merecer. Só depois de morto, quando Felipe II ordenou que o corpo de seu meio-irmão fosse enterrado em El Escorial, junto com o de seu pai, Carlos V, é que D. Juan receberia o reconhecimento que tanto desejava. E em algum momento após a morte de D. Juan, Felipe II soube que seu irmão tinha uma filha. Depois disso, a vida de Ana mudou. O primeiro registro que Formica encontrou referindo-se à jovem freira como "Ana de Austria" data de abril de 1583, cinco anos depois da morte de seu pai, mas a notificação de seu sangue real – o que significava que D. Sebastião assassinado era seu primo em primeiro grau – provavelmente é anterior.[3] A partir de então, ela era citada como "Sua Excelência" e usufruía de uma pensão real.

Com mais ou menos 14 anos, na primavera de 1583, e quando sua identidade já era conhecida, Ana fez seus primeiros votos como freira, entrando para uma extensa fileira de meninas nobres legítimas e ilegítimas condenadas a passarem o resto da vida em um convento. Mais tarde, ela insistiu que era muito jovem na época e que, portanto, não era realmente uma freira. Segundo as normas do Concílio de Trento, ela tinha razão. Ponto culminante da Contrarreforma, o Concílio de Trento passou sua última sessão, em 1563, discutindo a reforma monástica, incluindo medidas para garantir que os votos fossem feitos livremente e permitir apelos por quem mais tarde alegasse ter sido forçado a uma vida de reclusão. As meninas não podiam ter menos que 16 anos ao fazer os seus votos. A Igreja queria muito anular o tropo da menina bem-nascida, colocada num lugar seguro; daí as formalidades cada vez maiores. Em sua constituição para as Carmelitas Descalças, por exemplo, Santa Teresa escreveu: "Como as freiras professas, as noviças podem receber visitas, pois no caso de estarem insatisfeitas, deve ficar claro que não as queremos, exceto por sua livre vontade, e assim elas devem ter a oportunidade de informar que não desejam permanecer." Em alguns conventos, as noviças eram submetidas a uma série de perguntas em público, fora das paredes do claustro, para provar que estavam entrando por sua livre e espontânea vontade.[4] O voto formal de profissão de fé de Ana ocorreu no dia 12 de novembro de 1589, e o rei pediu ao bispo de Ávila que assistisse à cerimônia para verificar se sua sobrinha realmente queria dar este passo: "Eu, *doña* Maria Ana de Austria, filha do sereníssimo príncipe D. Juan de Austria, irmão de nosso rei, tendo completado meu noviciado, professo..."[5]

A nova casa de Ana fora um dia um palácio real. A futura rainha Isabel de Castela nascera ali em 1451 e, em 1476, ela e o marido, Fernando, retornaram para presidir as cortes que se reuniam num grande salão encimado por um belo teto mudéjar. Mais tarde, o avô de Ana, Carlos V, deu o palácio às freiras agostinianas e duas de suas tias, ambas chamadas María de Aragon (filhas ilegítimas do rei Fernando com mulheres diferentes), foram prioresas ali. Uma das tias de Ana, uma filha ilegítima de Carlos V chamada Juana e, portanto, meia-irmã de Felipe II, pode ter morrido ali quando criança e seus restos, junto com os de outros nobres, supostamente estão no sepulcro de alabastro na igreja das freiras.[6] Também enterrado ali está o cardeal Gaspar de Quiroga, natural da cidade e poderoso patrono da Igreja, que durante sua longa carreira foi presidente do Concílio de Castela, arcebispo de Toledo e inquisidor geral. Apesar da alta posição, Quiroga tinha suas diferenças com o rei. Durante o episódio de Antonio Pérez, por exemplo, ele foi um firme defensor da princesa de Eboli, assim como também fora solidário com Lucrecia de León.[7] Quiroga morreu no dia 22 de novembro de 1594, quase com 83 anos, e seu funeral em Madrigal ocorreu num momento de muito trabalho nas investigações da conspiração. Preocupado com os ruídos, Felipe II estava certo de que a multidão de dignitários que afluía à cidade, depois de uma elaborada procissão partindo de Madri, desejaria entrar no convento, cujas moradoras, àquela altura, estavam trancadas a sete chaves. Centenas de freis de diferentes ordens, todos num só lugar, eram receita garantida para sérios falatórios. Na verdade, o juiz Juan de Llano teve que ordenar a certos freis que parassem de repetir as informações que haviam escutado enquanto estavam ali.[8]

Segundo o censo de 1591, havia 55 freiras no convento; pelo censo de 1751, havia 26, e em 2009 eram 13, 10 das quais idosas. A proliferação de casas religiosas na Espanha do século XVI era uma fonte de queixas frequentes, entre outras razões porque o clero estava isento de impostos. Em Granada, por exemplo, até o arcebispo se opôs, em 1603, ao estabelecimento de uma casa para agostinianos mendicantes, argumentando que "existem 14 conventos para homens nesta cidade, mais do que o suficiente para uma cidade maior do que Granada". Naquele mesmo ano, em toda a Espanha e Portugal havia um total de 116 mosteiros e conventos agostinianos.[9] Só Valladolid, em 1591, tinha 350 membros do clero secular e não menos do que 1.440 freis e freiras, somando quase 4% da população da cidade.[10] Até certo ponto, o problema surgiu de práticas de herança; colocar um filho ou filha num mosteiro era um jeito de garantir que o dinheiro da família não se dispersasse entre um número excessivo de filhos, embora jovens mulheres ricas entrassem para o convento com um dote. O número de freiras com o honorífico de *doña*, a presença de Ana e seus ancestrais, e o patrocínio de Quiroga, tudo aponta para o pedigree do convento de Madrigal. No início do caso, o juiz Rodrigo de Santillán percebeu que as freiras e os freis tinham "muita influência sobre as pessoas na cidade porque tem muita riqueza aqui", provavelmente referindo-se a propriedades rurais.[11] Outras instituições eram bem mais pobres, como se pode ver nas minutas das cortes, celebradas enquanto o caso Madrigal estava em andamento. No dia 18 de janeiro de 1595, por exemplo, as Descalzas de Badajoz informaram à assembleia representativa castelhana que seu teto estava caindo, para o qual receberam 50 escudos em donativos. Aproveitando a oportunidade de ajudar seus próprios distritos, outros representantes da cidade imediatamente lançaram uma série de petições semelhantes: Santa Isabel, em Segóvia; Santa Isabel, em Córdoba; Santa Ana, em Murcia; Santa Catalina, em Ávila; Santa Úrsula, em Jaén; o Hospital da Misericórdia de Guadalajara e o hospital Santa Lucía de Cuenca, todos relataram extrema necessidade.[12]

O convento de Madrigal não é grande e devia estar lotado durante a época de Ana. Os depoimentos das freiras, repletos de fatos escutados às escondidas, atestam a proximidade nos ambientes de lazer: "Fala-se muito, é fácil esquecer o que alguém escutou ou quem falou", observou María de San Vicente em seu testemunho.[13] Existe um pátio central, ou claustro, medindo 40 × 40 metros, com uma fonte no meio. Cercando o pátio gótico civil, há uma galeria abobadada de arcos semicirculares. De um lado, ao nível do chão, encontram-se as salas de reunião e o refeitório. Adjacente fica a igreja, dividida em duas seções, uma para o público, onde o padre reza missa, e a outra, anteriormente a capela real, agora reservada às freiras. Mais tarde, quando descreveu suas conversas com Espinosa, Ana disse que a *grada*, o ponto divisório entre as duas seções, "tem duas gelosias de ferro, grossas e bem distantes uma da outra". Era o que separava Ana e Espinosa enquanto se falavam durante todo o verão de 1594; eles também se encontravam ao lado da gelosia na sala de visitas (*locutorio*). As gelosias eram de intenso interesse para as autoridades da Igreja. Hernando de Talavera, o arcebispo de Granada no final do século XV, aconselhou as freiras cistercianas em Ávila a ficarem separadas dos visitantes por duas divisões de madeira ou ferro, decoradas com um pano, de modo a poderem ser ouvidas, mas não vistas; a ordem beneditina especificou que mão ou braço algum poderia passar pela treliça.[14] Felipe recebeu um relatório em 1581, quando ainda estava em Lisboa, alegando que num convento franciscano particularmente indulgente, em Zamora, a gelosia era mais cerimonial do que efetiva, permitindo "grandes ofensas a Deus", inclusive lutas de bolas de neve entre freiras e fidalgos locais. Aparentemente, havia até coisa pior.[15] Depois das reformas do Concílio Vaticano II, nos anos de 1960, uma das duas gelosias em Madrigal foi removida e hoje as treliças de madeira ficam expostas na parede de uma sala de reuniões como lembrança. Cercando o pátio principal, no nível superior, ficam os alojamentos das freiras; a escadaria de pedra é coroada por um espetacular teto mudéjar. O corredor do andar de cima é caiado de branco, com pequenas portas de madeira levando aos alojamentos privados. É provável que as freiras não usufruíssem da igual amplitude de espaço; é óbvio que Ana tinha pelo menos um quarto extra para criados, provavelmente dois, e seus aposentos deviam ficar numa seção diferente do convento, hoje fechada aos visitantes.

Antes de entrar no convento propriamente dito, atravessa-se um grande pátio externo. Numa esquina fica a entrada para o convento; do outro lado fica a *casa de los frailes*. Alguns frades viviam no mosteiro agostiniano fora dos muros da cidade, mas os que atendiam às necessidades das freiras, inclusive o vigário e os confessores, moravam bem ao lado. Em 1590, Felipe II expressou preocupação com a excessiva confraternização entre freiras e monges em geral e emitiu decretos limitando ou até proibindo contato. Os bispos da Espanha opunham-se muito a essas restrições, julgando que elas impediam o "bem comum da república cristã". Assim como a comunidade cristã não pode ser julgada por Judas, uma só maçã podre não deveria condenar a Igreja, escreveram. "Freiras, porque são mulheres, são frágeis, e podem facilmente se sentir tristes e transtornadas, e ao seu sofrimento por dor ou preocupações acrescenta-se a infelicidade de estarem confinadas e enclausuradas. Portanto, elas precisam de exortações, consolo e orientação espiritual", disseram ao rei.[16] O conselho soou coerente com a ênfase tridentina na confissão e comunhão frequentes. Independentemente do que transpirou finalmente com o decreto, em Nuestra Señora de Gracia, em Madrigal, freis e freiras quase compartilhavam alojamentos.

Ana sabia "que em todo Portugal não havia ninguém mais letrado em religião, cartas, prudência e santidade" do que frei Miguel de los Santos.¹⁷ Historiadores da religiosidade feminina estão familiarizados com casos em que freiras, proibidas de administrar sacramentos elas mesmas, estavam sujeitas à autoridade de homens menos capazes do que elas ou homens inescrupulosos que as subjugavam e intimidavam. Frei Miguel certamente não era menos capaz do que as mulheres sob sua responsabilidade, mas certamente tirava vantagem de seu vasto conhecimento e experiência, assim como de sua proximidade, para moldar a imaginação e as expectativas da jovem Ana de Austria. Ele era seu guia, seu confessor, quase um pai.

Votos e revelações

Um dia, em março de 1593, antes de a trama vir à luz, o auxiliar de longos anos de Felipe II, Juan de Silva, viajava de Madri para Lisboa. No caminho, tendo assistido "à mais bela luz solar sobre a neve que já vi desde o dia em que nasci", ele visitou Filipa, uma freira em Segóvia, filha de D. António, o prior do Crato. De Segóvia, Silva desceu das montanhas para a planície e seguiu para Madrigal, descrevendo (na mesma carta) seu destino como um seminário para princesas no deserto. Ao chegar, encontrou-se com frei Miguel de los Santos, "um frei português antonino", que lhe contou que havia sido enviado para lá por Felipe II para ser confessor de Ana e insistiu que Silva a conhecesse. Silva concordou, meio contrariado, e ouviu Sua Excelência cantar para ele durante meia hora, que se transformou em três quartos de hora, depois do que ela lhe disse que o recomendaria a Nosso Senhor. Língua afiada, o conde de Portalegre respondeu que era novidade para ele que preces reais fossem melhores e foi para a estalagem dormir um pouco.¹⁸

Aquele foi o local da conspiração profana, que já estava em andamento quando Silva esteve lá. Segundo o testemunho de frei Miguel, obtida sob tortura, por volta de agosto de 1593 ele começou a falar com Ana – que lhe havia pedido para interceder com Deus para aliviar sua contínua insatisfação por ser freira – sobre suas revelações e visões.[19] Um dia, rezando missa, ele lhe contou, ouviu uma voz dizer três vezes "Deixe-a em paz, eu a quero assim". Quando ele perguntou a Deus o que Ele queria dizer, Deus respondeu que tinha grandes planos para Sua Excelência. Em outra ocasião, de pé diante do altar, retratando o Monte Calvário, ele notou que Jesus crucificado estava ladeado por D. Sebastião e por Ana, vestidos de branco e segurando flâmulas. De novo, ele pediu explicação a Deus, que desta vez lhe disse que Sebastião e Ana deviam se casar e juntos recapturar Jerusalém e destruir a seita de Maomé. Esse era também o desejo da Virgem Maria, junto com os santos Pedro, Paulo, João Batista e muitos mais. Outra vez, ele disse que estava rezando em sua cela e Deus apareceu, "como de costume", agora com Sebastião e Ana de mãos dadas. Quando o frei perguntou a Deus como poderia saber se não estava sendo enganado, Deus lhe disse para perguntar ao próprio Sebastião, o que ele fez, e a resposta de Sebastião, embora danificada pelo papel rasgado, parece confirmar que ele e Ana estavam numa missão. Mais tarde, ele viu Sebastião e Ana, juntos, de pé sobre a tumba de Cristo, com um anjo pairando por perto. Ele também viu uma grande frota e uma das naves tinha um crucifixo pintado na vela; ele, Sebastião e Ana estavam entrando nos navios junto com outros clérigos. No ano anterior, quase todos os dias, contou ao juiz, tinha explicado a Ana que ela e Sebastião deviam se casar e salvar a cristandade. Quando Gabriel de Espinosa chegou providencialmente na cidade, frei Miguel viu a Virgem Maria apontado o dedo para ele, indicando que era Sebastião. Portanto, o juiz concluiu em seu relatório: "Sua Excelência acreditou nele, devido ao crédito e estima que dedicava a frei Miguel, como se um anjo estivesse falando com ela." A literatura épica inclui uma cena na qual o herói é profeticamente instruído quanto a seu destino. Esta era a cena de Ana.

Como se não bastasse a jovem mulher, cuja lembrança do mundo exterior devia ter sido vaga, acreditar que Deus e os santos concordavam que ela devia se casar com seu primo milagrosamente revivido, frei Miguel também buscou ajuda humana. Muitos anos antes, Ana contou aos juízes, viajantes alegando ser ex-soldados e prisioneiros em Marrocos foram convidados por frei Miguel para ir ao convento confirmar que o rei estava vivo.[20] Frei Agustín de los Angeles, confessor das freiras, português, que só recentemente fora convocado a se apresentar no convento por frei Miguel, contou aos juízes que ele o havia instruído: "Caso *doña* Ana lhe perguntasse se em Portugal se acreditava que o rei estava vivo, ele devia dizer que sim. Mas no dia seguinte, quando ela continuou lhe perguntando, ele respondeu achar loucura pensar que Sebastião estivesse vivo." Revendo o depoimento, o rei observou que os esforços de frei Miguel "para promover sua invenção", recrutando a ajuda de outros clérigos "mostram claramente sua malícia".[21]

Portanto, Ana nutria a convicção de que Sebastião estava vivo, embora não saibamos quando ela começou a pensar assim. Ela sabia que milagres com frequência eram precedidos por longos períodos de contemplação e rezas. Sua crença determinada poderia de alguma forma estar espelhada na longa jornada de seu primo pelo deserto, ambos finalmente sendo recompensados. A perspectiva de ter permissão para proteger esse paciente, penitente, ferido parente deve ter sido considerada por ela como um dom. Em novembro de 1594, a essa altura sob prisão domiciliar, ela escreveu duas cartas ao tio, explicando seu estado de espírito nos meses anteriores. "Tendo sabido e recebido evidências de que D. Sebastião, meu primo, não estava morto, e acreditando que ele estava viajando em peregrinação, fui movida pela piedade a rezar a Deus para que Ele me mostrasse se isso era verdade ou mentira. Nessa época, um homem chamado Gabriel de Espinosa veio a esta cidade e se revelou a frei Miguel e a mim como o próprio D. Sebastião e deu boas razões e muitas provas [*señales*] diferentes, e me convenceu a acreditar nele", ela escreveu.[22] Na outra carta, ela contou que havia pedido a Espinosa uma explicação para sua longa ausência. Ele, sem dúvida tendo sido atualizado sobre as visões de frei Miguel, respondeu que havia feito um voto diante do Santo Sepulcro. Não podia se revelar antes, explicou, o que fazia perfeito sentido para alguém escolado na prática de santos votos. "Ele me falou com muito entusiasmo em servir a Vossa Majestade", ela escreveu, "e portanto sem nenhum desejo de tomar um só centímetro de terra de vossa coroa, e esse foi o anzol com o qual me fisgou, junto com o fato de eu estar vendo que ele era vosso amado sobrinho e sabendo que, no dia que ele falasse a verdade, daria a Vossa Majestade muita felicidade." Ela também viu a mãe dele em seu rosto, contou, lembrando como Juana de Austria havia sido boa com seu pai, D. Juan de Austria (ao contrário do próprio rei). Ela tinha dúvidas, admitiu ao tio; muitas vezes, depois de suas visitas, repassava as conversas mentalmente, avaliando o que ele havia dito. Mas, principalmente, esperava que ele mantivesse a promessa de trazer seu irmão desaparecido fazia tempo. Essa foi a verdadeira isca, atração garantida para alguém que nunca teve família. Um primo desaparecido havia muito; um irmão desaparecido havia muito era ainda melhor.[23]

Mesmo que a Virgem Maria não apontasse o dedo para Espinosa, a chegada foi uma dádiva divina para frei Miguel, supondo-se que não tenha sido combinada. Um dos pontos em que Espinosa e o vigário divergiam era como eles haviam se encontrado; Espinosa contou que foi em Portugal, durante o ataque espanhol a Lisboa, o que frei Miguel negou. O rei achou a contradição importante; Juan de Llano, não.[24] Espinosa, sempre mais verossímil do que seu cúmplice, em fevereiro, contou aos juízes que tinha chegado em Madrigal, vindo de Nava, em junho de 1594, só porque desejava montar uma loja de doces. O convento encomendou os doces, ele foi até lá recolher o dinheiro, que foi como frei Miguel o viu e o chamou até os seus aposentos para conversar.[25] Logo depois, ele se apresentou a Ana como um ex-soldado sob o comando do pai dela e lhe deu a cruz incrustada de relíquias. Se falaram ou não sobre o negócio de pães doces, como Espinosa contou a Santillán, ou sobre a reconquista de Jerusalém, a amizade entre Ana e Espinosa cresceu durante o verão. Julgando por testemunhos subsequentes, não havia ninguém na cidade, ou no convento, alheio àquele relacionamento e suas atividades colaterais. Mais tarde, a freira Inés de Cangas testemunhou que "a porta principal do convento estava sempre aberta, dia e noite, por ordens de frei Miguel, e médicos e freis visitavam os aposentos de *doña* Ana entre as freiras, com grande escândalo e indecência. As freiras ficavam pesarosas, mas não ousavam dizer nada porque o dito frei Miguel era seu prelado".[26]

O provincial agostiniano Gabriel de Goldaraz, que logo se tornou o principal inimigo dos juízes, estava bem ciente do falatório. Já em 17 de setembro, antes das prisões, ele escreveu a frei Miguel expressando primeiro seu aborrecimento com a presença do novo confessor português, Agustín de los Angeles, e depois, e o mais importante, alertando-o de que havia escutado "que um padeiro desta cidade entra e sai [do convento] e recebe muitos favores de Sua Excelência e do senhor. Na cidade e em ambos os mosteiros [para homens e para mulheres] não se fala bem disso". Ele solicitou a frei Miguel para pedir a Ana, em seu nome, "que moderasse seus favores com relação a esse homem e o fizesse de tal modo que não houvesse boatos (*hablillas*) ".[27] O desejo de Goldaraz não se realizaria. No mês seguinte, Espinosa foi encontrado em companhia de pessoas que não eram de família real em Valladolid e preso. Ele disse a Santillán que, se fosse acusado de roubo, obteria uma carta de Ana certificando que as joias em seu poder eram dela, como Santillán contou ao rei: "Eu o levei para a prisão, porque tinha certeza de haver algo misterioso naquele homem."[28] Enquanto Espinosa era preso, seu mensageiro, o estalajadeiro Gabriel Rodríguez, foi apanhado levando cartas de Ana e de frei Miguel. Lendo as duas longas cartas de Ana, cuja sintaxe e caligrafia eram em grande parte impenetráveis, Santillán percebeu, bastante perturbado, que ela acreditava que Espinosa era alguém muito importante.[29] Frei Miguel dirigia-se a Espinosa como "Vossa Majestade". As *hablillas* estavam apenas começando.

Ana sofria sem Espinosa, como escreveu no que Santillán se referiu como sendo sua primeira carta, em que o lembrava da sagrada promessa que fizeram um ao outro. "Sou sua, *señor*, e o voto que vos fiz eu o honrarei como o do batismo, na vida e na morte." Ela relatou que estivera brincando com *la niña*, a quem mais tarde se refere como *mi hija*, que ela tinha uma babá (*ama*) e que havia encomendado para ela algumas roupas em Valladolid. Ana também escreveu que a permissão (*la facultad*) ainda não havia chegado porque precisava ser aprovada por um bispo ou um inquisidor. E se referia com carinho a um certo Francisco, que Espinosa veria em breve. A segunda carta, que indicava que ela tinha recebido notícias dele, está dirigida a "meu rei, meu senhor". Nela, Ana falava da eternidade de seus dias passados sem ele. Ela se referia ao "seu povo", ao "meu irmão" e de novo relatava sobre a encantadora garotinha que agora a chamava de "mãe". "Sois minha vida, *mi señor*, vedes como vos obedeço escrevendo com carinho, como me ordenastes." Ela parecia ter feito planos para uma viagem até a estalagem de uma cidade próxima e estava coordenando criados e enviando múltiplas mensagens em várias direções. O mais condenável era o que ela dizia: "Quero ser uma mulher" (*quiero hacer oficio de mujer*). Santillán achou que a caligrafia era intencionalmente desajeitada para torná-la menos compreensível (talvez a sintaxe, também); ela sugeria o mesmo na segunda carta, dizendo que era uma "aprendiz" em caligrafia e preocupada que Espinosa não fosse capaz de entender.

Santillán informou imediatamente ao rei que sua sobrinha talvez tivesse dado à luz uma criança e estava prometida em casamento com alguém que pelo visto era da nobreza. Baseado no conteúdo das cartas interceptadas, Santillán começou a reunir pessoas para interrogar e a enviar agentes para os muitos lugares em toda a península Ibérica mencionados nas cartas. As cartas e o subsequente depoimento, em grande parte falso ou baseado em delírios, sugeriam que Espinosa estava indo para Burgos ou para a França, ou para ambos, a fim de se encontrar com pessoas importantes e então trazer Francisco para Ana. Por alguma razão, talvez porque tinha amigos ali, ele se demorou em Valladolid. Talvez pretendesse continuar a viagem como planejado, talvez não.

Obstrução de justiça

Dias depois, em 14 de outubro, rapidamente armado com um mandato judicial pessoal do rei, Santillán foi para Madrigal e se pôs a trabalhar. Estava convencido de que os freis e as freiras estavam na raiz do problema, como em geral estavam: "Nunca na história do mundo houve um grande mal ou crime grave em que um religioso não estivesse envolvido", diria poucos meses depois.[30] Ele chegou no final da tarde, contou ao rei, e foi diretamente para o convento. "Temeroso de que se [Ana] fosse alertada com antecedência pudesse esconder documentos, entrei dizendo que tinha que falar com ela sob ordens de Vossa Majestade e que queria particularmente ver algumas janelas em seu quarto que dão para a rua. Procurei documentos e, embora encontrasse muitas cartas, não achei nenhuma com data deste ano, nem do ano passado. Em vez disso, encontrei gavetas vazias e ordenei que ela permanecesse detida em seus aposentos com quatro freiras montando guarda." Ela não devia escrever nem receber nenhuma carta ou mensagem.[31] Frei Miguel também havia limpado sua escrivaninha. De algum modo, os habitantes do convento tinham sido informados sobre a prisão de Espinosa, como já vimos pelo detalhado conhecimento que tinham das joias que ele estava carregando. Santillán ordenou a prisão de cerca de oito indivíduos citados nas cartas e os manteve em várias casas na cidade. Também ordenou a transferência de Espinosa de Valladolid para Medina del Campo.

A entrada forçada de Santillán nas casas religiosas colocou Goldaraz imediatamente em ação. No dia 17 de outubro, ajudado por frei Agustín Antolinez, Goldaraz encenou seu golpe preventivo com a maratona de interrogatórios de todos os freis e freiras para definir o que sabiam sobre Espinosa, o relacionamento dele com Ana, frei Miguel e a garotinha.[32] Conteúdo à parte, o fato de as audiências terem ocorrido é indicativo da linha divisória entre autoridades religiosas e seculares, e dentro da ordem agostiniana. A Espanha do século XVI era um lugar profundamente litigioso, com muitas jurisdições se sobrepondo (territoriais, senhoriais, eclesiásticas, municipais, inquisitoriais e reais). Portanto, não surpreende que, desde o início, houvesse tentativas de deter um caso tão escandaloso ou arrancar a jurisdição de outras mãos. Cada juiz e jurista que intervinha no caso – além de Santillán e Llano, havia mais dois do tribunal da Chancelaria Real, junto com Goldaraz, que atuava como tal – tinha coisas desagradáveis para dizer sobre os demais. Como expressou um assistente real: "Estes juízes em Madrigal estão criando tumulto."[33] Depois que Santillán vasculhou os papéis de Ana, ou o que restou deles, Goldaraz instruiu imediatamente as freiras e prioresas que proibissem o juiz de entrar novamente no convento.[34] Dois dias depois, o próprio rei ordenou a Goldaraz que parasse de obstruir a justiça e permitisse que frei Miguel (rapidamente aprisionado na fortaleza de La Mota, em Medina) e todos os outros habitantes religiosos respondessem às perguntas de Santillán. O rei também convocou Goldaraz e Antolinez para se reunirem com ele em Madri, um encontro sobre o qual nada sabemos.[35] Duas semanas mais tarde, chegou o comunicado de um dos juízes da Chancelaria de que Goldaraz, apesar da repreensão real, havia conseguido retirar a guarda dos aposentos de Ana.[36] Foi, então, cansado desse jogo de gato e rato, que o rei enviou Juan Llano de Valdés, cônego e comissário geral da Inquisição, que chegou no dia 15 de novembro com plenos poderes não só para examinar as testemunhas religiosas, mas também para examinar o comportamento do próprio Goldaraz.

Antes da chegada de Llano, Santillán teve o benefício da opinião de uma das figuras religiosas mais proeminentes da época, padre José de Acosta, que por acaso estava de passagem por Madrigal no final de outubro.[37] Jesuíta, Acosta era natural de Medina del Campo e autor da grande *História natural e moral das Índias* (1590). Inusitadamente, ele falou com Espinosa na prisão, depois do que aconselhou Santillán a ser duro com ele, "usando métodos mais rigorosos do que pena e tinta". Mas para acesso ao convento e seus habitantes ele necessitaria da permissão do núncio, lhe disse Acosta. O enviado papal havia sido informado sobre o escândalo de Madrigal quase de imediato; como vimos antes, ele escreveu a Roma sobre a prisão, as joias e os boatos.[38] Em meados de novembro, ambos os juízes, apostólico e civil, haviam requisitado permissão papal para interrogar quem eles quisessem, onde desejassem e retirar quem eles quisessem do convento. O núncio também alertou Goldaraz a cooperar.

No dia 1º de dezembro, "tendo compreendido que [Goldaraz]... queria e tentava por vários meios, e para seus próprios objetivos, esconder a verdade com relação ao assunto", Llano conduziu uma audiência para chegar à origem de sua atitude.[39] Embora ambos fossem homens do clero, não havia nenhuma afeição entre eles, provavelmente algo típico do relacionamento entre as autoridades da Igreja e as ordens, as primeiras muitas vezes incapazes de impor sua vontade sobre o mundo fechado das últimas. Na audiência, os depoimentos e as informações dos inimigos de Goldaraz revelaram que ele havia contado a quase todos no mosteiro agostiniano em Medina del Campo que faria de tudo para deter Llano. As testemunhas também se queixaram de que ele era muito íntimo de Ana e que havia lhe enviado presentes de Navarra. Anteriormente, vimos esta má conduta relacionada ao hábito de presentear; ainda mais intrigante era o fato de Goldaraz ser natural de Navarra e ter trabalhado ali, um dado com possível odor de sedição. Na época da investigação, a França estava imersa nas chamadas guerras religiosas, nas quais Felipe II apoiava a Liga Católica, liderada pela Casa de Guise, com objetivo de, no final, colocar a filha Isabel Clara Eugenia no trono francês. Seu inimigo Bourbon era o ex-protestante Henrique IV, que, em janeiro de 1595, declarara guerra à Espanha. (Em 1598, a paz colocaria um fim à esperança de Portugal de conseguir ajuda da França.) Durante anos, Navarra, especialmente a terra natal de Henrique, Béarn, uma fortaleza protestante, foi área disputada pelas duas potências europeias. Um número impressionante de personagens na conspiração de Madrigal tinha vínculos dos dois lados da fronteira: Espinosa estivera em Pamplona e em teoria estava indo para lá quando foi preso; o irmão de Ana supostamente estava lá; Bernardo del Río viera da França; Miguel de Piedrola nascera em Navarra; Antonio Pérez e D. António, prior do Crato, sabia-se que haviam se conhecido lá, o lugar óbvio para qualquer exilado político ir parar; o prior do mosteiro agostiniano em Medina, frei Juan de Camargo, era de Navarra (e foi preso no início de dezembro); e, assim, também era Goldaraz, o bom amigo de Camargo.

O mais importante entre os acusadores de Goldaraz foi frei Juan de Benavente, que chegou à cidade para o funeral de Quiroga e por alguma razão permaneceu por lá. Seu ódio era tamanho que dá para suspeitar, como fez Santillán, de uma longa história anterior.[40] Não obstante, tudo o que ele contou num documento de oito páginas, referindo-se como seus escrúpulos e escrito em letras minúsculas e maciçamente sublinhado por seus leitores, é uma leitura provocante. Anos antes, Goldaraz havia sido designado para um posto em Pamplona, mas fora expulso pelo vice-rei, o marquês de Almazán, Francisco Hurtado de Mendoza y Fajardo (para quem Gregorio González e Gabriel de Espinosa prepararam um jantar em Ocaña). Goldaraz recusou-se a partir; foi preso e houve uma grande gritaria. Tudo isso é verdade. Mas Benavente disse que soube por fontes confiáveis que, enquanto estava lá, Goldaraz certa vez deixou Pamplona e viajou até os Pireneus para se encontrar com Vandoma, o nome pelo qual Henrique IV era conhecido entre os espanhóis, que o reconheciam apenas como duque de Vendôme. "Isso é muito grave", diz uma nota na margem, que parece ser de Santillán. E ele estava certo, pois significaria um ato de traição. Benavente disse que se surpreenderia muito se no caso Madrigal não houvesse a mão de Vandoma. Acrescente-se a isso o fato conhecido de que foi Goldaraz quem insistiu na indicação de frei Miguel para o convento, e temos um problema. Os principais aliados de Goldaraz, como vimos, eram Antonio de Sosa, provavelmente o autor das cartas anônimas, e Diego de Zúñiga, que pregava em Toledo que Sebastião não tinha morrido, portanto, o provincial não estava em forte posição. Benavente disse que o geral da ordem lhe falara que não apoiaria Goldaraz para um segundo mandato como provincial (ele havia sido eleito em 1592), citando as muitas queixas que recebera. Na verdade, ele não foi reeleito. Llano o demitiu durante a segunda semana de dezembro.

A história de Ana

Antes de perder o emprego, Goldaraz teve seu dia com as freiras e freis.[41] Para início de conversa, ele queria determinar como Santillán entrara no convento. Nuestra Señora de Gracia costumava ter uma guarita na entrada para o pátio externo, atendida por mulheres que supervisionavam a roda (*torno*) inserida no muro e através da qual objetos podiam ser passados de um lado para o outro, para o mundo exterior, sem nenhuma visibilidade. (Alguns conventos ainda as usam; Nuestra Señora de Gracia, não.) Os conventos tinham normas rígidas quanto a quem podia abrir as portas, o que às vezes exigia duas ou três chaves operando ao mesmo tempo. Não obstante, Santillán obviamente quebrou essas barreiras. A prioresa, a primeira das mulheres a testemunhar, contou que estivera doente de cama o tempo todo e não podia dizer quem abriu as portas no sábado ou no domingo, uma boa forma de deter essa linha de interrogatório em particular. A maior parte dos dois dias foi dedicada às opiniões das freiras e dos freis sobre a identidade de Espinosa, o que vimos antes, e a especulações a respeito do irmão de Ana e da *niña,* a que chegaremos. Houve uma quase unanimidade de que frei Miguel e Espinosa eram muito íntimos, se viam diariamente, e que Ana tratava o padeiro com grande respeito, levando as testemunhas a acreditar que ele era nobre de nascimento. Vários notaram que frei Miguel dava preferência a Espinosa ao passarem pelas portas, e alguns diziam que Ana lhe oferecera sua cadeira, o que significaria que um deles estava do lado errado da grade.

Goldaraz incluiu Ana nessa fila, o primeiro vislumbre que temos dela e da sua perspectiva. Suas conversas com Espinosa, ela disse, se deram porque ele disse que podia curá-la da mão machucada e das marcas de varíola, embora não esteja claro como ele sabia que ela sofria de tais incômodos. A prescrição para a cura estava entre seus papéis, se Santillán não tivesse desaparecido com eles, ela afirmou energicamente. Espinosa também instruiu Luisa del Grado sobre como curar uma sobrinha, aplicando uma poção à base de cevada moída, embora elas ainda não a tivessem experimentado. Quatro meses é muito tempo, Ana observou, portanto, ela não podia se lembrar de tudo o que havia ocorrido desde que Espinosa chegara. Mas lembrava-se de que um dia escutou às escondidas Espinosa falando com Luisa de suas viagens e aventuras. Ele descreveu uma era de cruzadas à qual ela estava ligada por sangue. Ele havia estado na Terra Santa, havia lutado sob o comando do pai dela em Granada, onde ele mesmo havia liderado companhias de soldados, estivera em Angola e combatera D. António em Portugal. A esta altura, já percebendo que estava em território delicado, Ana deixou claro a Goldaraz que, ao falar do pretendente, Espinosa desaprovara, dizendo que por acaso conhecera os parentes de António no Porto, um dos quais tinha uma das mãos aleijada. Espinosa "pensava mal deles porque não desejavam se render a Sua Majestade". Ana acreditava que o padeiro era "um hidalgo honrado, baseada nos anos que ele havia passado na guerra, e alguém mais respeitável do que suas roupas indicavam, que ela sabia pelo jeito como ele falava, e ele dissera que estava disfarçado nessa ocupação [de padeiro] por causa de um infortúnio que lhe acontecera". Ele havia falado com ela sobre Sebastião?, perguntou o provincial. Sim, parecia-lhe que certa vez ele dissera que haviam lutado juntos na batalha da África, Ana respondeu. No segundo dia de depoimento, o provincial lhe perguntou sobre as roupas brancas que ela havia enviado à casa de Espinosa, que ela insistia serem para a garotinha e não para o suposto hóspede (D. António?) que, Goldaraz havia escutado, falara com ela na grade. Isso era calúnia, Ana disse. Goldaraz também perguntou sobre a missão para a qual ela havia enviado seu criado Blas Nieto (irmão de Luisa del Grado e María Nieto) a Madri, onde ele devia obter fundos retirados de uma conta dela, assim como fundos de uma pensão de sua avó paterna. Ele também devia comprar camisas, calças, meias e ligas que ela planejava dar a seu irmão no Dia de Todos os Santos ou no Natal. Santillán havia apreendido o dinheiro e as roupas, ela disse.[42]

O objetivo desse primeiro testemunho provavelmente era estabelecer a inocência de Ana. Goldaraz queria deixar claro que Ana lidara com uma criatura inferior como Espinosa só por causa da menina, que por alguma razão estava aos cuidados dele. Caso houvesse alguma dúvida sobre a virtude de Ana, a última pergunta foi um exemplo de arte teatral. Goldaraz perguntou se Espinosa havia lhe dito algo desrespeitoso sobre Felipe II. Ana respondeu

> que se o padre provincial não fosse um prelado e seu padre, ela ficaria muito ofendida com uma pergunta como essa, porque ela não era mulher que consentisse numa tal insolência por ninguém em sua presença, porque todos sabem o quanto ela é dedicada a Sua Majestade e como ela louva sua vida e prosperidade a Deus. E se seu pai deu a vida a serviço de Sua Majestade, ela pode fazer o mesmo, e Sua Majestade sabe que até onde ela é capaz, ela deixou seu prazer e sua vontade nas mãos dele e renunciou a si mesma por eles. Embora essa questão tenha sido tão desagradável para Sua Excelência por causa da exorbitância com que o juiz Santillán a tem tratado, ninguém a ouviu pronunciar uma única palavra de queixa ou de raiva a respeito de seus ministros, que procederam com pouca justiça ou direito.[43]

O próprio Santillán teve acesso a Ana depois disto, superando os impedimentos de Goldaraz e passando dois dias inteiros com ela. A primeira sessão durou 10 horas, durante as quais ela se recusou a comer. No decorrer do interrogatório, ela disse que queria ver as duas cartas que escreveu a Espinosa para garantir que fossem dela, e estendeu a mão através da grade que os separava (o que não teria satisfeito os padrões de Hernando de Talavera) para pegar de volta as cartas e em seguida começou a rasgá-las. Santillán conseguiu agarrá-las de volta e imediatamente chamou um escrivão para registrar o incidente. Ana disse não haver necessidade disso; ela confessaria voluntariamente a destruição da evidência, ainda visível hoje. "Eu estava na dúvida se devia vos enviar ou não a confissão original", Santillán escreveu ao rei depois, "em vista dos perigos da estrada", mas decidiu dar o longo documento a um escrivão que conhecia bem, Juan Lopes de Vitoria, para que o levasse a Madri. Escrivães registravam tudo, dando realidade aos depoimentos, mas Santillán não confiava em ninguém. Quanto à obstinação dos agostinianos, que haviam retardado seu acesso a Ana, ele contou ao rei: "Na verdade, senhor, fico muito triste em ver o mundo em tal estado, onde, em vez de religião e sinceridade cristã, existe apenas profunda corrupção. E não encontramos nada além de intrigas e conspirações que escondem a verdade e obstruem a justiça."[44]

Quase todos os interrogatórios sobre o conhecimento e ações de Ana e das outras freiras ocorreram durante seis semanas, de meados de outubro a início de dezembro, quando os juízes, embora ainda com muitos pontos de dúvida, já sabiam o suficiente. Depois que Llano chegou, ele e Santillán saíram numa caçada por mais evidências no convento e encontraram indícios de que papéis haviam sido queimados na lareira onde se preparava a comida dos freis.[45] (Luisa del Grado mais tarde confessou que Ana havia "queimado muitos papéis em sua lareira e no pátio do convento".) Naquele mesmo dia, os dois juízes se encontraram novamente com Ana, o que Santillán achou instrutivo. "Com pessoas assim, que não podem ser obrigadas por métodos mais rigorosos a dizer a verdade, é preciso encontrar um modo de atormentar seu discernimento, usando argumentos tão fortes que elas se vejam forçadas a contar a verdade", afirmou, usando a palavra *tormento* como um equivalente ao que hoje chamaríamos de tortura. "Ela quase confessou tudo, porque confessou que as cartas eram dela", ele observou. Mas suas declarações não foram anotadas "porque o Dr. Llano achou ser tarde demais ou ele tinha outras razões", Santillán contou ao rei, aborrecido, como de costume, com a competição. "No dia seguinte, descobri que *doña* Ana estava totalmente mudada, e isso porque tinha alguém aconselhando-a", ele escreveu, referindo-se a Goldaraz, que Santillán acreditava estar não apenas obstruindo a justiça mas roubando aos poucos a pensão real de Ana.[46]

Em suas conversas, conforme as contou ao rei, Santillán – que a esta altura inclinava-se a pensar que Espinosa era D. António – perguntou a Ana por que Sebastião iria querer permanecer incógnito.[47] Pela vergonha sofrida por causa da desastrosa batalha, ela respondeu. Bem, ele disse, "'A esta altura, a questão está um pouco além da vergonha, visto ser ele prisioneiro e pelo estado em que está. Portanto, poderia ser um bom momento para declarar quem ele é', ao que ela respondeu [ele continuou escrevendo], [que] ele temia que alguém o matasse, e em seguida ela me disse, 'Descubra o que puder e depois pode cessar toda a investigação.'" Ana também o surpreendeu afirmando: "Se o prisioneiro é primo dela, e ela não é uma freira, ninguém devia se chocar com seu relacionamento e íntima amizade. Eu disse: "O que pretende dizendo que não é freira?" E ela respondeu [que] tinha sido forçada a professar, tinha sido ameaçada e amedrontada, e tinha dito tudo isso a muitas freiras, e ela daria todos os detalhes necessários. Aqui Santillán marcou um ponto; como sua declaração agora estava de acordo com sua insistência de que ele, como juiz secular, não tinha autoridade sobre ela, uma freira? Agora você não é uma freira? "E ela respondeu que havia sido aconselhada a dizer isso por enquanto como tática de defesa, e pontos semelhantes mostram que ela lembra bem das lições do provincial."[48]

No dia 18 de novembro, quando Ana se encontrou com Santillán para informá-lo por escrito de que não aceitava sua autoridade, ela também falou coisas bem interessantes sobre a cidade de Madrigal e a passagem de informações pelas paredes permeáveis do convento. Ela sabia, disse, que ele havia entrevistado muitas testemunhas na cidade, a quem descreveu como personagens suspeitos e pediu que seus nomes fossem registrados como "inimigos declarados" dela e de frei Miguel. Solicitada a dar mais detalhes, ela retrucou que seus inimigos falavam mal dela e de seus negócios, e haviam requisitado uma investigação sobre as atividades de certos conselheiros da cidade, a respeito do que ela e "toda a cidade" escreveram ao presidente do Conselho de Castela, dizendo-lhe para mandar um investigador. Na verdade, apenas um oficial de menos importância foi enviado, razão pela qual estes homens eram seus inimigos. Para meu pesar, nada mais sei sobre o surpreendente envolvimento das freiras na política local.[49]

Em outro de seus protestos por escrito sobre o procedimento, Ana novamente disse se recusar a responder às perguntas de Santillán porque ele não tinha autoridade sobre ela "e porque Deus nos deu a liberdade de não nos incriminarmos quando as evidências são insuficientes". Se ela havia ocultado informações do rei, "a quem considero como um pai, sem nenhum outro vivo", era por medo de que ela deveria ter falado com ele antes. Uma omissão havia levado à outra. Mas agora, dizia (certamente porque sabia que Llano, que chegara em 16 de novembro, tinha jurisdição sobre ela): "Afirmo e confesso e declaro que o dito prisioneiro é D. Sebastião, para o que tenho muitas evidências, que descreverei a Sua Majestade numa carta lacrada."[50] Ela também contou a Llano que queria se dirigir pessoalmente ao rei, e leu para ele o rascunho que havia começado. "Parece-me haver pouca ou nenhuma substância" na carta, Llano disse ao rei, "e eu lhe disse que se ela queria contar a verdade, deveria simplesmente fazer isso, pois a grandeza de Vossa Majestade não vos permite suportar uma carta tão confusa."[51] Mas os dois juízes que, apesar do comportamento severo, não eram indiferentes à sua difícil situação, concordaram em deixar que ela terminasse de escrever as cartas que tinha iniciado tanto para o rei quanto para Espinosa, com a permissão do rei, para ver o que ela diria. Claro, a carta para Espinosa não seria entregue; seria, o rei observou, uma "indecência".[52]

Para Espinosa, Ana escreveu lindamente: "As folhas não podem se mover sem a vontade de Deus, e devemos acreditar, senhor, que Ele que cuida de todas as criaturas, deve ter um cuidado em particular com aqueles mais importantes e, portanto, acredito que tudo que ocorreu nesta questão é uma providência especial, embora o caminho seja mais amargo." Felipe II, ela contou a Espinosa, estava ansioso em saber se o prisioneiro era realmente seu sobrinho, e com esta finalidade havia enviado o Dr. Llano, a quem Ana havia contado a verdade, colocando assim a vida de Espinosa e a honra dela em risco.

Portanto, eu vos imploro em nome de Deus para contar a Sua Majestade e a estes senhores, seus ministros, que sois o dito D. Sebastião, como me contastes e a frei Miguel, porque não tendes mais outra escolha... Senhor, encontro-me nestas tribulações e desgraça por ter vos falado e por ter desejado vos servir como meu primo, a quem tanto estimo. O mundo, ignorante de quem vós sois, calunia-me, e o que vos imploro é apenas... Podeis contar a verdade a Llano, que deseja que isso termine bem, e contar a Sua Majestade quem sois. Ao me permitir [escrever esta carta], está claro que nem Sua Majestade nem seus ministros ficarão infelizes se souberem que sois seu sobrinho.[53]

Ela deu esta carta a Llano, e uma semelhante a Santillán, na qual mais uma vez ela contava ao prisioneiro como Felipe se sentiria feliz ao descobrir que seu amado sobrinho ainda estava vivo. "Deveis isso à minha honra", ela lhe disse, implorando-lhe que dissesse aos juízes quem ele era. Mas, é claro, não houve resposta.

Mais de um mês depois das prisões, sem frei Miguel e sem Espinosa, Ana pareceu suspeitar da terrível verdade. Aquele não era o fim que ela havia imaginado. No dia 19 de novembro, ela implorou ao rei por misericórdia. "Errei por ignorância", escreveu.

Por ignorância não contei a Vossa Majestade primeiro porque não tinha certeza de que ele era rei, e segundo porque estava esperando ouvir notícias de meu irmão, e não queria confessar tudo e arriscar a condenação de Vossa Majestade por não ter vos contado antes. Foi ignorância, não malícia, não saber de minha obrigação, pois entrei neste lugar aos seis anos de idade e nada sei do mundo, exceto o rancor que ele tem por mim. Este homem me enganou, o demônio o trouxe até aqui para perturbar minha honra e me destruir, afastando-me das graças de Vossa Majestade. Humildemente vos imploro, em nome de Jesus Cristo crucificado, para ter compaixão de mim e ver que esta honra, que os ministros de Vossa Majestade rasgaram em pedaços, é a de uma sobrinha, filha daquele malfadado pai. Meu erro foi o de ter sido simples, para o qual a punição é excessiva. Fazei o que quiserdes com este homem, seja ele bom ou mau, mas não deixeis que esta infeliz mulher, esta casa e tantos prisioneiros inocentes paguem o preço.[54]

Quatro dias depois ela escreveu novamente ao rei, desta vez entregando a carta a Santillán. Mais uma vez, ela descreveu como Espinosa a tinha convencido de que era D. Sebastião e prometido reuni-la a seu irmão. "Senhor, sabeis muito bem que desde que nasci não tenho reconhecido nenhum outro pai além de Vossa Majestade, e como tal vos tenho respeitado e amado, resignando meus desejos aos de Vossa Majestade", escreveu, acrescentando que alguém de sua condição não devia ter que lidar com estes juízes, embora corteses. Santillán não utilizou um escrivão, disse (não era bem a verdade), mas Llano usou (e foi mais descuidado), "e tantas coisas se espalharam que, se Deus não me concedesse paciência, tais questões teriam dado um fim à minha vida". Coisas vis estavam sendo ditas a seu respeito. Sua honra e a do convento estavam em sério risco, insistia, implorando-lhe para dar fim aos interrogatórios.[55]

O que Barbara Blomberg sabia

Dos "prisioneiros inocentes" a que Ana se referia, poucos foram tão patéticos quanto seu criado Juan de Roderos. Ele tinha 22 anos e trabalhava para Ana e frei Miguel desde os 16, como contou a Santillán ao ser entrevistado em Medina del Campo, em dezembro.[56] Havia suposto que Espinosa devia ser alguém importante, disse, mas não sabia quem. Conhecia muitos outros grandes reis, entretanto, alguns por observação direta e alguns por intermédio de Luisa del Grado e sua irmã María Nieto. Roderos colocou Espinosa com Ana na *grada* das oito até as 10 da noite, pelo menos em duas ocasiões, quando acreditou que eles estavam falando sobre o irmão de Ana, Francisco. Espinosa contou-lhe que (Espinosa) estava indo para Burgos e depois para Navarra e França para se encontrar com alguns colegas e voltaria no Dia de Todos os Santos com Francisco e outro homem que também era muito importante. E Roderos ouviu frei Miguel dizer que Espinosa parecia ser D. Sebastião. Santillán não ficou muito feliz com a primeira declaração de Roderos: "Ele não disse nada de substância, e seria uma boa ideia dar-lhe uma muito boa série de torturas (*un muy buen tormento*) para que conte a verdade", comentou. Na verdade, ele fez exatamente isso e Roderos testemunhou de novo em janeiro, desta vez com maior loquacidade. Ele confirmou a íntima amizade de Ana e Espinosa, embora não soubesse se o padeiro jamais havia estado nos aposentos dela. Nem ele tinha certeza se frei Miguel possuía cópias das chaves do convento, mas sabia que um chaveiro local, Juan de Estudillo, visitou frei Miguel várias vezes e fazia chaves para ele. (Llano mais tarde perguntou a frei Miguel sobre estas "chaves falsas".)[57] Ele sabia que um portador local, Miguel Pérez, que era português, levara muitas mensagens de Ana e de frei Miguel a Madri, endereçadas a um certo frei Antonio de Santa Maria, mais um agostiniano português que já havia sido preso por apoiar D. António. Assim que frei Miguel soube da prisão de Espinosa em Valladolid, Roderos contou a Santillán, ordenou imediatamente a

Roderos para lhe trazer uma escrivaninha portátil de madeira onde Espinosa guardava seus papéis, e "rasgou e queimou muitos papéis, e deu vários deles a um menino que trabalha no dito mosteiro, chamado Sebastianillo, que os levou para queimar na lareira dos freis".[58]

Frei Miguel havia lhe contado, o criado continuou, que D. Sebastião não podia se revelar até a morte de Felipe II, e além disso que Espinosa retornaria de sua viagem à França com colegas, inclusive "um homem que havia tomado posse do reino da Inglaterra", frase que também apareceu nas declarações de frei Miguel. Este grupo, incluindo o irmão de Ana, chegaria de noite para não ser visto e deixaria seus cavalos no vilarejo vizinho de Blasco Nuño. Em companhia de frei Miguel e de Luisa del Grado, Roderos havia testemunhado o lacrimoso adeus de Ana e Espinosa quando ele partiu para Valladolid a fim de iniciar sua jornada. Quando partiram juntos para Valladolid (por alguma razão Roderos o acompanhou), Espinosa lhe contou que devia tanto a frei Miguel que poderia até indicá-lo para papa. "Ele não entrou em mais detalhes sobre este ponto ou deu a razão para sua dívida além das boas ações que havia feito por ele [em Madrigal]", Santillán escreveu.[59] Foi também nesta viagem de Madrigal a Valladolid que o padeiro supostamente começou a cantar um *romance* sobre a batalha de Alcácer-Quibir; o cronista real Luis Cabrera de Córdoba diz que Roderos contou que quando Espinosa "chegou à parte que falava sobre a derrota do exército e que ninguém sabia do destino de D. Sebastião, deu profundos suspiros, seguidamente". A versão do Escorial da *Historia* também inclui este episódio, embora os arquivos do caso não o façam.[60]

Roderos chamou a atenção dos juízes depois que Ana, tendo sabido de alguma forma da prisão de Espinosa, enviou imediatamente seu criado para a casa de Barbara Blomberg, sua avó, que vivia em Colindres, perto da costa norte da Espanha, na atual província de Santander.

Pois Ana tinha uma avó. Aos 20 anos de idade, Blomberg tivera um breve caso de amor com Carlos V, na ocasião em que o imperador

estivera em Regensburg (Bavária). Em 1547, ela deu à luz o futuro
D. Juan de Austria. O bebê, chamado Jerónimo, foi entregue a um
dos auxiliares do imperador, Luis Quijada, e sua mulher, Magdalena de Ulloa (que mais tarde acolheu Ana). A pedido do imperador, eles, por sua vez, deram a criança a outro casal – um músico da
corte aposentado, chamado Francisco Massy, e sua mulher –, que
viviam em Leganés, nos arredores de Madri. Durante os primeiros
sete anos de vida, D. Juan de Austria viveu como um menino de
aldeia. Em 1554, quando a mãe de Sebastião, Juana, foi chamada
de volta à Espanha para ser regente, Juan foi mandado de volta para
a casa de Quijada e Ulloa, em Valladolid, perto da corte de Juana,
para uma educação mais adequada. Esteve na presença do pai apenas
uma vez. Carlos V morreu em 1558 e não mencionou o filho no testamento, embora, no dia de sua morte, ordenasse a um auxiliar que
mandasse 600 ducados a Blomberg.[61] Ele deixou uma carta lacrada
a Felipe II, contando-lhe que tinha um meio-irmão chamado Jerónimo. Os irmãos se encontraram em 1559, e o novo rei tornou pública a
identidade do irmão adolescente, a quem renomeou e deu o título de
Excelência – assim como Ana recebeu nova identidade e título quando D. Juan morreu.[62] A essa altura, viúva e vivendo na atual Bélgica,
Blomberg também recebeu um novo e elevado status, que incluía criados, pensão e o título de Madama Madre de D. Juan de Austria. Mas
a subsequente correspondência desaprovadora enviada a Felipe II
pelo duque de Alba, então governador dos Países Baixos espanhóis e
designado para ficar de olho nela, indica que Blomberg não se comportava de modo apropriado a uma mãe real.[63] Em 1570, o rei estava
interessado em colocar a viúva alegre num convento, plano com o
qual ele disse que D. Juan concordava, mas Alba lhe afirmou que
isso era mais difícil do que parecia. Em novembro de 1571, Felipe escreveu que a ação teria que ser realizada com subterfúgios. Em 1573,
Blomberg ainda desperdiçava seu dinheiro, e o duque, ocupado em
abafar a rebelião holandesa, relatou que nenhuma mulher honesta
cruzaria a porta da casa dela. Por alguma razão, mais quatro anos

se evaporaram até que os astutos meio-irmãos e o duque finalmente a atraíram para o sul, dizendo-lhe que Margaret de Parma desejava vê-la. Em Gênova, ela mudou de navio, pensando que estava indo para Abruzzo, mas acabou na costa norte da Espanha.

Como sua neta, ela foi colocada num convento. O dela foi San Cébrian de Mazote, perto de Valladolid – e perto de Magdalena de Ulloa, que, segundo Blomberg, a mantinha com os cordões da bolsa bem curtos. Infeliz ali, logo ela se mudou para o norte, para Colindres, onde Felipe II lhe deu uso da casa do ex-secretário de D. Juan, Juan de Escobedo (assassinado em março de 1578), e os serviços secretariais do filho de Escobedo.[64] Durante a década seguinte, Blomberg queixou-se sem parar de sua terrível pobreza, dizendo que estava condenada a gastar todo seu miserável dinheiro em remédios e no pagamento de dívidas de seu filho menos famoso (do marido morto), Conrad Piramo, também conhecido como Pyramus. D. Juan pagou os estudos eclesiásticos do meio-irmão, não o querendo por perto da corte ou do exército, mas Conrad passou anos fazendo lobby por uma melhor posição. (Mesmo em seu leito de morte, D. Juan se referiu ao problema, que acarretava trancar Conrad num castelo.) Em 1591, infeliz e doente em Colindres, Blomberg implorou ao rei que lhe permitisse deixar o ar úmido da montanha e voltar para Madrigal, no sul, onde o clima era seco e quente, e ela podia viver perto da neta, um pedido que Ana também transmitiu ao palácio. No dia 15 de novembro, um memorando registrou ter havido uma conversa sobre a questão em El Escorial "e parecia não ser apropriado à paz de espírito de *doña* Ana, nem para sua profissão, que a avó a visitasse".[65] O rei também não parecia disposto a permitir que Blomberg se mudasse. A visita entre Ana e sua avó paterna nunca aconteceu, embora Ana tivesse uma espécie de relacionamento financeiro com ela. Blomberg morreu em dezembro de 1597. Ao contrário da avó mais modesta, Catalina, que escreveu em seu testamento: "Tenho um grande amor e boa vontade para com *doña* Ana de Mendoza, minha neta, filha de *doña* María de Mendoza, minha filha" e que deixou à menina uma parte preferencial de suas propriedades (que Ana talvez nunca tenha visto), Blomberg não mencionou Ana no testamento.⁶⁶

A omissão foi sem dúvida o resultado dos acontecimentos de 1594. Como as primeiras prisões foram feitas em outubro, Ana mandou Roderos para Colindres com um bilhete, pedindo à avó que o abrigasse até ser avisada.⁶⁷ Ambas as cartas interceptadas, de Ana e de frei Miguel a Espinosa, mencionavam Blomberg; o vigário instruía o homem, a quem ele se dirigia como Vossa Majestade, para retornar com o grupo disfarçado como "criados de madama, dizendo que estavam transportando uma mensagem dela para [Ana]. Entrarei em contato com Mazateve, camareiro de madama".⁶⁸ (De fato, Juan de Mazateve provavelmente deixou o serviço de Blomberg em 1579, mostrando que frei Miguel devia estar 15 anos desatualizado.) Em sua carta, Ana pedia a Espinosa para não visitar Blomberg quando estivesse no norte; estava zangada com ela e não lhe faria o favor de escrever, dizia.⁶⁹ Blomberg talvez não soubesse sobre tais planos, ou quem sabe soubesse, mas obviamente ficou perturbada com a chegada de Roderos sem se fazer anunciar. Como ele não foi capaz de lhe dar uma explicação plausível para estar quase 300 quilômetros longe de casa (havia conflitantes evidências se ele tinha ido a cavalo ou a pé), fizeram-se indagações. Em Santander, a cidade mais próxima, um clérigo amigo de Blomberg já sabia dos acontecimentos em Madrigal, ocorridos havia apenas 10 dias. Segundo ele, oficiais em Valladolid haviam prendido alguém que dizia estar trabalhando para D. António e que estava em Madrigal para falar com Ana. A história viajou de Santander de volta a Blomberg, que somou dois mais dois e imediatamente escreveu a Junco de Posada, presidente do tribunal de Chancelaria Real em Valladolid.⁷⁰

Consequentemente, Roderos foi preso e levado de volta a Medina del Campo, onde ficou na prisão até agosto, quase um ano depois, quando foi condenado a quatro anos nas galés. Nesse meio-tempo, ele foi torturado pelo menos duas vezes, suportando vinte *vueltas*, ou giro das cordas, ecúleo, onde tinha sido colocado.[71] Ele era inocente da verdadeira conspiração, admitiu Santillán, mas sabia dos presentes de Ana a Espinosa, sabia dos planos de Espinosa para "colocar frei Miguel no trono de São Pedro" e tinha começado negando saber qualquer coisa, nunca uma jogada sensata. "Tentamos arrancar-lhe informações e o pressionamos [*apretaron*, que também significa apertar]. Agora ele está aleijado [*manco*] dos dois braços, portanto, inútil para as galés, e custaria dinheiro transportá-lo e alimentá-lo; por conseguinte, recomendo que sua sentença seja reduzida ao banimento", Santillán escreveu.[72] Nada mais se sabe a respeito de Juan de Roderos.

No início de dezembro, Llano passou dois dias ouvindo Ana novamente. Solicitada a justificar suas negativas iniciais, ela disse que havia jurado ao homem que pensava ser seu primo que não revelaria seu segredo, ficando obrigada a manter a promessa. O juiz convenceu-se de que ela havia sido um joguete num jogo perverso, cujo exato objetivo ele ainda estava tentando descobrir. Espinosa talvez estivesse tentando "tirar vantagem de Ana", ele escreveu ao rei, "mas ele jamais ousaria tentar tal coisa por causa da qualidade e respeito da dita *doña* Ana, nem ela permitiria isso, em vista de sua autoridade e valor, e porque ela tinha intenção de mudar seu status"; isto é, ela planejava casar-se com ele.[73] Ele também podia ter planejado roubar-lhe as joias, mas o juiz rejeitou esta opção, dado que Espinosa teve oportunidade de pegar mais e as devolveu. Se Ana era inocente, o que Llano pensava que era, então a culpa era toda dos dois homens. Mesmo àquela altura ainda alimentava a crença, ou dizia que sim (porque realmente não havia alternativa), de que Espinosa era Sebastião. Durante o segundo dia de seu testemunho com Llano, em dezembro, de acordo com o sumário do juiz, Ana disse que "não havia prometido casar-se com ninguém; mas Espinosa, a quem ela considera ser D. Sebastião, seu primo, lhe disse que assim que sua peregrinação terminasse ficaria feliz [em se casar com ela] com a dispensa papal". Ela confirmou ter recebido cartas do prisioneiro, mas que, junto com seus próprios escritos sobre "liberdade, o modo como professava e algumas previsões de curiosos acontecimentos", tudo isso pegou fogo quando ela soube que Santillán estava a caminho.[74]

Houve mais uma longa série de interrogatórios em janeiro, mas a essa altura os juízes pouco esperavam de Ana, cujo único objetivo era restabelecer sua honra manchada, reiterando por que havia acreditado nas histórias dos dois homens. "Jamais lhe ocorreu falar ao dito Espinosa, exceto na *grada*, e ela nunca fez isso", afirma o sumário. "Ela acreditou que ele era seu primo D. Sebastião porque frei Miguel, em quem ela acreditava por ser ele pessoa muito instruída, disse que era... Espinosa disse que se casaria com ela assim que seu reino lhe fosse devolvido, e ela se sente insultada ao pensar que alguém fosse capaz de imaginar outra coisa. Deus é testemunha de sua consciência e o tempo confirmará."[75]

A menina

Durante todo o outono, Felipe II acompanhou de perto todas essas conversas e testemunhos. Ele leu as transcrições, enchendo as margens com observações e perguntas, procurando criticar em detalhes o que sua sobrinha dissera. Llano "deu a *doña* Ana mais crédito do que é aconselhável", ele observou num determinado momento em dezembro, apontando para aparentes contradições.[76] Dias se passaram sem uma carta ou memorando com sugestões, o que significava que as testemunhas eram interrogadas repetidas vezes. Mas assim que ficou claro que Ana tinha sido vítima de fraude, ele perdeu o interesse por ela. Nem uma só vez ele lhe escreveu. Uma versão da *História de Gabriel de Espinosa* reproduz uma carta dele a Santillán, referindo-se a "Ana de Jesus, que dizem ser filha de nosso irmão". Talvez ele até estivesse disposto a negar que ela era sua sobrinha.[77]

A verdadeira obsessão do rei, que manteria o caso aberto muito depois da data de expiração, era *la niña*. Quando o caso começou, Felipe II tinha 67 anos. Desde a década de 1580, estivera frequentemente doente e incapacitado, na maior parte do tempo com gota, que às vezes era tão dolorosa que ele não conseguia segurar a pena. No dia 7 de março de 1594, seu testamento final foi assinado e testemunhado, mas ele se recuperou; em maio de 1595, de novo ele passou o mês inteiro às portas da morte e quase todo o resto de sua vida no equivalente a uma cadeira de rodas do século XVI, embora continuasse a assinar documentos até suas duas últimas semanas de vida.[78] Embora seus pensamentos estivessem voltados para a vida após a morte e longe de questões cotidianas – na época do caso Madrigal, ele dependia mais de auxiliares –, ele também tinha que pensar no futuro da dinastia, o que não pode ter sido confortante. O rei havia tido 15 filhos, mas apenas três estavam vivos àquela altura. Tinha duas filhas muito amadas: Isabel Clara Eugenia que, em 1599, aos 32 anos, casou-se com o arquiduque Alberto; e Catalina Micaela que, em 1585, casou-se com Carlos Manuel de Savoia. O herdeiro espanhol era o príncipe Felipe, que não esteve à altura das expectativas do pai como governante, fisicamente ou em outros aspectos. O rei tinha muito mais confiança em Alberto, a quem havia criado, mas Alberto não podia ser rei. Na loteria das expectativas de vida, Felipe II não podia contar com muita coisa. O caso de Sebastião mostrava o que poderia acontecer quando não havia herdeiros diretos saudáveis.

As regras de sucessão dinástica e as probabilidades contrárias de sobrevivência eram o que tornavam falsos parentes tamanho tormento para as famílias reais. A inglesa Anne Burnell, por exemplo, afirmou em 1587 que uma bruxa em Norwell lhe dissera que ela (Anne) era filha de Felipe II e que tinha os brasões da Inglaterra impressos no corpo. O Conselho Privado acabou estudando o assunto, e a pobre Anne Burnell foi chicoteada em 1592.[79] No ano anterior, outra suposta filha apareceu mais perto de casa, na cidade de El Escorial. Ela convenceu dois padres a levá-la para o interior do palácio, prometendo que lhes retribuiria generosamente depois de ser reconhecida. Uma vez alertado, Felipe II ordenou um exame médico para verificar se a mulher era louca; se fosse, devia ser enviada ao asilo de loucos em Toledo; se não, devia ser chicoteada. Foi o que aconteceu, e a verdadeira prole do rei deu boas risadas.[80] Mas, em geral, a perspectiva de parentes com reivindicações ao trono não era fonte de diversão. Houve precedentes na Espanha e em Portugal de bastardos usurpando o trono dos irmãos; tanto a dinastia Trastámara espanhola quanto a Avis portuguesa começaram com governantes ilegítimos. Era tarde demais para D. Juan de Austria usurpar o trono de alguém, mas Ana era sua filha, e agora talvez ela tivesse uma filha. A rebelião do próprio D. António, afinal de contas, se baseava numa boa reivindicação de legitimidade dinástica. Como Rafael Valladares observou, António "talvez fosse um bastardo, embora uma pequena, mas preciosa, quantidade de sangue Avis corresse em suas veias".[81] De fato, a extensa quantidade de filhos de António continuaria incomodando Felipe durante seus últimos 20 anos de vida. Eles merecem um breve desvio.

Já encontramos dois deles. Quando as tropas de Sancho Dávila perseguiam as forças de António, no norte de Portugal, tropeçaram em Luisa. E Juan de Silva visitou outra filha, Filipa, em Segóvia, a caminho de Madrigal. Os filhos mais conhecidos foram Cristóvão (que se referia a si mesmo como príncipe e, mais tarde, rei de Portugal) e Manoel (futuro genro de William, príncipe de Orange, e o único com filhos). Os dois herdeiros passaram as décadas de 1580 e 1590 levantando fundos para seu pai; em 1588, D. António mandou Cristóvão a Marrocos por três anos, como garantia para um empréstimo de Ahmad.[82] Além desses quatro filhos, havia talvez mais seis, provavelmente todos em conventos ou mosteiros. Um historiador diz que seu filho Alfonso entrou para a marinha, e outro menino, Juan, morreu na infância. Ele também encontrou duas filhas no mosteiro de Las Huelgas, em Burgos.[83]

Em 1580, quando Felipe começou a deslocar portugueses intransigentes e seus parentes para Castela, Luisa e Filipa foram transportadas de Santarém, para onde devem ter sido levadas depois de removidas dos conventos. (Naquele mesmo mês, D. António autorizou pensões para ambas, portanto, pensava nelas mesmo enquanto fugia.[84]) Luisa foi depositada no convento de Santa Clara la Real, em Tordesilhas. Ela deixou claro assim que chegou que não queria ser freira. Um ano mais tarde, ainda estava lá e ainda infeliz, mas Felipe insistia ("isso é o melhor para ela").[85] Depois de deixar Luisa em Tordesilhas, os guardas levaram Filipa (já uma freira cisterciana) para a vizinha Valladolid, para Santa María la Real de las Huelgas. O rei foi muito específico em sua exagerada preocupação com as finanças das irmãs e no modo como deveriam se dirigir a elas. Elas não deviam ter nenhum contato com ninguém de Portugal. Filipa ainda estava em Valladolid 14 anos mais tarde; na verdade, a princípio, Rodrigo de Santillán pensou que a freira envolvida com o padeiro era Filipa, não Ana, o que de certo modo faria mais sentido. "Compreendo que D. António tenha uma filha no mosteiro, e as pessoas que trabalham na confeitaria são portuguesas, e meus criados me dizem que alguns portugueses vieram à minha casa perguntar pelo prisioneiro", ele contou ao rei.[86] Filipa não era estável, o rei disse – o que não surpreendia, nas circunstâncias. Ele recomendou que a abadessa em Valladolid fosse mais do que rígida com ela: que "não devia consentir com o que Filipa quer, mas apenas com o que é apropriado, e [Filipa] não deve ter negócios com ninguém de fora. Mas deve sim se acalmar e aceitar sua vocação tranquilamente".[87] Sua vida era miserável, fosse por natureza ou por imposição. Em 1590, ela escreveu a Felipe II de Valladolid: "Desde o dia em que Vossa Majestade ordenou que eu fosse colocada neste mosteiro, a minha tristeza e aflição têm sido intoleráveis."[88] Ao seu confessor, ela assinou a carta, "este desventurado exílio". A abadessa de Santa María la Real escreveu que Filipa tinha muito poucos pertences, "estava doente, era extremamente delicada" e sentia saudades da irmã.[89] Em 1605, relembrando suas tribulações, ela disse que tinha sido transferida de Valladolid depois da "questão de La Coruña", provavelmente o ataque de Drake em 1589 à Galícia, quando outra freira insultou D. António e Filipa aparentemente lhe deu um soco.[90] Depois disso, ela levou uma existência religiosa peripatética, seguindo de Valladolid a Segóvia, a Ávila, a Toledo e de volta a Ávila. Ela ou Luisa podem ter enviado um par de luvas a Antonio Pérez, em 1592, que ele agradeceu a um intermediário, cumprimentando a mão real que as fizera.[91] Enquanto sua vida se aproximava do fim, Filipa permanecia enclausurada, autodescrita mártir e prisioneira exilada, ainda infeliz, privada da pensão real que merecia, doente, sempre escrevendo cartas, sempre queixando-se da umidade e da solidão, e perpetuamente chorando pelo pai. Parece que seu último lar foi em Ávila, de onde assinou uma carta dizendo-se "a desconsolada órfã, *doña* Filipa".[92]

Nobres desgarrados eram potencialmente perigosos, não importa o quão remotas fossem as chances de sua legitimidade ou de suas reivindicações. No caso dos filhos de D. António, havia muitos para seguir a pista. Antes da anexação, ele parece ter solicitado permissão para se casar. O pedido foi negado, mas Juan de Silva disse: "Seus filhos, e ele tem tantos, poderiam receber alguma coisa, o mínimo que seja justo."[93] Como reis falsos, filhos falsos também tendiam a aparecer. "É estranho como a progênie de D. António se estende a todos os cantos do reino", Silva observou numa carta, cujo título (escrito por um secretário) era "a opinião do conde de Portalegre sobre os filhos de D. António, reais ou falsos, que estão sendo descobertos". Na opinião de Silva, o rei devia imediata e secretamente determinar de uma vez por todas quantos filhos o impostor tinha realmente. Os verdadeiros deviam ser levados a Castela, e os falsos deviam ser proibidos até mesmo de reivindicar parentesco.[94] A descoberta que motivou esta correspondência em particular foi a de um menino em Barcelos, no norte de Portugal (um caso especialmente "bizarro", na opinião de Silva), que diziam ser filho de António. Felipe ordenou que o garoto fosse levado para Coria, na atual província espanhola de Cáceres, perto de Portugal. Em suas instruções ao bispo de Coria, o rei escreveu: "Em nenhuma circunstância, deve-se referir a este menino como filho de

D. António, nem ninguém deve chamá-lo assim. A questão deve ser tratada de tal maneira que ninguém a mencione, e nenhum português deve vê-lo ou falar com ele."95 Em 1598, Silva ainda estava lidando com a suposta prole de D. António, lembrando ao arquiduque Alberto que um menino trancado no castelo de São Gião (Sangian), que poderia ser mais um filho, devia ser levado a Castela.96

Entre a bateria de perguntas que Goldaraz fez às freiras e freis de Madrigal durante os dois dias de interrogatório, estava: "Eles sabem se *doña* Ana escreveu às filhas de D. António, que são freiras em Segóvia e Tordesilhas, ou se recebeu cartas delas?" Sim, claro que as freiras sabiam tudo a esse respeito. Ele provavelmente fez as perguntas porque lhe davam uma oportunidade de provar o quanto Ana de Austria amava o tio. Ana de Espinosa (nenhuma relação com Espinosa) sabia que Luisa e Filipa desejavam se comunicar com Ana, mas Ana não estava interessada. Augustina de Ulloa sabia que Filipa, "dita ser filha de D. António", escreveu a Ana, e Ana se irritou com o mensageiro dizendo que não queria contato com alguém que se opunha a Sua Majestade. Luisa del Grado e sua irmã María Nieto disseram que Filipa usava o irmão de Ana de Tapia como mensageiro, e (de novo) Ana se zangou e se recusou a recebê-lo. Ana de Tapia esclareceu que um nativo de Madrigal, na época vivendo em Segóvia e chamado Melchor González, lhe deu uma carta de Filipa para Ana de Austria, que Ana recusou, e Ana de Tapia, então, abriu a carta e leu. Filipa havia escrito seis linhas, muito graciosamente, dizendo o quanto desejava conhecer Ana. Então, um dia, Ana de Austria pediu ao irmão de Ana de Tapia para dizer a Filipa para nunca mais lhe escrever porque seu pai era um inimigo de Sua Majestade.97

Mesmo enquanto as faculdades do rei declinavam, ele continuava interessadíssimo por tudo que se referisse à autoridade real, principalmente na esteira dos problemas aragoneses. Portanto, a menina no convento de Ana, a *niña* que chegou com o padeiro e para quem Ana comprava presentes, poderia se mostrar tão inconveniente quanto o garoto em Barcelos. As entrevistas de Goldaraz com as freiras e freis revelaram que muitos deles acreditavam ou tinham ouvido falar que a menina era aparentada à Ana e que por seu intermédio o convento herdaria uma grande soma em dinheiro.[98] A suposta paternidade da criança estendia-se amplamente pelos Habsburgos; dizia-se que o pai era o irmão de Ana, ou o arquiduque Alberto, ou o irmão de Alberto, Ernesto de Austria, ou Pyramus, o tio de Ana. A maioria dos interrogados por Goldaraz pensava que a criança era sobrinha de Ana, um termo que pode ter sido usado livremente, como era o de *primo*. María Belón disse que Margarita de Toledo escutou Ana dizer a Mencía Bravo no confessionário que ela acreditava que a menina era sua sobrinha. Em seu testemunho, frei Andrés de Santa Cruz provavelmente cutucou Felipe II um pouco mais para perto do túmulo, com a observação de que frei Miguel lhe dissera que a criança se parecia com Felipe II "do nariz para cima". A *História de Gabriel de Espinosa* afirma que a menina era tão discriminadora que só comia num guardanapo, e que Ana pensava que a garota tinha uma qualidade indefinível (um *"no sé qué"*) de porte nobre.[99] A suposição geral de que a menina bem-educada era de boa família ajudou as freiras a acreditarem que Espinosa também devia ser nobre. Além do mais, a menina chamava-se Clara Eugenia, nome improvável para a filha de um padeiro, mas bem escolhido para atormentar o rei cuja filha tinha quase o mesmo nome. "O nome é uma das maiores razões para me fazer pensar que ela é filha de Ana. O prisioneiro [Espinosa] não teria lembrado deste nome, nem mesmo para escrevê-lo, e devia ser indagado a respeito", o rei anotou num memorando em dezembro.[100]

Espinosa trouxe a filha com ele, Llano garantiu ao rei, e não há "a mínima evidência" de que o padeiro tenha colocado os pés na cidade antes disso.[101] (O jesuíta que escreveu o panfleto, é claro, pensava diferente.) Por que as freiras gostavam tanto da criança? Por que Ana a amava tanto? Ele foi inflexível ao exigir que Santillán medisse uma das janelas que separavam as freiras de seus visitantes, "pois não seria a primeira vez que ouvi falar de tal coisa", referindo-se a amantes esgueirando-se por ali. (Eclesiásticos franciscanos, 50 anos depois especificaram as dimensões do *torno* para garantir que corpos não pudessem atravessá-lo.)[102] Estava claro para todos, menos para Felipe II, que a criança era filha de Espinosa com Inés Cid, a "babá" que o acompanhava quando ele chegou a Madrigal. Mas, de outubro até nove meses depois, na véspera da execução de Espinosa, o rei instruiu incessantemente seus juízes para se certificarem. Todas as testemunhas foram interrogadas, e em seguida interrogadas de novo, sobre as origens da criança. "Tentem descobrir quem é a mãe da menina, ainda não estou satisfeito", ele acrescentou numa carta a Santillán, em 8 de julho de 1595.[103]

Assim, Llano retornou para uma última rodada, na terceira semana de julho, e interrogou as confidentes de Ana, Luisa del Grado e María Nieto, junto com Inés Cid, sobre a criança. Luisa e Maria disseram a Llano que Ana amava a menina, brincando com ela e lhe comprando roupas, porque pensava que era filha de seu primo Sebastião. Era verdade que a criança chamava Ana de "mãe", Luisa admitiu, mas ela chamava as outras freiras da mesma forma, e Ana encorajava a prática para agradar o primo. Tanto Luisa como María sabiam que a menina nascera no Porto, possivelmente de uma mulher nobre. Ambas negaram, em termos quase idênticos e muito específicos, que Ana fosse a mãe da criança. Durante 10 anos, Luisa disse, "dia e noite, ela servira a *doña* Ana, e nesse tempo ela curara muitas de suas doenças e vira seu corpo. Se Ana tivesse tido algum impedimento do tipo referido, ela teria visto e reconhecido, e isso é verdade para todas as freiras que estão com *doña* Ana e, portanto, o que a pergunta sugere é impossível porque elas não poderiam deixar de ver e saber no mosteiro, onde as freiras estão sempre com ela e a veem, nua e vestida em todas as horas". María acrescentou que Clara Eugenia não podia ser filha de Ana "porque o dito padeiro nunca havia estado aqui antes do último verão".[104] Enquanto isso, Espinosa, mesmo depois de ter recebido os últimos sacramentos, teve que suportar as perguntas de Santillán sobre o nascimento de sua filha, seus padrinhos e sua parteira.¹⁰⁵ Mas Espinosa não pôde dizer a Santillán nada que o juiz já não soubesse, pois a mãe da criança já lhe havia contado tudo.

O tormento de Inés Cid

A história de Inés Cid é uma das passagens mais difíceis e brutais deste conto. Ela não tinha amigos, tendo acabado de chegar à cidade. Espinosa passava seu tempo com as freiras, levando a menina para o convento como isca. Portanto, ela deve ter ficado uma boa parte do tempo sozinha. Graças a Ana, Inés Cid teve roupas brancas decentes em casa, embora fossem para Clara Eugenia. Ela provavelmente cuidava da padaria. Quando frei Miguel escreveu a Espinosa – a estranha carta endereçada a Sua Majestade, embora, como o destinatário soubesse quem ele era, imaginemos que o vigário pretendia que alguém mais lesse a carta – Espinosa lhe contou: "A babá está bem, encontrei-me com ela, consolei-a e encorajei-a, pedindo-lhe para me informar se precisasse de dinheiro porque, caso precisasse, eu poderia vender quatro livros que tenho. Ela respondeu que, por enquanto, tinha dinheiro suficiente, mas queixou-se de que ninguém queria vender sua banha de porco na cidade; um pedido havia sido feito e agora ela estava abastecida... Minha senhora [Ana] quer sinceramente que a loja seja fechada e retirada das vistas da cidade".¹⁰⁶ Ana queria que Inés Cid desaparecesse.

Assim que Espinosa foi preso, Inés Cid também foi confinada e a menina entregue ao governador da fortaleza La Mota, em Medina del Campo. Já em 6 de novembro, Santillán havia sugerido ao rei que Inés Cid era a chave. O memorando de Cristóbal de Moura resumindo as recentes cartas dos juízes ao rei afirmava que "se Sua Majestade assim ordenou, o prisioneiro [Espinosa] pode ser torturado, embora ele [Santillán] acredite que seria melhor começar com a *ama*."¹⁰⁷ Dois dias depois, o rei escreveu de volta, concordando com Santillán que

Inés Cid fosse interrogada em Medina. "Indague com muito cuidado sobre a questão da menina, pois ela deve saber de tudo", ele disse, "Se for necessário usar tortura o senhor deve fazer isso *in caput alienum*, o mesmo que com o delinquente principal e os demais prisioneiros, exceto frei Miguel, a quem não se deve fazer nada sem me consultar primeiro."[108] Santillán interrogou Inés Cid em dezembro, mas a sessão não rendeu "nada substancial", segundo o rei.[109] Santillán ia passar para o nível seguinte quando fez uma surpreendente descoberta: "Eu estava para torturar a *ama*, mas assim que suas roupas foram retiradas ficou claro que estava grávida... Ela está grávida de cinco meses e diz que Espinosa é o pai, e embora eu a tenha interrogado e voltado a interrogar, ela não disse nada conclusivo."[110]

A gravidez de Inés Cid lhe valeu uma espécie de adiamento. No mês seguinte, no final de janeiro, Santillán pediu que médicos a examinassem porque ela estava com febre. Eles disseram que, se não a retirassem de sua cela fria na cadeia pública de Medina, ela jamais ficaria boa.[111] Ela provavelmente deu à luz em maio; a *História de Gabriel de Espinosa* diz que o bebê era um menino igualzinho à menina, o que colocaria um ponto final às especulações quanto ao envolvimento de Ana. Mas a obsessão do rei era tamanha que a segunda criança não pôde salvar Inés Cid. Por volta de seis semanas depois do parto, a prisioneira estava "bem" e podia ser torturada, Santillán disse ao rei.[112] No dia 21 de julho, ela se apresentou de novo diante de um juiz, desta vez Llano, e lhe descreveu como tinha ido parar em Madrigal com uma criança de 3 anos. Em seu primeiro depoimento, no outono, ela contara ter recebido a criança com 6 meses de idade, o que ninguém acreditou. Ela mentira, explicou agora, porque Espinosa lhe dissera para fazê-lo, porque estavam ambos com medo de serem punidos por viverem em pecado. (É possível que Espinosa já fosse casado; certamente tinha filhos.[113]) Llano repetiu três vezes, conforme especificado por lei, que ela estava sendo formalmente avisada de que, se não falasse a verdade, seria torturada.

Portanto, ela contou sua versão, graças à qual temos a magnífica biografia de uma jovem mulher sem raízes.[114] Ela era a mãe da menina e Espinosa era o pai, confirmou. Tinha 26 anos e nascera em Orense (Galícia), e havia conhecido Espinosa na cidade de Allariz, perto de Orense, em outubro de 1591. Ficou grávida na cidade de Monte Rey, na Galícia, enquanto viajava com ele. De lá haviam ido para o Porto, onde ela dera à luz uma manhã, havia mais ou menos três anos, num domingo ou dia feriado, numa casa emprestada por um soldado do corpo de guardas naquela cidade. Ela parecia lembrar que o nome do soldado era Domingo, mas não conseguia lembrar o último nome. Solicitada a citar os nomes das pessoas presentes ao nascimento, ela contou serem Dominga Pérez, casada com Juan de Barros, soldado da companhia do capitão Pedro Bermúdez (governador de Bayona no final da década de 1580, que lutou contra Drake); e María Rodríguez, casada com Juan ou Pedro Rodríguez, outro soldado; e também Inés Rodríguez, esposa de um soldado aposentado que não tinha um olho, cujo nome Inés Cid não se lembrava, mas lembrava que ele era de Bayona. A parteira estava lá, mas Inés Cid também não conseguia lembrar-lhe o nome. Mas era portuguesa, do Porto, e morava ali perto. Os padrinhos estavam ali: eram Juan de Casares, um soldado, e a já mencionada Dominga Pérez. O bebê foi batizado na igreja usada pelos guardas, descendo um pouco a colina, que se chamava Nossa Senhora de alguma coisa, mas Inés Cid não lembrava de quê, nem se lembrava do nome do padre. (As lembranças de Espinosa sobre o nascimento eram semelhantes; o nome da criança era Clara Eugenia, ele confirmou, e ela nascera fazia três anos em outubro, no Porto, numa casa próxima ao posto de guardas, perto de sua confeitaria. Ele não se lembrava do nome da parteira ou dos dois soldados que atuaram como padrinhos.)[115] Depois de uns oito dias no Porto, Inés e Espinosa se mudaram para Viana, ainda em Portugal, onde Pedro Bermúdez assumiu a companhia de guardas, e eles ficaram por cerca de dois meses. Em seguida, foram para Salvatierra (Galícia), onde Inés Cid permaneceu enquanto Espinosa viajava, em Castela, para as cidades de Zamora e Toro. Depois ele enviou uma mensagem dizendo-lhe para juntar-se a ele em Zamora. Ela foi, viajando numa carroça dirigida por um homem chamado Juan Alvarez enquanto amamentava o bebê. Encontrou-se com Espinosa em Zamora e, oito dias mais tarde, eles foram para Toro, onde ficaram oito meses na casa de Nicolás López, um padeiro que morava na praça perto da igreja principal. Durante esse tempo, Espinosa foi com D. Juan de Ulloa à cidade de León.[116] Mais tarde, o casal se mudou para Nava, perto de Medina del Campo, onde Espinosa tinha uma confeitaria, e de lá foram para Madrigal. No final do dia, houve um segundo interrogatório, desta vez com Santillán. As mesmas perguntas, as mesmas respostas com apenas leves variações.

Mas depois de ler este depoimento e não tomar conhecimento de nada interessante, Felipe II não se sentiu satisfeito. No dia 24 de julho, ele escreveu a Santillán: "Agora que Inés Cid deu à luz, não existe mais razão para não torturá-la. Portanto, se pensa que isso ajudaria a determinar de quem é a criança, pode torturar."[117] Assim, no dia 30 de julho, Inés Cid foi torturada.

A sessão se deu na casa de Beatriz de Espinosa, que também hospedou o interrogatório de Pedro de Silva. Entre os presentes, além de Inés Cid e Santillán, estavam o escrivão Juan López de Victoria e dois *pregoneros*, ou pregoeiros da cidade, Pedro de Segóvia e Juan Sánchez, a quem Santillán chamou de Valladolid para conduzir o intenso interrogatório.[118] Primeiro, o decreto judicial (*auto*) foi lido em voz alta. Algum tempo atrás, Inés Cid havia sido condenada à tortura por água e cordas, mas, porque estava grávida, a sentença fora suspensa. Agora, "a serviço de Sua Majestade e da administração da justiça", foi considerado apropriado continuar. A sessão em si começou com uma injunção, também lida em voz alta e em seguida assinada pelo escrivão. "A dita Inés Cid foi informada uma vez, duas e três, conforme exigido por lei, a dizer a verdade sobre o que sabe e avisada de que no dito *tormento* um olho deve ser extraído, ou uma perna ou braço quebrado, e, se ela morrer, é por culpa e responsabilidade sua e não do dito juiz."

> Em seguida eles a despiram, colocaram nela um cueiro e a amarraram a duas barras, passando uma cinta sob seus braços, e começaram a girar a *mancuerda* [um equipamento tipo ecúleo com cordas], quinze vezes, puxando seus braços, e ela disse "Jesus, estão me matando, Senhora de Canto, Senhora de Guadalupe, sabeis a verdade, eu não sei mais do que já disse, Mãe de Deus, tende piedade de mim. Mãe de Deus da Consolação, eles estão me matando, oh, meu Deus, julgai, tende misericórdia de mim, não sei mais o que dizer, oh, Deus, estejais comigo, oh, pobre de mim, cheia de pecados, saibais que cometi outros pecados, mas neste eu não vos ofendi, e não sei mais nada além do que já disse. Que Deus me ajude, estão me matando, vou morrer, oh, seu traidor, eu não sabia nada das suas mentiras."[119]

(A *Historia de Gabriel de Espinosa* oferece detalhes sobre essas mentiras, embora possam ser invenções. Segundo o panfleto, Inés Cid contou ao juiz que durante seus cinco anos com Espinosa ele sempre lhe dissera: "Se você soubesse quem eu realmente sou, e se eu pudesse levá-la para minha casa em Castela, você realmente teria sorte." De tempos em tempos, ela disse, ele recebia dinheiro que ela acreditava vir de parentes ricos. Na verdade, ele nunca fizera doces até chegarem a Nava.)[120]

A transcrição segue:

> E o juiz, vendo que ela não dizia nada que já não tivesse declarado, ordenou que a retirassem da dita *mancuerda* e a colocassem no ecúleo (*potro*) e as cordas e garrotes foram apertados como o usual, e depois de uns poucos giros ela disse: "Mãe de Deus de Rosário, não sei mais do que disse, juiz, pelo amor de Deus, leia-me as minhas confissões passadas e a última que fiz ao Dr. Llano, e eu lhe direi se sei mais. A menina é minha filha, dei à luz onde disse que dei,

e não sei mais nada das histórias, mentiras e tramas de Espinosa além do que já disse." E o juiz me ordenou, o dito escrivão, a ler a dita confissão e suas datas e eu as li, e ela ouviu e falou que não tinha nada a acrescentar e que tudo que disse era verdade... E ela disse que tem a idade previamente declarada e que não assinou porque não sabe como.[121]

Não estava tudo terminado. Embora não se tivesse provado que Inés Cid era culpada de impostura, fingir que era a babá da criança, e não sua mãe, havia ajudado as "mentiras e invenções" de Espinosa. Sua cooperação lhe valeu a sentença extraordinariamente dura de 200 chibatadas e 10 anos de exílio dos reinos de Castela e Portugal.[122] Lucrecia de León, em comparação, que passou vários anos contando sonhos sediciosos a mando de amigos dos inimigos jurados do rei (homens que foram tratados com mais leniência do que ela), recebeu 100 chibatadas, dois anos de prisão e exílio de Madri e Toledo.[123] Um manuscrito do final do século XVII relata que, depois das chicotadas e da prisão, Inés Cid tentou deixar um de seus filhos em Medina (o autor observou a "beleza de ambas as criaturas, especialmente as marcas [señales] no menino, que causavam grande choque e admiração)", mas, devido à delicada natureza do caso e "temendo a indignação do rei", ninguém quis ajudá-la.[124] Sai Inés. Não sabemos mais nada sobre a mãe da adorável criança com quem Ana e as outras freiras brincavam, se ela partiu com os dois filhos a reboque, ou qual era seu estado físico.

Essa mulher maltratada foi um dos vários personagens da saga de Madrigal cuja família foi desfeita. Ana era filha ilegítima, solteira, de outro filho ilegítimo, e tanto ela quanto o pai foram criados por pessoas que não eram parentes. Sebastião jamais conheceu seus pais e morreu sem filhos. Espinosa disse que nunca conheceu seus pais. As freiras e freis não tinham filhos que pudessem reconhecer, embora às vezes existissem crianças criadas em mosteiros. D. António era ilegítimo, e seus filhos não tiveram pais para cuidar deles. Família ou a falta de família pairam como pano de fundo tanto do desastre inicial de Alcácer-Quibir quanto de suas consequências. Porque foi a perspectiva de família que atraiu Ana a acreditar em Espinosa e em frei Miguel. Eles haviam lhe prometido um irmão.

Raptado pelos mouros

Todas as freiras e criados sabiam alguma coisa sobre este irmão. Entre as perguntas de Goldaraz durante seu interrogatório em massa estavam: eles conhecem a criança com o padeiro, sabem de quem ela é? Sabem se ela é filha do homem que se diz irmão de *doña* Ana? Sabem quem é este irmão, qual é o nome dele, onde está, e se já veio a este mosteiro? Sabem se o padeiro conhece este irmão, onde ele está e como chegou aqui? Sabem se o padeiro prometeu a *doña* Ana trazer o irmão dela para esta cidade?[125]

O irmão, cujo nome era Francisco, tinha um lugar fantástico na memória coletiva do convento. Sua história preencheria qualquer lista de conferências de gêneros épicos ou bizantinos, que com frequência apresentavam, acidental e dramaticamente, irmãos separados cujas vidas se transformavam na missão de se reencontrarem e restaurarem a ordem. Frei Luis Ortiz, que viu Espinosa cozinhando em Madri, disse que havia escutado que o irmão de Ana se chamava D. Leopoldo, ou algo parecido, que vivia no exterior, mas não se lembrava em que país. Mencia Bravo afirmou que Ana sugeriu que Espinosa era criado de seu irmão. Augustina de Ulloa havia escutado Ana e o padeiro comentarem que ele traria o irmão para ela antes do Natal. Gerónima de Arpide, que acreditava que Espinosa era um feiticeiro, tinha a razoável opinião de que fora por intermédio da menina e do irmão que todos haviam sido enganados. Ana de Vega disse que não sabia nada a respeito do irmão, mas sabia que Ana tinha uma irmã vivendo com a princesa de Parma, o que era exatamente correto.

Goldaraz perguntou às freiras sobre Francisco, mas ele mesmo conhecia a história. Por alguma razão, ele a havia repetido na íntegra numa carta a frei Juan Bautista, colega em Valladolid, antes mesmo de estourar o escândalo de Madrigal.[126] Cerca de nove anos antes, disse, uma peregrina apareceu no portão do mosteiro. Contou às porteiras que estava indo de Sevilha até o santuário de Santiago de Compostela para rezar pela saúde de D. Juan de Austria, a quem conhecera em Sevilha, e parou em Madrigal para ver Ana. Quando as freiras lhe disseram que não podia ver Ana, ela queixou-se da crueldade em não permitirem que ela visse a irmã, motivando uma das mulheres a entrar e contar a Ana o que estava acontecendo. Ana, que ainda não havia feito os votos formalmente e não usava hábito, pediu à prioresa na época, María Gaytan, para mandar servir o jantar para a peregrina na área de recepção e descobrir o que fosse possível. Acompanhada pela já ubíqua Luisa del Grado, a prioresa foi falar com a visitante, que usava um xale que lhe cobria o rosto, do nariz para baixo. Mais tarde, as freiras disseram que tinha um nariz longo, afilado, belos olhos e uma testa pequena e bonita, e pelo que podiam dizer, era bonita. Luisa testemunhou que a visitante vestia um toucado extraordinário e pequenas mitenes. Com base no modo como a visitante falava, María Gaytan acreditou que ela era "mais do que uma peregrina comum", com 16 ou 17 anos. A peregrina não quis dizer quem era, mas continuou queixando-se e chorando porque não podia ver a irmã. María Gaytan explicou-lhe que Ana não podia receber estranhos que se cobriam. Mas Ana, a visitante disse, não sabia que tinha um irmão, o filho de D. Juan de Austria e María de Mendoza, que havia sido raptado pelos mouros em Jeréz, onde estava sendo criado. O irmão fora resgatado e podia ser reconhecido por um sinal de nascença no peito, perto do pescoço, em forma de coração, ela afirmou. Enquanto a peregrina contava sua história, Ana entrou na *grada* para escutar de um lugar escondido e suas roupas de seda farfalharam exatamente quando a visitante revelou que viajava com um velho chamado Iñigo (ou Juan, dependendo da versão) de Mendoza. A visitante ouviu o barulho da seda e imediatamente se ajoelhou, choramingando, pedindo novamente para ver a irmã, e mais uma vez o pedido lhe foi negado. As freiras lhe ofereceram donativos, que ela disse não precisar, embora afirmasse que se Sua Excelência em pessoa lhe desse uma crosta de pão, ela a consideraria como uma relíquia. Finalmente, depois de muito chorar, ela partiu, permitindo, ao virar-se, que as freiras (e Ana) vislumbrassem seus sapatos e meias. "Enquanto caminhava, seus passos pareciam os de um homem, não os de uma mulher." Nos dias seguintes, as freiras ouviram que havia uma estrangeira na cidade, queixando-se por não ter tido permissão para visitar a irmã no convento.

Desde então, Goldaraz contou a Bautista e as freiras contaram a Goldaraz, Ana acreditava que a visitante tinha sido seu irmão. "E ela viveu com esta desconfiança e com um incrível desejo de saber se foi ele, onde ele está e com que hábitos e roupas anda por aí."[127] Margarita de Toledo respondeu a esta última pergunta dizendo que o rei havia enviado o irmão para Malta, onde ia receber o hábito da ordem de São João. O conhecimento sobre o irmão era "público e notório por todo o convento", ela explicou. Em seu testemunho a Goldaraz e em confissões posteriores, Ana repetiu boa parte dessa história, explicando que ela "compreendeu que ele devia ser seu irmão, pois sabia muitas coisas sobre esses assuntos [de família]".[128] Depois que Espinosa chegou à cidade, de algum modo veio à tona que ele conhecia seu irmão, uma notável coincidência que não ocorreu a ninguém como relevante. Francisco, resultou, estava escondido em Navarra, esperando o momento certo para se revelar. Goldaraz fornece o fascinante detalhe de que Ana estava convencida de que ele andava vagando por ali disfarçado, "de modo que Sua Majestade não o pudesse pegar e matar como fizera com o pai dela".[129] Portanto, não só ela não tinha família, como acreditava que o tio havia matado seu pai. Por conseguinte, Ana deu ao irmão de Luisa, Blas Nieto, dinheiro para comprar roupas finas para Francisco (embora outras versões sugiram que as roupas eram para Espinosa). Espinosa devia pegá-lo e aos outros homens em Navarra e voltar, ficando em Blasco Nuño, onde poderia conseguir novos cavalos. Estariam disfarçados de criados de Barbara Blomberg. Espinosa partiu para encontrar Francisco e foi preso dias depois.

A história da visita de Francisco ao convento pré-datava a chegada de frei Miguel em mais ou menos cinco anos. O vigário não podia inventar uma história lembrada pelo provincial e por quase todas as freiras, mas certamente não podia ter inventado outra melhor. Ele parece tê-la incorporado a seus esquemas, pois, na *Historia de Gabriel de Espinosa*, frei Miguel contou a Llano que Espinosa lhe dissera que ele (Espinosa) havia viajado com uma dúzia de homens, que nenhum deles sentava-se na sua presença enquanto ele comia, "e um deles era o filho de D. Juan de Austria, um jovem galante de cerca de 22 anos, a quem chamavam de Francisquito. Seu outro filho, na Itália, chamado Carlos, tinha 17 anos".[130] Mas não se pode negar que um estrangeiro batera à porta do convento cerca de nove anos antes, fazendo-se passar por irmã de Ana (embora jamais se identificando como uma irmã em particular) e dizendo que Ana tinha um irmão. Irmãos disfarçados são frequentes na literatura, embora seja raro que homens finjam ser mulheres, o que parece ser o que aconteceu aqui. A freira Gerónima Arpide tinha certeza de não haver um modo melhor de atrair Ana do que lhe prometer um irmão, mas exatamente o que frei Miguel planejava fazer depois disso e se ele realmente poderia apresentar um irmão, de quem não existem evidências documentais – esperava-se que Espinosa voltasse, e nesse caso com quem? –, não se sabe.

Portanto, a defesa de Ana por ter se envolvido com um padeiro plebeu e manter o caso em segredo sem informar ao rei baseava-se em sua crença de que seu primo havia retornado dos mortos e seu irmão surgido de um reino ainda mais obscuro. Ela e seu pai foram ambos criados com pseudônimos, disfarçados de plebeus e em seguida anunciados ao mundo com novos nomes. Então, por que a mesma coisa não podia ser verdade no caso de seu irmão? Dezenas de milhares de cristãos foram capturados por norte-africanos durante o início da era moderna, seja na guerra, seja por piratas. Muitos se tornaram muçulmanos ou fingiram se converter; outros foram resgatados pela coroa ou por intermediários religiosos; outros escaparam e voltaram para casa anos depois, com frequência, irreconhecíveis. Talvez Sebastião tenha escapado; afinal de contas, D. António, o prior do Crato, tinha. O mesmo também tinha acontecido com o profeta de praça, Miguel de Piedrola. Por que não Francisco? Por que irmãos não podiam se reunir, como no romance em que um fidalgo encontra uma bela mulher lavando roupas numa fonte e lhe propõe casamento, só para descobrir que ela era sua irmã havia muito perdida e que tinha sido capturada pelos mouros? Todo feliz, ele a leva para casa, chamando pela mãe:

> Abrid puertas y ventanas
> Balcones y galerías,
> Que por traer esposa
> Os traigo a una hermana mía![131]

A percebida semelhança com esses acontecimentos fez do falso cativo (*falso cautivo*) outro personagem literário familiar e um dos primeiros recursos para impostores mediterrâneos.[132] Mas, independentemente da fraude, na Espanha da Contrarreforma era verdade que perigo e aventuras aguardavam do outro lado do Mediterrâneo, como também era verdade para o outro lado: cativos, viajantes, aventureiros e refugiados transitavam em ambas as direções, na prática e na literatura. As praias opostas proporcionavam tanto horrores quanto possibilidades e, às vezes, as duas coisas coincidiam: Santa Teresa lembrou que, quando ela e o irmão eram jovens, planejavam "partir para a terra dos mouros e lhes implorar, pelo amor de Deus, para cortar nossas cabeças".[133] Havia coisas mais estranhas do que uma mulher peregrina disfarçada, revelando ser um homem nobre. De fato, a existência dele ou dela não era estranha, meramente assombrosa. Era o que impulsionava a impostura. O milagroso era o que tornava possível a conspiração.

Outro suposto irmão apareceu no decorrer deste caso, igualmente vago, igualmente não resolvido.[134] O acontecimento, um dos últimos na investigação de Madrigal, nos leva para fora do convento e de volta às estradas movimentadas da península Ibérica, onde espiões, viajantes disfarçados, trapaceiros e nobres despojados, todos pareciam perambular à vontade. Aconteceu que um oficial judicial menor, chamado Bernardino de Galarza, colega de Rodrigo de Santillán, encontrou um mensageiro a pé em Extremadura que lhe disse que estava indo para Madrigal com um maço de cartas para Ana, Felipe II, príncipe Felipe e infanta Isabel Clara Eugenia, todas enviadas por um prisioneiro disfarçado de frei, atualmente numa cela de cadeia portuguesa, sob jurisdição do arcebispo de Évora. Galarza sabia o que estava acontecendo em Madrigal e propôs acompanhar o portador, pensando que, assim que chegassem, ele poderia entregar as cartas diretamente a Santillán. O mensageiro, cujo nome era Manoel Gonzalvez, disse-lhe que o autor das cartas, "um homem de cabelos escuros, rosto magro, olhos bondosos e mãos delicadas", afirmava ser o filho de D. Juan de Austria e da duquesa de Niza (que poderia ser Nisa, Portugal, perto da fronteira com a Espanha, ou Nice em Savoia, hoje França). Na opinião do mensageiro, o homem era castelhano, embora escrevesse em português. (Na opinião de Galaza, o mensageiro era português, "julgando-se por sua fala e roupas".) Por alguma razão, Galarza e Gonzalvez só chegaram até uma taverna nas propriedades do duque de Alba, onde houve uma discussão e o mensageiro foi detido e examinado pelos oficiais do duque.[135] Não obstante, Galarza conseguiu enviar essas relevantes informações a Santillán, que as encaminhou ao rei. Santillán queria que o arcebispo de Évora mandasse o prisioneiro para Madrigal imediatamente, de modo que ele e seus homens pudessem "extrair-lhe a alma pecadora e revelar-lhe a vida". "Pelo que posso dizer", Santillán falou, "deve ser mais outro ramo da semente de frei Miguel, alguma mentira, e o mensageiro diz que este prisioneiro mandou outro prisioneiro escrever as cartas enquanto outros prisioneiros observavam, o que suponho tenha sido assim que o arcebispo o deixou partir."[136] Mas era pouco provável que o arcebispo fizesse isso, porque quando ele encontrou pela primeira vez o falso frei nas ruas de Évora e lhe perguntou como se chamava, o estrangeiro lhe disse que era um príncipe mais importante do que o próprio arcebispo, o que provocou sua prisão imediata. (Mas também era pouco provável que o arcebispo se desse ao trabalho de cooperar com autoridades castelhanas. Em outra ocasião, Juan de Silva tinha se queixado ao rei de que o prelado estava mancomunado com membros do clero que apoiavam D. António: "A condição natural do arcebispo de Évora o torna sujeito a causar aborrecimentos e dificuldades", ele escreveu.)[137] Depois de sua performance escrevendo cartas, o prisioneiro em Évora de alguma forma chamou Gonzalez à sua cela na cadeia, e o mensageiro aceitou a tarefa porque precisava comer. O prisioneiro pagou ao mensageiro 80 *reales* e prometeu que Ana o recompensaria com mais assim que ele chegasse a Madrigal. Em suas cartas, assinadas "D. Juan de Austria", de vários modos ele explicava ao rei, ao príncipe, à infanta e a Ana que era seu parente injustamente aprisionado, e que disse poder provar "com condes e duques". Referiu-se a um misterioso erro que cometera, pelo qual pedia perdão ao rei e ao príncipe, e disse que o duque de Albuquerque havia sido injusto com ele em Saragoça.

    Ana nunca soube da existência desse homem. Se tivesse lido a carta que ele lhe escrevera, certamente se sentiria tocada, embora a essa altura, no final de julho, ela talvez estivesse inacessível. "Minha irmã", ele começava, "viajando por este reino de Portugal, muito diferente do que sou, o arcebispo de Évora me colocou na cadeia porque não quero dizer quem sou." Ele lhe contara e à infanta que tinha três irmãs: uma era Ana, a outra estava em Nápoles e a terceira vivia com sua muito ilustre mãe, a duquesa. Ele tinha joias e um retrato do pai deles que podia lhe enviar como prova de suas afirmações. Ele estava "muito sozinho", escreveu. Eis mais outro personagem tragicamente incapaz de revelar sua verdadeira identidade, usando joias e retratos para ajudá-lo em sua defesa.[138] Pensando melhor, Santillán se perguntava se o prisioneiro em Évora poderia ser um dos filhos de Espinosa. Felizmente para ele, Espinosa ainda estava vivo, e Santillán lhe fez uma visita na véspera de sua execução, em parte para interrogá-lo sobre a menina, como vimos, mas também para indagar sobre qualquer outro filho que ele pudesse ter. "Ele me contou que tinha outros filhos, mas não queria me dizer onde estavam caso eu quisesse encontrá-los e enforcá-los, mas concluí que é possível que o prisioneiro do arcebispo de Évora seja seu filho e que frei Miguel o esteja usando nesta tragédia para fingir que é o irmão de *doña* Ana",[139] ele contou ao rei, embora seja difícil acreditar que frei Miguel ainda pudesse estar dirigindo aquele drama de sua cela na prisão. Mas Felipe II estava inclinado a pensar que o prisioneiro não era bom da cabeça. "*Poco seso*", opinou.

A rebelião das freiras

Desde outubro, os interrogatórios vinham perturbando totalmente a vida do convento, lar de cerca de 60 mulheres, a maioria das quais vivia ali desde a adolescência e sabia quase tudo que havia para se saber uma das outras. Quanto mais eram interrogadas, mais detalhadas tornavam-se suas histórias, e cada novo detalhe tantalizante dava a Juan de Llano uma nova razão para voltar a interrogá-las. Repetidas vezes elas lhe contaram sobre as joias e as roupas brancas, os misteriosos visitantes que falavam com Ana e sua inadequada hospitalidade, e a frouxa supervisão à entrada do convento. Os aposentos de Ana eram de particular interesse e as duas freiras que cuidavam dela, Isabel Ramírez e Francisca de Roda, tinham uma excelente visão dos acontecimentos.[140] Isabel disse que Ana cozinhava para frei Miguel em seus aposentos (em teoria, o quiproquó pelas joias), e os dois davam-se mutuamente pequenas porções para comer. María Tascón disse que Ana chamava o vigário de "avozinho" (*abuelito*), durante seus repastos noturnos. (Llano mais tarde escreveu que o vigário chamava Ana de *angel*, e ela o chamava de *angelito*.)[141] Quando Ana estava bem, ela e frei Miguel conversavam todos os dias de manhã e de tarde, e quando estava doente (esteve bem doente em abril de 1594), frei Miguel passava a noite em seu quarto com três médicos e suas criadas, segundo várias testemunhas. Mesmo havendo um colchão no chão, ele raramente o usava, "causando escândalo e murmúrios em todo o mosteiro". Llano foi muito direto com o vigário sobre este ponto: houve atividade imprópria tal que eles se conhecessem carnalmente no convento ou fora dele? Todos no convento, assim como na cidade, sabiam que Ana e Espinosa estavam prometidos um ao outro. Isabel Ramírez relatou que, certa vez, depois do cair da noite, quando Ana, María Nieto e ela estavam na *grada*, Ana lhe pediu para ir buscar Juan de Roderos, o que ela fez. Ana então lhe pediu para subir novamente, o que ela também fez. Ela foi para os aposentos de Ana, onde pegou no sono e foi acordada entre 9 e 10 horas quando Ana, Luisa e María entraram. Elas disseram que haviam estado conversando com outras freiras, mas depois Isabel descobriu que essa foi a noite dos votos de casamento. Ana gostava muito do povo português, contou Francisca de Roda, tanto que havia escutado que Ana queria ser rainha de Portugal; certa vez a ouvira dizer que "depositava todas as suas esperanças nesse reino e que o destino dela estava lá" (*y también su estrella en él*). E havia coisa pior: Ana um dia contou a Catalina de Espinosa (provavelmente o mesmo que Ana de Espinosa) que desejava engravidar.

Obviamente, as freiras não podiam cuidar de seus deveres espirituais nesse clima. O vigário e vários de seus freis estavam presos. Llano e seu exército de escrivães entravam e saíam diariamente, vigiando de perto Ana, suas confidentes e seus guardas. Llano desejara retirar Luisa e María quando chegou, mas umas duas semanas mais tarde ele relatou que uma delas estava doente ("Elas provavelmente estão doentes, portanto, não têm que sair", o rei anotou na margem). Ele finalmente conseguiu transferi-las tarde da noite, depois do Natal, embrulhadas em cobertores para não serem descobertas, instalando-as junto com dois criados numa casa na cidade onde "um velho fidalgo, muito honesto, de fora da cidade" as vigiaria.[142] A menina havia desaparecido. E obviamente, também Espinosa. Goldaraz havia sido despedido. O convento parecia ter caído sob a supervisão de Llano, que, em vez de entrevistar as freiras na área de recepção, onde suas histórias podiam ser escutadas, tomava suas declarações em salas fechadas. Em fevereiro, as queixas começaram a circular, e o auxiliar do rei, Cristóbal de Moura, foi obrigado a chamar o juiz à ordem. "Devo lhe dizer que tenho escutado que o senhor e seu escrivão entram no convento mais do que é necessário e passam muito tempo lá", ele escreveu.[143] Llano respondeu: "Passei quatro ou cinco dias de cada vez, interrogando algumas freiras e, como há mais de 60, o senhor pode ver o tempo que isso está tomando." Moura também estava lidando com queixas de autoridades agostinianas, embora, segundo o próprio Llano, ele estivesse liberando as freiras do cativeiro e da tirania do provincial. "Deus tem sido misericordioso ao me permitir devolver às freiras a paz e a tranquilidade", contou a Moura, e não há como negar que a administração de Goldaraz tinha sido deficiente.[144]

As freiras, entretanto, não consideravam seu estado anterior como de cativeiro, nem o presente como evidência da misericórdia de Deus, e na primavera já estavam fartas. Elas também podiam tirar vantagem das estradas movimentadas que levavam para fora de Madrigal. Em abril, depois que Ana e sua guarda, a subprioresa María Belón, foram proibidas de assistir à missa ou ir à enfermaria, elas tentaram contrabandear cartas para Rodrigo de Santillán, em Medina del Campo, descrevendo as indignidades a que o juiz apostólico as estava submetendo. Infelizmente para elas, as cartas caíram nas mãos de Llano, que aproveitou a oportunidade para encenar um julgamento teatral. Ele começou com Leonor Enríquez, a porteira, que testemunhou que Isabel de Azebes havia lhe dado duas cartas, lacradas com cera colorida e amarradas com uma fita de linho, pedindo que as entregasse a seu cunhado Pedro de Huerta, que morava na cidade e sabia para onde levá-las. Mas Pedro não estava se sentindo bem, portanto não as entregou, e Leonor retornou ao convento e contou a Isabel o contratempo. De algum modo, Llano obteve as cartas e as arquivou nos registros, como evidência. Pedro de Huerta testemunhou que anteriormente havia levado duas ou três cartas do convento para Medina e, ainda mais interessante, trazido as respostas de volta. Isso foi acompanhado pelos depoimentos de Isabel de Azebes, que negou ter dado a Ana tinta e papel; da própria Ana, que confessou ter escrito a carta; e de María Belón, que disse não ter ideia de como Ana havia obtido tinta e papel. Quando lhe pediram para explicar como ela pôde ter ofendido Deus e Seus ministros ao ajudar a escrever uma carta sugerindo que Llano estava se comportando indevidamente, María Belón recorreu a uma antiga estratégia: "Ela foi movida pela raiva, por nenhum bom motivo, e não sabia o que estava dizendo, como uma mulher louca sem juízo." Nunca ela havia visto Llano ou seus escrivães se comportarem indevidamente, disse. Nunca eles haviam falado com as freiras fora das áreas designadas para entrevistas; nunca eles tinham feito isso sem a presença da prioresa; e Llano sempre tinha "dado o maior exemplo de honestidade, propriedade, decência e comedimento, comportando-se como um santo nos céus se comportaria se estivesse presente". María Belón, que havia sido freira por 40 anos, recebeu ordem de fazer uma confissão pública de culpa e arrependimento, declarar que estimava Llano como se ele fosse São Pedro e se prostrar aos pés dele.[145]

Mas as freiras continuaram a escrever cartas e a falar. No final de junho, Ana escreveu ao rei e a seu capelão pessoal, García de Loaysa (não está claro como ela conseguiu tirar as cartas do convento), queixando-se do rude tratamento de Llano e mais uma vez implorando perdão.[146] "Sou filha do irmão de Vossa Majestade", ela lembrou a Felipe, "e não diz bem do cristianismo de Vossa Majestade que, devido a meus fracassos e ignorância, serviços passados sejam esquecidos." Sem alguém para representar sinceramente seus interesses, ela não podia se defender de mentiras e calúnias, afirmava. "Imploro a Vossa Majestade, em nome de Deus, para que providencie para mim alguém de sã consciência, que não me deseje mal." Era do interesse do rei que se provasse que ela era inocente, ela corretamente observou, um dos primeiros indícios de que, afinal das contas, ela era esperta. Para Loaysa, ela escreveu: "Quanto mais o Dr. Juan de Llano fica a par da minha inocência, mais ele me maltrata, e suas ofensas estão se tornando insuportáveis, pois colocam em risco minha honra. Todos os dias, suas más intenções se manifestam, e sou tratada com o mais estranho rigor judicial." Ela escrevia em sua própria defesa, mas também para reiterar que Llano estava se comportando muito mal com suas colegas freiras.

Como para confirmar suas queixas, no início de julho, Llano parece ter ficado desequilibrado das ideias. Ele havia ordenado às freiras que se privassem de qualquer contato com Ana, que não falassem com ninguém sobre a investigação, que não escrevessem cartas e que se sujeitassem à prisão domiciliar. Mas as mulheres, "obstinadas e tendo se esquecido do Senhor, de sua consciência e da natural obediência que devemos às autoridades apostólicas", teimaram em conversar e escrever, espalhando histórias por toda a cidade, "como se fossem pregoeiras". Portanto, ele decidiu, não havia outra opção, exceto excomungar todo o maldito convento.[147] No dia 3 de julho, ele mandou uma freira da Ordem Terceira buscar a prioresa, Catalina de Espinosa, para que ele pudesse formalmente lhe entregar a ordem. Minutos depois, a terciária retornou com a triste notícia de que a prioresa estava indisposta. Llano, então, chamou a subprioresa, María de San Vicente, que obedientemente recebeu o recado do escrivão da ordem e foi informada para reunir as freiras e transmitir a ordem de excomunhão, o que ela fez. Usando uma tática legal comum na época, a congregação em seguida exigiu que tudo fosse colocado por escrito, o que Llano parece ter recusado. Mostrando que ele era digno dos elogios de María Belón, na verdade um homem santo e honesto, Llano disse às freiras que esperaria àquela noite no capítulo, caso alguma delas quisesse aparecer e pedir absolvição. Nem uma única freira apareceu.

O rei foi informado de tudo isso imediatamente, é claro, e quatro dias mais tarde Llano escreveu para se defender.[148] Sua tarefa era difícil, insistia, e uma coisa atrás da outra havia impedido sua busca pela verdade. A tarefa ficou ainda mais difícil passados mais alguns dias, ao descobrir que os freis também estavam escrevendo cartas, confirmando as queixas das mulheres. O confessor das freiras, Alonso Rodríguez, testemunhou que o novo vigário (substituto de frei Miguel), Andrés Ortiz, o havia despachado para Madri com cartas para Moura, Rodrigo Vázquez de Arce (presidente do Conselho de Castela), Loaysa e Enrique Enríquez, prior do mosteiro de Santo Agostinho em Madri.[149] Como se isso já não fosse bastante ruim, Rodríguez disse que ele e Ortiz pararam para visitar Santillán, em Medina, no mesmo dia em que as freiras foram excomungadas. Llano, naturalmente, mandou prender Rodríguez na parte masculina do convento.

Por que as freiras e freis estavam tão preocupados? Detalhes de suas queixas aparecem no memorando com 16 pontos de Ortiz para Moura, e o juiz não se revela tão contido como havia afirmado.[150] Apesar de "o caso estar encerrado", afirma Ortiz (uma observação interessante; Ortiz não sabia que o caso ainda estava aberto por causa do interesse de Felipe pela *niña* e pelos cúmplices de frei Miguel), Llano continuou visitando o convento todos os dias, dizendo que precisava ratificar declarações. Ele e seu escrivão passavam as tardes conversando com as *devotas*, a quem davam presentes, inclusive anáguas de tafetá. (A prioresa e o novo vigário exigiam que as mulheres renunciassem às anáguas, o que elas faziam, mas Llano as devolvia.) E ficava com as *devotas* bem depois do escurecer. Ele abraçava as freiras e as abrigava sob sua capa enquanto caminhavam. Llano até havia oferecido a Rodrigo de Santillán os serviços de uma *devota*, que Santillán sensatamente declinou. As outras freiras morriam de medo (*temorosísimas*) de Llano, segundo Ortiz, e não era de surpreender; Llano chamava as mulheres de "pior do que luteranos" e dizia que estavam vivendo "como se estivessem em Genebra, apóstatas e trapaceiras desavergonhadas". "Estas senhoras estão implorando [a] Deus por misericórdia e liberdade", Ortiz escreveu, "porque [Llano] as escravizou, ameaçou levá-las para outro lugar e aquelas que haviam sido excomungadas seriam transportadas numa carroça da Inquisição." (Seu rude tratamento parece ter tido aprovação real; em dezembro, um dos secretários do rei redigiu instruções ao juiz apostólico, dizendo-lhe que *doña* Ana deve ser tratada com luvas de pelica, "mas o resto das freiras... pode ser tratado com tormentos e com tudo que for permitido por lei se o senhor pensar que ajudará a obter informações".)[151]

Antes, o bem informado autor das cartas anônimas sugeriu o mau comportamento prévio de Llano: "Parece-me ter escutado algo sobre vossa necessidade de permanecer aqui por enquanto", escreveu, isso porque Llano estaria em algum tipo de exílio profissional em Madrigal, depois de indiscrições semelhantes em outras partes.[152] De qualquer maneira, as coisas haviam ido longe demais, e Vázquez de Arce ordenou uma investigação, encarregando Santillán de fazer isso. Em vista da antipatia de Santillán pelo clero em geral, a escolha foi estranha e o juiz secular relutou. "Seria menos ruidoso e menos inconveniente se um eclesiástico fizesse isso", ele escreveu ao rei em julho, mas o rei não concordou.[153] Portanto, depois que Llano deixou Madrigal no final de julho para acompanhar frei Miguel até Madri, Santillán começou a retraçar os passos do ex-colega no convento. Entre outras coisas, ele descobriu que as cartas de apoio escritas pelas freiras, que Llano havia enviado a Moura e ao rei em sua própria defesa, haviam sido assinadas por religiosas que não tinham nenhuma ideia do que estavam assinando.[154] Em agosto, Llano contou a Martín de Idiáquez que Santillán estava demorando muito (o próprio Santillán queixou-se de que, se tivesse que entrevistar 60 freiras de novo, não terminaria nunca) e pediu que a questão fosse entregue aos agostinianos, que haviam se oferecido para intervir e que Llano por algum motivo pensava serem mais lenientes.¹⁵⁵ O resultado do inquérito me é desconhecido. No ano seguinte, entretanto, Llano e seu irmão, também um inquisidor (eles eram aparentados com o famoso arcebispo de Sevilha e inquisidor geral, Fernando de Valdés), processaram a catedral de Oviedo por causa de dinheiro, e uma das táticas dos queixosos era familiar: em 1598, os irmãos Llano Valdés excomungaram todo o capítulo da catedral.¹⁵⁶

A punição de Ana

De certo modo, Andrés Ortiz estava certo em dizer que o caso estava encerrado. No que dizia respeito ao convento, ele havia terminado havia muito tempo. Embora sem saber disso, os habitantes simplesmente esperavam que Felipe aprendesse a viver com o final inconclusivo. O papel de Ana fora evidentemente claro, mesmo para Llano: ela havia sido vilmente usada por frei Miguel e Gabriel de Espinosa. Ela não havia demonstrado ter juízo, mas sua virtude nunca foi questionada. Em março, cinco meses depois de começado o interrogatório, Llano disse ao rei que não havia razão para questionar a honestidade de Ana. Pelo contrário, encontrara "apenas virtude e religião", disse, "exceto por dizer que ela não era realmente uma freira porque havia professado contra a vontade... Quanto às criadas de *doña* Ana [Francisca e Isabel], a quem tenho mantido prisioneiras fora do mosteiro, elas são inocentes e devemos lhes agradecer por nos contarem o que sabem."¹⁵⁷

No dia 7 de março de 1595, Ana foi oficialmente acusada.¹⁵⁸ "Persuadida por frei Miguel", a acusação afirmava, "ela acreditou que um homem inferior, que morava nesta cidade de Madrigal trabalhando como padeiro, cujo nome era Gabriel de Espinosa, era o rei de Portugal" e ela "consentiu que frei Miguel falasse em casamento" entre os dois. Ela pediu a Espinosa um compromisso por escrito, que ele assinou como rei de Portugal, e ela lhe fez uma promessa oral, e tudo isso foi testemunhado por frei Miguel, Luisa del Grado e María Nieto. Ela também deu presentes a Espinosa. Ela havia sido "enganada e persuadida por frei Miguel de que Espinosa era D. Sebastião e que ela seria rainha de Portugal, o que eles conversaram a respeito e esconderam sem informar à Sua Majestade, como ela era obrigada a fazer, nem a ninguém que a pudesse colocar no caminho certo". Ela acreditou em frei Miguel porque o respeitava e porque queria se ver livre de seus votos, a acusação observou. A fantasia era uma solução para a armadilha em que ela havia caído. Llano acabou relacionando as circunstâncias atenuantes, entre as quais a de que ela estava enclausurada desde os 6 anos de idade, e pedindo a Felipe clemência para a jovem mulher cuja vida tinha sido virada de cabeça para baixo. No mês seguinte, Vázquez de Arce escreveu ao rei em termos semelhantes, também sugerindo suavidade por causa da juventude de Ana, "a fragilidade de seu sexo" e as incansáveis pressões de frei Miguel, atestando "o poder que vigários têm sobre as freiras em seus mosteiros". Quanto à punição, Vázquez sugeriu quatro anos de confinamento, silêncio forçado dentro do próprio mosteiro e proibição pelo resto da vida de ocupar posições de responsabilidade.[159]

No dia 17 de julho, Llano encontrou-se com Ana para ler-lhe sua acusação e no dia seguinte ela escreveu uma carta extraordinária a Felipe. "A justiça observada comigo foi nada além de cerimônia", ela afirmou categoricamente, antes de responder às acusações uma por uma, observando que, em suas confissões anteriores, ela fora delicada com frei Miguel por respeito. "Quando D. Sebastião morreu 17 anos atrás, eu tinha 10 anos de idade e sabia tão pouco que o relato de frei Miguel foi o primeiro que escutei. Pensei que ele estivesse vivo porque o frei me disse que estava." Durante quatro longos anos, ele a apresentou a supostas testemunhas da batalha, mostrou-lhe cartas de pessoas que haviam visto Sebastião, contou-lhe a história do Dr. Mendes, que tinha curado o rei escondido, recontou visões sagradas e recitou profecias dos santos e trovas do poeta português messiânico Bandarra. "O frei acreditava que as palavras de Bandarra eram verdade, e suas razões e tudo o que ele disse teriam convencido qualquer pessoa mais velha e bem mais experiente do que eu", Ana escreveu. "Isso aconteceu, não uma vez nem quatro, mas quase o ano inteiro, com tantas mentiras que qualquer um teria acreditado." Ela nunca teria imaginado que ele estava mentindo. Ele levava uma vida modesta e devotada, autoflagelava-se três vezes por semana e, acidentalmente, era "mais bonito do que qualquer frei que jamais estivera nesta casa e tinha a mesma reputação na cidade".[160]

A credulidade diante de uma pessoa aparentemente santa e honesta não era assim tão incomum, Ana observou, aventurando-se corajosamente por um terreno frágil e mostrando que tinha meios de obter notícias úteis de fora do mosteiro. "Com menos razão, Sua Majestade e o imperador foram enganados pelas freiras Anunciada de Lisboa e Magdalena de la Cruz, a quem Suas Majestades prestaram consideráveis favores. Se monarcas podem dar crédito a mulheres mais jovens e analfabetas, então, que surpresa é o fato de eu acreditar num homem cujas palavras e vida exemplar haviam sido tão admiradas pelos reis de Portugal e por todos que o conheceram?"[161]

Vale a pena parar para pensar nos argumentos de Ana. As duas freiras que ela citou estavam entre as mais famosas falsas místicas do século XVI. Magdalena era uma abadessa franciscana em Córdoba, que morreu em 1560, em confinamento solitário numa prisão inquisitorial, depois de anos alegando poderes proféticos, mais tarde considerados obras do demônio. Em 1527, durante o reinado de Carlos V, a imperatriz enviou os cobertores de bebê do futuro Felipe II a Córdoba para serem abençoados por Magdalena a fim de garantir que o futuro monarca fosse protegido do demônio.[162] Mais interessante para os nossos propósitos é Sor María de la Visitación, também chamada de a "freira de Lisboa". Filha de Francisco Lobo, embaixador na corte de Carlos V, ela se tornou prioresa do aristocrático convento da Anunciada em Lisboa, onde viveu desde que ficou órfã, aos 11 anos.[163] Seu tempo na berlinda coincidiu com o de Lucrecia de León e precedeu de perto os anos em que frei Miguel semeava o caminho de Ana. Sor María primeiro ostentou estigmas, na forma de cinco feridas, em 1584, e logo se tornou a coqueluche entre as elites de Espanha, Portugal e além. O duque de Medina Sidonia pediu-lhe a bênção antes de partir para a Inglaterra com a frota da Armada. A irmã de Felipe II, a imperatriz María, viu a freira várias vezes quando visitava seu filho Alberto, em Lisboa.[164] O famoso pregador castelhano, Luis de Granada, confessor da freira (a quem vimos pela última vez durante o ataque de António a Lisboa, em 1580), escreveu sobre ela uma ardente biografia, em 1586, com uma descrição completa de pregos de ferro aparecendo em suas mãos enquanto um raio de luz levava as chagas de Cristo a ela. Sor María sangrava religiosamente todas as sextas-feiras e realizava milagres. Tivesse permanecido apenas santa, poderia ter sobrevivido, mas além de despertar suspeitas e inveja na comunidade religiosa, ela começou a atrair o apoio dos soldados de António, a ter visões e êxtases de natureza política com relação a ninguém menos do que D. Sebastião. Ela viu Sebastião apontando para seus ferimentos e dizendo, "Eu sangro por vós", e teve uma revelação na qual um anjo havia segurado Sebastião pelos cabelos durante a batalha de Alcácer-Quibir, arrastando-o para o lado seguro do rio. Em seu julgamento, em 1588, ela disse que suas mentiras haviam sido todas inspiradas pelos partidários de D. António, "de modo que ela pudesse convencer todo mundo a se insurgir contra o rei católico [Felipe], porque não era ele, mas António, o verdadeiro rei, e isso era revelação de Deus. Ela só aguardava que sua santidade fosse amplamente conhecida para escrever ao rei católico e lhe dizer que ele não podia governar um reino que não era dele e que deveria entregá-lo ao legítimo dono, o que ela sabia ser verdade porque havia tido uma revelação celestial".[165] Àquela altura, o entusiasmo de Felipe por Sor María havia diminuído, é claro, mas o argumento de Ana, para retornar a Madrigal, era que, até ele, por uns tempos acreditara nela. Se frei Luis de Granada podia acreditar em María de la Visitación, se frei Luis de

León podia acreditar em Miguel de Piedrola, se monarcas podiam acreditar em fraudes, então, certamente Ana não podia ser julgada imprudente por haver feito o mesmo.

"Este homem chegou aqui", Ana retomou, referindo-se a Espinosa, "se propositadamente ou não, eu não sei." Espinosa ecoava o que frei Miguel lhe dissera, sua presença oferecendo prova física do que até então haviam sido apenas histórias. "Os planos e invenções foram tantos e tão ardilosos que, se não me fosse tão doloroso, eu poderia escrever uma longa história que não deixaria de vos estarrecer", afirmou. Repetidas vezes, frei Miguel lhe dissera que Espinosa era Sebastião. Quando ela perguntou por que o rosto de Espinosa parecia tão mudado, ele disse que era o mar, que faz as pessoas parecerem diferentes. (Segundo a *Historia de Gabriel de Espinosa*, frei Miguel circulava a mesma teoria de Llano: ele dizia que ao perguntar a Espinosa por que parecia tão velho, o padeiro respondera, "tribulações podem envelhecer uma pessoa mais do que os anos".)[166] Ela nunca assinou coisa alguma, Ana insistiu; apenas deu sua palavra de que se casaria com ele. Quando ela tinha dúvidas, o incessante encorajamento de seu guia religioso "dava-me mais fé do que a minha imaginação". Ao explicar como pôde pensar em casamento, Ana afirmou: "Não me considerava uma freira porque fui noviça durante seis anos antes de professar totalmente contra a minha vontade, e ainda estava dentro dos cinco anos permitidos pelo Concílio de Trento para protestar contra a profissão, já que tinha cumprido apenas três ou quatro." Finalmente, ela voltou à questão de sua honra, respondendo aos vis boatos de sua suposta maternidade. "Não cometi nenhum pecado mortal, seja em pensamento ou em palavras", disse, acrescentando que liberara seu confessor de seus votos de sigilo para confirmar. E mais uma vez ela insistiu que a única razão para não contar tudo a Felipe antes, uma omissão pela qual implorava seu perdão, foi que esperava encontrar-se com seu irmão. Se Espinosa não o levasse até ela (e não temos ideia de quem ele estava planejando levar, se havia alguém), ela teria "retornado à antiga suspeita de que era tudo mentira". Frei Miguel e Espinosa nunca falaram mal de Felipe, ela garantiu ao rei – "essa era a chave do edifício deles", ela observou – e raramente mencionavam Portugal.[167] A história deles era uma história da África.

"Imploro a Vossa Majestade que me considere com o maior sentimento cristão que Deus vos concedeu e veja que severidade só provaria que estão certos aqueles que me desonraram, o que muito desonraria vosso irmão, o mais fiel servo que Vossa Majestade jamais teve e que agora está diante de Deus, pedindo-Lhe para inspirar Vossa Majestade. Não me castigueis exceto como um pai piedoso", Ana implorou, "permiti que eu pratique minha religião e sirva ao Senhor, pois o tempo é curto e eu tenho pouca vida... Possa Deus guardar Vossa Majestade católica como o mundo deseja e como esta indigna serva implora de sua prisão."[168]

No dia 22 de julho, Ana ouviu sua sentença. Devia trocar Madrigal por outro convento, onde ficaria confinada numa cela durante quatro anos. Podia sair da cela apenas para assistir à missa nos dias santos, quando devia caminhar diretamente para o coro, acompanhada de duas freiras idosas, indicadas para este propósito, e retornar do mesmo modo à sua cela, sem falar com ninguém. Todas as sextas-feiras, durante quatro anos, ela viveria apenas de pão e água. Jamais teria um cargo de supervisão em seu novo convento, nem em nenhum outro, e não empregaria nenhuma freira como sua criada; pelo contrário, deveria usar criados comuns, como todos os outros. Deveria ser tratada como se fosse uma freira comum.[169]

Imediatamente ela escreveu ao tio, fora de si de tristeza e contrição. É quase impossível ler a carta caótica, mas até os borrões e rasgos traem seu desespero.[170] "Com esta ouso declarar, se as palavras são capazes disso, o quão profundamente sofro por ter ofendido Vossa Majestade", ela começou. Mais uma vez ela se lançou aos pés do rei, implorando por misericórdia e para que ele lhe restaurasse a honra. "Sou uma formiga, não sou mais do que uma lasca de madeira seca (*astilla seca*)", escreveu. "O que Vossa Majestade ganha com a minha

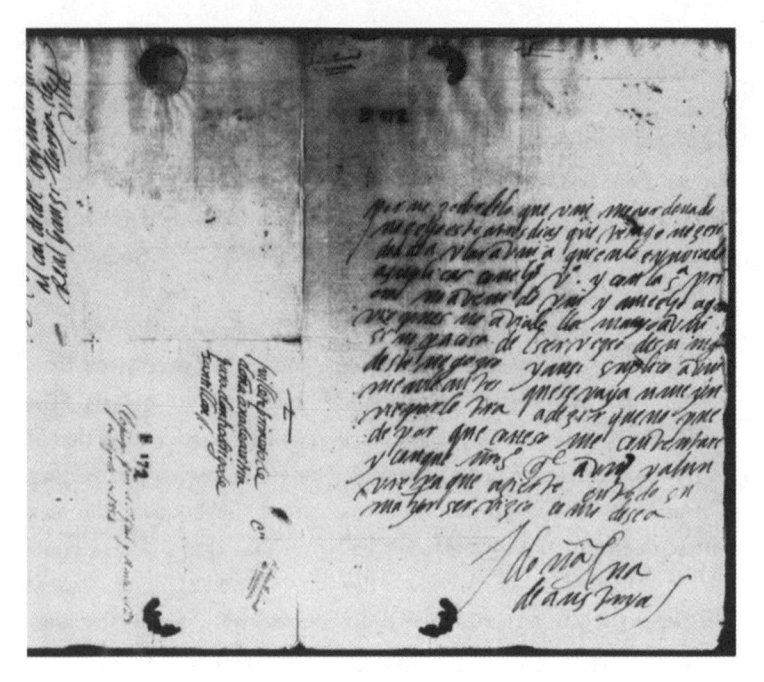

Autógrafo de Ana de Austria numa carta de 1594 a Rodrigo de Santillán
(AGS E, leg. 172, doc. 89). Cortesia de Archivo General de Simancas,
Ministerio Español de la Cultura.

perdição e desonra?" Quase cega pelas lágrimas, ela implorou perdão por seus pecados. "Sou a neta de vosso pai", ela o lembrou, "e filha do mais fiel escravo que alguém já teve e, quando um homem tem um escravo fiel, liberta os filhos do escravo e lhes dá liberdade e sustento." Em vez disso, ela tinha sido prisioneira desde os 6 anos e estava cumprindo pena de prisão perpétua. Por que o rei não podia matá-la honradamente, em vez de fazer dela um alvo da infâmia pública? Ela era órfã, sem ninguém para ajudá-la, exceto seu tio. Perdida e derrotada, ela terminou assinando, "esta mulher desgraçada, *doña* Anna de Austrya".

Em algum momento na primavera, Felipe e um de seus auxiliares tinham requisitado uma lista de conventos agostinianos e o número de freiras em cada um. Vinte e duas instituições apareceram na relação. Uma delas, Nuestra Señora de Gracia, fora dos famosos muros de Ávila, seria o novo lar de Ana.[171] Ela permaneceu em Madrigal durante todo o mês de agosto, certamente sabendo da execução de Espinosa e da ruidosa e macabra procissão para a morte pela pequena cidade. No dia 5 de setembro, o rei disse ao novo provincial, Pedro Manríquez, para providenciar o transporte de Ana para Ávila. "Certifique-se de que viajem com o decoro e a modéstia determinados por suas profissões", o rei lembrou.[172] Três dias mais tarde, o provincial relatou que Ana havia partido numa carruagem à meia-noite, acompanhada de María Gaytan, uma irmã leiga e uma criada comum, junto com três religiosos do sexo masculino. Suas melhores amigas, Luisa del Grado e María Nieto, que possibilitaram a maioria dos desatinos de Ana, haviam sido mandadas, respectivamente, para conventos em Toledo e Ciudad Rodrigo, onde deviam ser mantidas em isolamento, a pão e água nas sextas-feiras, durante oito anos. Manríquez disse que María estava gravemente doente e que os médicos não tinham certeza se ela sobreviveria; Luisa, entretanto, devia ser levada para Toledo naquela semana. Elas provavelmente nunca tinham vivido separadas.[173]

EPÍLOGO

Corpos mutilados marcam o início e o fim desta história. No dia 4 de agosto de 1578, D. Sebastião foi apunhalado e morto no final da batalha de Alcácer-Quibir, e logo a obra de vândalos e o calor do verão deixaram seu corpo irreconhecível. No dia 1º de agosto de 1595, Gabriel de Espinosa encontrou seu terrível fim em Madrigal de las Altas Torres, a cidade aonde havia chegado 15 meses antes, com sua companheira e sua filhinha, na esperança de abrir uma confeitaria mais lucrativa do que a que tinha em Nava. A tragédia e em seguida a farsa marcaram o término de uma espécie de sonho, uma fantasia cravada na política, e o início de um eterno ciclo de fábulas.

Espinosa viveu seus últimos dias na companhia de um confessor jesuíta, Juan de Fuensalida, que passava pela cidade acompanhado pelo homem que se acredita ter escrito a primeira *Historia de Gabriel de Espinosa*, que corresponde de perto à versão do próprio Fuensalida.[1] Por alguma razão, Santillán recrutou Fuensalida para a crucial tarefa de garantir que o prisioneiro tivesse uma morte cristã; assim, o falso Sebastião terminou seus dias sob a tutela de um membro da Companhia de Jesus, exatamente como o verdadeiro Sebastião passou sua infância. Supervisionar a morte de um prisioneiro era um posto valorizado, descrito por um colega jesuíta em Sevilha como "mais digno do que pregadores e estudiosos de teologia [e] do que seus próprios superiores".[2] Não podia haver satisfação maior do que a de garantir que um pecador, até o mais vil pecador que se possa imaginar, se encontrasse com Deus. O relato de Fuensalida sobre os últimos dias de Espinosa é notável pelos detalhes e pavorosa pungência. Está escrito na terceira pessoa, dirigido ao secretário real Martín de Idiáquez.

No dia 28 de julho, Espinosa soube por Fuensalida qual era sua sentença. Ele seria levado de sua cela, colocado numa espécie de cesto chamado *serón* e em seguida arrastado "da maneira habitual, pelas habituais ruas públicas". Depois, na praça, ele seria enforcado até morrer e então esquartejado. Cada uma das quartas partes seria exibida num local público a ser decidido pelo juiz, e sua cabeça seria colocada numa gaiola de ferro na ponta de uma lança e exibida.[3] Mas essa morte não era digna de um homem da sua posição, Espinosa protestou. "Imagine que eu tivesse entrado no mosteiro acenando com meu estandarte – a punição poderia ser muito pior do que isso?", ele perguntou. "Ah, Felipe! Seu dia virá! Reze para que isso termine com a minha morte!"[4] Como sempre, houve sugestões de uma conspiração maior. Quando um oficial da corte entrou na cela para anunciar formalmente a sentença, Espinosa insistiu que desejava apelar. O oficial observou que o próprio rei havia assinado a sentença, portanto, não havia ninguém a quem apelar. E lembrou a Espinosa que ele havia confessado sem (e também com) tortura. De novo, Espinosa protestou contra ser arrastado, e Fuensalida respondeu que Jesus Cristo tivera uma morte bem menos digna. Pense nisto como uma oportunidade para entrar para a eternidade, aconselhou.

No dia seguinte, um sábado, o jesuíta voltou à cela para mais conversas, esperando administrar os últimos sacramentos. Agora Espinosa disse que requisitaria um adiamento. Ele não estava pronto, disse; estava fraco demais para se ajoelhar e recitar a Ave Maria. Mas em seguida exclamou, muito excitado: "Se o senhor pudesse me ver em meio a um exército!" Agarrando a mão de Fuensalida, ele gritou: "Oh, o que eu podia fazer! Esta não é hora para essas histórias, eu sei, mas posso dizer que, quando estava rodeado de soldados no porto de Ferrol [na Galícia, talvez durante o ataque de Drake], arrebatei uma lança, e com um golpe o cabo caiu de um lado e num segundo do outro." Numa outra hora, ele falou com o jesuíta sobre a menina. "Ela é a filha...", disse, a voz sumindo, ainda sugerindo, é claro, que a paternidade dela era misteriosa. (Dois dias depois, Santillán fez uma última visita a Espinosa para discutir, exatamente, *la niña*.) Diga-nos quem o senhor é, Fuensalida insistiu. Se eu não souber quem o senhor é não posso ouvir sua confissão, ao que o prisioneiro respondeu que havia dado seu nome e não ia ser executado na terça-feira. "Espanta-me", Espinosa disse, "que pessoas tão cultas, vendo quem sou, ainda estejam convencidas de que sou um ignorante. O senhor realmente pensa que um homem comum e de classe inferior se comportaria assim? O senhor pensa que sou tão louco a ponto de empreender um plano sem nenhuma base? Depois de morrer, o senhor verá quem eu sou e o que significa tudo isso, mas o que me deixa ainda mais triste do que minha própria morte é o que acontecerá em seguida."[5] Fuensalida estava desesperado com a recusa de Espinosa em confessar; por lei (embora sempre flexível), um prisioneiro deveria ser executado não mais do que três dias depois de ouvir a sentença. Enquanto isso, Rodrigo de Santillán desconfiava das tentativas do jesuíta em adiar; era uma disputa típica, na qual o Estado queria o corpo, e a Igreja, a alma. Depois de Fuensalida mais uma vez expressar o temor de que um pecador se encaminhasse para a morte sem os ritos apropriados, a solução de Santillán foi trazer o *serón* e a corda para a cela de Espinosa e amarrar-lhe as mãos. Isso, finalmente, fez o padeiro perceber que suas táticas de adiamento eram inúteis, porque o fim realmente estava próximo. Na segunda-feira, ele confessou seus pecados e recebeu os últimos sacramentos das mãos de dois franciscanos em quem Santillán confiava mais do que no jesuíta, que estava provando ser por demais suscetível às histórias de Espinosa.

A execução se deu na terça-feira, entre cinco e seis horas da tarde. Devia estar fazendo muito calor, mas as ruas e praças estavam apinhadas com um "número infinito" de pessoas que tinham vindo para

Madrigal de todo o distrito. Santillán afirmou que foi como se houvesse um auto de fé da Inquisição. Espinosa passou a manhã andando de um lado para o outro na cela. Tirou um cochilo e roncou. Escutava a multidão lá fora. "Que barulho é esse?", queixava-se. "O bater dos cascos dos cavalos martela meu coração." O que hoje é identificado como a antiga cadeia fica na Plaza de San Nicolás, a praça principal, onde a execução também aconteceu. Quando Espinosa deixou sua cela para ser colocado no *serón*, uma última oportunidade, a última mesmo, apresentou-se a ele de barganhar com o inevitável. Um estranho entrou na sala, levando o prisioneiro a gritar para os guardas e freis: "'O rei enviou este cavalheiro para me reconhecer, pois certamente frei Miguel lhe disse quem eu sou', e se levantou da cadeira... e disse 'Senhor, diga a meu tio [Felipe II] como D. Rodrigo [de Santillán] trata seu próprio sangue'."[6] O relato de Fuensalida conta que ele acalmou Espinosa, dizendo-lhe que o cavalheiro era na verdade apenas um membro do conselho municipal de Medina del Campo, que estava ali para consolá-lo e rezar por sua salvação. A troca de palavras estimulou os franciscanos a implorarem a Santillán que adiasse a execução, pois Espinosa claramente não estava pronto para se encontrar com o Criador, mas o juiz não quis saber de mais nada.

Espinosa foi colocado no *serón* com a ajuda de um grupo de religiosos que havia vindo de todas as partes, e a procissão começou. O cesto foi arrastado enquanto o prisioneiro olhava através das barras, embora ele pudesse ter sido colocado num veículo com rodas e puxado. (O verbo é *arrastar*.) O macabro cortejo circulou pela cidade enquanto o *pregonero* público que fazia as vezes de torturador caminhava ao lado gritando a sentença. Aqueles que acompanharam o cesto mais tarde contaram a Fuensalida que, quando o pregoeiro dizia as palavras "um traidor de Sua Majestade", Espinosa murmurava, "assim não". E quando o *pregonero* disse que o prisioneiro havia personificado um nobre "quando é homem de classe inferior e mentiroso", Espinosa disse: "Deus sabe."[7] No final, o dublê desistiu de controlar sua identidade.

Finalmente, estavam de volta à praça. Espinosa foi retirado do cesto. Olhou ao redor para a multidão e lentamente caminhou para

EPÍLOGO

a escada que conduzia ao cadafalso. Ajoelhou-se e foi absolvido, depois do que um franciscano e o jesuíta o ajudaram a subir os degraus. A corda foi colocada sobre sua cabeça; o autor da versão Escorial da *Historia de Gabriel de Espinosa* disse que ele a ajustou como se ajustasse uma gola elegante de pregas engomadas, como se risse da morte. Em seguida, olhou para o balcão onde Santillán sentava-se observando; o juiz havia se posicionado ali para impedir qualquer discurso do prisioneiro ou, pior, uma confissão retirada. Por assim dizer, Santillán escreveu mais tarde, Espinosa emergiu do *serón* demonstrando enorme autocontrole, "como se estivessem a lhe dar um prêmio". Segundo a *Historia de Gabriel de Espinosa*, ele chegou como se fosse para uma justa. Os olhos fixos no juiz, Espinosa gritou duas vezes, "Ah! *Señor* D. Rodrigo!" E uma terceira vez com fúria no olhar, "Ah, D. Rodrigo". Rapidamente, o jesuíta ou o frei colocaram um crucifixo em sua boca, Espinosa pediu perdão e o carrasco fez seu trabalho. "Ele demorou muito para morrer", afirmou Fuensalida.[8] Nas palavras de Santillán a Cristóbal de Moura, "Espinosa morreu bem".[9]

***

Execuções públicas depois de quase um ano de obsessão maníaca com segredos parecem incoerentes. Mas segredos apenas eram importantes se houvesse uma ameaça real. Assim que o rei teve certeza de não haver nenhum apoio popular perigoso a D. António ou a Sebastião, ele aparentemente queria fazer do término daquele caso complicado uma demonstração de falta de piedade. Era a vez de Felipe fazer algum barulho, simplesmente um jeito diferente de controlar informações. A execução de Espinosa com certeza recebeu atenção, mas, embora as ruas de Madrigal estivessem atulhadas de gente, ainda era, afinal de contas, Madrigal. Frei Miguel de los Santos, em contraste, seria enforcado na Plaza Mayor de Madri, a maior e mais teatral praça da capital.

Assim que o juiz apostólico, Juan Llano de Valdés, notificou Ana da sua sentença, em julho, ele se preparou para acompanhar o vigário a Madri, onde o ilustre prisioneiro seria interrogado com dois de seus supostos cúmplices portugueses, Antonio Fonseca e Francisco Gomes. Fortemente vigiada, a comitiva viajou para o sudeste e escalou as montanhas nos arredores de Madri, onde foi obrigada a parar durante vários dias muito desconfortáveis na cidade de Galapagar. Llano escreveu uma enxurrada de cartas dali para Madri, perguntando quanto tempo teriam que ficar e exigindo que um carpinteiro fosse imediatamente contratado para firmar as portas e janelas da casa de frei Miguel, para ele não escapar, agora que sabia que suas histórias de nada lhe serviriam. Finalmente, os problemas que lhes impediam a entrada na capital estavam resolvidos e Llano e o ex-vigário foram para Madri.[10] Uma vez que o interrogatório dos dois homens de Lisboa confirmou (como Juan de Silva havia dito) que eles não sabiam nada do plano, as autoridades voltaram a atenção para o castigo.

Frei Miguel já havia recebido sua acusação formal em março. Esta era a lista de todos os seus atos perversos: que ele havia recrutado Espinosa para convencer Ana de que ele era seu primo e, em seguida, persuadi-la a se casar com ele, que ele chamava Espinosa de "Vossa Majestade" e escrevera para cúmplices em Portugal, tudo porque "durante muitos anos o dito frei Miguel havia desejado que houvesse um novo rei em Portugal". Seu crime principal foi o de lesa-majestade.[11] Assim que o prisioneiro estava a salvo em Madri e as várias autoridades se puseram a discutir aspectos legais, Llano explicou que a impostura real exigia o castigo mais duro que se podia imaginar, não importava que tivesse fracassado, e que frei Miguel devia ser publicamente degradado, isto é, despido de seu hábito e privilégios religiosos e entregue ao reino secular. Para lubrificar um pouco as rodas da justiça, o presidente do Conselho de Castela sugeriu que as palavras "crimes atrozes suspeitos de heresia" fossem acrescentadas ao *pregón* (até então os crimes eram apenas *graves y gravísimos, enormes y enormísimos*) de modo a garantir que as autoridades da Igreja ou o papa não se colocassem no meio do caminho e tentassem impedir a execução.[12]

Mas, no final, a Igreja se fez sentir por omissão, em vez de por comissão. As testemunhas portuguesas foram mandadas para casa, e a sentença de frei Miguel ficou pronta, embora Llano não pudesse convencer nenhuma autoridade da Igreja a supervisionar a degradação. Sem um bispo, a cerimônia não podia ir adiante.[13] O núncio papal, os bispos de Málaga, de Córdoba e de Ciudad Rodrigo, além de um bispo português, todos estavam por acaso em Madri na ocasião, mas Llano não tinha quem assumisse a tarefa. Talvez o rei tivesse simplesmente que ordenar-lhes a participação, disse. Uma semana mais tarde, as coisas continuavam paradas e nos três dias seguintes, ele ainda não tinha boas notícias. "Como se trata de um assunto desagradável, todos se escondem", ele contou a Martín de Idiáquez.[14] Bispos de toda a Espanha propositalmente parecem ter se mantido afastados da capital nas duas semanas durante as quais Llano procurou, até que finalmente um veio cair na armadilha. O infeliz homem era de Oristano, na Sardenha, e aceitou presidir a cerimônia, que ocorreu na segunda-feira, 16 de outubro de 1595, na igreja de San Martín, vizinha das Descalzas Reales, o esplêndido convento fundado pela mãe de Sebastião, Juana.

Frei Miguel foi colocado dentro de uma carruagem e levado para San Martín por volta das duas horas da tarde. No dia seguinte, Llano contou ao rei que havia feito de tudo para haver o mínimo de estardalhaço (*ruido*) possível, mas, mesmo assim, "havia tanta gente que causou espanto". Frei Miguel desceu da carruagem vestido em seu hábito de sempre e entrou na igreja aproximando-se do altar, onde Llano formalmente declarou sua autoridade e a do bispo. O vigário então se ajoelhou para ouvir a sentença de degradação, que foi lida em voz alta por um escrivão. As vítimas imediatas de sua fraude foram identificadas como "uma freira" (sem nome) e Espinosa, "um nativo de Toledo, deixado à porta da igreja". As mentiras, o casamento falso, as falsas visões, a rede de cúmplices, a "decepção e horror" que ele havia causado à freira anônima, seus *graves y gravísimos, enormes y enormísimos* crimes, tudo isso significava que ele devia ser privado de seu hábito e cargo pelo resto da vida, e em seguida entregue às autoridades seculares. O prisioneiro disse ter escutado a sentença, da qual apelava e protestava formalmente. Em seguida o bispo, "na presença de muitas pessoas, de guardas e de uma grande multidão degradaram o dito frei Miguel, primeiro vestindo-o como se fosse rezar missa e depois retirando-lhe cada peça, uma por uma, até ele despir a sobrepeliz e o hábito agostiniano, vestindo um hábito secular. Um barbeiro desfez-lhe a coroa [de cabelos] ". Vestido agora com uma velha capa preta, ele levava o chapéu na mão, "sua venerável calvície exposta". Foi o último disfarce desta história. Em seguida, Llano pegou-o pelo braço e o entregou à autoridade secular, na pessoa do alcaide Diego de la Canal, que reconheceu a custódia. O prisioneiro então foi entregue a dois guardas, que o levaram de volta para a cadeia real numa carruagem. A cerimônia durou cerca de duas horas. Frei Miguel não era mais frei Miguel.[15]

Como Espinosa, o ex-vigário foi atendido por freis em seus últimos dias. Mas pensava-se que, ao contrário de Espinosa, o prisioneiro poderia ainda ter alguma coisa a falar e Llano pediu aos dois franciscanos, assim como aos guardas, para ficarem atentos caso ele revelasse "algo importante". Frei Miguel não disse nada de novo, embora um documento fragmentário, aparentemente copiado no início do século XVII, indique que ele contou a um dos franciscanos que todas as suas confissões anteriores haviam sido falsas. Numa conversa semelhante à que havia ocorrido quase três meses antes em Madrigal, o franciscano, preocupado em não poder absolver alguém que não queria se confessar, transmitiu a nova informação ao presidente do Conselho Real. Mas o presidente insistiu que o enforcamento devia seguir em frente.[16]

Três dias mais tarde, na quinta-feira, 19 de outubro, frei Miguel foi executado na Plaza Mayor, a poucos passos da cadeia.[17] Mais uma vez, as ruas, como a própria praça, estavam repletas. "Havia tanta gente ali, gente de todos os grupos sociais, que era espantoso, e todos tão pasmos de ver um espetáculo tão inacreditável", Llano escreveu a Moura. Ao se aproximar dos degraus para o cadafalso, o prisioneiro virou-se para o notário que registrava a cerimônia e conversou com ele por vários minutos. Morria sem culpa, e suas confissões, obtidas sob tortura, haviam sido todas falsas, falou, reiterando o que havia contado ao franciscano. Na opinião de Llano, aquela conversa foi sua última tentativa de adiar a morte ou evitá-la de todo. "Acho que ele nunca pensou que ia morrer", ponderou o juiz apostólico a um dos Idiáquezes. Uma testemunha anônima da morte do ex-vigário registrou todos os verdadeiros e importantes fatos conhecidos sobre o prisioneiro: tinha sido confessor de Ana e de Catarina, pregador de Sebastião e provincial de sua ordem. Ele combinou o casamento entre Ana e o padeiro com o objetivo fundamental de colocar António no trono e matar Espinosa. E – a parte essencial da história, que um ano depois do fato era conhecida até por alguém na multidão – a conspiração foi descoberta depois da imprudente exibição das joias por Espinosa. "O frei foi enforcado no dia 19, nesta corte [Madri], e foi assombroso ver um homem tão orgulhoso e venerável morrer", escreveu o correspondente.[18] Depois que o corpo de frei Miguel foi esquartejado, a cabeça foi cortada. No dia seguinte, ela foi enviada a Madrigal de las Torres, onde ficou exposta numa lança, durante 10 horas, na praça da cidade. "E com isso", Llano disse ao rei, sua última carta sobre o caso, "a vida do dito frei Miguel estava encerrada, e também este assunto, que causou tanta preocupação e problemas a Vossa Majestade."

***

"Esta manhã, chegaram notícias de que D. António de Portugal está morto", o embaixador veneziano na França escreveu para casa no final de agosto de 1595. "Eu o vi na véspera do dia em que parti, muito bem, numa carruagem em Paris. O pobre fidalgo morreu em grande miséria, e fizeram-se frequentes coletas em seu nome na corte. Embora o rei lhe concedesse certa renda, como não era paga regularmente, D. António era obrigado a recorrer à caridade alheia." Na verdade, a lista dos pertences de António era escassa. Possuía umas poucas armas, roupas, botas e sapatos, chapéus, roupas brancas, 19 livros (inclusive um sobre o direito do povo português de eleger seus reis), papéis pessoais, objetos de prata, um coche com cavalos e um espelho quebrado.[19]

O homem cujos seguidores chamavam de 18º rei de Portugal vivia numa casa humilde no distrito de Marais, em Paris. Seu testamento, datado de 5 de junho, lança uma crucial e intrigante luz sobre o caso Madrigal.[20] Diante de seis testemunhas, ele implorou a Deus para mostrar misericórdia e perdoar seus pecados (entre os quais mencionou "liberdade da carne") e em seguida nomeou dois religiosos de "grande virtude e prudência", que deviam orientar as seis testemunhas, caso surgissem dúvidas a respeito da execução do testamento. Um era Luís de Sotomayor, professor dominicano em Coimbra, que havia sido escolhido e condenado por frei Luis de Granada por ter "com suas cartas e sua autoridade convencido D. António de que ele era o verdadeiro rei". Sotomayor foi capturado pelos castelhanos durante a guerra e excluído do perdão geral, mas em setembro de 1582, quando Felipe deixou Portugal e publicou seu último perdão, Sotomayor teve permissão para retornar à universidade. Sete anos mais tarde, entretanto, existem evidências de que ele se correspondia com padres em Roma que tramavam a favor de D. António.[21]

O outro virtuoso e prudente religioso era nada menos do que frei Miguel de los Santos. A essa altura o vigário agostiniano havia passado nove meses na prisão, sido repetidas vezes torturado e continuava acusado de lesa-majestade. Ele obviamente não iria a lugar algum, exceto para o cadafalso. D. António não sabia disso? Como ele poderia não ter recebido notícias de um acontecimento que estava sendo discutido por toda a Espanha e mais além? Certamente a ordem agostiniana sabia que seu ex-provincial estava envolvido num grande escândalo político e enfrentava a execução. E D. António tinha muitos amigos na ordem agostiniana. O papado sabia. Os jesuítas sabiam. Qualquer um que conhecesse alguém em Madrigal, Medina del Campo ou Valladolid sabia, e todos contavam aos habitantes de outros lugares. Mas se D. António sabia o que havia acontecido a seu confessor, ele pensava que frei Miguel poderia escapar de alguma forma? Havia planos nesse sentido?

Nas semanas que antecederam sua morte, o pretendente, que tinha 64 anos, ocupava-se lembrando do passado. No dia 13 de julho, fez uma lista de todos os que o haviam apoiado durante suas lutas públicas e paixões.[22] Ele não tinha percorrido essa longa estrada sozinho. Distinguiu seus auxiliares mais próximos, os que foram com ele para a França, todo clero regular (entre eles frei Miguel) e secular; todos somados, eles citou 253 homens e mulheres. E ao contrário de quase todos os outros pais nesta história, D. António lembrou de seus filhos, cujo guardião seria Diogo Botelho. Em seu testamento, ele mencionou os quatro filhos que conhecia melhor: Manoel e Cristóvão, Filipa e Luisa. Sempre fora sua intenção que Luisa se casasse "de acordo com sua linhagem de sangue", afirmou, o que leva a crer que talvez sua mãe fosse de boa família e, ao contrário de Filipa, tivesse sido colocada num convento só à época da anexação; isso explicaria seus veementes protestos ao chegar em Tordesilhas. Mas, dizia seu pai, se ela agora preferir ser freira, tudo bem.

Conforme os dias se passavam e a morte se aproximava, D. António lembrou que tinha mais seis filhos e, no dia 8 de agosto, ditou uma cláusula adicional cuidando deles. Tinha um filho chamado Luís, que vivia com um português, em Jeréz de la Frontera; ele pode ter sido um monge. Havia mais dois filhos em Castela, talvez chamados João e Bernardo, que D. António acreditava estarem sendo mantidos em cativeiro por Felipe II. E ainda outro, cujo nome ele não conseguia lembrar. Outra filha, cujo nome também lhe escapava, podia ser freira se desejasse; ele lhe deixava dinheiro. E tinha ainda mais uma filha, cujo nome e residência ele desconhecia, mas um de seus criados sabia, disse. Tudo foi definido num adendo a seu testamento.

Finalmente, no dia 22 de agosto, quatro dias antes de sua morte, ele escreveu à rainha Elizabeth, tristíssimo por não ter sido capaz de libertar seu país da tirania espanhola. Ele só podia confiar no incompreensível julgamento de Deus, afirmava, e na bondade e proteção da rainha, a quem implorava que cuidasse de seus filhos.[23] Durante anos movida mais por interesses próprios do que por altruísmo quando se tratava de D. António, a rainha escreveu a Henrique IV, rei da França, essencialmente passando adiante a responsabilidade assim que o pretendente morreu: "Se o espírito de quem partiu pode perturbar um amigo vivo, devo temer que o finado rei António (cuja alma possa Deus perdoar) me perseguirá por toda a parte se eu não atender a seu último pedido, que me encarregou, por toda a nossa amizade, de vos lembrar, após sua morte, das boas e honradas ofertas que o senhor lhe fez enquanto vivo, que o senhor se sinta satisfeito em cumpri-las nas pessoas de seus órfãos e filho [sic]." Nenhum dos dois monarcas parece ter feito muita coisa, porque, passado um ano, um correspondente inglês em Guise escreveu a Felipe que os dois filhos estavam paupérrimos e imploravam ao rei seu perdão.[24]

D. António morreu no dia 26 de agosto de 1595. Foi enterrado no convento de Cordeliers, um estabelecimento franciscano. Duzentos anos mais tarde, sobre o cadáver de António, Danton e seus camaradas revolucionários ruidosamente debateram naquele mesmo convento o que fazer com mais um rei a quem era negado o trono. Embora o corpo de D. António descanse nos Cordeliers, seu coração português foi depositado nos muros do convento de Ave Maria. Doze anos depois, seu leal ajudante Diogo Botelho morreu e foi enterrado aos pés de António; em 1638, Cristóvão juntou-se a eles.[25] Tanto Cordeliers como Ave Maria foram mais tarde destruídos, e os restos de D. António jamais voltaram para casa como ele desejara.

EPÍLOGO

* * *

Dois reis marroquinos morreram em Alcácer-Quibir. Um foi o culto e cosmopolita Abd al-Malik, sucedido por seu irmão, Ahmad al-Mansur. O outro, Abu Abdallah Muhammed – que imprudentemente buscou a proteção portuguesa contra seus próprios tios –, tinha um filho, e o filho também (embora não tivesse escolha, dada a desonra do pai) voltou-se para os cristãos. Era conhecido como Muley Xeque e mais tarde como Felipe de África. Sua história não tem nenhuma relação direta com a do *pastelero* de Madrigal, mas existem razões para incluí-la aqui. Sua vida mudou irreparavelmente com a batalha de Alcácer-Quibir. Como outros nesta história, ele se tornou itinerante, viajando de Marrocos para Portugal, Espanha e finalmente para a Itália, sempre dependendo da coroa espanhola. Converteu-se do islamismo para o cristianismo, proporcionando uma conclusão digna para o conflito. Foi mais um filho órfão, outro homem que mudou seus hábitos, outro herdeiro real exilado, incapaz de assumir o trono.[26]

Durante a batalha de Alcácer-Quibir, Muley Xeque, na época com cerca de 12 anos de idade, foi mantido cativo em Asilah como garantia da lealdade de seu pai aos portugueses. Depois do desastre, ele e um tio foram levados para Portugal, onde se tornaram peças úteis nas contínuas e delicadas negociações com Marrocos e Inglaterra. Os dois príncipes e sua grande comitiva viveram bem em Portugal durante toda a década de 1580, recebendo ocasionais convites de emissários de D. António, que rejeitavam. Mas um ano depois da derrota da Armada espanhola, eles foram transferidos para Andaluzia, no sul da Espanha, onde o rei espanhol manteve uma fiscalização mais cerrada para garantir que não se tornassem muito amigos dos mouros ou de seus compatriotas do outro lado do mar. Então, em 1593, o jovem Muley Xeque teve uma súbita e oportuna revelação, ao assistir a uma procissão em Carmona. Como disse um cronista, "Depois de estar na Espanha por vários anos, Deus o tocou e, como ele já conhecia a língua castelhana, disse que desejava ser cristão".[27] Muley Xeque foi batizado numa complicada cerimônia em El Escorial, na qual seus padrinhos foram Felipe II e a infanta Isabel Clara Eugenia. Foi renomeado como Felipe de África. Sua conversão lhe trouxe estabilidade e status. Tornou-se membro da Ordem de Santiago e uma pessoa importante.[28] Tinha um palácio em Calle de las Huertas e foi um acessório na cena social real mais ou menos por uma década. Durante os primeiros anos do reinado de Felipe III, entretanto, viu-se reduzido a implorar pelos subsídios reais que o finado rei havia separado para ele. Enviou uma série de apelos ao duque de Lerma, que os encaminhava ao Conselho de Portugal. "Ele está morrendo de fome", Lerma contou ao conselho.[29] Enquanto o novo regime se preparava para a expulsão dos mouros, em 1609, o ex-príncipe marroquino achou melhor partir e Lerma combinou tudo para ele ir para Milão, onde morreu em 1621. Seu único herdeiro foi sua filha ilegítima, Josefa de África, que se tornou freira em Zamora.

É surpreendente que Lope de Vega escolhesse contar a história de Alcácer-Quibir através da história de Felipe de África. Ele conhecia o marroquino, e provavelmente assistiu a seu batismo. A peça *A Tragédia de D. Sebastião e o Batismo do Príncipe de Marrocos* foi escrita entre 1593 e 1603.[30] Tem sido criticada por sua incoerência estrutural, mas para nós não deixa de ser interessante. Alguns personagens são familiares – o conde de Vimioso e Cristóvão de Távora, por exemplo, estão lá. Boa parte do primeiro ato, uma mistura de Lisboa, Guadalupe e Marrocos, é concebida como as crônicas bem ventiladas sobre a debacle, e de fato Lope apropriou-se de passagens inteiras do cronista Gerolamo Franchi di Conestaggio em seus diálogos, inclusive da carta do duque de Alba a Sebastião, às vésperas da batalha. A peça inclui o familiar relato da morte do jovem rei, conforme ele ia de um lado para o outro em seus cavalos até ser derrubado com o quarto, morto, nessa sua versão, atingido por flechas. ("Se estas flechas voaram direto por causa do meu nome...",

Sebastião murmura ao expirar. Finalmente, podia morrer como um santo.) Mas existe redenção. O segundo ato mostra a epifania de Muley Xeque ao assistir à procissão de Santa Maria de la Cabeza. Disfarçado de cristão, ele relata a outro personagem que um certo padre Mendoza certa vez lhe contara sobre as manifestações da Virgem (uma conversa na qual D. Juan de Austria é mencionado a propósito de nada). E a peça é concluída, no terceiro ato, com o príncipe abraçando a verdadeira Igreja e sendo batizado por Felipe II. Se D. Sebastião não pôde sobreviver, então Cristo podia renascer na alma de um infiel. Ao abraçar o filho órfão, Felipe II restaura parte do que foi perdido por seu tolo sobrinho no deserto. Conversão e transformação foram elementos constantes no imaginário do final do século XVI, e não havia melhor transformação do que a de um muçulmano tornando-se cristão.

* * *

Felipe II morreu em El Escorial, no dia 13 de setembro de 1598. A longa e terrível morte "tornou-se uma lição da morte e da arte de morrer".[31] Por quase dois meses ele sofreu dores excruciantes, febres, calafrios, abscessos, diarreia, suores e insônia. Ele literalmente jazia em seus próprios excrementos durante boa parte de sua provação. Mas permaneceu estoico e devoto, um exemplo heroico de fé cristã a despeito dos muitos indícios de que Deus não tinha sido seu aliado. Em seu leito de morte, ele ordenava que missas fossem rezadas por uma longa lista de parentes, mas seu meio-irmão D. Juan de Austria, a quem nunca chamou de Sua Alteza, não estava entre eles. Ele perdoou certas pessoas, até a esposa de Antonio Pérez, mas não a sobrinha Ana.

A impiedade de Felipe é difícil de explicar, mas o comportamento do pai de Ana foi igualmente repreensível. Em janeiro de 1573, D. Juan escreveu à meia-irmã Margaret, em Nápoles, achando graça e feliz porque ia ser pai e daria a criança para ela criar.[32] Escrevia como se se tratasse de seu primeiro filho. Era o segundo. Possivelmente, a amnésia de D. Juan e a crueldade de Felipe podem ser atribuídas ao fato de que a mãe de Ana era uma Mendoza; foi por isso que apontei para todos os Mendozas, conforme apareceram neste relato. Eles haviam conspirado contra Felipe II, que os odiava. Em contraste, a mãe do segundo filho de D. Juan era uma bela nobre italiana, Diana Falangola. Ela não causou nenhuma vergonha ou tumulto na casa real, apenas embaraços sexuais, em geral, perdoados. Muitos contemporâneos sabiam a respeito de "la donna Giovanna", como a irmã de Ana, Juana, era chamada, mas a existência de Ana era em grande parte desconhecida. Historiadores e arquivistas do século XVII em diante muitas vezes se referiram a Ana como Juana. O vice-rei de Felipe II em Nápoles, Juan de Zúñiga, acreditava que a segunda filha era a única.[33] Ana foi simplesmente eliminada. Embora seu pai visitasse Castela várias vezes durante a infância de Ana, não há traços de tê-la jamais visto.

A segunda filha, entretanto, foi criada pela tia Margaret, que garantiu que D. Juan nunca se esquecesse dela. Margaret lhe escrevia cartas com frequência, descrevendo o progresso de Juana, e apressava D. Juan para que insistisse com o irmão rei para legitimá-la. As recomendações de Margaret funcionaram; embora D. Juan não mencionasse nenhum de seus filhos enquanto jazia em seu leito de morte, em 1578, no ano anterior, confessando o que chamou de *amor de padre*, repetidas vezes ele implorou à irmã para lhe enviar um retrato recente da menina. Depois da morte de D. Juan, Juana recebeu o reconhecimento; como Ana e seu pai, foi-lhe conferido o título de Excelência. Mais tarde, o rei ordenou que a sobrinha entrasse para o convento de Santa Clara em Nápoles, e ela passou a sua adolescência tentando sair de lá. (Ela não fez votos para freira.) Margaret morreu em 1586, mas mesmo sem a tia para protegê-la, por alguma razão, Juana, ao contrário de Ana, teve permissão para procurar marido, embora nunca pudesse ir até a corte. Uma tentativa, em 1590, de casá-la com o sobrinho do papa Sixtus V naufragou quando o papa morreu. Só depois da morte de Felipe II – nessa altura ela tinha um aliado no primo Felipe III que claramente queria ser justo com os primos –, foi que ela finalmente conseguiu sair do convento. Depois de longas negociações, em 1603 ela se casou com Francesco Branciforti, duque de Petrabona. Viveram na cidade siciliana de Militello, onde fundaram uma corte, e até hoje guias turísticos celebram "Giovanna" como a responsável pela idade de ouro da cidade. Ela e o marido tiveram uma filha, Margaret, que se casou com o duque de Colonna. Juana morreu em 1630.

* * *

Quanto à sua irmã...

Quando jovem, queria deixar a vida religiosa e se casar. Isso não aconteceria. Mas, não obstante, ela sobreviveu, e triunfou no final. E não teve que esperar muito tempo.

Apenas dois meses depois que seu impiedoso tio morreu, ela foi indicada para dirigir seu novo convento em Ávila. Portanto, ela deve rapidamente ter superado o castigo e o isolamento. É possível que os termos rígidos de seu exílio nem tenham sido cumpridos. Como a prima distante, a infeliz Filipa, a quem ela nunca conheceu, Ana escrevia cartas de sua cela. "Foi meu destino e plano de Deus fazer-me Dele", ela escreveu a um personagem religioso que parece ter sido um protetor. Talvez relacionamentos como esse a ajudassem finalmente a aceitar que sua vida se passaria por trás das paredes do convento.[34] Em 1599, ela estava de volta a Madrigal – agora como prioresa. Segundo um relato, todos os nobres de Ávila a acompanharam durante os primeiros 10 quilômetros da jornada.[35] É tentador imaginar qual seria seu estado mental, quatro anos depois de sua vergonhosa provação e duro exílio, ao viajar em sua carruagem de volta pelas mesmas estradas. Ela governou Nuestra Señora de Gracia la Real por mais ou menos 10 anos, supervisionando freiras que haviam sido testemunhas de sua desgraça. (Não sei se Luisa del Grado e sua irmã María Nieto jamais retornaram ou se Ana fez alguma coisa para ajudá-las.) Entre as mulheres que se ordenaram sob seu governo estava Barbara del Piramo, filha de Conrad e, como Ana, neta de Barbara Blomberg. Em 1611, ela ajudou a fundar um celeiro municipal em Madrigal, ato em agradecimento por ter sobrevivido a uma grave doença e anunciado ao pé da mesma grade onde anos antes havia se comprometido em casamento.[36]

Uma das ancestrais de Ana, uma das duas Marías de Aragón, que foram prioresas de Madrigal no início do século XVI, havia deixado o convento para governar o grande mosteiro real de Santa María la Real de las Huelgas, em Burgos. Aos 42 anos, Ana seguiu as pegadas de María. Las Huelgas, fundado em 1187, era uma das sedes mais importantes do cristianismo espanhol. A abadessa supervisionava não apenas o convento, mas todas as freiras cistercianas de Castela e de León e governava as cidades e vilarejos dentro da jurisdição do convento. Indicava autoridades religiosas, ouvia questões legais e disciplinava padres. Quando Ana ainda residia em Madrigal, Las Huelgas tornou-se o centro de uma luta de poder entre oficiais da Igreja e nobres. Felipe III envolveu-se, em 1609, e sugeriu que sua prima Ana assumisse como abadessa. Ela não estava bem, ele disse a seu embaixador em Roma, Madrigal sendo um lugar pobre e estéril, com serviços médicos inadequados. Ana ficaria melhor em Burgos, e Las Huelgas ficaria melhor com ela.[37] Felipe III lutou muito por ela, insistindo, em várias ocasiões, com seu embaixador que a promoção de Ana lhe causaria singular felicidade, forçando-o a conseguir que o papa aprovasse as instruções necessárias. Depois de muita correspondência e relutância, o papa finalmente permitiu que Ana trocasse a ordem agostiniana pela cisterciana. Em agosto de 1611, Ana de Austria foi nomeada abadessa perpétua, o mais alto posto feminino na Igreja espanhola.

No verão seguinte, no dia dedicado ao santo patrono da Espanha, Santiago, Ana deixou Madrigal acompanhada pelo bispo de Osma e membros da aristocracia local. Chegou a Burgos 10 dias depois, onde foi recebida cerimoniosamente pelo arcebispo e o capítulo da grande catedral, que a aguardavam junto com todo o conselho da cidade, o governador real e a aristocracia, todos vestidos em suas melhores roupas. No dia 7 de agosto, Ana foi para Las Huelgas e formalmente tomou posse, em meio a salvas de canhão, arcos triunfais, danças, música "e todo o tipo de festividades, mostrando o prazer e a alegria gerais".[38] A nova abadessa humildemente declinou da oferta de entrar por um portão reservado à realeza, dizendo que era apenas uma freira.

Segundo todos os relatos, a mulher que causou tanto tumulto em seu primeiro convento levou a paz e a estabilidade a Las Huelgas. Foi excelente líder, lutando pelos interesses de suas irmãs contra bispos poderosos. Quando necessário, Ana solicitava a ajuda de seu primo e rei, que a visitava em várias ocasiões e a continuou apoiando até sua morte, em 1618. Em 1615, Felipe III escreveu ao governador de Salamanca que, por alguma razão, tinha os velhos papéis de Llano, incluindo o arquivo do processo de Madrigal. Alguns desses papéis se referiam a Ana, disse o rei, e não era adequado que fossem vistos por pessoas de fora. Ele instruiu o oficial a juntar todos e os enviar a seu secretário de Estado.[39] O duque de Lerma provavelmente também a ajudou, por omissão se não por comissão; um de seus filhos casou-se com Luisa de Mendoza, herdeira da casa de Infantado. Outro dos partidários de Ana foi Antonio Zapata de Cisneros, arcebispo e mais tarde cardeal, vice-rei de Nápoles, inquisidor geral – e filho dos condes de Barajas. Sua mãe, a condessa María de Mendoza y Mendoza, era parte do ramo Coruña da família de onde vinha a mãe de Ana, também chamada María de Mendoza, e a quem ela havia pedido ajuda quando estava sozinha e morrendo com a filha bebê.

O biógrafo de D. Juan de Austria, Baltasar Porreño, não mencionou Ana nem sua irmã mais nova ao escrever sobre a vida do pai, mas dedicou o volume (e outros) a ela, a *excelentísima señora doña Ana de Austria*, a "perpétua, digna e abençoada" abadessa. Ana escreveu sua própria biografia, mas não existe mais nenhum exemplar. Um biógrafo de D. Juan no século XVII, Antonio Ossorio, disse que leu uma cópia pertencente à duquesa de Petrabona, portanto, sabia que as duas irmãs finalmente entraram em contato. Ossorio, por acaso, vivia no Instituto Jesuíta fundado por Luis de Quijada e Magdalena de Ulloa, os zeladores de Juan de Austria e de sua filha ilegítima Ana, que morreu em seu último lar, no dia 28 de novembro de 1629. Ela foi enterrada na capela construída em sua homenagem, aos pés da nave central do convento.

APÊNDICE
O Panfleto de 1683 e Outras Crônicas

Ao descrever os eventos ocorridos em Madrigal de las Altas Torres, frequentemente citei a *Historia de Gabriel de Espinosa*. Seu título completo é *Historia de Gabriel de Espinosa, pastelero en Madrigal, que fingió ser el Rey D. Sebastian de Portugal, y asismismo la de fray Miguel de los Santos, de la Orden de San Agustín, en el año de 1595*. Foi publicada em Jeréz, em 1683, em quarta e oitava edições, com vários títulos semelhantes. Vi cópias impressas deste panfleto na Biblioteca Nacional de Madri, na Real Academia de la Historia, em Madri, na Biblioteca Nacional de Lisboa, na British Library, na Newberry Library, na Hispanic Society of America e na Bancroft Library, da Universidade da Califórnia, em Berkeley. Desconheço os motivos para as variações entre as edições impressas ou se todos os panfletos foram na verdade publicados por Juan Antonio de Tarazona, como diz o título na folha de rosto.

Embora tenha sido publicado em 1683, obviamente foi escrito muito antes. No final do capítulo 3, citei um correspondente jesuíta, cujas palavras são repetidas exatamente no panfleto. Sua *relación* fragmentária, mantida na Real Academia de la Historia, foi escrita entre novembro de 1594 e fevereiro de 1595. Este provável autor do panfleto tem sido identificado como Fernando de la Cerda, reitor da faculdade jesuíta em Medina del Campo, que estava em Madrigal acompanhando Juan de Fuensalida, com quem Espinosa passou seus últimos dias. De la Cerda (ou quem quer que o jesuíta fosse) provavelmente escreveu o relato completo em 1595, seja impresso ou manuscrito. Ele morreu em 1605. Entre esta data e 1683, circularam diversos manuscritos sobre o caso Madrigal com similar e às vezes idêntica organização e conteúdo; tenho visto versões manuscritas na Biblioteca Nacional, em Madri (que possui 10), na biblioteca de El Escorial, na Real Biblioteca del Palacio, na Biblioteca Regional de Madri, no Instituto de Valencia de Don Juan, em Madri, na Real Academia de la Historia, nos arquivos da Torre do Tombo, em Lisboa, e na British Library.

Há razões para se duvidar da existência de um panfleto publicado em 1595, embora elas sejam especulativas.[1] Primeiro, não sobreviveram cópias, embora sempre existam bons motivos para elas terem desaparecido. Segundo, é improvável que um panfleto sobre assunto tão delicado tenha recebido autorização para ser publicado em 1595. Terceiro, dado que o título do panfleto de 1683 termina com as palavras "no ano de 1595", sugiro que alguém as confundiu com a data de publicação. E quarto, existe mesmo um panfleto de 1595 chamado *Histoire du patissier de Madrigal en Espagne*, publicado na França, mas não se trata de Sebastião, mas de D. Carlos, o filho prematuramente morto de Felipe II, uma confusão à qual se alude no capítulo 3, em que Pedro (também conhecido como Luís) Silva conta a conversa que ouviu num bar em Salamanca. Segundo os panfletos franceses, o padeiro era D. Carlos, que 26 anos antes fora escondido na Espanha rural por nobres que não queriam cumprir as ordens de Felipe II de matar seu filho. D. Carlos havia revelado sua identidade à prima em primeiro grau, Ana de Austria, que o protegia, segundo a versão que também inclui a prisão do padeiro por carregar uma quantidade suspeita de joias. (O panfleto não tem resolução, deixando o príncipe/impostor sentado numa bem guardada cela em La Mota por ordem do rei.) Bibliografias, entretanto, equivocadamente relacionam o panfleto francês como uma primeira versão de 1683.[2]

Assim como se volta atrás para acabar chegando à primeira publicação, faz-se o mesmo para encontrar a primeira menção de uma publicação que talvez não exista. A *History of Spanish Literature,* de George Ticknor, em 1863, que parece ser a origem do conto, diz que a história do *pastelero* "foi impressa pela primeira vez em 1595, em Cadiz".[3] O catálogo da coleção de livros que Ticknor deu à Boston Public Library se refere ao romance de 1835, *Ni Rey ni Roque,* de Patricio Escosura, como sendo "quase totalmente baseado na *Historia...,* cuja primeira edição foi impressa em Xerez, em 1595.[4] A bibliografia em três volumes de Benito Sánchez Alonso sobre a história da América Latina e da Espanha relaciona a edição de 1683 da *Historia de Gabriel de Espinosa* com uma nota que diz que "a primeira edição desta obra, uma transcrição do julgamento original, foi publicada em Madri em 1595 ou 1596".[5] Palau y Dulcet repetiu a afirmação na bibliografia de 1951 (embora também diga que uma versão do panfleto de 1683 foi publicada em Tarragona, uma provável confusão com o editor, chamado Tarazona).[6] Julián Zarco Cuevas também a repete em seu catálogo de Escorial.[7] Assim, os editores de subsequentes obras literárias sobre Madrigal geralmente enfiam a afirmativa numa nota de pé de página, sem nenhuma explicação; o editor de uma das mais famosas adaptações dramáticas da história de Madrigal, *Traidor, inconfeso y martir* (1849), de José Zorrilla, por exemplo, dá como uma das fontes de Zorrilla o panfleto de 1683, "revisão de uma das versões dos acontecimentos que apareceu em 1595 e 1596". O editor deixa claro que não está falando sobre manuscritos.[8]

Mary Elizabeth Brooks, autora do único outro relato em língua inglesa dos eventos em Madrigal, tacitamente aceitou a existência do panfleto perdido de 1595, embora reconhecesse as contraditórias informações bibliográficas. Ela argumentou que a versão do manuscrito não datada em El Escorial, *Tratado del Suceso del fingido Rey Don Sebastian, del qual hasta oy se supo qué hombre era, escrito por un Padre de la Compañia* (Z-IV-2), é, cronologicamente, a versão mais próxima do original. Ela chegou a essa conclusão comparando o arquivo do caso, o manuscrito de El Escorial e a publicação de 1683, estudando variantes e omissões.[9]

Panfleto ou não, notícias do caso Madrigal com certeza circulavam rapidamente. Luis Cabrera de Córdoba, por exemplo, escrevendo no início do século XVII, incluiu eventos e conversas em seu relato que não aparecem no arquivo do caso como ele sobreviveu, mas aparecem no panfleto de 1683. Assim, ou ele teve acesso privilegiado aos documentos, ou tinha visto uma versão do manuscrito. O mesmo é verdade para Conestaggio. Segundo o editor das obras do dramaturgo inglês George Peele, que em 1594 imprimiu uma peça sobre Alcácer-Quibir, "pelo menos já em 1598, o interesse pelo falso Sebastião havia chegado à Inglaterra, pois naquele ano foi registrado no Stationers Registers um livro ou panfleto chamado *Strange Newes of the Retourne of Don Sebastian*".[10]

Todas as versões manuscritas e impressas seguem um formato similar. Em geral, elas têm um prólogo, cerca de XVIII capítulos e cópias de muitas das cartas contidas neste livro. Muitas começam com as mesmas frases, que instruem o leitor que esta, e não as versões anteriores, é a verdadeira.

O prólogo de Escorial, repetido na maioria das outras versões, é o seguinte:

> Prólogo: Sendo os eventos que ocorreram em Madrigal no ano de 1595 tão conhecidos, e vendo que eles estão sendo recontados de modos muito diferentes, com diferentes versões e até se contradizendo sem falar a verdade sobre as mesmas coisas, decidi escrever um verdadeiro relato de tudo, desde o início, porque posso falar como testemunha ocular da maioria dos eventos e como alguém que estava lá na sua morte. Considerando coisas que ocorreram na sua vida e o resto, posso também tratar destes, sendo não menos certo, porque consultei pessoas confiáveis que o viram e o tocaram com as mãos.[11]

O prólogo impresso de 1683 é o seguinte:

Prólogo para o curioso e inquisitivo leitor: sendo os eventos que ocorreram na cidade de Madrigal, na antiga Castilha, no ano de 1595, tão conhecidos e os relatos dos eventos tão variados, divergindo nos mesmos pontos e todos eles tão distantes da verdade, decidi escrever uma exposição completa e verdadeira, começando do início, e posso garantir isso como uma testemunha ocular, tanto na época da morte como de muitas coisas que aconteceram em vida, e daquelas coisas que não vi tenho a mesma certeza porque consultei pessoas confiáveis que o viram e tocaram.[12]

Alguns manuscritos têm introduções totalmente diferentes; isso vale para BNM, MS 9324; RAH 9-3762/5 e ANTT, Miscelánea Manuscrito 964, por exemplo. A maioria dos relatos explica a estrutura da narrativa dizendo que, em vez de ordenar os eventos cronologicamente, o autor prefere apresentá-los como foram descobertos. E quase todos afirmam que Gabriel de Espinosa chegou em Valladolid (uns dizem em 1595, embora tenha sido em 1594) vestido como um homem comum, *con hábito y traje de hombre común*.

A história da publicação (ao contrário da história do manuscrito, que parece ter sido contínua) levanta questões para as quais não tenho respostas. Por que foi publicado em 1683? Por que em Jeréz? Quem se beneficiaria com esta publicação? E quem leria? A historiadora María José del Río me sugeriu que pensemos em D. Juan José de Austria, o filho bastardo de Felipe IV e meio-irmão do rei Carlos II. Seis anos antes de o panfleto ser publicado, em 1677, D. Juan José (que, como o famoso D. Juan de Austria anterior, foi criado sem saber que era um nobre) encenou um bem organizado golpe contra Carlos, que não tinha herdeiros – outra lembrança de como meios-irmãos podiam ser perigosos em épocas de crise dinástica. D. Juan José morreu de repente aos 50 anos, em 1679. Carlos governou mal por mais 20 anos e depois disso os Habsburgos espanhóis foram extintos finalmente. Portanto, é possível que houvesse um renovado interesse na década de 1680 por meios-irmãos e sucessões incertas.

O panfleto de 1683 foi reimpresso em 1785, desta vez por Alonso del Riego, em Valladolid. De novo, vale a pena perguntar o que levou um editor na época a considerar esta como uma aventura válida. O indiscutível reformador Bourbon, Carlos III, estava no trono, um herdeiro saudável estava no seu posto, o iluminismo espanhol estava acontecendo. Nenhuma obra literária que conheço sobre o assunto foi impressa em qualquer momento perto dessa data (a única versão do século XVIII a sobreviver foi a de José Cañizares [1706] e a seguinte foi a adaptação por Fredrick Reynolds, em 1812, da peça de John Dryden, de 1690). Portanto, não foi uma tentativa de pegar carona no sucesso literário alheio. Talvez fosse apenas porque leitores e editores continuavam gostando de uma boa história.

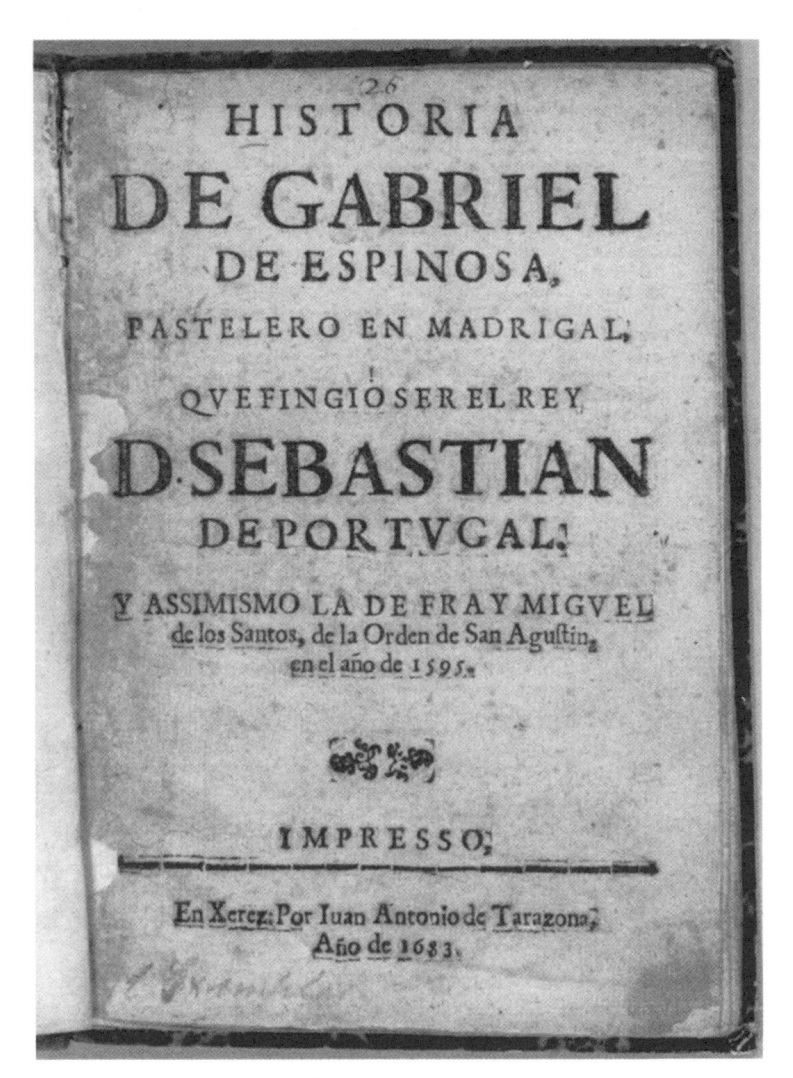

Capa do panfleto de 1683 "Historia de Gabriel de Espinosa, Pastelero en Madrigal, Que Fingió Ser El Rey D. Sebastian de Portugal." Cortesia da Bancroft Library, Universidade da Califórnia, em Berkeley.

AGRADECIMENTOS

Como sempre, é um prazer reconhecer o apoio de amigos e colegas. Eles me deram ideias, críticas, pistas, sustento, traduções, caronas, tempo, dinheiro, fotocópias e alojamento. Eles são Rayne Allinson, Javier Alvarez Dorronsoro, Jim Amelang, Laura Bass, Emilie Bergmann, Fernando Bouza, Heath Dillard, Ignacio Fernández Terricabra, Paula Findlen, Cornell Fleischer, José Luis García de Paz, Mike Hannigan, Tamar Herzog, Richard Kagan, Santiago Martínez Hernández, Satoko Nakajima, Ignacio Navarrete, Geoffrey Parker, madre Pilar, das madres agustinas de Nuestra Señora de Gracia, Carla e Wim Phillips, Teo Ruiz, Magdalena Sanchez, Lisa Surwillo, Tony Thompson e Jack Weiner.

Jeff Sklansky fez este livro acontecer, portanto tem o seu próprio parágrafo.

Entre os bibliotecários e arquivistas que não pouparam esforços para me ajudar estão Mary Munill e Ben Stone, na Green Library de Stanford; Luis Barrio Cuenca Romero, da Biblioteca Histórica Municipal de Madri; Isabel Aguirre, do Archivo General de Simancas; José Manuel Calderón, do Archivo de los Duques de Alba; Tony Bliss, da Bancroft Library, na Universidade da Califórnia, em Berkeley; John O'Neill da Hispanic Society of America; María Jesús Herrero Sanz, do Patrimonio Nacional; e os funcionários e bibliotecários da Newberry Library.

LISTA DE ABREVIAÇÕES

ACC	*Actas de las cortes de Castilla*
ADA	Archivo de los Duques de Alba (Madri)
AGS	Archivo General de Simancas
E	Sección Estado
PR	Sección Patronato Real
AHN	Histórico Nacional (Madri)
AHPA	Archivo Histórico Provincial de Ávila
AMAEC	Archivo del Ministerio de Asuntos Exteriores y de Cooperación (Madri)
ANTT	Arquivo Nacional da Torre do Tombo (Lisboa)
BL	British Library (Londres)
Eg.	Egerton
Add.	Additional manuscripts (Manuscritos adicionais)
BNL	Biblioteca Nacional (Lisboa)
BNM	Biblioteca Nacional (Madri)
CODOIN	*Colección de Documentos Inéditos para la Historia de España*, ed. Martín Fernández et al. 112 vols. Madri: Calera e outros, 1841-95
ESCORIAL	Real Biblioteca de San Lorenzo de El Escorial
FN	Fernán Nuñez Collection, Banc MS UCB 143, The Bancroft Library, Universidade da Califórnia, Berkeley
FZ	Fundación Francisco de Zabálburo y Basabe (Madri)
IVDJ	Instituto Valencia de Don Juan (Madri)
RAH	Real Academia de la Historia (Madri)
RBP	Real Biblioteca del Palacio (Madri)

NOTAS

Capítulo 1

1. Luís Vaz de Camões, *Os Lusíadas*. Canto 1, estrofe 6.

2. Harold B. Johnson, "A Horoscope Cast Upon the Birth of King Sebastian of Portugal (1554-1578)". *On-line* em http://people.virginia.ed/~hbj8n/horoscope.pdf.

3. A expressão é de Richard Kagan, de *Lucrecia's Dreams: Politics and Prophecy in Sixteenth-Century Spain* (Berkeley e Los Angeles: University of California Press, 1990), 3.

4. Luis Cabrera de Córdoba, *Historia de Felipe II, Rey de España*, ed. José Martínez Millán e Carlos Javier de Carlos Morales (Salamanca: Junta de Castilla y León, 1998), 2:756. A maioria das crônicas sobre a vida de Sebastião contam versões semelhantes das visões de sua mãe. Um conto similar de predestinação *in utero* foi contado sobre o príncipe Henrique, "o Navegador", que dizem ter "emergido da barriga da mãe abraçado a um simulacro da Santa Cruz, informação que o cronista [Gomes Eanes de Zurara] parece atribuir ao próprio Henrique [e que] foi vista como prova positiva de que a dedicação do jovem príncipe à religião e às cruzadas contra os infiéis foi preparada antes do nascimento" (Peter Russell, *Prince Henry 'the Navigator': A Life* [New Haven, CT: Yale Note Bene, 2001], 13). "Mouros" é uma tradução de *moros*, termo contemporâneo muito pouco científico que se refere aos povos do norte da África e, às vezes, aos muçulmanos em geral.

5. Gerónimo Gascón de Torquemada, *Compendio de los Reyes que ha tenido España desde Adam hasta el Rey don Phelipe el quarto, nuestro señor* (1625), FN, vol. 123, folhas 123v-129r. Sobre Juana, ver Anne J. Cruz. "Juana de Austria: Patron of the Arts and Regent of Spain, 1554-59", em Anne J. Cruz e Mihoko Suzuki, eds. *The Rule of Women in Early Modern Europe* (Urbana: University of Illinois Press, 2009), 103-22; José Martínez Millán, "Elites de poder en las cortes de las Monarquías española e portuguesa en el siglo XVI: Los servidores de Juana de Austria", *Miscelánea Comillas* 61, nº 118 (2003): 169-202; José Martínez Millán, "Familia real y grupos políticos: La princesa doña Juana de Austria (1535-1573)", em *La corte de Felipe II*, ed. José Martínez Millán (Madri: Alianza Universidad, 1994), 73-105.

6. *Epitome del compendio historeal de España de Garibay, recopilado por don Antonio Pelhcer [sic]...*, FN, vol. 88, livro 34, cap. 8, folha 829. Esta é uma cópia manuscrita de uma história do fim do século XVI sobre a Ibéria desde os romanos.

7. Fernand Braudel, *The Mediterranean and the Mediterranean World in the Age of Philip II* (Nova York: Harper and Row, 1973). No final do século XVII, o embaixador britânico, Alexander Stanhop, foi informado de que realmente Felipe II tinha desejado mudar a capital para Lisboa depois da anexação, mas que "os importantes de Castela não quiseram ouvir falar de residir tão longe de suas propriedades e vassalos". Ver Alexander Stanhope, *Spain under Charles the Second or Extracts from the Correspondence of the Hon. Alexander Stanhope, British Minister at Madrid, 1690-1699*, ed. Lord Mahon (Londres: Murray, 1844), 75-76.

8. Para os primeiros anos de vida de Sebastião, confiei em J. M. de Queiroz Velloso, *Don Sebastián, 1554-1578*. Trad. de Ramón de Carciaso (Madri: Espasa Calpe, 1943).

9. Ibid., 82.

10. Juan de Silva a Felipe II, 6 de março de 1576, AGB E, leg. 393. Amplamente citado (isto é, em Alfonso Dánvila, *Felipe II y el Rey Don Sebastián de Portugal* [Madri: Espasa Calpe, 1954], 298. Harold Johnson sugeriu que Sebastião foi sexualmente abusado por seus tutores ver "A Pedophile in the Palace or the Sexual Abuse of King Sebastian of Portugal (1554-1578) and Its Consequences", em *Pelo Vaso Traseiro: Sodomy and Sodomites in Luso-Brazilian History*, eds. Harold Johnson e Francis A. Dutra (Phoenix, AZ: Fenestra Books, 2006), 195-230; e *Camponeses e Colonizadores: Estudos de História Luso-Brasileira* (Lisboa: Editorial Estampa, 2002), 158-162. Não há dúvida de que o jovem Sebastião era rigidamente controlado por seu tutor e confessor, Luis Gonzalvez de la Cámara, e pelo irmão de Luis, Martín.

11. Frei Luis Nieto, *Relación de las guerras de Berbería y del suceso y muerte del Rey Don Sebastián*, em *CODOIN* (1891), 100:433. O relato de Nieto foi publicado pela primeira vez em francês, em 1579, e em português só 300 anos mais tarde. (Para *CODOIN* e outras abreviações usadas, ver a lista de abreviações que precedem as notas finais.)

12. Luis Vélez de Guevara, *Comedia famosa del Rey Don Sebatián*, ed. Werner Herzog (Madri, Anejos del Boletín de la Real Academia Española, 1972), 88-89, ll. 925-34): "Meu coração / não deseja tais coisas. / Gosto da guerra e não desejo / passar duas ou três horas / batendo meu corpo e meus pés / aos ritmos de um tolo. / Meu destino aponta para armas / e eu detesto o repouso, / e se gosto de caçar / é porque imita a guerra."

13. *Crónicas del Rey Dom Sebastião*, FN, vol. 147, fol. 146.

14. Silva, que ingressou na corte de Felipe como pajem em 1538, descendia de famílias importantes no círculo de conselheiros castelhano-portugueses da coroa espanhola. Ver Silva a Gabriel de Zayas, 1º de maio de 1576, AGS E, leg. 393, citado em Antonio Villacorta Baños-García, *Don Sebastián, Rey de Portugal* (Bar-

celona: Editorial Ariel, 2001), 56; Silva a Felipe II, 25 de maio de 1576, citado em Dánvila, *Felipe II y el Rey Don Sebastián,* 297; Borja a Silva, dezembro de 1575, AGS E, leg. 392, fol. 217, citado em Alfonso Dánvila y Burguero, *Don Cristóbal de Moura, Primer Marqués de Castel Rodrigo (1538-1613)* (Madri: Fortanet, 1900), 855.

15. Para um relato mais favorável, ver Rafael Valladares, *La conquista de Lisboa. Violencia militar y comunidad política en Portugal, 1578-1583* (Madri: Marcial Pons, 2008), cap. 7. Valladares argumenta que Sebastião estava menos interessado em Marrocos do que no restabelecimento do governo absoluto em Portugal, e que imperativos políticos, não anacronismos, governavam suas ações.

16. Valladares, *Conquista de Lisboa,* 212.

17. Diogo Barbosa Machado, *Memorias para a historia de Portugal, que comprehendem o governo del Rey D. Sebastião, unico em o nome, e decimo sexto entre os Monarchas Portugueses* (Lisboa: Officina de Joseph António da Sylva, 1736-51), 3:149. Barbosa não cita fontes. A conversa pode nunca ter ocorrido, é claro, mas foi descrita de uma forma ou de outra na maioria dos relatos contemporâneos sobre a vida de Sebastião. Ela aparece também em Queiroz Velloso, *Don Sebastián,* 97. Machado podia ter estado canalizando Camões, que naquele mesmo momento escrevia *Os Lusíadas*: "Outros a sede dura vão culpando / Do peito cobiçoso e sitibundo, / Que, por tomar o alheio, o miserando / Povo aventura às penas do profundo" (canto 4, estrofe 44). Na epidemia de 1569, ver Mario Da Costa Roque, "A 'peste grande' de 1569 em Lisboa", *Anais,* 2º serv., 28 (1982): 74-90.

18. A literatura sobre Lepanto é enorme; para Braudel, a espetacular batalha com poucas consequências imediatas (embora muitos efeitos secundários) foi um exemplo perfeito das limitações de *l'histoire événémentielle* (*Mediterranean,* 2: 1088-142). Para a comparação de Actium e o problema de narrar ações heroicas empreendidas para construir impérios, uma questão que tem relevância mais tarde para a batalha de Alcácer-Quibir, ver Elizabeth R. Wright, "Narrating the Ineffable Lepanto: The *Austrias Carmen* de Joannes Latinus" (Juan Latino), *Hispanic Review* 77, nº 1 (inverno de 2009): 71-91.

19. Antonio de Herrera y Tordesillas, *Historia general del mundo... del tiempo del Señor Don Felipe II el Prudente...* (Valladolid, 1606), 1:155.

20. Joaquim Veríssimo Serrão, *Itinerários de El-Rey D. Sebastião* (Lisboa: Academia Portuguesa de História, 1962); Dánvila, *Felipe II y el Rey Don Sebastián,* 275.

21. Cabrera de Córdoba, *Historia de Felipe II,* 2:756.

22. Barbosa Machado, *Memorias,* 3:603-4. Nenhuma fonte fornecida.

23. O relato inteiro está ligado ao fim de Barbosa Machado, *Memorias,* vol. 4. Não penso que exista um original. Partes, tiradas de Barbosa Machado, aparecem em Queiroz Velloso, *Don Sebastián,* 153. Ver também Herrera y Tordesillas, *Historia general,* 1:155.

24. Miguel de Cervantes, *Los baños de Argel* (Madri: Taurus, 1983), 140. Malik foi um personagem nesta pequena peça, publicada em 1616. Cervantes in-

gressou no exército da Santa Liga e passou quatro anos lutando no Mediterrâneo com D. Juan de Austria. Foi capturado por piratas em 1575 e mantido cativo em Argel por cinco anos.

25. Lope de Vega, "La tragedia del Rey don Sebastián y Bautismo del Príncipe de Marruecos", na *Biblioteca de Autores Españoles*, vol. 225 (Madri: Atlas, 1969), 124.

26. Manuel Fernández Alvarez enfatiza o extraordinário fato de Felipe ir para Guadalupe. Ao contrário do pai, Felipe preferia mandar enviados para falar com outros governantes. Ver "Objetivo: Lisboa. La unión de Portugal y Castilla bajo Felipe II", em *Las relaciones entre Portugal y Castilla en la época de los descubrimientos y la expansión colonial* (Salamanca: Ediciones Universidad, 1994). Um relato ficcional do final do século XVII sobre a vida e a morte de Sebastião diz que Felipe levou com ele sua filha Catalina Micaela para tentar Sebastião – decididamente mentira: ver Ferrand Spence. *Don Sebastian, King of Portugal. An Historical Novel in Four Parts* (Londres: Editado por R. Bentley and S. Magnes, 1683), 119.

27. "Relación de las vistas [sic] de los Reyes Don Phelipe 2 y Don Sebastian en Nuestra Señora de Guadalupe, año de 1576". Hispanic Society of America (Nova York), HC 411-209, 15r-17v. Para uma descrição da viagem de Sebastião, ver Barbosa Machado, *Memorias*, 1:55-63.

28. "Copias del gran peña sobre los dichos de los portugueses en Guadalupe", em Antonio Rodríguez Moñino, *Viaje a España del Rey Don Sebastián de Portugal (1576- 1577)* (València: Editorial Castalia, 1956), 127. Este livro inclui uma transcrição da "Relación escrita por un músico de la Real Capilla y enviada por éste a un señor de Toledo", 87-114, e outros relatos contemporâneos. A "Relación" também pode ser encontrada em *Relaciones históricas de los siglos XVI y XVII* (Madri: Sociedad de Bibliófilos Españoles, 1896), 114-152; e em RAH, Salazar N-44, folhas 407-21v. Minhas citações e descrições vêm de Rodriguez Moñino e da "Relación". Ver também Queiroz Velloso, *Don Sebastián*, 175, para outros relatos.

29. Joachim Romero de Cepeda, *Famossisimos Romances. El primero trata de la venida a Castilla del muy alto y muy poderoso señor don Sebastián primero...* (fac-símile de 2009 do panfleto original de 1577; Badajoz: Ayuntamiento de Badajoz, 2009).

30. Vélez de Guevara, *Comedia famosa*, 105, Il. 1410-14.

31. Boa parte da correspondência relacionada aos planos de casamento está em *CODOIN*, vol. 2, com esparsas referências nos vols. 26 e 27. Os originais estão principalmente em AGS E, legs. 385-88. Ver Queiroz Velloso, *Don Sebastián*, cap. 5, sobre as negociações.

32. Fernando Carrillo a Gabriel de Zayas, 22 de setembro de 1569, *CODOIN*, 28:543.

33. Sebastião a Juana, 27 de setembro de 1569. Ibid., 552.

34. Fernando Carrillo a Gabriel de Zayas, 22 de setembro de 1569, ibid., 521.

35. Borja a Felipe, 24 de janeiro de 1570, citado em Dánvila, *Felipe II y el Rey Don Sebastián*, 189. O biógrafo de Sebastião fala a respeito dos contos mais extra-

vagantes relacionados aos supostos interesses amorosos de Sebastião nessa época. Por exemplo, ele estava na verdade apaixonado por uma princesa moura com quem se encontrou durante o episódio de 1574, em Tânger, e recebia mensagens dela por intermédio de um mensageiro com quem Sebastião se encontrava numa praia perto de Lisboa. Ou ele estava apaixonado pela nobre Juliana de Lencastre (Lancaster), cujo pai, o duque de Aveiro, foi mais tarde morto em Alcácer-Quibir. Ou ele estava apaixonado por Juana de Castro, outra nobre. Ver Queiroz Velloso, *Don Sebastián*, 141-42.

36. Silva a Felipe, 20 de março de 1576, citado em Dánvila, *Felipe II y el Rey Don Sebastián*, 297.

37. RAH, Salazar, N-44, folhas 421r e 418v.

38. Para o estado de Sebastião, ver Rodríguez Moñino, *Viaje a España del Rey Don Sebastián*, 62. Para o gato e a cisterna, ver RAH, Salazar, N-44, folhas 408r e 419r. Para as condições de Felipe, ver Rodríguez Moñino, *Viaje a España del Rey Don Sebastián*, 62. Para o plano de Sebastião de partir cedo, ver Baltasar Porreño, *Dichos y hechos del Señor Rey Don Felipe Segundo...* (Madri: Melchor Sánchez, 1663), folhas 61v-62r.

39. Silva, citado em Joaquim Veríssimo Serrão, *Itinerarios de El-Rey D. Sebastián* (Lisboa: Academia Portuguesa da História, 1962), 2:169. Aldana, a quem Cervantes chamou de "El Divino", foi recentemente chamado de "o melhor poeta dos meados do século" na Espanha; ver Julian Weiss, "Renaissance Poetry" em *The Cambridge History of Spanish Literature*, ed. David T. Gies (Cambridge: Cambridge University Press, 204), 165. As tentativas de Aldana de dissuadir Sebastião estão em geral incluídas nas crônicas e obras literárias sobre Alcácer-Quibir.

40. Silva a Felipe II, 16 de janeiro de 1578, *CODOIN*, 39:479. Um apelo a Sebastião, circulado publicamente, para que desistisse foi escrito pelo bispo de Silves: ver Jerónimo Osorio, *Cartas portuguezas de D. Hieronymo Osorio* (Paris: P. N. Rougeron, 1819), 3-17.

41. Medinaceli a Felipe II, RAH, Salazar y Castro, M-20, folha 95; ver também BNM, MSS 12866, *Papeles referentes al gobierno del Rey Sebastián I de Portugal y las expediciones a la India y Africa*, fol. 440v.

42. Anônimo, *Crónica do Xarife Mulei Mahamei e d'el rei D. Sebastián, 1573-1578*, ed. Francisco de Sales de Mascarenhas Loureiro (Odivelas: Heuris, 1987), 83. O autor desta crônica, um membro do círculo de D. António, escreveu o relato em Fez, depois de ser levado como prisioneiro.

43. Gerolamo Franchi di Conestaggio, *The historie of the uniting of the kingdom of Portugall to the crowne of Castill...* (Londres: Impresso por A. Hatfield para E. Blount, 1600), 15. Essa crônica foi publicada pela primeira vez em Gênova, em 1585, e foi ampla e rapidamente traduzida e disputada. Nunca foi traduzida para o português. Supõe-se que a principal fonte de Conestaggio tenha sido Juan de Silva; alguns autores afirmaram que Silva de fato a escreveu. A descarada repetição da crônica sobre a maquiavélica abordagem de Felipe à

anexação levou o rei a proibir a sua circulação. Seu tom crítico incitou um cronista português a replicar com sua própria versão ferozmente patriótica, *A Jornada d'África. Resposta a Jeronymo Franqui e a outros...* (1607; Porto: Imprensa Recreativa do Instituto Escholar de S. Domingos, 1878). Um tom similarmente combativo aparece em Sebastián de Mesa, *Iornada de Africa por el Rey Don Sebastián y Unión del Reyno de Portugal a la Corona de Castilla* (Barcelona: Pedro Lacavallería, 1630); o autor, um oficial da Inquisição, era espanhol, mas admirava o sacrifício do monarca português pela fé.

44. Mesa, *Iornada de Africa*, 48.

45. Frei Antonio San Román de Ribadeneyra, *Jornada y muerte del rey Don Sebastián de Portugal, sacada de las obras del Franchi, ciudadano de Genova, y de outros muchos papeles auténticos* (Valladolid: Por los herederos de Juan Yñiguez de Lequerica, 1603), 40-42. Sobre a reação ao cometa, ver Barbosa Machado, *Memorias*, 4:177-87.

46. Hieronymo Muñoz Valenciano, *Libro del nuevo cometa y del lugar donde se hazen...* (Valência, 1573). Muñoz foi professor de hebraico e matemática na Universidade de Valência.

47. San Román, *Jornada y muerte*, 40-42.

48. Baltasar Gracián, *Agudeza y Arte de Ingenio*, ed. Evaristo Correa Calderón (Madri: Clásicos Castalia, 1969), 1:190-91.

49. Fernando de Goes Loureiro, *Breve Summa y Relación de las Vidas e Hechos de los Reyes de Portugal, y cosas succedidas en aquel Reyno desde su principio hasta el año de MDXCV* (Mântua: Osana, 1596). Este livro também foi escrito para confrontar o de Conestaggio.

50. Pero Roiz Soares, *Memorial*, ed. M. Lopes de Almeida (Coimbra: Universidade de Coimbra, 1953), 90. Esta crônica antiespanhola sobre cujo autor nada parece se conhecer, foi escrita no início do século XVII. O original está em BNL, Fundo Geral MS 938.

51. Fr. Bernardo da Cruz, *Crónica del-Rey D. Sebastián*. Bibliotheca de Clásicos Portuguezes, vol. 36 (Lisboa: Escriptorio, 1903), 111-3. Outros relatos dizem que os soldados no céu apareceram no dia da batalha; ver Lucette Valensi, *Fables de la Mémoire: La glorieuse bataille des trois rois* (Paris: Editions du Seuil, 1992), 140, citando Thome Roiz Quaresma, "Memórias históricas de Portugal dos Reynados del El Rey D. Sebastião, do Cardeal Rey D. Henrique e dos Phelipes", BNL, cod. 591, fol. 85. Penamacor, talvez não por coincidência, foi onde surgiu o primeiro Sebastião falso, dois anos antes que Cruz escrevesse sua crônica.

52. Silva a Zayas, 12 de novembro de 1577, de AGS E, leg. 394, fol. 278, citado em Veríssimo Serrão, *Itinerários*, 2:177.

53. Escorial, L.I.12, 173-76.

54. ANTT, Gaveta XVI, 3-21, 14 de março de 1578; Barbosa Machado, *Memorias*, 4:279.

55. Anônimo, *Crónica do Xarife*, 87.

56. *CODOIN*, 40:9.

57. Ibid., 40. A correspondência de Silva desses meses está nos vols. 39-40 e 59; os originais estão em AGS E leg. 396. Algumas cópias também estão em *Papeles referentes al gobierno*; RAH, Salazar y Castro Z-9; e em *Les sources inédites de l'histoire du Maroc de 1530 a 1845*, Espagne, vol. 3 (Paris: E. Leroux, 1961).

58. Nieto, *Relación de las guerras*, 454-55.

59. *Papeles referentes al gobierno*, fol. 85.

60. *Crónicas del Rey Don Sebastián*, FN, vol. 147, fol. 147. A bela esposa de Malik foi ficcionalizada por Cervantes como Zoraida em *Don Quixote*, vol. 1, cap. 40.

61. Ver Queiroz Velloso, *Don Sebastián*, 242-45, para uma discussão das cartas e suas traduções.

62. Barbosa Machado, *Memorias*, 4:198-99. Barbosa Machado diz que Sebastião não respondeu. Malik também escreveu a Felipe II mais ou menos nesta época, pedindo-lhe para impedir a expedição.

63. *Papeles referentes al gobierno*, fol. 12-14.

64. Existem múltiplas e variadas cópias em BNM; BL; Escorial; RAH; Hispanic Society of America (Nova York); ANTT; *Les sources inédites...* (*Espagne*, 3:424-27); a maioria das crônicas; e em fontes secundárias modernas. Não sei em que língua Malik escreveu as suas cartas. Estou citando baseado em BL., 357, nº 7; e BNM, MS 773, fols. 135v-137r, ambas em espanhol.

65. Anônimo, *Crónica do Xarife*, 87.

66. Os homens foram o arcebispo de Lisboa, João Mascarenhas e Francisco de Sá de Menezes. O testamento de Sebastião, redigido no dia 13 de junho de 1578, está em Antonio Caetano de Sousa, *Provas da história genealógica da casa real portuguesa* (Coimbra: Atlântida, 1948), 3:249-58; e em Barbosa Machado, *Memorias*, 4:55-63 (páginas amarradas no final do volume). Sousa, cujo livro foi publicado pela primeira vez em 1744 e, portanto, talvez seja a fonte para Barbosa Machado, diz que o testamento é falso.

67. Nieto, *Relación de las guerras*, 439-40. Uma lista preliminar dos nobres e fidalgos portugueses convocados está em Joaquim Veríssimo Serrão, "Documentos inéditos para a história do reinado de D. Sebastião", *Boletim da biblioteca da Universidade de Coimbra*, 24 (1960): 236-43.

68. Juan de Silva a Felipe II, 1º de junho de 1578, *CODOIN*, 40:26, Anônimo, *Crónica do Xarife*, 162.

69. Anônimo, *Historia de Portugal desde el tiempo del Rey Don Sebastián...* BL Eg., 522, fol. 26. No catálogo BL, Pascual de Gayangos atribuiu esta crônica a Juan de Villegas.

70. Camões, *Lusíadas*, canto 4, estrofe 84.

71. *Ayer fuiste rey de Hespaña, Oy no tienes un castillo*, a anedota está relatada com frequência, aqui por Manoel dos Santos, *Historia sebastica, contem a vida do augusto principe e senhor D. Sebastião, Rey de Portugal* (Lisboa: A. Pedrozo Galram, 1735), 436.

72. A acidentada partida aparece em todos os relatos; BL Eg., 522, *Historia de Portugal*, fol. 26; Anônimo, *Crónica do Xarife*, 89; *Crónicas del Rey Don Sebas-*

tián, FN, vol. 147, fol. 149; Conestaggio, *Historie*, 29; e Cruz, *Crónica del-Rey D. Sebastião*, 112-3. Um sermão pregado pela partida dos navios pode ser encontrado em BL Add. 28.483, fol. 232-35v. A *Comedia famosa del Rey Don Sebastián* de Vélez de Guevara baseia-se em Conestaggio, colocando passagens inteiras na boca de seus personagens, inclusive um relato da partida falado por D. António, o prior do Crato.

73. Camões, *Lusíadas*, canto 4, estrofe 89; canto 5, estrofe 1; canto 4, estrofe 97. O primeiro "Soledad" (381-85) do poeta barroco espanhol, Luis de Góngora, também retrata um velho chorando e se lamentando enquanto a frota imperial parte: "Estes monstros das profundezas com tábuas como escamas / mais traiçoeiros do que o presente de madeira da Grécia / que levou fogo e confusão às muralhas de Troia, / transportaram tanta dor / aos mundos tantos oceanos distantes!" (trad. da versão em inglês do original deste livro). Mais tarde (409-11) ele lamenta, "Hoje a ganância está ao leme / não de navios isolados apenas / mas de inteiras frotas inquietas". (Trad. idem). De Luis de Góngora, *Selected Poems*, ed. e trad. para o inglês de John Dent-Young (Chicago: University of Chicago Press, 2007). O poema data de cerca de 1610.

74. Silva a Felipe II, 6 de julho de 1578, *CODOIN*, 40:58-63, de AGS E, leg. 396. Asilah também é escrito como Arcila, Arzila e Asila.

75. Conestaggio diz que Vimioso era a favor de marchar para o interior, mas ele é o único cronista a dizer isso. Dado que a principal fonte de Conestaggio foi Juan de Silva, que por boas razões não gostava de Vimioso e de sua família, Queiroz acredita que Conestaggio está errado. Ver Queiroz Velloso, *Don Sebastián*, 237. Existe uma suposta transcrição *verbatim* do argumento de Vimioso em Barbosa Machado, *Memorias*, 4:346-51.

76. Barbosa Machado diz que Sebastião ordenou a prisão de um renegado que apareceu em seu acampamento com notícias sobre o tamanho do exército de Malik (*Memorias*, 4:352).

77. RAH, Salazar y Castro K-19, fol. 7-12. Esta crônica anônima maravilhosamente descritiva, mais conhecida como "Los ytenes de Portugal" (e assim citada daqui em diante) ou "Respuesta que se hizo a una carta de un abbad de la Vera" está amplamente reproduzida; ver também *Les sources inédites* (*Espagne*, 3:476-488); António Sérgio, ed., *O Desejado: Depoimentos de contemporaneos de D. Sebastião sobre este mesmo rei e sua jornada de Africa* (Paris e Lisboa: Livrarias Aillaud e Bertrand, 1924), 13-36; e Miguel Angel de Bunes Ibarra e Enrique García Hernán, "La muerte de D. Sebastián de Portugal y el mundo mediterráneo de finales del siglo XVI", *Hispania* 54, nº 187 (maio/agosto de 1994), 463-65, retirados da Biblioteca Casanatense de Roma.

78. Conestaggio, *Historie*, 31; Mesa, *Iornada de Africa*, fol. 46. O cronista escreveu também sobre Malik, "Vendo que não conseguia chegar a um acordo com o rei católico, ele determinou se defender [embora ele] soubesse muito bem que é melhor ter um acordo ruim do que uma boa guerra"(BL Eg. 522, *Historia de Portugal*, fol. 27v).

79. Silva a Felipe II, 17 de julho de 1578, AGS E, leg. 396, fol. 79, citado em Veríssimo Serrão, *Itinerários*, 2:223.

80. E. W. Bovill diz que Malik recebeu entre 60 mil a 70 mil homens; ver *The Battle of Alcazar. An Account of the Defeat of Don Sebastián of Portugal at El-Ksar el-Kebir.* (Londres: The Batchworth Press, 1952), 110. Queiroz estima que ele tinha 50 mil (*Don Sebastián*, 278); "Los ytenes de Portugal" diz que havia 120 mil.

81. Camões, *Lusíadas*, canto 1, estrofe 17.

82. Alba a Sebastião, 22 de julho de 1578, RAH, jesuítas, vol. 188, *Floreto de anécdotas y noticias diversas que recopiló un fraile dominico residente en Sevilla a mediados del siglo XVI*, fol. 177. A carta também aparece em *Papeles referentes al gobierno*, fol. 33v; Hispanic Society of America (Nova York) HC4111/209, *Papeles varios sobre acaecimientos políticos y eclesiasticos de los reinados de Felipe II, Felipe III y Felipe IV*, fol. 18, Vélez de Guevara, *Comedia famosa*, 130-31; e BNM, MS 1753, *Description de las cosas sucedidas en los Reynos de Portugal desde la Jornada que el Rey Don Sebastián hizo en Africa...*, fol. 11.

83. *Sucesos notables...*, FN, vol. 72, fol. 191.

84. *Papeles referentes al gobierno*, fol. 38.

85. Juan Bautista de Morales, *Jornada de Africal del Rey Don Sebastián de Portugal* (Sevilha, 1622), fols. 38-38v; em *Tres relaciones históricas: Gibraltar, Los Xerves, Alcácer-Quibir* (Madri: Imprenta de M. Ginesta Hermanos, 1889). O livro é em grande parte uma celebração dos jesuítas.

86. Nieto, *Relación de las guerras*, 448.

87. *Papeles referentes al gobierno*, fol. 51v.

88. "Los ytenes de Portugal", RAH, Salazar y Castro K-19, fols. 7-12. Para descrições em inglês da batalha, ver Bovill, *Battle of Alcazar*, e Weston F. Cook Jr., *The Hundred Years War for Morocco: Gunpowder and the Military Revolution in the Early Modern Muslim World* (Boulder, CO: Westview Press, 1994), cap. 9. Em francês, ver Valensi, *Fables de la Mémoire*, 26-35. Os relatos de testemunhas oculares em português são de Jerónymo de Mendonça, Fr. Bernardo da Cruz e Miguel Leitão de Andrade, cujas obras estão coletadas em Sérgio, *O Desejado*. José Maria de Queirós Veloso contesta a identidade de Cruz; ver o seu "Fr. Bernardo da Cruz e a 'Chronica d'el rei D. Sebastião'", em *Estudos históricos do século XVI* (Lisboa: Academia Portuguesa da Historia, 1950), 137-96, um estudo de todas as crônicas.

89. Queiroz Velloso, *Don Sebastian*, 246-47, a respeito de teorias sobre o envenenamento.

90. Sobre a morte de Sebastião, ver Nieto, *Relación de las guerras*, 451; Conestaggio, *Historie*, 50-51, *Sucesos notables...* FN, vol. 72, fols. 199-205v; San Tomán, *Jornada y muerte*, 157-66; Morales, *Jornada de Africa*, 49-55.

91. "Los ytenes de Portugal".

92. Luis Coello de Barbuda, *Empresas militares de Lusitanos* (Lisboa: Pedro Craesbeek, 1624), 297v.

93. "Aqueles mortos no final da era medieval e início da era moderna estavam sempre nus porque unidades especializadas os despiam imediatamente de suas

roupas e armas para revenda" (Valentin Groebner, *Who Are You? Identification, Deception, and Surveillance in Early Modern Europe*, trad. de Mark Kyburz e John Peck [Nova York: Zone Books, 2007], 96). Para um resumo de todas as evidências a respeito do corpo de Sebastião, ver Pedro José de Figueiredo, *Carta em resposta de certo amigo da cidade de Lisboa a outro da villa de Santarém, em que se lançam os fundamentos sobre a verdade ou incerteza da morte d'El Rei D. Sebastião* (Lisboa: Off. de João Evangelista Garcez, 1808).

94. Nieto, *Relación de las guerras*, 453. Sobre a relação entre os corpos do rei Sebastião e São Sebastião, ver Marsha Swislocki, "De cuerpo presente: El Rey don Sebastián en el teatro áureo", em *En torno al teatro del Siglo de Oro (Actas)* (Almería: Instituto de Estudos Almerienses, 1999), 45-54; e Marsha Swislocki, "Cuerpo de santo, cuerpo de Rey: El 'martirio' del rey Don Sebastián en la literatura áurea", em *Homenaje a Henri Guerreiro. La hagiografia entre historia en la España de la Edad Media y del Siglo de Oro*, ed. Marc Vitse, 1059-68 (Madri: Iberoamericana, 2005).

95. A devolução do corpo é recontada em San Román, *Jornada y muerte*, 166. Em algum momento em 1579, Felipe II enviou um novo embaixador a Marrocos e instruiu Silva para lhe dizer que contasse ao xeque o quanto Felipe apreciara sua generosidade e cortesia em entregar o corpo de Sebastião, o que foi informado a Felipe por intermédio de Andrea Gasparo Corso; ver "Instruccion que mandó formar Su Magestad al Conde", sem data, RAH, Z-9, fol.108, ver também Silva a Zayas, 4 de outubro de 1578, AGS E, leg. 396, fol. 87, citado em Veríssimo Serrão, *Itinerários*, 2:223.

96. BL Eg. 522, *Historia de Portugal*, 47. Os últimos versos de *Os Lusíadas* de Camões também comparam Alexandre e Sebastião. E, na *Comedia famosa*, 76, l.515, de Vélez de Guevara, o xeque pergunta: "O seu rei é poderoso?" "Ele é outro Alexandre", responde um português. A comparação era tentadora, em vista da natureza voluntariosa, da bravura e morte prematura dos jovens líderes, mas o desagradável despotismo de Alexandre fez dele "uma arma perigosa que sempre ameaçava cortar de ambos os lados". Ver Vincent Barletta, *Death in Babylon: Alexander the Great and Iberian Empire in the Muslim Orient* (Chicago: University of Chicago Press, 2010), 23.

97. Paul Fussell, *The Great War and Modern Memory* (Oxford: Oxford University Press, 1975), 29-35; Valensi, *Fables de la Mémoire*, 142, faz uma comparação semelhante.

98. Sebastián de Covarrubias Orozco, *Tesoro de la Lengua Castellana o Española* (Madri: Editorial Castalia, 1995).

99. Aviso de Antonio Manso, em *Les sources inédites* (Espagne, 3:451).

100. BL Add 28.262, fols. 632-35v, citado por Geoffrey Parker, *Felipe II: La biografía definitiva* (Madri: Planeta, 2010), 708; *Memorias de Fray Juan de San Gerónimo*, CODOIN, 7:229-34.

101. *Sucesos notables...*, EN, vol. 72, fols. 211-11v.

102. Para a visão de Teresa, ver Barbosa Machado, *Memorias*, 4:425-27. O bispo, na verdade, foi morto na batalha. A atormentada Teresa encontrou con-

solo jurando fundar casas carmelitas no Portugal martirizado (Santos, *Historia sebástica*, 431-32).

103. João Francisco Marques, *A parenética portuguesa e a dominação filipina* (Porto: Instituto Nacional de Investigação Científica, 1986), 29, citando José de Castro, *D. Sebastião e D. Henrique* (Lisboa: Tip. União Gráfica, 1942), 188, que cita uma carta ao Vaticano de Roberto Fontana em Lisboa, 18 de agosto de 1578. De fato, o duque de Aveiro (Jorge de Lencastre) foi morto; o mesmo aconteceu com o poeta Francisco de Aldana, Cristóvão de Távora e seu irmão, e o famoso soldado mercenário inglês Thomas Stukeley. Ver Bunes Ibarra e García Hernán "La muerte", 458, citando a partir do Archivo Secreto Vaticano, Nunciatura de Portugal. O artigo tem um relato detalhado da imediata recepção das notícias.

104. "Los ytenes de Portugal." Lucrecia de León (ver capítulo 4) teve a visão de um apocalipse que "transformaria a Espanha numa Troia" (María V. Jordán Arroyo, *Soñar la Historia: Riesgo, creatividad y religión en las profecías de Lucrecia de León* [Madri: Siglo XXI, 2007], 3). Foi o fundador de Lisboa, Ulisses, "por cujo engano foi Dardânia acesa" (Camões, *Lusíadas*, canto 3, estrofe 57).

105. *Sucesos notables*..., FN, vol. 72, fol. 211v.

106. Conestaggio, *Historie*, 56-57.

107. St. Teresa a frei Jerónimo Gracian, 19 de agosto de 1578, em *Cartas*, 3ª ed., 2:342, Maestros Espirituales Carmelitas (Burgos: Editorial Monte Carmelo, 1983).

108. Matthews, *News and Rumor*, 50.

109. Tucídides, *History of the Peloponnesian War*, 8.1.

110. Plutarco, *Nícias*.

111. Margaret Meserve, "News from Negroponte: Politics, Popular opinion, and Information Exchange in the First Decade of the Italian Press", *Renaissance Quarterly*, 59, nº 2 (2006), 449-51, citando crônicas contemporâneas.

112. "Relación del llanto y ceremonias que se hicieron por la muerte del rey de Portugal...", RAH, Salazar N-4, fols. 60-61; Juan de Baena Parada, *Epítome de la vida, y hechos de Don Sebastian Dezimo Sexto Rey de Portugal y Unico deste Nombre*... (Madri: Antonio Gonzalez de Reyes, 1692), fols. 155-57.

113. *Crónicas del Rey Dom Sebastião*, FN, vol. 147, fol. 40; também em Roiz Soares, *Memorial*, 104-5. Aqui, e o tempo todo, uso a versão espanhola do nome do frei, em vez da portuguesa, dos Santos. Segundo as versões da crônica encontradas na Torre do Tombo (p. 238) e no Escorial (p. 27) (a *Historia de Gabriel de Espinosa*), frei Miguel disse que Sebastião assistiu a seu próprio funeral: "Padre, eu me vi enterrado."

114. A BNL tem dois sermões de Alvares para Sebastião, MSS 3030 e 6590, fols. 49-56. Eles estão em Marques, *A parenética portuguesa*, 29-38, 349-50. Também se encontram trechos transcritos em Queirós Veloso, *A perda da independência*, vol. 1, *O reinado do Cardeal D. Henrique* (Lisboa: Empresa Nacional de Publicidade, 1946), 26-30; Jacqueline Hermann, *No Reino do Desejado. A construção do sebastianismo em Portugal, séculos XVI e XVII* (São Paulo: Compa-

nhia das Letras, 1998), 159; e Francisco Caeiro, *O arquiduque Alberto de Austria, vice-rei de Portugal* (Lisboa, 1961). O sermão inteiro de 19 de setembro (*sic*) atribuído a frei Miguel está em Camilo Castelo Branco, *As virtudes antigas; ou a freira que fazia chagas e o frade que fazia reis* (1868; 2ª ed., Lisboa: Livraria de Campos Junior, 1904), 89-116, citando uma cópia em sua posse. Um relato do funeral de 8 de outubro de 1578 para Sebastião em Madri, na presença da família real, está em AHN, Nobleza, Frias 24/105, fols. 65-69. A transcrição desse sermão (9 de outubro) está em ADA, caja 115, nº 88.

115. Peter McNiven, "Rebellion, Sedition and the Legend of Richard II's Survival in the Reigns of Henry IV and Henry V", *Bulletin of the John Rylands University Library of Manchester* 76, nº 1 (primavera de 1994): 93-117.

116. BNM MS 12866, fol. 321; Porreño, *Dichos e hechos*, fol. 103. Felipe II igualmente recolheu os corpos de sua dinastia por toda a Espanha para voltar a enterrá-los em El Escorial; ver Carlos Eire, *From Madrid to Purgatory: The Art and Craft of Dying in Sixteenth-Century Spain* (Cambridge: Cambridge University Press, 1995), 260.

117. Luis de Herrera a Felipe II, *Les sources inédites* (*Espagne*, 3:457).

118. Moura a Felipe II, 26 de agosto de 1578, *CODOIN*, 40:136-140. A referência ao irmão de Moura aparece numa carta ao rei citada em Fernando Bouza, ed., *Cartas de Felipe II a sus hijas* (Madri: Akal, 2008), 59. Sobre Moura, ver Dánvila, *Don Cristóbal de Moura*. O historiador espanhol Santiago Martínez Hernández está preparando uma nova biografia deste diplomata e mensageiro que se tornou vice-rei de Portugal no reinado de Felipe III.

119. *Papeles referentes al gobierno*, fol. 68.

120. A história de Asilah aparece por toda a parte; aqui estou usando Herrera y Tordesillas, *Historia general*, 1:345-46; e Morales, *Jornada de África*, fols. 57-58.

121. *Crónicas del Rey Dom Sebastião*, FN, vol. 147, fol. 40.

122. Martha Walker Freer, *The Married Life of Anne of Austria, Queen of France, Mother of Louis XIV. And Don Sebastian, King of Portugal*. Historical Studies, vol. 2 (Londres: Tinsley Brothers, 1864), 405. Esta história tem sequência no relato do falso Sebastião de Veneza, sobre o qual ver H. Eric R. Olsen, *The Calabrian Charlatan, 1598-1603: Messianic Nationalism in Early Modern Europe* (Nova York: Palgrave Macmillan, 2003).

123. Spence, *Don Sebastian, King of Portugal*, livro 4.

124. José Pereira Bayão, *Portugal cuidadoso, e lastimado com a vida, e perda do senhor rey Dom Sebastião, o desejado de saudosa memoria* (Lisboa: Officina de Antonio de Sousa da Sylva, 1737), 723.

125. *Historia de Gabriel de Espinosa, Pastelero en Madrigal, que fingió ser el rey Don Sebastian de Portugal, y asimismo la de Fray Miguel de los Santos, en el año de 1595* (Jeréz: Juan Antonio de Tarazona, 1683), 15 (daqui em diante citado como *Historia de Gabriel de Espinosa*).

126. AGS E, leg. 173, doc. 226; Mary Elizabeth Brooks, *A King for Portugal: The Madrigal Conspiracy 1594-95* (Madison: University of Wisconsin Press,

NOTAS   303

1964), 92-93, 109; Miguel d'Antas, *Les faux Don Sébastien, Etude sur l'histoire de Portugal* (Paris: Chez Auguste Durand, libraire, 1866), 147-57. Para um relato bem mais detalhado da história dos Mendes do que esse no arquivo em si, ver *Historia de Gabriel de Espinosa*, 23-26.

127. *Historia de Gabriel de Espinosa*, 11-13. No seu testemunho de 1594-95, frei Miguel às vezes dizia que Sebastião estava vivo e às vezes que estava morto. Essa lista de nove itens, que também aparece nas versões manuscritas da crônica, não fazia parte do arquivo do processo. Pode ter existido numa edição supostamente anterior do panfleto, ou em documentos do processo que não sobreviveram, mas que o autor da edição de 1683 viu, ou pode ter sido acrescentada em 1683, baseada em histórias que, àquela altura, haviam aparecido em relatos literários ou históricos.

128. Bovill diz que, do porto de Larache, o comandante da frota ouviu o barulho da batalha enquanto esperava pelo rei. Uma vez evidente que o rei não vinha, a frota partiu para o norte, passando por Asilah e parando em Tânger para pegar sobreviventes, antes de retornar a Lisboa. Mais tarde, ele foi criticado por não ter salvado gente suficiente (Bovill, *Battle of Alcazar*, 143, 146). Cabrera de Córdoba cita o almirante como Diego de Sousa e diz que algumas pessoas acreditavam que o navio retornara da batalha com o rei a bordo.

Capítulo 2

1. 17 de março de 1578, RAH, Salazar M-20, fol. 89.

2. A história do criado é amplamente repetida; ver J. M. de Queiroz Velloso, *Don Sebastian, 1554-1578*, trad. de Ramón de Garciasol (Madri: Espasa Calpe, 1943), 225.

3. *Descripción de las cosas sucedidas en los Reynos de Portugal desde la Jornada que el Rey Son Sebastian hizo en Africa...*, BNM, MS 1753, fol. 12v.

4. Moura a Felipe II, 2 de setembro de 1578, *CODOIN*, 40:144.

5. No ano seguinte, o filho de Abraham Gibre, Jacobo, foi vítima de um falso plano para troca de prisioneiros, no qual, ele explicou a D. António numa carta escrita de sua cela na prisão, um fidalgo espanhol numa suposta necessidade de dinheiro havia se feito passar por um sobrinho do duque de Medina Sidônia. Ninguém menos do que Juan de Silva havia lhe contado que o homem era sobrinho de Medina Sidônia, disse Jacobo. Portanto, ele emprestou ao tratante 6 mil ducados e esperou três semanas o criado do homem aparecer com o dinheiro. Finalmente, alguém apareceu dizendo que Jacobo teria de ir com ele até Ceuta recolher o dinheiro. Eles embarcaram num navio e o infeliz mediador foi largado na cidade espanhola de Tarifa e prontamente aprisionado. O duque de Medina Sidônia lavou as mãos sobre a questão, afirmando não ter ideia de quem fosse o culpado. Jacobo escreveu a D. António, lembrando-o de tudo que seu pai

havia feito pelo pretendente e pedindo sua ajuda. ADA, caja 115, doc. 64. Não sei se António resgatou Jacobo, mas duvido que isso tenha acontecido tendo em vista como andava ocupado. Uma carta na Torre do Tombo, escrita em agosto de 1592, descreve os apuros de um judeu em Ceuta que também ajudara a resgatar soldados portugueses depois de Alcácer-Quibir e jamais fora pago (ANTT, Gaveta 20, 15-22).

6. Carlos José Margaça Veiga, "Entre o rigor do castigo e a magnanimidade da clemência: Os perdões concedidos por Filipe II a Portugal", *Mare Liberum* 10 (dezembro de 1995): 153; Queiroz Velloso, *Don Sebastian*, 311; Anônimo, "Los ytenes de Portugal"; Yves-Marie Bercé, *Le roi caché: Sauveurs et imposteurs. Mythes politiques populaires dans l'Europe moderne* (Paris: Fayard, 1990), 28-29; Louise-Geneviève Gillot de Sainctonge, *Histoire secrete de Dom António, Roy de Portugal, tirée des memoires de Dom Gomes Vasconcellos de Figueredo* (Paris: Chez Jean Guignard, 1696), 13. Esta é uma versão francesa das memórias de D. António.

7. Bernardo Maschi ao duque de Urbino, 10 de janeiro de 1580, citado por Geoffrey Parker em *Felipe II: La biografia definitiva* (Madri: Planeta, 2010), 712.

8. Cartas e relatos em RAH, 9/3723 descrevem a luta pela legitimidade e outros esforços e vitórias em 1579-80. Ver também Agostino Borromeo, "La Santa Sede y la candidatura de Felipe II al trono de Portugal", em *Las sociedades ibéricas y el mar a finales del siglo XVI*, vol. 5, *El área Atlantica: Portugal y Flandres* (Madri: Sociedad Estatal Lisboa '98, 1998), 41-57; e "Relação de algunas accoens do e Senhor D. António", FN, vol. 48, fols. 216-37.

9. 19 de abril de 1579, RBP, II/2226, fol. 83; Osuna a Pérez, 10 de abril de 1579, *CODOIN*, 6:326. Osuna foi nomeado embaixador extraordinário em fevereiro de 1579. Sua irmã Magdalena era viúva do segundo duque de Aveiro, morto em Alcácer-Quibir. As cortes portuguesas compreendiam representantes de dezenas de cidades e vilas, mas eram dominadas por Lisboa, Porto, Évora, Coimbra e Santarém. Ver Antonio Manuel Hespanha, "Cities and State in Portugal", em *Cities and the Rise of States in Europe, AD 1000 to 1800*, ed. Charles Tilly e Wim P. Blockmans (Boulder, CO: Westview Press, 1994), 184-95.

10. Tal foi o caso dos irmãos López Marmolejo, de Marbella, ambos capturados em Alcácer-Quibir. A família deles conseguiu arrumar dinheiro para um deles em 1583, mas os marroquinos exigiram que um determinado mouro de Constantinopla, servindo nas galés espanholas, fosse trazido em troca do segundo irmão; ver José Antonio Martínez Torres, *Prisioneros de los infieles: Vida y rescate de los cautivos cristianos en el Mediterráneo musulmán (siglos XVI-XVII)* (Barcelona: Ediciones Bellaterra, 2004), 118, citando documentos de AGS. Os Bennassares rastrearam 37 plebeus aprisionados em Alcácer-Quibir, dos quais 12 conseguiram retornar a Portugal em menos de cinco anos; ver Bartolomé e Lucile Bennassar, *Les Chrétiens d'Allah, l'histoire extraordinaire des renegats. XVI et XVII siècles* (Paris: Perrin, 1989), 226-51.

11. "Sentencia que el Rey Don Henrique dió contra Don António...", BNM, MS 11261/33; também em Antonio Caetano de Sousa, ed., *Provas da*

história genealógica da casa real portuguesa (Coimbra: Atlântida, 1948), vol. 2, pt. 2, 127-29.

12. Rodrigo de la Cerda a Felipe (7 de janeiro de 1580), IVDJ, envío 93, doc. 142.

13. "A haver mas tarde nacido / o mas temprano reynado." De Manuel de Faria e Sousa, *Fuente de Aganipe. Rimas Varias* (Hispanic Society of America [Nova York], B2509, n.d.), fol. 93v. 17C.

14. Victor von Klarwill, ed., *The Fugger News-Letters, 2nd series. Being a further Selecion from the Fugger papers specially referring to Queen Elizabeth...* (Nova York: G. P. Putnam's Sons, 1926), 35-38.

15. ADA, caja 115, cartas esparsas, janeiro-abril de 1580.

16. Ibid., nº 173.

17. "Relação de algunas accoens do e Senhor D. Antonio", FN, vol. 48, fols. 222-23.

18. ADA, caja 115, doc. 58. Moura também pressionou Cárcamo, camareiro-chefe de Antonio, que acabou servindo na corte de Felipe. Ver Alfonso Dánvila e Burguero, *Don Cristobal de Moura, Primer Marqués de Castel Rodrigo (1538-1613)* (Madri: Portanet, 1900), 653-54; e Gerolamo Franchi de Conestaggio, *The historie of the uniting of the kingdom of Portugal to the crowne of Castill...* (Londres: Impresso por A. Hatfield para E. Blount, 1600), 204-5. D. António lembrou de Cárcamo em seu testamento.

19. ADA, caja 115, doc. 75, 6 de abril de 1580.

20. Citado em Rafael Valladares, *La conquista de Lisboa. Violencia militar y comunidad política en Portugal, 1578-1583* (Madri: Marcial Pons, 2008), 46.

21. "Revelaciones de la visionaria de Albuquerque", 3 de maio de 1580, IVDJ, Envío 5(2) 3-6. Transcrito por Gregorio de Andrés, "Las revelaciones de una visionaria de Albuquerque sobre Felipe II", em *Homenaje a Luis Morales Oliver* (Madri: Fundación Universitaria Española, 1986), citado em Richard Kagan, "Politics, Prophecy, and the Inquisition in Late Sixteenth-Century Spain", em *Cultural Encounters: The Impact of the Inquisition in Spain and the New World*, ed. Mary Elizabeth Perry e Anne J. Cruz (Berkeley e Los Angeles: University of California Press, 1991), 105-26.

22. O sermão está referenciado em muitas fontes: estou usando a transcrição em Francisco Caeiro, *O Arquiduque Alberto de Austria, vice-rei de Portugal* (Lisboa, 1961), 522-31; o original é da BNL, cód. 3030.

23. Isidro Velázquez Salamantino, *La entrada que en el Reino de Portugal hizo la S.C.R.M. de Don Philippe* (Lisboa, 1582), fol. 37v.

24. P. Juan de Mariana, *Historia General de España* (Madri: Imprenta y Librería de Gaspar y Roig, Editores, 1852), 2:491. A primeira edição, em latim, foi publicada em 1592.

25. Conestaggio, *Historie*, 160-61. A história também é contada em Pedro Batalha Reis, *Numária d'el Rey dom António, décimo oitavo Rei de Portugal, O ídolo do povo* (Lisboa: Academia Portuguesa da História, 1947), 62, citando o

Arquivo Secreto do Vaticano. Barachio e seu irmão Gabriel acabaram ambos na lista daqueles excluídos da anistia geral.

26. Existe uma descrição em *CODOIN*, 40:324-25, embora a fonte não esteja clara. A referência ao convento é de Velázquez Salamantino, *La entrada*, RAH, 9/3723, fol. 12, que descreve a liberação de António dos pertences de Henrique.

27. Conestaggio, *Historie*, 165-66.

28. O edital está em AGS E, leg. 412, reproduzido em *CODOIN*, 7:300-304, nas *Memorias de Fray Juan de San Gerónimo* e em RAH, 9/3723, fol. 56.

29. Sobre a queda de Lisboa, ver Valladares, *La conquista de Lisboa*, cap. 3. Sobre os marroquinos, ver Mário Domingues, *O Prior do Crato contra Filipe II* (Lisboa: Romano Torres, 1965), 18. Sobre os nobres, ver "Memoria de las personas principales que se hallaron con Don Antonio en la batalla sobre Lisboa", AGS E, leg. 422. Sobre as mulheres, ver Conestaggio, *Historie*, 176.

30. Pero Roiz Soares, *Memorial*, ed. M. Lopes de Almeida (Coimbra: Universidade de Coimbra, 1953), 182.

31. Fernando Bouza, ed. *Cartas de Felipe II a sus hijas* (Madri: Akal, 208), 99.

32. AGS E, leg. 173, doc. 149.

33. Ibid., doc. 28.

34. Ibid., doc. 146.

35. Alba a Felipe II, 26 de agosto de 1580, *CODOIN*, 32:465.

36. Velázquez Salamantino, *La entrada*, fols. 59-60; António, prior do Crato, *The Explanation of the True and Lawful Right and Tytle of the Moste Excellent Prince Antonie*... [Leyden (*sic*), provavelmente Londres]: In the Printing House of Christopher Plantyn, 1585. A versão de Conestaggio tinha D. António voltando a pé, atravessando Lisboa e abrindo todas as prisões antes de partir (*Historie*, 216-18), ver também Gillot de Sainctonge, *Histoire secrète*.

37. RAH, 9/3723. Segundo um biógrafo, Cervantes, que estava em Lisboa durante a residência de Felipe II, queria ingressar no exército contra Don António, mas por alguma razão não o fez, embora seu irmão Rodrigo ingressasse; ver Jean Canavaggio, *Cervantes* (Madri, Espasa-Calpe, 1986), 90-92.

38. Antonio Herrera y Tordesillas, *Historia general del mundo... del tiempo del Señor rey Don Felipe II el Prudente*... (Valladolid: 1606), 1:440.

39. AGS E, leg. 413, fol. 109, citado em J. A. Pinto Ferreira, ed., *A campanha de Sancho de Avila em perseguição do prior do Crato. Alguns documentos de Simancas* (Porto: Câmara Municipal, 1954), 74-76.

40. Ibid., fol. 104, citado em Pinto Ferreira, *A campanha de Sancho de Avila*, 82.

41. Ibid., fol. 82, citado em Pinto Ferreira, *A campanha de Sancho de Avila*, 102.

42. *CODOIN*, 31:338-44.

43. Ibid., 236. As ameaças incluíam a queima de casas, às vezes cumpridas.

44. Por exemplo, "Edicto de Felipe II contra el rebelde de Portugal", 26 de abril de 1581, AGS PR, leg. 51, nº 4.

45. Von Klarwill, *Fugger News-Letters*, 47-50.

46. Fernando de Goes Loureiro, *Breve Summa y Relación de las Vidas y Hechos de los Reyes de Portugal, y cosas succedidas en aquel Reyno desde su principio hasta el año de MDXCV* (Mântua: Osana, 1596), fols. 104-7; Von Klarwill, *Fugger News-Letters*, 50. Quando Felipe II soube que D. António havia conseguido perambular entre os soldados espanhóis perto da marina Viana, instruiu Sancho Dávila a obter os nomes dos soldados e puni-los; ver Pinto Ferreira, *A campanha de Sancho de Avila*, 122. A escapada de Viana também está em Conestaggio, *Historie*, 235-37.

47. Domingues, *O prior do Crato*, 281-82; António, prior do Crato, *Explanation*, 35. A data da sua partida final de Portugal foi provavelmente 10 de maio, mas poderia ter sido poucos dias antes. Don António lembrou de Gonçalves em seu testamento; ver Sousa, *Provas da história genealógica*, 173.

48. Um dos auxiliares de Felipe II expressou preocupação com o local do encontro em Tomar, um convento, que ele disse ter pertencido no passado ao pai de D. António, D. Luis. Os assassinos de César, ele lembrou ao rei, ousaram agir apenas quando sua presa estava dentro de um recinto fechado, sem esperança de ajuda externa. Felipe discordou. Ver Bouza, *Cartas de Felipe II a sus hijas*, 36. Para o incidente na rua, ver Fernando Bouza, *Imagen y propaganda: Capítulos de historia cultural del reinado de Felipe II* (Madri: Akal, 1998), 58, citando IVDJ, envío 5, fols. 184-86.

49. Luis Cabrera de Córdoba, *Historia de Felipe II, Rey de España*, ed. José Martínez Millán e Carlos Javier de Carlos Morales (Salamanca: Junta de Castilla y León, 1998), 3:1013.

50. ADA, caja 115, doc. 27.

51. Cabrera de Córdoba, *Historia*, 3:1.139. Alberto era filho de Maximiliano II de Austria e da irmã de Felipe, María, embora tenha sido criado por Felipe desde os 10 anos de idade.

52. José Pedro Paiva, "Bishops and Politics: The Portuguese Episcopacy during the Dynastic Crisis of 1580", *e-Journal of Portuguese History* 4, nº 2 (2006): on-line em www.brown.edu/Departments/Portuguese-Brazilian-Studies/ejph/html/Winter06.html. A antipatia de João de Portugal por Felipe se originava de uma discussão na década de 1570, na qual o monarca ficou do lado de Henrique contra ele e sua família. Esse relato também está em Valladares, que cita Conestaggio; ver Valladares, *La conquista de Lisboa*, 202.

53. ADA, caja 118, doc. 7. Outro erro ortográfico aconteceu antes, no dia 14 de julho de 1580, no perdão geral que Felipe emitiu em Badajoz. A usual expressão "Felipe, pela graça de Deus" apareceu como "Felipe, pela raça de Deus", sugerindo que o rei invasor era divino. O edital não foi distribuído. Ver Bouza, *Imagen y propaganda*, 135-36, citando FZ, 126.8.

54. João Francisco Marques, "Fr. Miguel dos Santos e a luta contra a união dinástica no contexto do falso D. Sebastião de Madrigal", *Revista da Faculdade de Letras: Historia*, séries 2, 14 (1997), 348.

55. Bispo de Tuyd a Zayas, 23 de maio de 1581, AGS E, leg. 412.

56. Luis de Granada a Zayas, 23 de novembro de 1580, AGS E, leg. 419, fol. 22, citado em João Francisco Marques, *A parenética portuguesa e a dominação fili-*

pina (Porto: Instituto Nacional de Investigação Científica, 1986), 403-7. Frei Luis havia sido o confessor de Catarina e do duque de Alba, e autor de dois bestsellers do século, *The Book of Prayer and Meditation* (1554) e *The Sinner's Guide* (1555).

57. Marques, "Fr. Miguel dos Santos e a luta", 348.
58. AGS E, leg. 172, doc. 110.
59. Luís Vaz de Camões, *Os Lusíadas*, canto 4, estrofe 41.
60. Luis Vélez de Guevara, *Comedia famosa del Rey Don Sebastián*, ed. Werner Herzog (Madri: Anejos del Boletín de la Real Academia Española, 1972), 76, 97.
61. António, prior do Crato, *Explanation*, 54-55.
62. Marques, "Fr. Miguel de los Santos e a luta", 333.
63. AGS E, leg. 172, doc. 63.
64. AGS E, leg. 173, doc. 1.
65. Juan de Borja a Felipe II, 12 de dezembro de 1575, BNM, MS 12866, fol. 266v. Para mais sobre estereótipos e categorizações dos portugueses, ver Miguel Herrero García, *Ideas de los españoles del siglo XVII* (Madri: Editorial Gredos, 1966), 134-78.
66. Geoffrey Parker, "David or Goliath? Philip II and His World in the 1580s", em *Spain, Europe and the Atlantic World: Essays in honour of John H. Elliott*, ed. Richard L. Kagan and Geoffrey Parker (Cambridge: Cambridge University Press, 195), 249.
67. Jean Frédéric Schaub, "Conflictos y alteraciones en Portugal en la época de la unión de coronas: Marcos de interpretación", em *Ciudades en conflicto (siglos XVI-XVII)*, ed. José I. Fortea and Juan E. Gelabert (Valladolid: Junta de Castilla y León, 2008), 397-410.
68. Pedro Cardim, "Los portugueses frente a la monarquía hispánica", em *La monarquia de las naciones. Patria, nación y naturaleza en la monarquia de España*, ed. António Alvarez-Ossorio Alvariño e Bernardo J. García García (Madri: Fundación Carlos de Amberes, 2004), 355-83.
69. Carta do Dr. Rui López, 1595. ANTT, Arquivo de D. António, doc. 341. A não ser que a data esteja incorreta, não pode ser o mesmo Dr. Rodrigo López, português, que estava na folha de pagamentos de Felipe II, médico da rainha Elizabeth e condenado por tentar envenená-la. Mas ele também trabalhou para D. António, portanto talvez seja o mesmo homem. Ele foi enforcado, arrastado e esquartejado em 7 de junho de 1594.
70. Llano a Felipe II, 29 de janeiro de 1595, AGS E, leg. 173, doc. 2. Informações biográficas de Marques, *A parenética portuguesa*, 321; Thomas de Herrera, *Breve compendio de los prelados eclesiásticos y ministros de sumos pontífices, reyes, y príncipes de quienes haze mención en su Alfabeto Agustiniano el M. F. Thomas de Herrera...* (Madri: I. Maroto, 1643), fol. 31; Carlos Alonso, OSA, "Documentación inédita sobre Fr. Agustín de Jesús, OSA, Arzobispo de Braga (1588-1609)", *Analecta Augustiniana* 34 (1971), 126-28.
71. Santillán a Idiáquez, 7 de março de 1595, AGS E, leg. 173, doc. 137.
72. Carlos Alonso, OSA, "Las profesiones religiosas en la provincia de Portugal durante el período 1513-1631", *Analecta Augustiniana* 48 (1985): 338.

73. Marques, "Fr. Miguel dos Santos e a luta", 331-88; Marques cita J. S. da Silva Dias, *O Erasmismo e a Inquisição em Portugal: O processo de Fr. Valentim da Luz* (Coimbra: Universidade de Coimbra, 1975), que descreve o testemunho nesse caso de nosso frei, referindo-se a ele como Miguel Todos-os-Santos.

74. Marques, *A parenética portuguesa*, 321; J. M. Queirós Veloso, em *A perda da independência*, vol. 1 de *O Reinado deo Cardeal D. Henrique* (Lisboa: Empresa Nacional de Publicidade, 1946), 29, também diz que frei Miguel condenou publicamente a expedição africana de seu púlpito. Nenhum autor dá as fontes para a afirmativa.

75. Uma lista dos *exceptuados* aparece em Mario Brandão, "Alguns documentos relativos a 1580", *Boletim da Biblioteca da Universidade de Coimbra* 16 (1944): 38-43, mas o nome de frei Miguel é de novo anotado erradamente como "dos Anjos", em vez de "dos Santos". Para um estudo dos perdões portugueses de Felipe, ver Margaça Veiga, "Entre o rigor do castigo e a magnanimidade da clemência". Das 52 exclusões da anistia, cinco eram do clero secular (incluindo os bispos de La Guarda, Évora e Coimbra) e 13 eram do clero regular.

76. Felipe ao provincial, 9 de agosto de 1581, AGS E, leg. 426.

77. AGS E, leg. 173, doc. 206.

78. Impresso em Marques, "Fr. Miguel dos Santos e a luta", 331-88. Não sei por que (ou se) ele estava em Valladolid, e não em Salamanca.

79. AGS E, leg. 172, documento sem número, Felipe ao prior, por Zayas. O documento está rasgado e a data é 158-, mas uma mão do século XIX acrescentou o "6", o que faz sentido.

80. AGS E, leg. 173, doc. 52.

81. Peter Burke, "Early Modern Venice as a Center of Information and Communication", em *Venice Reconsidered: The History and Civilization of an Italian City-State*, 1297-1979, ed. John Martin e Dennis Romano (Baltimore, MD: John Hopkins University Press, 2000), 396.

82. O inglês também se refere a "ruído" e "murmúrio", e Ovídio descreve *murmura* em *Metamorphosis*; ver Adam Fox, *Oral and Literate Culture in England 1500-1700* (Oxford: Clarendon Press, 2000), 336. Os *avisos* publicados na Espanha do final do século XVI eram com frequência apenas traduções do italiano. Existe uma ampla literatura sobre boletins espanhóis do século XVII, ou *relaciones de sucesos*: ver Jean-Pierre Etienvre, "Entre relación y carta: Los Avisos", em *Les 'relaciones de sucesos'(canards) en Espagne (1500-1750). Actes du premier colloque international (Alcalá de Henares, 8-10 juin, 1995)* (Alcalá de Henares, 1996); para um excelente estudo do caso anterior, ver Pedro M. Cátedra, *Invención, difusión y recepción de la literatura popular impresa (Siglo XVI)* (Badajoz: Editorial Regional de Extremadura, 2002).

83. 20 de dezembro de 1581, AGS E, leg. 428.

84. "Las personas que se deben sacar de Portugal", agosto de 1581; AGS E, leg. 428. O duque de Francavilla era um importante membro da família Mendoza; ver ADA, caja 117, doc. 7; Luiz Augusto Rebello da Silva, *Historia de Portugal*

nos séculos XVII e XVIII (Lisboa: Imprensa National, 1867), 3:485-87, e Batalha Reis, *Numária d'el Rey dom António*, 383. Silva e Reis reproduzem uma suposta confissão de Francisco antes da sua morte, obtida pelos espanhóis que eles dizem ser falsa. Francisco e o irmão Manoel (a quem o duque de Alba escreveu antes da invasão) estavam na lista dos *exceptuados*.

85. Rebello da Silva, em *Historia de Portugal*, 3:20, diz que o conde de Vimioso tinha sete irmãs, todas confinadas por Felipe em conventos.

86. AGS E, legs. 426 e 428 contêm vários desses anúncios.

87. P. José de Castro, *O Prior do Crato* (Lisboa: Tip. União Gráfica, 1942), 359-62. Outra versão mostra o bispo sendo levado para Castela e confinado no "convento de Calatrava", onde morreu. Ver Cabrera de Córdoba, *Historia*, 3:1.140.

88. E. García España e Annie Molinié-Bertrand, eds., *Censo de Castilla de 1591: Vecindarios* (Madri: Instituto Nacional de Estadística, 1986), 75-76; Catastro de Ensenada, 20 de janeiro de 1751, disponível on-line em http://pares.mcu.es/catastro/. Hoje, a cidade tem cerca de 2 mil habitantes.

89. Firmo Zurdo Manso e Esther del Cerro Calvo, *Madrigal de las Altas Torres: Recuerdos para una historia* (Ávila, 1996), 40.

90. AGS E, leg. 173, doc. 5. O mosteiro *extramuros* hoje está em ruínas.

91. Alberto Marcos Martíns, "Medina del Campo 1500-1800: An Historical Account of Its Decline", em I. A. A. Thompson e Bartolomé Yun Casalilla, eds. *The Castilian Crisis of the Seventeenth Century: New Perspectives on the Economic and Social History of Seventeenth-Century Spain* (Cambridge: Cambridge University Press, 1994), 244.

92. AGS E, leg. 172, doc. 242; BL Eg., 2.059, fol. 252. A posição do vigário parece não existir mais na ordem agostiniana; os agostinianos recolhidos têm vigários, mas sua jurisdição não parece ser um único mosteiro, como era o caso com frei Miguel.

93. *Collecção de memorias e casos raros*, ANTT, Miscelânea manuscrita 964, fol. 230. A mesma descrição está na versão em Escorial, *Historia del fingido Rey de Portugal*, Z-4-2, fol. 6v.

94. Cabrera de Córdoba, *Historia*, 3:1.520.

95. AGS E, leg. 173, documento não numerado entre os docs. 251 e 252. O documento contém as perguntas, mas não as respostas.

96. AGS E, leg. 172, doc. 112. Ao longo de todo o processo, o testemunho alterna entre narrativas na primeira pessoa e na terceira, com a mediadora presença do juiz sempre se fazendo sentir.

97. Juan de Aranda, *Lugares comunes de conceptos, dichos, y sentencias, en diversas materias* (Sevilha, 1595), fol. 81v.

98. AGS E, leg. 172, doc. 100. Essas cópias são ilegíveis para mim; usei transcrições em María Remedios Casamar, *Las dos muertes del Rey Don Sebastián* (Granada, 1995), 79-84; e no panfleto *Historia de Gabriel de Espinosa, Pastelero en Madrigal, que fingió ser el rey Don Sebastián de Portugal, y asimismo la de Fray Miguel de los Santos, en el año de 1595* (Jeréz: Juan Antonio de Tarazona, 1683),

NOTAS

53-54 (daqui em diante, *Historia de Gabriel de Espinosa*). Casamar usou a mesma cópia ruim que eu tenho, mas quem quer que tenha compilado o panfleto de 1683 deve ter tido acesso a uma versão mais nítida.

99. AGS E, leg. 172, doc. 29.
100. Martin Hume, *True Stories of the Past* (Londres: E. Nash, 1910), 85.
101. AGS E, leg. 173, doc. 227, mas aqui extraído de BL Eg., 2059, fols. 252-55v.
102. *Historia de Gabriel de Espinosa*, 23.
103. BL Eg., 2069, fol. 254r.
104. AGS E, leg. 173, doc. 226.
105. Ibid., docs. 11, 12, 18 e documentos não numerados entre docs. 251 e 252; BL Eg., 2059, fols. 255v-259v, *Historia de Gabriel de Espinosa*, 43-44. Santillán às vezes estava presente às sessões de tortura de frei Miguel, embora não tivesse jurisdição. Ver AGS E, leg. 173, doc. 37.
106. *Historia de Gabriel de Espinosa*, 43-44.
107. BL Eg., 2059, fols. 256v-57v.
108. AGS E, leg. 173, doc. 233 lista oito *confesiones*, ou testemunhos, de frei Miguel entre março e agosto; pode ter havido mais.
109. Santillán a Felipe, 26 de junho de 1595. AGS E, leg. 173, doc. 174.
110. AGS E, leg. 172, docs. 4 e 5.
111. Ibid., doc. 11.
112. AGS E, leg. 173, doc. 227. Estou usando a versão em BL Eg., 2059, fol. 254.
113. Harry Kelsey, *Sir Francis Drake: The Queen's Pirate* (New Haven, CT: Yale University Press, 1998), 342-56; Gordon K. McBride, "Elizabethan Foreign Policy in Microcosm: The Portuguese Pretender, 1580-89", *Albion: A Quarterly Journal Concerned with British Studies*, nº 3 (outono de 1973), 193-210: Cabrera de Córdoba, *Historia*, 3:1.256. Um giro mais positivo sobre a aventura de Drake pode ser encontrado num relato preservado pela Hispanic Society of America (Nova York), possivelmente escrito por Sir Walter Raleigh: *A true coppie of a discourse written by a Gentleman employed in the late Voyage of Spaine and Portingale* (Londres, 1589).
114. BFZ, 219. D. 141/1 (n.d.).
115. António, prior do Crato, *Explanation*, 49.
116. *Calendar of Letters and State Papers Relating to English Affairs, preserved in, or originally belonging to, the Archives of Simancas*, vol. 4, *Elizabeth, 1587-1603*, ed. Martin A. S. Hume (Londres: Public Record Office, 1899), 5-50.
117. Ibid., 50.
118. AGS E, leg. 172, docs. 94 e 95.
119. AGS E, leg. 173, docs. 27 e 229.
120. *Historia de Gabriel de Espinosa*, 45.
121. AGS E, leg. 173, documento não numerado entre os docs. 251 e 252.
122. Ibid., doc. 52.
123. Ibid., doc. 46.
124. Ibid., doc. 145.

125. Von Klarwill, ed., *Fugger News-Letters*, 143.

126. Silva a Idiáquez, 13 de maio de 1595, AGS E, leg. 173, doc. 201; Silva a Felipe II, 2 de junho de 1595, AGS E, leg. 433. Sua nomeação como governador pareceria violar a promessa de Felipe II de nomear apenas portugueses, visto que Silva era principalmente castelhano. Sobre essa questão e em geral sobre a carreira de Silva, ver Fernando Bouza, "Corte es decepción: Don Juan de Silva, conde de Portalegre", em *La corte de Felipe II*, ed. José Martínez Millán (Madri: Alianza Universidad, 1994), 451-502.

127. AGS E, leg. 173, doc. 25; AGS E, leg. 173, docs. 62 e 85 para subsequentes retratações.

128. Llano a Felipe II, 23 de maio de 1595, AGS E, leg. 173, doc. 48.

129. Sobre seus cúmplices, ver ibid., docs. 12, 18, 27, 46, 52, 163 e 165.

130. Ibid., doc. 46.

131. Ibid., doc. 52.

132. Jaime Oliver Asin, *Vida de Don Felipe de Africa, príncipe de Fez y Marruecos (1566-1621)*, ed. Miguel Angel de Bunes Ibarra e Beatriz Alonso Acero (Granada: Universidade de Granada, 2008), 60.

133. AGS E, leg. 173, docs. 209 e 267.

134. Ibid., doc. 175.

135. Ibid., docs. 83 e 85.

136. AGS E, leg. 173, doc. 85.

137. Henry Kamen, *Inquisition and Society in Spain in the Sixteenth and Seventeenth Centuries* (Bloomington: Indiana University Press, 1985), 175-77; Henry Charles Lea, *Torture* (Filadélfia: University of Pennsylvania Press, 1973), 37-41; Francisco Tomás y Valiente, *La tortura en España: Estudios históricos* (Barcelona: Editorial Ariel, 1973),134, citando ACC, vol. 16, 646. O principal manual era Antonio Quevedo y Hoyos, *Libro de indicios y tormentos; que contiene toda la práctica criminal y modo de sustanciar el proceso indicativamente...* (Madri: Francisco Martínez, 1632).

138. AGS E., leg. 173, doc. 283.

139. Ibid., docs. 26 e 298.

140. Rodrigo Vázquez de Arce, AGS E, leg. 173, doc. 382.

141. ANTT, Arquivo de D. António, doc. 341.

142. Gregorio Marañon, *Antonio Pérez (el hombre, el drama, la época)*, 2 vols., 5ª ed. (Madri: Espasa Calpe, 1954), 2:822, testemunho no julgamento de Pérez pela Inquisição.

143. Gregorio Marañon, *Antonio Pérez, "Spanish Traitor"*, trad. para o inglês por Charles David Ley (Londres: Hollis and Carter, 1954), 308. Mais uma vez, esse pode ser o mesmo López executado por Elizabeth em 1594; ver nota 69, anteriormente.

144. Julieta Teixeira Marques de Oliveira, *Fontes documentais de Veneza referentes a Portugal* (Lisboa: Comissão Nacional para as Comemorações dos Descobrimentos Portugueses, 1997), 609. A autora erroneamente dá o ano como 1590; foi em 1591.

145. A história de Bernardo del Río está em AGS E, leg. 173, docs. 127, 128, 154, 155, 188, 237 e 238.

146. AGS E, leg. 173, docs. 202 e 327.

147. As cartas são transcritas ou discutidas em AGS E, leg. 173, docs. 6, 119, 125, 130,140, 244-48, 289 e 294.

148. AGS E, leg. 173, doc. 289.

149. AGS E, leg. 173, doc. 244.

150. Ibid., doc. 140.

151. RAH, 9-3675/86 (Jesuítas, vol. 102).

152. AGE E, leg. 173, docs. 128 e 129.

153. Ibid., doc. 140.

154. Sobre o caso Zúñiga, ver Thomas de Herrera, *Historia del convento de S. Augustin de Salamanca* (Madri: G. Rodríguez, 1652), 399; Conrado Muiños Sáenz, *Fray Luis de Leon y Fray Diego de Zúñiga* (El Escorial: Imprenta Helénica, 1914), discute os vários Zúñigas e conclui que é quase impossível saber quem era quem. James Fitzmaurice-Kelly chega à mesma conclusão em *Fray Luis de León, a Biographical Fragment* (Oxford: Oxford University Press, 1921), disponível online em http://www.gutenberg.org/files/16148-8.txt ; sobre o julgamento de frei Luis, ver *CODOIN*, vols. 10 e 11, e também Marcelino Gutiérrez, "Fray Diego de Zúñiga", *Ciudad de Dios* 14 (1887): 298.

155. AGS E, leg. 173, docs. 393, 348 e 396. A investigação começou no início de agosto e desconheço os resultados.

156. *Calendar of State Papers and Manuscripts Relating to English Affairs, Existing in the Archives and Collections of Venice*, vol. 9, 1592-1603 (Londres: Public Record Office, 1897), 158 (12 de abril de 1595).

Capítulo 3

1. Francesco Vendramino, citado em Luigi Firpo, ed., *Relazioni de ambasciatori veneti al Senato*, vol. 8, *Spain (1497-1598)*. (Turim: Bottega D'Erasmo, 1981), 451.

2. Mário Domingues. *O Prior do Crato contra Filipe II* (Lisboa: Romano Torres, 1965), 215.

3. *The Coppie of the Anti-Spaniard made at Paris by a French man, a Catholique. Wherein is directly proved how the Spanish king is the onely cause of all the troubles in France. Translated out of French into English* (Londres, 1590), 19, 4.

4. J. Ignacio Tellechea Idígoras, *El ocaso de un rey. Felipe II visto desde la Nunciatura de Madrid, 1594-1598* (Madri: Fundación Universitaria Española, 2001), 139.

5. IVDJ, 45/452 (5 de fevereiro de 1591).

6. Sobre os *millones*, ver José Ignacio Fortea Pérez, *Monarquía y cortes en la corona de Castilla* (Valladolid: cortes de Castilla y León, 1990), 271-98; Charles

Jago, "Habsburg Absolutism and the cortes of Castile", *American Historical Review* 86, nº 2 (abril de 1981), 307-26; Felipe Ruiz Martín, "Credit procedures for the Collection of Taxes in the Cities of Castile During the Sixteenth and Seventeenth Centuries: The Case of Valladolid", em I. A. A. Thompson e Bartolomé Yun Casalilla, eds., *The Castilian Crisis of the Seventeenth Century: New Perspectives on the Economic and Social History of Seventeenth Century Spain* (Cambridge: Cambridge University Press, 1994), 169-81; José Ignacio Ruiz Rodríguez, "Estructura y recaudación del servicio de millones 1590-1691", *Hispania* 52, nº 3 (1992): 1.073-88; I. A. A. Thompson, "Crown and cortes in Castile 1590-1665", *Parliaments, States and Representation* 2, nº 1 (junho de 1982): 29-45.

7. *ACC*, vol. 12, 63 (26 de maio de 1595).

8. *Calendar of State Papers and Manuscripts Relating to English Affairs, Existing in the Archives and Collections of Venice*, vol. 9, 1592-1603 (Londres: Public Record Office, 1897), 68.

9. I. A. A. Thompson, "Oposición política y juicio del gobierno el las cortes de 1592-98", *Studia Historica*, nº 17 (1997): 37-62.

10. *ACC*, vol. 12, 473; AGS E, leg. 173, doc. 129. I. A. A. Thompson, em "La respuesta castellana ante la política internacional de Felipe II", em *La monarquía de Felipe II a debate* (Madri: Sociedad Estatal para la Commemoración de los Centenarios de Felipe II y Carlos V, 2000), 121-34, argumenta que as cortes naqueles anos desvencilharam-se da missão imperial da monarquia. Outro estudioso argumentou que dramaturgos contemporâneos também se opuseram às políticas com relação a Portugal e ao norte da África; ver Aaron M. Kahn, "Moral Opposition to Philip in Pre-Lopean Drama", *Hispanic Review* 74, nº 3 (verão de 2006): 227-50.

11. Ver, por exemplo, Geoffrey Parker, "The Messianic Vision of Philip II", em *The World Is Not Enough: The Imperial Vision of Philip II of Spain*, the Twenty-second Charles Edmundson Historical Lectures (Waco, Texas: Baylor University, 2000), 29.

12. *Documentos para la Historia: Avila 1085-1985* (Ávila: Museo Provincial de Ávila, 1985), 119. O romancista argentino Enrique Larreta incluiu os protestos de Ávila em *La Gloria de Don Ramiro: Una vida en tiempos de Felipe II* (Madri: Victoriano Suárez, 1908).

13. Luis Cabrera de Córdoba, *Historia de Felipe II, Rey de España*, ed. José Martínez Millán e Carlos Javier de Carlos Morales (Salamanca: Junta de Castilla y León, 1998), 3:1.367. O rei tinha uma longa memória; no que ficou conhecido como a "farsa de Ávila", um grupo de nobres, em 1465, depôs uma efígie de Henrique IV e a substituiu pela de seu meio-irmão, Alfonso. Ávila ficou do lado dos *comuneros*, e Padilla, casado com uma nobre da família Mendoza, foi decapitado por seu papel na revolta.

14. Fernando Bouza, "Corte y Protesta. El Condestable de Castilla y el 'insulto' de los maestros y oficiales de Madrid en 1591", em *Madrid, Felipe II y las ciudades de la monarquía*, vol. 2, *Capitalismo y economía*, ed. Enrique Martínez

Ruiz, 17-32 (Madri: Actas Editorial, 2000); Tellechea Idígoras, *El ocaso de un rey*, 126; P. Fr. Jerónimo de Sepúlveda, *Historia de varios sucesos y de las cosas notables que han acaecido en España...*, vol. 4 de *Documentos para la Historia del Monasterio de San Lorenzo el Real de El Escorial*, ed. Julián Zarco Cuevas (Madri: Imprenta Helénica, 1924), 119-20.

15. As histórias do "rei de Penamacor" e o "rei de Ericeira" são recontadas em muitas fontes primárias e secundárias. Ver Mary Elizabeth Brooks, *A King for Portugal: The Madrigal Conspiracy, 1594-95* (Madison: University of Wisconsin Press, 1964), 41-43; Julián María Rubio, *Felipe II de España, Rey de Portugal* (Madri: Cultura Española, 1939), 157-64; António de Herrera y Tordesillas, *Historia general del mundo... del tiempo del Señor rey Don Felipe II el Prudente...* (Valladolid, 1606-12), 1:599-604, e especialmente Miguel d'Antas, *Les Faux Don Sébastien. Etude sur l'histoire de Portugal* (Paris: Chez Auguste Durand, libraire, 1866), 95-123.

16. *Calendar of State Papers [...] Venice*, vol. 8, 1581-1591, 173, 178.

17. RAH, Salazar y Castro, Z-9, 6v-7.

18. Fernando Bouza, "De las alteraciones de Beja (1593) a la revuelta lisboeta dos ingleses (1596): Lucha política en el último Portugal del primer Felipe", *Studia Historica: Historia Moderna*, nº 17 (1997), 91-120; correspondência de Juan de Silva a Felipe, Moura e Alberto, em RAH, Salazar y Castro, Z-9.

19. Fernando Bouza, "Corte es decepción: Don Juan de Silva, conde de Portalegre", em *La corte de Felipe II*, ed. José Martínez Millán (Madri: Alianza Universidad, 1994), 484, citando BNM, MS 1439, fol. 4r.

20. *CODOIN*, 43:529-42.

21. Pero Roiz Soares, *Memorial*, ed. M. Lopes de Almeida (Coimbra: Universidade de Coimbra, 1953), 295, 301.

22. A seguinte discussão é extraída de Richard Kagan e Abigail Dyer, eds. e trads., *Inquisitorial Inquiries: Brief Lives of Secret Jews and Other Heretics* (Baltimore, MD; Johns Hopkins University Press, 2004), 60-87, e Richard Kagan, *Lucrecia's Dreams: Politics and Prophecy in Sixteenth-Century Spain* (Berkeley e Los Angeles: University of California Press, 1990), 95-101.

23. Kagan e Dyer, *Inquisitorial Inquiries*, 85.

24. Ibid., 79.

25. *CODOIN*, 39:468-69.

26. Bouza, "De las alteraciones de Beja", 107; María de la Visitación aparece no capítulo seguinte.

27. Kagan, *Lucrecia's Dreams*. Ver também María V. Jordán Arroyo, *Soñar la historia: Riesgo, creatividad y religión en las profecías de Lucrecia de León* (Madri: Siglo XXI, 2007).

28. Richard L. Kagan, *Clio and the Crown: The Politics of History in Medieval and Early Modern Spain* (Baltimore, MD: Johns Hopkins University Press, 2009), 127-33. Felipe aceitou o conselho deles e também encomendou obras sobre a história de Portugal.

29. Juan de Aranda, *Lugares comunes de conceptos, dichos, y sentencias, en diversas materias* (Sevilha, 1595), fol. 25.

30. Satoko Nakajima, "Breaking Ties: Marriage and Migration in Sixteenth-Century Spain" (PhD dis., Universidade de Tóquio, 2011). Nakajima examinou todos os 354 julgamentos existentes (os arquivos dos processos inteiros, não apenas os resumos) na Inquisição de Toledo (armazenados nos AHN) entre 1560 e 1600 para ofensas secundárias (isto é, não heresias). Mais frequentemente, o crime era de simples fornicação, blasfêmia ou palavras escandalosas. Sou grato a Nakajima por compartilhar seus dados comigo.

31. Fernand Braudel, *The Mediterranean and the Mediterranean World in the Age of Philip II*, 2 vols. (Nova York: Harper and Row, 1973), 1:91.

32. Miguel de Cervantes, *Los trabajos de Persiles y Sigismunda*, ed. Carlos Romero Muñoz (Madri: Cátedra, 2001), 4.1, 630.

33. Adam Fox, *Oral and Literate Culture in England, 1500-1700* (Oxford: Clarendon Press, 2000), 353, 370. Ver também o capítulo 4 de Beat Kümin, *Drinking Matters: Public Houses and Social Exchange in Early Modern Central Europe* (Nova York: Palgrave Macmillan, 2007). Estalajadeiros também dirigiam seviços de coches e hospedavam recrutamentos militares.

34. AGS E, leg. 173, docs. 190 e 266.

35. Não está claro se Silva também estava a cavalo ou se viajava a pé. Meses antes de sua chegada em Medina, as cortes debatiam se deviam pedir ou não ao rei que permitisse aos clérigos em Castela que viajassem a cavalo. O clero italiano viajava, até o papa, argumentou D. Alonso de Godoy, acrescentando que seria um excelente estímulo para a criação de cavalos, que estava em perigoso declínio. Ver *ACC*, vol. 13, 459 (Madri, 1887), 25 de fevereiro de 1595.

36. Ver o apêndice para uma breve discussão da conexão de D. Carlos.

37. AGS E, leg. 172, doc. 4, e leg. 173, doc. 239; *Historia de Gabriel de Espinosa, Pastelero en Madrigal, que fingió ser el rey Don Sebastian de Portugal, y asimismo la de Fray Miguel de los Santos, en el año de 1595* (Jerez: Juan Antonio de Tarazona, 1683), 17 e 42 (daqui em diante, *Historia de Gabriel de Espinosa*). Felipe II observou (AGS E, leg. 173, doc. 139) que Sebastião estaria com 41 anos, não 43.

38. AGS E, leg. 172, doc. 94.

39. AGS E, leg. 172, docs. 195 e 245. O décimo conde de Niebla foi D. Alonso Pérez de Guzmán El Bueno, também sétimo duque de Medina-Sidônia, um vergonhosamente pobre comandante naval. Ele era casado com Ana de Silva Mendoza, filha da princesa de Eboli, que tinha 4 anos de idade quando ficaram noivos. Algumas transcrições referem-se ao conde de Nieva, o que é menos provável.

40. Ibid., doc. 245.

41. Cabrera de Córdoba. *Historia*, 3:1.520.

42. AGS E, leg. 173, doc. 239.

43. Provavelmente Nava del Rey, perto de Medina del Campo. A estada em Nava era conhecida pelo correspondente jesuíta citado no final do capítulo 2.

44. AGS E, leg. 173, doc. 119.

45. *Historia de Gabriel de Espinosa*, 5.

46. Ibid., 9-10.

47. AGS E, leg. 173, docs. 239 e 240, um resumo da confissão. Todas as citações subsequentes da entrevista de Llano com Espinosa em fevereiro são desses documentos.

48. AGS E, leg. 172, doc. 1; *Historia de Gabriel de Espinosa*, 4.

49. AGS E, leg. 173, doc. 239.

50. AGS E, leg. 172, doc 105.

51. Ibid., docs. 120 e 122.

52. Ibid.., doc. 254.

53. Ibid., doc. 133.

54. Ibid., doc. 19.

55. Ibid., doc. 28 (2).

56. Ibid., doc. 35.

57. Ibid., doc. 261.

58. Ibid., doc. 254.

59. Ibid., doc. 81.

60. Valentin Groebner, *Who Are you? Identification, Deception, and Surveillance in Early Modern Europe*, trad. de Mark Kyburz e John Peck (Nova York: Zone Books, 2007), 281.

61. RAH, 9-3675/86 (Jesuítas, vol. 102), fols. 280-81v.

62. AGS E, leg. 172, doc. 105.

63. Jan Bondeson, *The Great Pretenders: The True Stories behind Famous Historical Mysteries* (Nova York: W. W. Norton, 2004), 34-35; Natalie Zemon Davis, *The Return of Martin Guerre* (Cambridge, MA: Harvard University Press, 1983), 54, 79.

64. *Historia de Gabriel de Espinosa*, 27.

65. AGS E, leg. 173, doc. 227, embora eu esteja usando BL Eg., 2.059, fols. 252-62v. Geoffrey Parker me fez ver que essa conversa prova definitivamente que Espinosa não era Sebastião, porque, enquanto os reis espanhóis assinavam "Yo el Rey", os reis portugueses assinavam "ElRey". Ana mais tarde queimou esse documento; ver AGS E, leg. 173, doc. 234.

66. AGS E, leg. 183, doc. 139.

67. Ibid., doc. 189.

68. AGS E, leg. 172, doc. 1.

69. *Historia de Gabriel de Espinosa*, 8. Cabrera de Córdoba repete a conversa em sua *Historia*, 3:1.523.

70. AGS E, leg. 172, docs. 94 e 95.

71. Marta Madero, "Savoirs féminins et construction de la vérité: Les femmes dans la preuve testimoniale en Castille au XIII siècle", *Crime, Histoire et Sociétés* 3, nº 2 (1999): 5-21; Antonio Quevedo y Hoyos, *Libro de indictos y tormentos; que contiene toda la práctica criminal y modo de sustanciar el proceso indicativamente...* (Madri: Francisco Martínez, 1632), fol. 53.

72. "Dar a medida subjetiva de distância do presente de quem está falando era mais natural para eles do que marcar um ponto objetivo numa sequência de anos", escreveu um historiador; ver Robert Bartlett, *The Hanged Man: A Story of Miracle, Memory and Colonialism in the Middle Ages* (Princeton, NJ: Princeton University Press, 2004), 55. Esse excelente livro é sobre Gales do século XIV, mas o princípio é válido para a Espanha do século XVI.

73. AGS E, leg. 172, doc. 95.

74. Ibid.

75. Ibid., doc. 78.

76. *Historia de Gabriel de Espinosa*, 22.

77. Roiz Soares, *Memorial*, 310. É muito improvável que o pai de Ana tenha lhe dado joias – ou qualquer outra coisa.

78. AGS E, leg. 172, doc. 1.

79. Ibid., doc. 94.

80. Tellechea Idígoras, *El ocaso de un rey*, 144 (5 de novembro de 1594), citando o Archivio Segreto Vaticano, Segreteria di Stato, Nunziatura di Spagna 45, fols. 667r-69v. Em agosto de 1595, Santillán contou ao rei que ainda estava com a caixa de joias de Ana e seus outros itens valiosos que ele havia tomado de Espinosa. Ana requisitou sua devolução, mas ele disse não achar apropriado para a posição que ela ocupava (ver AGS E, leg. 173, doc. 187).

81. Exemplos de Cervantes apenas incluem Aurestela em *Persiles* (1.9), Zoraida (1.39-41) e Ana Felix (2.63) em *Don Quixote*; e Preciosa em "La Gitanilla", uma das *Novelas Ejemplares*.

82. AGS E, leg. 173, doc. 234.

83. Ibid., doc. 249, documento não numerado entre os docs. 251 e 252.

84. Fernando Bouza, "Letters and Portraits: Economy of Time and Chivalrous Service in Courtly Culture", em *Cultural Exchange in Early Modern Europe*, vol. 3, *Correspondence and Cultural Exchange in Europe, 1400-1700*, ed. Francisco Bethencourt e Florike Egmond, 145-62 (Cambridge: Cambridge University Press, 2007).

85. Ver, por exemplo, o retrato de sua irmã Juana, por Alonso Sánchez Coello, no Monasterio de las Descalzas Reales (prancha 2); o retrato, no Prado, de sua mulher, Isabel de Valois, atribuído a Juan Pantoja de la Cruz, Sofonisba Anguissola, ou Sánchez Coello; e os retratos de Isabel Clara Eugenia, no Prado, e no Museo de Santa Cruz, em Toledo. Ver Jorge Sebastián Lozano, "Lo privado es político. Sobre género y usos de la imagen en la corte de los Austrias", em *Luchas de género en la historia através de la imagen. Ponencias y comunicaciones*, ed. María Teresa Sauret Guerrero e Amparo Quiles Faz (Málaga: Diputación Provincial, 2001), 1:683-99.

86. Patricia Fumerton, *Cultural Aesthetics: Renaissance Literature and Practice of Social Ornament* (Chicago: University of Chicago Press, 1991), cap. 3.

87. AGS E, leg. 172, doc. 49.

88. Ibid., doc. 74.

89. Ibid., doc. 14. Antolinez seguiu uma brilhante carreira, terminando, em 1624, como arcebispo de Santiago de Compostela.

90. Ibid., doc. 144.

91. BL Eg., 2.059, fol. 252, "Relación de la confesión...".

92. AGS E, leg. 172, doc. 93.

93. AGS E, leg. docs. 13 e 249.

94. AGS E, leg. 172, docs. 28 e 29.

95. Ibid., docs. 188 e 212. Não sei se Ruiz esteve realmente na casa ao mesmo tempo que os prisioneiros e a equipe judicial; ele também tinha uma casa em Valladolid. Nessa época, estava com cerca de 70 anos de idade e bastante doente. Seu biógrafo diz que ele viajava com frequência; ver Henri Lapeyre, *Une famille de marchands. Les Ruiz* (Paris: Colin, 1955), 76-77.

96. AGS E, leg. 172, doc. 43.

97. Ibid., doc. 28.

98. Ibid., doc. 226.

99. Ibid., doc. 259.

100. Ibid., doc. 54; *Historia de Gabriel de Espinosa*, 43, 47.

101. AGS E, leg. 173, doc. 120.

102. Ibid., docs. 131, 140 e 294.

103. Ibid., docs. 11, 21-24, 136 e 149.

104. AGS E, leg. 172, docs. 206, 217 e 261.

105. *Historia de Gabriel de Espinosa*, 47.

106. Ver, por exemplo, ibid., 27.

107. Ibid., 41.

108. AGS E, leg. 173, doc. 194.

109. Roiz Soares, *Memorial*, 311.

110. AGS E, leg. 172, doc. 144.

111. *Historia de Gabriel de Espinosa*, 22.

112. Camilo Castelo Branco. *As virtudes antigas; ou a freira que fazia chagas e o frade que fazia reis* (1868; 2ª ed., Lisboa: Livraria de Campos Junior, 1904), 126-27.

113. Cabrera de Córdoba, *Historia*, 3:1.521.

114. Davis, *Return of Martin Guerre*, 84.

115. AGS E, leg. 173, doc. 270.

116. Ibid., doc. 271.

117. *Calendar of State Papers [...] Venice*, vol. 9, 1592-1603, 164. A versão italiana está em Julieta Teixeira Marques de Oliveira, *Fontes documentais de Veneza referentes a Portugal* (Lisboa: Comissão Nacional para as Comemorações dos Descobrimentos Portugueses, 1997), 648-49, que cita o Archivio Segreto Vaticano, Senato Secreta, Dispacci Ambasciatori, Spagna, fila 27, fol. 37.

118. Cabrera de Córdoba, *Historia*, 3:1.528-29. Outro embaixador em Madri na época, o enviado imperial Hans Khevenhüller, não mencionou o caso do *pastelero*, embora tenha escrito sobre um dos primeiros falsos Sebastiões em Portugal

e também sobre o subsequente falso Sebastião em Veneza. Ver o seu *Diario de Hans Khevenhüller, embajador imperial en la corte de Felipe II*, ed. Sara Veronelli e Félix Labrador Arroyo (Madri: Sociedad Estatal para la Commemoración de los Centenarios de Felipe II e Carlos V, 2001).

119. *List and Analysis of State Papers, Foreign Series. Elizabeth I. Preserved in the Public Record Office*, vol. 7, janeiro a dezembro de 1596, ed. Richard Bruce Wernham (Londres: Public Record Office, 2000), 223 (Item 266, citado de NL73, Advertisements, de Roma, Colônia e Antuérpia, fol. 170).

120. RBP, II/2.149, doc. 108. Gondomar seguiu para se tornar um dos mais proeminentes diplomatas de Espanha. Gasca de la Vega desaparece, mas sua irmã casou-se com Francisco de Contreras, presidente do Conselho Real. Ver sua biografia: Manuel Francisco de Hinojosa y Montalvo, *Libro de la Vida, Loables Costumbres, y Santa Muerte de la Ilustrisima Señora doña María Gasca de la Vega* (Madri, 1626).

121. *Historia de Gabriel de Espinosa*, 28; ver também o relato do jesuíta discutido no final do capítulo 2. O panfleto parece sugerir que a confissão na verdade foi ouvida por múltiplas testemunhas, embora o arquivo do processo não diga nada a respeito.

122. Sara T. Nalle, "The Millennial Moment: Revolution and Radical Religion in Sixteenth-Century Spain", em *Toward the Millennium: Messianic Expectations from the Bible to Waco*, ed. Peter Schafer e Mark R. Cohen (Leiden: Brill, 1998), 151-71.

123. Nos anos imediatamente anteriores ao caso do *pastelero*, Bandarra foi redescoberto por João de Casto, um desiludido camarada nobre de D. António, que fez das *trovas* a base documental para o que veio a ser o movimento *sebastianista*. Castro foi o principal organizador da subsequente e muito mais séria aparição na Itália de um falso Sebastião: ver H. Eric R. Olsen, *The Calabrian Charlatan, 1598-1603: Messianic Nationalism in Early Modern Europe* (Nova York: Palgrave MacMillan, 2003); ver Antonio Machado Pires, *D. Sebastião e o Encoberto. Estudo e antologia* (Lisboa: Fundação Calouste Gulbenkian, 1971); e J. Lucio de Azevedo, *A evolução do Sebastianismo*, 2ª ed. (Lisboa: Livraria Clássica, 1947); ver Lucette Valensi, *Fables de la Mémoire: La glorieuse bataille des trois rois* (Paris: Editions du Seuil, 1992), e Yves-Marie Bercé, *Le roi caché. Saveurs et imposteurs. Mythes politiques populaires dans l'Europe moderne* (Paris: Fayard, 1990).

124. António Ubieto Arteta, "La aparición del falso Alfonso I el Batallador", *Argensola: Revista de Ciencias Sociales del Instituto de Estudios Altoaragoneses*, nº 33 (1958): 29-38.

125. Para uma fascinante análise de como Lope de Vega e outros escritores espanhóis adaptaram os contos russos de usurpação tendo em mente as mortes de D. Sebastião e D. Carlos, ver Jack Weiner, "Un episodio de la historia rusa visto por autores españoles del Siglo de Oro. El pretendiente Demetrio", *Journal of Hispanic Philology* 2, nº 3 (primavera de 1978): 175-201.

126. A troca de bebês levou a uma impostura real na França do século XIV; ver o excelente relato de Tommaso di Carpegna Falconiere, *The Man Who Believed He Was King of France: A True Medieval Tale*, trad. William McCuaig (Chicago: University of Chicago Press, 2008). Dois freis agostinianos foram personagens-chave nessa impostura. Para o caso da mãe e do bebê que fugiram, tem Jachia ben Mehmet, que no início do século XVII afirmou ser o filho do sultão otomano Mehmet III. Ver Dorothy M. Vaughan, *Europe and the Turk: A Pattern of Alliances, 1350-1700* (Liverpool: Liverpool University Press, 1954), 219-36.

127. Ver, por exemplo, Antonio Caetano de Sousa, *Provas de historia genealógica da casa real portuguesa* (Coimbra: Atlântida, 1946-48), vol. 2, pt. 2, 139.

128. Roberto González Echevarría, *Myth and Archive: A Theory of Latin American Narrative* (Durham, NC: Duke University Press, 1998), 38. Muitas convenções literárias, tais como teste de identidade, reuniões acidentais, reconhecimento subsequente, disfarces e abduções, são frequentes em contos folclóricos; ver Stith Thompson, *Motif-Index of a Folk Literature*, 6 vols. (Bloomington: Indiana University Press, 1934).

129. "Relación de las vistas [*sic*] de los Reyes Don Phelipe 2 y Don Sebastian en Nuestra Señora de Guadalupe, año de 1576", Hispanic Society of America (Nova York), HC 411-209, 15v.

130. AGS E., leg. 173, documento não numerado entre os docs. 251 e 252, provavelmente de março de 1595.

131. Robert Southwell, *The History of the Revolution of Portugal, from Foundation of The Kingdom to the Year [1667], with Letters of Sir Robert Southwell...* (Londres: Printed for John Osborn at the Golden Ball in Pater-Noster Row, 1740), 34. O embaixador estava familiarizado com três dos quatro falsos Sebastiões; ele não conta nada sobre Madrigal.

132. Ver introdução a Terence Cave, *Recognitions: A Study in Poetics* (Oxford: Clarendon Press, 1988).

Capítulo 4

1. Juan Vallafañe, *La limosnera de Dios. Relación histórica de la vida, y virtudes de la excentíssima señora Doña Magdalena de Ulloa Toledo Ossorio y Quiñones* (Salamanca: Imprenta de Francisco García Onorato, 1723). Baltasar Porreño, *Historia del serenissimo Señor Don Juan de Austria*, ed. António Rodríguez Villa (Madri: Sociedad de Bibliófilos Españoles, 1899). Sobre a entrada no convento de Ana no dia 28 de junho de 1575, ver Mercedes Formica, *María de Mendoza (Solución a un enigma amoroso)* (Madri: Editorial Caro Raggio, 1979), 21, citando AHN, Clero, leg. 580.

2. Formica, *María de Mendoza*. Formica descobriu a mãe de Ana trabalhando em arquivos notariais; a discussão a seguir baseia-se em seu livro.

3. Mercedes Formica, *La hija de Don Juan de Austria. Ana de Jesús en el proceso al pastelero de Madrigal* (Madri: Revista de Occidente, 1973), 66-67.

4. Santa Teresa, *The Complete Works of Saint Teresa of Jesus*, trad. e ed. de E. Allison Peers (Londres: Sheed and Ward, 1946), "Constitutions Which the Mother Teresa of Jesus gave to the Discalced Carmelite Nuns", 3:223; Elizabeth A. Lehfeldt, *Religious Women in Golden Age Spain: The Permeable Cloister* (Aldershot: Ashgate, 2005), 177.

5. IVDJ, envío 63, fols. 125, 130, 131; o voto está transcrito em Firmo Zurdo Manso e Esther del Cerro Calvo, *Madrigal de las Altas Torres: Recuerdos para una historia* (Ávila, 1996), 122. O provincial agostiniano era Pedro de Rojas; no ano seguinte, frei Luis de León foi eleito provincial, mas morreu uma semana depois, e a essa altura Gabriel de Goldaraz ficou com o posto.

6. Teófilo Viñas Román, "El convento agustiniano, extramuros de Madrigal de las Altas Torres", *Ciudad de Dios*, 214, nº 3 (2001): 705-321; Quirino Fernández, OSA, "Las dos Agustinas de Madrigal, hijas de Fernando el Católico llamadas ambas Doña María de Aragón", *Analecta Augustiniana* 53 (1990): 361-407; Jesús Miguel Benítez, OSA, "Agustinas de Madrigal de las Altas Torres del siglo XVI al XVII", em *La clausura femenina en España: Actas del simposium, 1/4-IX-2004*, ed. Francisco Javier Campos e Fernández de Sevilla, Escorial, 1:363-98. Essa Juana – não confundir com a filha legítima de Carlos V (mãe de Sebastião) – vivia no convento com sua mãe, cuja identidade desconheço. Segundo uma história local, a criança se afogou no poço do convento; ver Zurdo Manso e Cerro Calvo, *Madrigal de las Altas Torres*, 40.

7. Richard L. Kagan, *Lucrecia's Dreams: Politics and Prophecy in Sixteenth-Century Spain* (Berkeley e Los Angeles: University of California Press, 1990), 121-22.

8. AGS E, leg. 172, docs. 58, 73 e 207. Os freis fofoqueiros escreveram uma carta ao rei, transmitindo histórias que ouviram a respeito de Gabriel de Goldaraz. Quiroga foi enterrado fora dos muros do convento; seus restos mortais foram transferidos para o convento das freiras em 1835, depois do desvinculamento do governo das propriedades da Igreja.

9. James Casey, *Family and Community in Early Modern Spain: The Citizens of Granada, 1570-1739* (Cambridge: Cambridge University Press, 2007), 213: David Gutiérrez, *The Augustinians from the Protestant Reformation to the Peace of Westphalia, 1518-1648*, trad. John J. Kelly, OSA (Villanova, PA: Augustinian Historical Institute, 1979), 91.

10. Bartolomé Bennassar, *Valladolid en el Siglo de Oro: Una ciudad de Castilla y su entorno agrario en el siglo XVI* (Valladolid: Ambito, 1983), 359.

11. AGS E, leg. 172, doc. 7.

12. *ACC*, 1592-1595, vol. 13 (Madri, 1887), 436-37.

13. AGS E, leg. 172, doc. 95.

14. AGS E, leg. 173, doc. 220; Elizabeth A. Lehfeldt, "Spatial Discipline and Its Limits: Nuns and the Built Environment in Early Modern Spain", em *Archi-*

tecture and the Politics of Genre in Early Modern Europe, ed. Helen Hills (Aldershot: Ashgate, 2003), 143.

15. AGS E, leg. 424. O mau comportamento em conventos, muitas vezes apócrifo, é um tropo que existia havia muito tempo. Ver os livros de Craig Monson, *Disembodied Voices: Music and Culture in an Early Modern Italian Convent* (Berkeley e Los Angeles: University of California Press, 1995), e *Nuns Behaving Badly: Tales of Music, Magic, Art and Arson in the Convents of Italy* (Chicago: University of Chicago Press, 2010).

16. AMAEC, Santa Sede, leg. 49, docs. 293-300.

17. *Historia de Gabriel de Espinosa, Pastelero en Madrigal, que fingió ser el rey Don Sebastian de Portugal, y asimismo la de Fray Miguel de los Santos, en el año de 1595* (Jerez: Juan Antonio de Tarazona, 1683), 19 (daqui em diante, *Historia de Gabriel de Espinosa*).

18. Silva ao marquês de Poza, 15 de março de 1593, BL Add., 28.377.

19. AGS E, leg. 172, doc. 96.

20. AGS E, leg. 173, doc. 234. Esse grupo de visitantes portugueses não seria o mesmo que supostamente chegou em julho de 1594; o último não teve contato com Ana, mas poderiam ser os mencionados pelo correspondente jesuíta discutido no capítulo 3.

21. AGS E, leg. 172, docs. 242 e 257.

22. Ibid., doc. 211.

23. Ibid., doc. 191.

24. AGS E, leg. 173, docs. 26, 28 e 146.

25. Ibid., doc. 239.

26. Ibid., doc. 249. "Doutores", aqui, não implica doutores em medicina.

27. AGS E, leg. 172, doc. 251.

28. Ibid., doc. 1.

29. Ibid., docs. 2 (também BL Eg., 2059, fol. 241) e 3.

30. AGS E, leg. 173, doc. 133.

31. AGS E, leg. 172, docs. 110 e 145.

32. Ibid., docs. 94 e 95.

33. Ibid., doc. 215. Esse foi, provavelmente, Martín de Idiáquez.

34. Ibid., doc. 8.

35. Ibids., docs. 13 e 121.

36. Ibid., doc. 159.

37. Ibid., docs. 30 e 237.

38. José Ignacio Tellechea Idígoras, *El ocaso de un rey: Felipe II visto desde la Nunciatura de Madrid, 1594-1598* (Madri: Fundación Universitaria Española, 2001), 144.

39. AGS E, leg. 172, docs. 74 e 75.

40. Ibid., docs. 56-58, 60-61, 73, 75 e 99.

41. Ibid., docs. 94 e 95.

42. Ibid.
43. Ibid., doc. 94.
44. Ibid., doc. 25.
45. Ibid., doc. 42.
46. Ibid., doc. 20.
47. Ibid., doc. 203.
48. Ibid. Na Veneza do século XVII, freiras involuntárias insistiam (e canonistas concordavam) que não eram freiras; uma delas disse: "Ela não era freira, mas [vestia] uma máscara." Ver Anne Jacobson Schutte, "Between Venice and Rome: The Dilemma of Involuntary Nuns", *Sixteenth Century Journal* 41, nº 2 (2010): 425 e 429.
49. AGS E, leg. 172, doc. 180.
50. Ibid., doc. 91.
51. Ibid., doc. 196.
52. Ibid., doc. 208.
53. Ibid., doc. 211; e BL Eg., 2.059, fols. 240v-41.
54. AGS E, leg. 172, doc. 191.
55. Ibid., doc. 211.
56. Ibid., docs. 49 e 54. Ele contou a Barbara Blomberg que foi criado no convento. Sebastianillo, mencionado abaixo, poderia ter sido outro desses casos, possivelmente ambos eram ilegítimos.
57. AGS E, leg. 173, documento não numerado entre os docs. 251 e 252.
58. AGS E, leg. 172, doc. 49.
59. Ibid.
60. Luis Cabrera de Córdoba, *Historia de Felipe II, Rey de España,* ed. José Martínez Millán e Carlos Javier de Carlos Morales (Salamanca: Junta de Castilla y León, 1998), 3:1.523; *Historia del fingido Rey de Portugal*, Escorial, Z-IV-2, fol. 47r.
61. AGS E, leg. 128, doc. 184; também relatado por Louis Prosper Gachard, *Don Juan d'Autriche: Etudes historiques* (Bruxelas: M. Hayez, 1868), 11, sem citação.
62. Talvez Felipe II tenha renomeado o irmão Juan porque se lembrou de um irmão com esse nome quando era bem pequeno; o primeiro Juan morreu em 1537; ver Manuel Fernández Alvarez, *La Princesa de Eboli* (Madri: Espasa Calpe, 2009), 83-84.
63. Correspondência sobre Blomberg em Bruxelas e sua mudança para a Espanha, AGS E, leg. 545; María del Rosario Falcó y Osorio, ed., *Documentos escogidos del Archivo de la Casa de Alba. Los publica la Duquesa de Berwick y de Alba* (Madri, 1891); Porreño, *Historia del serenísimo Señor*; Antonio Rodríguez Villa, "Documentos sobre la estancia de Madame Barbara de Blomberg", *Boletín de la Real Academia de la Historia* 36 (1900); 69-81; Gachard, *Don Juan d'Autriche*.
64. Não sei como nem por que a casa de Escobedo foi escolhida. Ver correspondência sobre Blomberg em Colindres, IVDJ, envíos 36, 41 e 46; Porreño, *Historia del serenísimo Señor*, 311-18, 575; BNM, MS 20058/52, fols. 133-34; Gachard, *Don Juan d'Autriche*.
65. IVDJ, envío 46.

66. Formica, *María de Mendoza*, 371, citando o testamento de Catalina, no Archivo Histórico Provincial de Madrid, Protocolo 390, escr. Diego Méndez (23 de novembro de 1571). Também segundo Formica, que não cita fontes, relatos mostram que Blomberg ocasionalmente enviava à neta bacalhau seco. Ver Formica, *La hija de Don Juan*, 215.

67. AGS E, leg. 172, doc. 165.

68. AGS E, leg. 172, doc. 100; usei a *Historia de Gabriel de Espinosa*, 6.

69. *Historia de Gabriel de Espinosa*, 6; também ANTT, Miscelánea Manuscrita 964, *Collecção de Memorias e Casos Raros*, 228; o original é AGS E, leg. 172, doc. 100. Sobre Mazateve, Angel Rodríguez Villa, "Documentos sobre la estancia de Madama Barbara Blomberg en España", *Boletín de la Real Academia de la Historia* 36 (1900): 69-81. A carta de Ana é extraída da transcrição em Formica, *La hija de Don Juan de Austria*, 401.

70. Andrés María Mateo estava convencido de que a visita de Roderos a Blomberg não era bem o que parecia. Ana e Blomberg não se entendiam, portanto é pouco provável que Ana procurasse a ajuda da avó, ele disse. Em vez disso, sugeriu, Blomberg estava de alguma forma envolvida na trama, e procurou Roderos como um meio de se livrar. Acredito que Blomberg não ia querer irritar Felipe, em vista de sua dependência financeira da coroa; Mateo sugere que ela já estava tão zangada com ele que estava disposta a conspirar: Andrés María Mateo, "Barbara Blomberg y el Pastelero de Madrigal, 7 de outubro de 1595" (diss. de PhD, Universidad Complutense de Madri, 1945), 226-41.

71. AGS E, leg. 173, doc. 120.

72. AGS E, leg. 173, docs. 187 e 270. No final do século XVI, praticamente todos os remadores das galés estavam cumprindo pena: ver José de las Heras Santos, *La justicia penal de los Austrias en la Corona de Castilla* (Salamanca: Ediciones Universidad, 1991), 304-16; e Ruth Pike, *Penal Servitude in Early Modern Spain* (Madison: University of Wisconsin Press, 1983), 3-26.

73. AGS E, leg. 172, doc. 78.

74. Ibid., doc. 242.

75. AGS E, leg. 173, doc. 234.

76. AGS E, leg. 172, doc. 46.

77. ANTT, Miscelánea Manuscrita 964, *Collecção de Memorias e Casos Raros*, 230. O autor dessa inusitada variante sugere que Ana era filha de Felipe II. Não encontrei o original dessa carta no arquivo; ela pode nunca ter existido.

78. Para uma descrição da cadeira e impotência que causou ao rei, ver Geoffrey Parker, *Philip II*, 3ª ed. (Chicago: Open Court, 1995), 192-93.

79. Mark Eccles, *Christopher Marlowe in London* (Cambridge, MA: Harvard University Press, 1934), 145-57; encontrei a referência em Keith Thomas, *Religion and the Decline of Magic* (Nova York: Charles Scribner's Sons, 1971), 426.

80. P. Fr. Jerónimo de Sepúlveda, *Historia de varios sucesos y de las cosas notables que ham acaecido en España...*, vol. 4 de *Documentos para la historia del Monasterio de San Lorenzo el Real de El Escorial*, ed. Julián Zarco Cuevas (Ma-

dri: Imprenta Helénica, 1924), 121-22. Os irmãos ilegítimos mais conhecidos de Felipe são D. Juan e Margaret de Parma, mas havia pelo menos mais um. Uma mulher chamada Tadea della Penna, que vivia em Roma, entrou em contato com o rei em dezembro de 1560, logo depois que Felipe soube da existência de D. Juan, para lhe dizer que era sua meia-irmã. Ver José Ignacio Tellechea Idígoras, "La Mesa de Felipe II", *Ciudad de Dios* 218, nº 1 (2005): 187-88.

81. Rafael Valladares, *La conquista de Lisboa: Violencia militar y comunidad política en Portugal, 1578-1583* (Madri: Marcial Pons, 2008), 121.

82. As instruções de António a Cristóvão sobre como se comportar na corte marroquina estão em Pedro Batalha Reis, *Numária d'el Rey D. António, décimo oitavo Rei de Portugal, O ídolo do povo* (Lisboa: Academia Portuguesa da História, 1947), 406-11, e Antonio Caetano de Sousa, *Provas da história genealógica da casa real portuguesa*, vol. 2, pt. 2 (Coimbra: Atlântida, 1948), 175-81. Ver também Jaime Oliver Asín*, Vida de Don Felipe de Africa, príncipe de Fez y Marruecos (1566-1621)*, ed. Miguel Angel de Bunes Ibarra e Beatriz Alonso Acero (Granada: Universidade de Granada, 2008), 83. Ao contrário do irmão, Manoel, Cristóvão jamais fez as pazes com Felipe II.

83. Essas duas filhas possivelmente foram chamadas Violante (nome da mãe de António) e Antonia ou María: António de Portugal, visconde de Faria, *Descendance de D. António, Prieur de Crato* (Livorno: Imprimerie Raphaël Giusti, 1908).

84. Sobre Luisa e Filipa, ver AGS E, leg. 426; Antonio de Portugal, *Descendance*; Francisco Marquez de Sousa Viterbo, *O Prior do Crato e a invasão hespanhola de 1580* (Lisboa, 1897), 19-25, com transcrições de cartas de D. António concedendo as pensões.

85. Felipe a *doña* Catalina Barahona, 20 de julho de 1581, AGS E, leg. 426.

86. AGS E, leg. 172, doc. 4.

87. Felipe II a Francisco Hernández de Liévana, 8 de junho de 1581, AGS E, leg. 426.

88. 8 de maio de 1590, IVDJ, envío 38.

89. BFZ, Altamira 219.D.150/1; BFZ, Altamira 219.D.149/1; Diogo Barbosa Machado,*Biblioteca Lusitana histórica, crítica e cronológica* (Ridgewood, NJ: Gregg Press, 1962), 1:190-94; fac-símile (orig. pub. Lisboa, 1741).

90. 8 de fevereiro de 1605, ANTT, Arquivo de Don António, doc. 347. A carta é muito difícil de ler.

91. Gregorio Marañon, *António Pérez (el hombre, el drama, la época)*, 5ª ed. (Madri: Espasa Calpe, 1954), 2:872; carta de Pérez ao Chateau Martín, transcrita de AGS E, leg. 363, fol. 270.

92. ANTT, Arquivo de don António, doc. 347.

93. Silva a Gabriel de Zayas, fevereiro de 1580, RAH, Z-9, fol. 198.

94. AGS E, leg. 424, doc. 339.

95. AGS E, leg. 428; AGS E, leg. 424, doc. 338. O incidente ocorreu em novembro de 1582.

96. RAH, Salazar y Castro, Z-9, fol. 188 (outubro de 1598).

97. AGS E, leg. 172, docs. 94 e 95.

98. Ibid.

99. *Historia de Gabriel de Espinosa*, 10, 22. A versão da *Historia* da confissão (falsa) de frei Miguel também diz que foi por intermédio da criança que o vigário supostamente detectou *la casta* do pai.

100. AGS E, leg. 172, doc. 242.

101. Ibid., doc. 78.

102. AGS E, leg. 173, docs. 236 e 275; Lehfeldt, "Spatial Discipline", 143.

103. AGS E, leg. 173, doc. 338.

104. Ibid., doc. 263.

105. Ibid., doc. 189.

106. Seus quatro livros foram sobre a vida de Santa Catarina de Siena, a vida de São Amadeus, um texto sobre astrologia e um manual sobre convertidos ao cristianismo. Santillán vendeu todos. Ver AGS E, leg. 173, doc. 68.

107. AGS E, leg. 172, doc. 29.

108. Ibid., doc. 31. *In caput alienum* significava que a tortura era usada para obter informações sobre terceiros. Isso também se aplicou a Roderos. Foi um passo controvertido e não estava incluso no código de leis da Espanha, chamado as *Partidas*; ver Francisco Tomás y Valiente, *La tortura en España: Estudios históricos* (Barcelona: Editorial Ariel, 1973), 117-20.

109. AGS E, leg. 173, doc. 275.

110. AGS E, leg. 172, doc. 54.

111. AGS E, leg. 173, docs. 120 e 123.

112. Ibid., doc. 181.

113. Para um casal obter licença de casamento, testemunhas tinham de atestar que eles estavam livres para se casar. Existem muitos casos de perjúrio, mas talvez porque Espinosa e Cid fossem itinerantes, não tinham amigos a quem recorrer. Sobre essas licenças, ver Satoko Nakajima, "Breaking Ties: Marriage and Migration in Sixteenth-Century Spain" (diss. de PhD, Universidade de Tóquio, 2001).

114. AGS E, leg. 173, docs. 263 e 264, ambas interrogatórios.

115. Ibid., doc. 189.

116. Havia um lorde local em Toro chamado D. Juan de Ulloa, provavelmente descendente de um homem com o mesmo nome que construiu dois imponentes castelos no século XV na província de Zamora. A época e a geografia tornam provável que fosse o homem que Espinosa conheceu.

117. AGS E, leg. 173, doc. 350.

118. Não está claro por que Santillán contratou *pregoneros* de Valladolid; Madrigal tinha pelo menos dois em 1594, julgando-se pelos registros de anúncios orais de vendas de terras na época. Ver AHPA, Protocolos, leg. 3.787.

119. AGS E, leg. 173, doc. 264.

120. *Historia de Gabriel de Espinosa*, 47.

121. AGS E, leg. 173, doc. 264. Para uma transcrição ainda mais terrível de tortura, a de uma mulher acusada de roubo em 1648, em Madri, ver Francisco Tomás y Valiente, *El derecho penal de la monarquía absoluta* (Madri: Editorial Tecnos, 1969), 414-19.

122. AGS E, leg. 173, doc. 270.

123. Kagan, *Lucrecia's Dreams*, 145, 150, 155. Lucrécia também foi torturada.

124. BNM, MS 3.784, *Papeles varios en prosa*, "Historia de Gabriel de Espinosa", fols. 1-60. Esse é um relato composto extraído do panfleto de 1683 e de outros escritos. A descrição da criança está na fol. 47v.

125. AGS E, leg. 17, docs. 94 e 95.

126. Ibid., doc. 144.

127. Ibid.

128. Ibid., doc. 94.

129. Ibid., doc. 144.

130. *Historia de Gabriel de Espinosa*, 16. D. Juan de Austria teve um filho com Zenobia Sarotosio em Nápoles, que morreu bebê; ver Gachard. *Don Juan d'Autriche*, 166. Sem nenhuma prova real, Mercedes Formica especula que Francisco existia e nasceu depois que María de Mendoza supostamente viajou para as montanhas de Granada para estar com D. Juan, antes da guerra das Alpujarras (*María de Mendoza*, 315-22).

131. "Abram portas e janelas, / os balcões e as galerias, / porque em vez de trazer uma esposa, / eu vos trago minha irmã!" O tradicional poema é variadamente chamado "Don Bueso", "Don Bueso y su hermana" ou "Una tarde de verano". Para uma discussão sobre as versões, ver George K. Zucker, "Some Considerations on the Sephardic Treatment of the 'Romancero'", *Anuario de estudios filológicos* 14 (1991): 519-24.

132. Em 1618, um Jerónimo de Dueñas, capturado em Alcácer-Quibir 40 anos antes, fugiu quando sua galera atracou em Malta. Depois escreveu ao Conselho de Portugal requisitando sua pensão: Diogo Ramada Curto, "O Bastião! O Bastião! (Actos políticos e modalidades de crença, 1578-1603)", em *Portugal: Mitos revisitados*, ed. Yvette Kace Centeno (Lisboa: Edições Salamandra, 1993), 144, citando ANTT, Conselho Geral do Santo Ofício, liv. 216, docs. 149 e 153.

133. Teresa gostava muito de ler romances de cavalaria quando era menina: "Eu ficava tão completamente interessada por essa leitura que não pensava poder ser feliz se não tivesse um novo livro." Ver Santa Teresa, *The Autobiography of St. Teresa de Avila*, trad. Kieran Kavanaugh, OCD, e Otilio Rodríguez, OCD (Nova York: One Spirit, 1995), 57, 55.

134. AGS E, leg. 173, docs. 182, 187, 261, 262, 350 e 401-6.

135. Ibid., doc. 262; quase ilegível.

136. AGS E, leg. 173, doc. 182.

137. RAH, Salazar y Castro, Z-9, fol. 162, março de 1594. Um ex-bispo de Évora tinha estado na lista de pessoas excluídas da anistia geral de 1580.

138. AGS E, leg. 173, doc. 403.

NOTAS

139. AGS E, leg. 173, doc. 187.

140. A seguinte discussão baseia-se em AGS E, leg. 173, docs. 236, 249 e um pacote não numerado entre leg. 173, docs. 251 e 252.

141. BL Eg., 2.059, fol. 246v.

142. AGS E, leg. 172, docs. 88, 238 e 242. As irmãs tinham ambas "mais ou menos" 40 anos, consideravelmente mais velhas do que Ana, que tinha 27. O irmão delas, Blas Nieto, foi um dos poucos personagens desta história a ser absolvido.

143. AGS E, leg. 173, doc. 289.

144. AGS E, leg. 172, docs. 196 e 238; leg. 173, docs. 1 e 8.

145. AGS E, leg. 173, doc. 258. Cerca de 20 anos antes, Belón havia sido a prioresa fundadora de um mosteiro agostiniano em Talavera de la Reina; ver Tomás Cámara, *Vida y escritos del Beato Alonso de Orozco del Orden de San Agustín, Predicador de Felipe II* (Valladolid: Imp. y Lib. de la V. de Cuesta e Hijos, 1882), 172.

146. AGS E, leg. 173, docs. 218 e 219. Loaysa foi tutor de Felipe II e mais tarde cardeal e arcebispo de Toledo. Era de uma família de altos oficiais da Igreja; entre seus tios, estavam o arcebispo de Sevilha, García de Loaysa y Mendoza, um frei chamado Domingo de Mendoza, que foi para a América, e o arcebispo de Lima, Jerónimo de Loaysa; todos eram dominicanos. Ver Javier Malagón-Barceló, "Toledo e o Novo Mundo no Século XVI", *The Americas* 20, nº 2 (outubro de 1963): 107; Angel Fernández Collado, *La Catedral de Toledo en el siglo XVI: Vida, arte y personas* (Toledo: Diputación Provincial, 1999), 254-56. Meus agradecimentos a Ignacio Fernández Terricabra pela ajuda nesse ponto.

147. AGS E, leg. 173, doc. 59.

148. Ibid., doc. 60.

149. Ibid., doc. 259.

150. Ibid., doc. 391. Andrés María Mateo descreve as acusações como *calumnia*, mas não vejo razão para duvidar delas ("Barbara Blomberg", 193).

151. AGS E, leg. 172, doc. 230.

152. AGS E, leg. 173, doc. 248.

153. Ibid., docs. 115 e 178.

154. Ibid., docs. 187 e 192.

155. Ibid., doc. 81.

156. AHN, Inq., leg. 5.142, caja 3. O arcebispo deixou para Juan de Llano 2 mil ducados: José Luis González, *El inquisidor general Fernando de Valdés (1483-1568)* (Oviedo: Universidad de Oviedo, 1971), 2:377. Existe uma árvore genealógica no vol. 1 dessa biografia.

157. AGS E, leg. 173, doc. 11.

158. Ibid., doc. 13.

159. Ibid., doc. 313.

160. Ibid., doc. 220.

161. Ibid.

162. Geoffrey Parker, *Felipe II: La biografía definitiva*. Madri: Planeta, 2010, 46.

163. Stephen Haliczer, *Between Exaltation and Infamy: Female Mystics in the Golden Age of Spain* (Oxford: Oxford University Press, 2002), 22; Richard L. Kagan, "Politics, Prophecy, and the Inquisition in the Late Sixteenth-Century Spain", em *Cultural Encounters: The Impact of the Inquisition in Spain and the New World*, ed. Mary Elizabeth Perry e Anne J. Cruz (Berkeley e Los Angeles: University of California Press, 191), 118-19; Frei Luis de Granada, *Historia de Sor María de la Visitación y Sermón de las caídas públicas*, ed. Bernardo Velado Graña (Barcelona; Juan Flors, 1962).

164. Fernando Bouza, ed. *Cartas de Felipe II a sus hijas* (Madri: Akal, 2008), 96.

165. Jesús Imirizaldu, ed., *Monjas y beatas embaucadoras* (Madri: Editora Nacional, 1977), 130-33; João Francisco Marques, *A parenética portuguesa e a dominação filipina* (Porto: Instituto Nacional de Investigação Científica, 1986), 93-94; Sepúlveda, *Historia de varios sucesos*, 66-69 [fols. 104v.-106v]. A sentença criminal, entregue pelo cardeal e arquiduque Alberto, circulou amplamente em forma de panfleto; ver BNM VE 49-161, publicado em 1590; também BL Eg., 357, nº 10, fols. 124-42.

166. *Historia de Gabriel de Espinosa*, 17.

167. AGS E, leg. 173, doc. 220.

168. Ibid.

169. AGS E, leg. 173, doc. 72.

170. Ibid., doc. 221. Naquele mesmo dia ela enviou um apelo similar a alguém tratado como "señora", provavelmente sua prima Isabel Clara Eugênia; ver ibid., doc. 222.

171. Ibid., doc. 70. A futura Santa Teresa viveu ali por pouco tempo, por volta de 1531, quando era uma adolescente um tanto selvagem, precisando ser disciplinada. Ver Santa Teresa, *Autobiography*, 59, nº 5.

172. AGS E, leg. 173, doc. 377.

173. Ibid., doc. 95. Sua sentença está no doc. 74 e, com as acusações, em BL Eg., 2.059, fols. 245-48v.

Epílogo

1. Sobre a morte de Espinosa, ver AGS E, leg. 173, docs. 178, 187, 189-97 e 271; *Historia de Gabriel de Espinosa, Pastelero em Madrigal, que fingió ser el rey Don Sebastian de Portugal, y asimismo la de Fray Miguel de los Santos, en el año de 1595* (Jeréz: Juan António de Tarazona, 1683), capítulos 15 e 16 (daqui em diante, *Historia de Gabriel de Espinosa*).

2. Pedro de León, *Grandeza y miseria en Andalucia. Testimonio de una encrucijada histórica (1578-1616)*, Ed. Pedro Herrera Puga (Granada: Facultad de Teología, 1981), 251. Para as reminiscências de outro jesuíta do final do século

XVI que guiava prisioneiros para a morte em Madri, ver AHN, Clero Jesuits, leg. 5, nº 35. "Traslado de la vida del Padre Tomás de Soto".

3. Essa também era a punição usual por traição na Inglaterra, onde era cortada a cabeça "que havia imaginado o crime... e os quartos, colocados em algum lugar alto e eminente, à vista e execração dos homens, e para se tornarem presas das aves no ar", ver *Public Execution in England, 1573-1868*, vol. 1, *Public Execution in England, 1573-1674* (Londres: Pickering and Chatto, 2009), xi-xix.

4. AGS E, leg. 173, doc. 194.

5. *Historia de Gabriel de Espinosa*, 52.

6. AGS E, leg. 173, doc. 192.

7. *Historia de Gabriel de Espinosa*, 53.

8. AGS E, leg. 173, doc. 194.

9. AGS E, leg. 173, doc. 190. Crônicas subsequentes passaram muito mais tempo discutindo a confissão de Espinosa e sua preparação para uma morte cristã do que a execução em si, o que também era típico da literatura inglesa. Ver *Public Execution in England*, 1:xxviii.

10. AGS E, leg. 173, docs. 76-81.

11. BL Eg., 2.059, fols. 252-59v.

12. AGS E, leg. 173, docs. 382-83.

13. Ibid., docs. 99-104.

14. Ibid., doc. 102.

15. Para a cerimônia, ver BL Add., 8.708, fol. 87v; AGS E, leg. 173, docs. 105, 108 e 109. Para a sentença, ver BL Eg, 2.059, fols. 259v-62v.

16. BNL, cod. 863, fols. 587r-87v.

17. A história da execução está em AGS E, leg. 173, docs. 110-12. A cadeia real ficava na Plaza de Santa Cruz, hoje local do Ministério do Exterior.

18. "Colección de papeles históricos sobre los años 1542 a 1596", BNM, MS 3.827, fols. 227.

19. *Calendar of State Papers and Manuscripts Relating to English Affairs, Existing in the Archives and Collections of Venice and in Other Libraries of Northern Italy*, vol. 9, 1592-1603 (Londres: Public Records Office, 1897), doc. 365, p. 166 (31 de agosto de 1595). Pedro Batalha Reis, *Numária d'el Rey Dom António, décimo oitavo Rei de Portugal, o ídolo do povo* (Lisboa: Academia Portuguesa da História, 1947), 450-53; o inventário também está em Antonio Caetano de Sousa, *Provas da história genealógica da casa real portuguesa*, vol. 2, pt. 2 (Coimbra: Atlântida, 1948), 141-44. O colega do embaixador veneziano em Madri mais uma vez mutilou a história: seis semanas depois da morte de D. António, ele escreveu que a notícia "foi comunicada aos ministros [espanhóis] por um português que esperava a recompensa que lhe fora prometida se a notícia provasse ser verdade", uma história improvável (ver *Calendar of State Papers*, 9:169).

20. ANTT, Arquivo de D. António, docs. 267 e 270; ver também Batalha Reis, *Numária d'el Rey Dom António*, 152-56 e 420-40; Júlio Dantas, "Testamento

e morte do Rei D. António", *Anais das Bibliotecas e Arquivos* 11 (1936): 92-109; e Sousa, *Provas da história*, 144-59.

21. João Francisco Marques, *A parenética portuguesa e a dominação filipina* (Porto: Instituto Nacional de Investigação Científica, 1986), 64, 326 e 406; AMAEC, Santa Sede, leg. 9, exp. 12, fols. 243-76; excelente exemplo de rede epistolar sediciosa centrada em Roma. Acontece que o próximo (e falso) Sebastião apareceu na Itália.

22. Sousa, *Provas da história*, 160-67.

23. Batalha Reis, *Numária d'el Rey Dom António*, 445-50. Naquele mesmo dia D. António escreveu a Henrique IV da França (também sobre seus filhos), aos Estados Gerais da Holanda, ao conde de Nassau, à princesa de Orange e ao conde de Essex.

24. G. B. Harrison, ed., *The Letters of Queen Elizabeth* (Londres: Cassel, 1935), 236-37. A carta de Guise aparece em Gregorio Marañon, *Antonio Pérez (el hombre, el drama, la época)*, 2 vols., 5ª ed. (Madri: Espasa Calpe, 1954), 2:851-52; ela contradiz outras fontes que afirmam que Cristóvão jamais buscou uma reconciliação com Felipe II.

25. Antonio de Portugal, *D. Antonio, Prieur de Crato, XVIII Roi de Portugal* (Milão: Impr. Nationale de V. Ramperti, 1909), 1-3; Cesar da Silva, *O Prior do Crato e a sua epoca* (Lisboa: João Romano Torres, 192[?]), 269. Cristóvão escreveu uma biografia de seu pai, publicada em 1629, em Paris.

26. Jaime Oliver Asín, *Vida de Don Felipe de Africa, príncipe de Fez y Marruecos (1566-1621)*, ed. Miguel Angel de Bunes Ibarra e Beatriz Alonso Acero (Granada: Universidade de Granada, 208). (A obra de Oliver Asín foi publicada pela primeira vez em 1948; a nova versão tem um ensaio introdutório muito informativo dos editores.) Ver também Luis Cabrera de Córdoba, *Historia de Felipe II, Rey de España*, ed. José Martínez Millán e Carlos Javier de Carlos Morales (Salamanca: Junta de Castilla y León, 1998), 3:1.269.

27. P. Fr. Jerónimo de Sepúlveda. *Historia de varios sucesos y de las cosas notables que han acaecido en España...*, vol. 4 de *Documentos para la historia del Monasterio de San Lorenzo el Real de El Escorial*. Ed. Julián Zarco Cuevas (Madri: Imprenta Helénica, 1924), 148. Sepúlveda o chamou de "o verdadeiro rei da África".

28. Jehan Lhermite, *El pasatiempos de Jehan Lhermite. Memorias de un Gentilhombre Flamenco en la corte de Felipe II y Felipe III*, ed. Jesús Sáenz de Miera, trad. José Luis Checa Cremales (Madri: Doce Calles, 2005), 440-41.

29. BL Add., 28.422, fols. 292, 386-87, 391; BL Add., 28.423, fols. 211-12, 264.

30. Lope de Vega, *La tragedia del Rey Don Sebastián y Bautismo del Príncipe de Marruecos*, na *Biblioteca de Autores Españoles*, vol. 225 (*Obras de Lope de Vega*, vol. 27) (Madri: Atlas, 1969), 121-82; Melchora Romanos, "Felipe II en la *Tragedia del Rey Don Sebastián y el Bautismo del príncipe de Marruecos* de Lope de Vega", *Edad de Oro* 18 (1999), 177-91. George Mariscal diz que a peça estreou em 1593 no Corral del Príncipe ("Symbolic Capital in the Spanish Comedia". Em *Disorder and the Drama*, ed. Mary Beth Rose [Evanston, IL: Northwestern University Press], 143-69).

31. Carlos Eire, *From Madrid to Purgatory: The Art and Craft of Dying in Sixteenth-Century Spain* (Cambridge: Cambridge University Press, 1995), 258.

32. Baltasar Porreño, *Historia del serenísimo Señor Don Juan de Austria...*, ed. A. Rodríguez Villa (Madri: Sociedad de Bibliófilos Españoles, 1899), 356-71; Louis Prosper Gachard, *Don Juan d'Autriche: Études historiques* (Bruxelas: M. Hayez, 1868), 149-204. Mais correspondência para, de e sobre Juana encontra-se em IVDJ, envío 46, docs. 20-22; e AMAEC, Santa Sede, leg. 44, exp. 1.

33. Gachard, *Don Juan d'Autriche*, 196.

34. IVDJ, envío 46, doc. 19. Possíveis identidades do destinatário da carta, endereçada como "Vuestra Paternidad Reverendisima", são o capelão de Felipe II, García de Loaysa, ou o tio do duque de Lerma, Bernardo de Sandoval y Rojas (futuro arcebispo de Toledo), ou o futuro cardeal Zapata. Todos eram aparentados com os Mendoza.

35. BNM, MS 3.784, *Papeles varios en prosa*, "Historia de Gabriel de Espinosa...", fol. 48.

36. Para o documento fundamental do celeiro, contendo as motivações de Ana e seu relacionamento com o conselho municipal, ver Román Moreno y Rodrigo, *Madrigal de las Altas Torres, Cuna de Isabel la Católica* (Ávila: Editorial Medrano, 1949).

37. Amancio Rodrígues López, *El Real Monasterio de las Huelgas de Burgos y el Hospital del Rey* (Burgos, 1907), vol. 2, cap. 6; correspondência real em AMAEC, Santa Sede, leg. 31, exp. 7 e leg. 55, fols. 80-84; AGS E legs. 991 e 993. Geoffrey Parker observou, em correspondência comigo, que as cartas de Felipe ao embaixador Francisco de Castro foram autenticadas com a assinatura de Andrés de Prada, último secretário de Juan de Austria.

38. O relato da viagem está em "Fundación y demás cosas tocantes al Real Monasterio de las Huelgas de Burgos", RAH, Salazar M-76, fols. 20-25v. O dia comemorativo de Santiago é 25 de julho.

39. AGS E, leg. 172, doc. 269.

Apêndice

1. A controvérsia é discutida brevemente em *Catálogo Razonado de Obras Anónimas y Seudónimas de Autores de la Compañia de Jesús*, ed. P. J. Eugenio de Uriarte, 5 vols. (Madri: Rivadeneyra, 1904), 1:324-25; e na introdução de Rafael Lozano Miralles a José de Cañizares, *El pastelero de Madrigal, rey Don Sebastian fingido* (Parma: Edizioni Zara, 1995), 8-9, que foi onde também encontrei as informações bibliográficas sobre De la Cerda.

2. Os panfletos que vi são *Histoire du patissier de Madrigal en Espagne, estimé estre Dom Carles fils du roy Philippe* (Lyon: Thibaud Ancelin, 1596), 8vo;

Le patissier de Madrigal en Espaigne, estimé... (Paris, Jean le Blanc, 1596), 8vo; e *Le patissier de Madrigal en Espaigne, estimé...* (Paris, Jean le Blanc, 1596), 12vo. Todos estão na Bibliotheque Nationale de France. A suposta ordem de Felipe II para assassinar seu filho foi um dos pontos vitais da Lenda Negra, portanto o conto da sobrevivência do rapaz pode ser lido como um ataque implícito ao rei.

3. George Ticknor, *History of Spanish Literature*, vol. 3, pt. 1 (Boston: Houghton, Mifflin, 1863), 10, nº 19.

4. George Ticknor, *Catalogue of the Spanish Library and of the Portuguese Books Bequeathed by George Ticknor to the Boston Public Library*, ed. James Lyman Whitney (Boston: Boston Public Library, 1879; repr., Boston: G. K. Hall, 1970), 128.

5. Benito Sánchez Alonso, *Fuentes de la historia española e hispanoamericana*, 3 vols. (Madri, CSIC, 1952), 2:200. O panfleto, é claro, não é uma transcrição.

6. Antonio Palau y Dulcet, *Manual del librero hispanoamericano*, vol. 5 (E-F) (Oxford e Madri, 1951), 142.

7. Julian Zarco Cuevas, ed., *Catálogo de los Manuscritos Castellanos de la Real Biblioteca de el Escorial* (Madri: Imprenta del Real Monasterio, 1924-29), 3:150.

8. José Zorrilla, *Traidor, inconfeso y martir*, ed. Ricardo Senabre (Madri: Cátedra, 1976), 23.

9. Mary Elizabeth Brooks, *A King for Portugal: The Madrigal Conspiracy, 1594-95* (Madison: University of Wisconsin Press, 1963), cap. 5.

10. John Yoklavich, "The Battle of Alcázarquivir", em George Peele, *The Dramatic Works of George Peele*, ed. John Yoklavich (New Haven, CT: Yale University Press, 1961), 2:257.

11. Prólogo: Por haber sido tan notable el caso que el año de 1595 sucedió en Madrigal y ver que se cuenta de maneras muy diferentes, refiriéndose en diversas partes y aun contradiciéndose sin decir verdad en unas mismas cosas, me ha parecido hacer una fiel relación de todo, tomándolo desde su principio, por que del mayor parte de sus sucesos puedo hablar como testigo de vista que me hallé a su muerte, y en cosas que pasaron en su vida y de lo demas podré asimismo tratar de que no estoy menos cierto por haberme informado de personas fididignas que lo vieron y tocaron con las manos.

12. Prólogo al curioso y noticioso Lector: Por haber sido tan notable el caso que sucedió en la Villa de Madrigal, en Castilla la Vieja, el año de 1595 y ver las diligencias tan varias que en el hecho se cuenta, diferentemente aún en una misma cosa y todo tan lejos de la verdad, me ha parecido hacer una muy entera y fiel relación, tomándolo desde su principio, y lo puedo asegurar como testigo de vista, ansi a la muerte como a muchas cosas que pasaron en vida, y de algunas que no vi no estoy menos cierto por haberme informado de personas fididignas que lo vieron y tocaron.

BIBLIOGRAFIA

Abad, Camilo María, S. I. *Doña Magdalena de Ulloa. La educadora de Don Juan de Austria y la fundadora del Colegio de la Compañía de Jesús de Villagarcía de Campos (1525-1598)*. Comillas: Universidad Pontificia, 1959.
Abun-Nasr, Jamil M. *A History of the Maghrib*. 2ª ed. Cambridge: Cambridge University Press, 1975.
Actas de las cortes de Castilla. Vols. 12-13. Madri, 1887.
Alonso, Carlos, OSA. "Documentación inédita sobre Fr. Agustín de Jesús, OSA, Arzobispo de Braga (1588–1609). *Analecta Augustiniana* 34 (1971): 85-170.
———. "Las profesiones religiosas en la provincia de Portugal durante el período 1513-1631." *Analecta Augustiniana* 48 (1985): 331-89.
Alonso Romero, María Paz. *El proceso penal en Castilla, siglo XIII-XVIII*. Salamanca: Ediciones Universidad de Salamanca, 1982.
Anonymous. *Crónica do Xarife Mulei Mahamet e d'el-rey D. Sebastião, 1573-1578*. Ed. Francisco de Sales de Mascarenhas Loureiro. Odivelas: Heuris, 1987.
———. *Historia de Portugal desde el tiempo del Rey Don Sebastián…* . BL Eg., 522.
———. "Los ytenes de Portugal" [ou] "Respuesta que se hizo a una carta de un abbad de la Vera".
Antas, Miguel d'. *Les faux Don Sébastien. Etude sur l'histoire de Portugal*. Paris: Chez Auguste Durand, libraire, 1866.
António, prior do Crato. *The Explanation of the True and Lawful Right and Tytle of the Moste Excellent Prince Anthonie…* Leyden [sic; provavelmente Londres]: In the Printing House of Christopher Plantyn, 1585.
Antonio de Portugal, Viscount of Faria. *Antonio I, Prieur do Crato, XIII Roi de Portugal. Bibliographia*. Livorno: Imprimerie Raphaël Giusti, 1910.
———. *Descendance de D. António, Prieur do Crato*. Livorno: Imprimerie Raphaël Giusti, 1908.
———. *D. António, Prieur do Crato, XVIII Roi de Portugal (Extraits, Notes et Documents)*. Vol. 1. Milão: Impr. Nationale de V. Ramperti, 1909.
———. *D. António I, Prior do Crato, XVIII Rei de Portugal (1534-1595) e seus descendentes*. Livorno: Imprimerie Raphaël Giusti, 1910.

Aranda, Juan de. *Lugares comunes de conceptos, dichos, y sentencias en diversas materias*. Sevilha, 1595.
Azevedo, J. Lucio de. *A evolução do Sebastianismo*. 2ª ed. Lisboa: Liv. Clássica, 1947.
Baena Parada, Juan de. *Epitome de la vida, y hechos de Don Sebastian Dezimo Sexto Rey de Portugal y Unico deste Nombre...* Madri: António Gonzalez de Reyes, 1692.
Barbarics, Zsuzsa e Renate Pieper. "Handwritten Newsletters as a Means of Communication in Early Modern Europe." Em Bethencourt e Egmond, *Cultural Exchange in Early Modern Europe*, 3:53-79.
Barbosa Machado, Diogo. *Biblioteca Lusitana histórica, crítica e cronológica*. 4 vols. Ridgewood, NJ: Gregg Press, 1962; fac-símile. (Orig. pub. em Lisboa, 1741-59.)
———. *Memorias para a historia de Portugal, que comprehendem o governo del Rey D. Sebastião, unico em o nome, e decimo sexto entre os Monarchas Portuguezes*. 4 vols. Lisboa: Officina de Joseph António da Sylva, 1736-51.
Barletta, Vincent. *Death in Babylon: Alexander the Great and Iberian Empire in the Muslim Orient*. Chicago: University of Chicago Press, 2010.
Bartels, Emily C. *Speaking of the Moor: From Alcazar to Othello*. Filadélfia: University of Pennsylvania Press, 2008.
Bartlett, Robert. *The Hanged Man: A Story of Miracle, Memory and Colonialism in the Middle Ages*. Princeton, NJ: Princeton University Press, 2004.
Batalha Reis, Pedro. *Numária d'el Rey dom António, décimo oitavo Rei de Portugal, O ídolo do povo*. Lisboa: Academia Portuguesa da História, 1947.
Bellany, Alastair. *The Politics of Court Scandal in Early Modern England: News Culture and the Overbury Affair, 1603-1660*. Cambridge: Cambridge University Press, 2000.
Benítez, Jesús Miguel, OSA. "Agustinas de Madrigal de las Altas Torres del siglo XVI al XVII." Em *La clausura femenina en España: Actas del simposium, 1/4-IX-2004*, ed. Francisco Javier Campos e Fernández de Sevilla, 1:363-98. Vol. 1. San Lorenzo del Escorial, 2004.
Bennassar, Bartolomé. *Don Juan de Austria*. Madri: Temas de Hoy, 2000.
———. *Valladolid en el Siglo de Oro: Una ciudad de Castilla y su entorno agrario en el siglo XVI*. Valladolid: Ambito, 1983.
Bennassar, Bartolomé e Lucile Bennassar. *Les Chrétiens d'Allah. L'histoire extraordinaire des renegats. XVI et XVII siècles*. Paris: Perrin, 1989.
Bercé, Yves-Marie. *Le roi caché. Saveurs et imposteurs. Mythes politiques populaires dans l'Europe moderne*. Paris: Fayard, 1990.
Bethencourt, Francisco. "Political Configurations and Local Powers." Em *Portuguese Oceanic Expansion, 1400-1800*, ed. Francisco Bethencourt e Diogo Ramada Curto, 197-254. Cambridge: Cambridge University Press, 2007.
Bethencourt, Francisco e Florike Egmond, eds. *Cultural Exchange in Early Modern Europe*. Vol. 3. *Correspondence and Cultural Exchange in Europe, 1400-1700*. Cambridge: Cambridge University Press, 2007.

Bilinkoff, Jodi. *The Avila of Saint Teresa: Religious Reform in a Sixteenth-Century City.* Ithaca, NY: Cornell University Press, 1989.

Birmingham, David. *A Concise History of Portugal.* 2ª ed. Cambridge University Press, 2003.

Bondeson, Jan. *The Great Pretenders: The True Stories behind Famous Historical Mysteries.* Nova York: W. W. Norton, 2004.

Borromeo, Agostino. "La Santa Sede y la candidatura de Felipe II al trono de Portugal." Em *Las sociedades ibéricas y el mar a finales del siglo XVI.* Vol. 5. *El área Atlántica: Portugal y Flandes.* Madri: Sociedad Estatal Lisboa '98, 41-57.

Bouza, Fernando, ed. *Cartas de Felipe II a sus hijas.* Madri: Akal, 2008.

———. "Los contextos materiales de la producción cultural." Em *España en tiempos del Quijote*, ed. Antonio Feros e Juan Gelabert, 309-44. Madri: Taurus, 2004.

———. *Corre manuscrito: Una historia cultural del Siglo de Oro.* Madri: Marcial Pons, 2001.

———. "Corte es decepción: Don Juan de Silva, conde de Portalegre." Em *La corte de Felipe II*, ed. José Martínez Millán, 451-502. Madri: Alianza Universidad, 1994.

———. "Corte y Protesta. El Condestable de Castilla y el 'insulto' de los maestros y oficiales de Madrid en 1591." Em *Madrid, Felipe II y las ciudades de la monarquía*, ed. Enrique Martínez Ruiz. Vol. 2. *Capitalismo y economía*, 17-32. Madri: Actas Editorial, 2000.

———. "De las alteraciones de Beja (1593) a la revuelta lisboeta dos ingleses (1596): Lucha política en el último Portugal del primer Felipe." *Studia Histórica: Historia Moderna*, nº 17 (1997): 91-120.

———. *Imagen y propaganda: Capítulos de historia cultural del reinado de Felipe II.* Madri: Akal, 1998.

———. "Letters and Portraits: Economy of Time and Chivalrous Service in Courtly Culture." Em Bethencourt e Egmond, *Cultural Exchange in Early Modern Europe*, 3:145-62.

Bovill, E. W. *The Battle of Alcazar. An Account of the Defeat of Don Sebastian of Portugal at El-Ksar el-Kebir.* Londres: Batchworth Press, 1952.

Boxer, C. R. *Four Centuries of Portuguese Expansion: A Succint Survey.* Berkeley e Los Angeles: University of California Press, 1969.

———. *The Portuguese Seaborne Empire, 1415-1825.* 2ª ed. Manchester: Carcanet e Calouste Gulbenkian Foundation, 1991.

Brandão, Mario. "Alguns documentos relativos a 1580." Em *Boletim da Biblioteca da Universidade de Coimbra*, vol. 16. Coimbra: Universidade de Coimbra, 1944.

———. *Coimbra e D. António, Rei de Portugal.* Coimbra: Universidade de Coimbra, 1939.

Braudel, Fernand. *The Mediterranean and the Mediterranean World in the Age of Philip II.* 2 vols. Nova York: Harper and Row, 1973.

Brooks, Mary Elizabeth. *A King for Portugal: The Madrigal Conspiracy, 1594-95.* Madison: University of Wisconsin Press, 1964.

———. "From Military Defeat to Immortality: The Birth of Sebastianism." *Luso-Brazilian Review* 1, nº 2 (inverno de 1964): 41-49.

Bunes Ibarra, Miguel Angel de, e Enrique García Hernán. "La muerte de D. Sebastián de Portugal y el mundo mediterráneo de finales del siglo XVI." *Hispania* 54, nº 187 (maio/agosto de 1994): 447-65.

Burke, Peter. "Early Modern Venice as a Center of Information and Communication." Em *Venice Reconsidered: The History and Civilization of an Italian City-State, 1297-1979*, ed. John Martin e Dennis Romano, 389-419. Baltimore, MD: Johns Hopkins University Press, 2000.

Cabrera de Córdoba, Luis. *Historia de Felipe II, Rey de España*, ed. José Martínez Millán e Carlos Javier de Carlos Morales. 4 vols. Salamanca: Junta de Castilla y León, 1998.

Caeiro, Francisco. *O arquiduque Alberto de Austria, vice-rei de Portugal.* Lisboa, 1961.

Calendar of Letters and State Papers Relating to English Affairs, preserved in, or originally belonging to, the Archives of Simancas. Vol. 4. *Elizabeth, 1587-1603*, ed. Martin A. S. Hume. Londres: Public Record Office, 1899.

Calendar of State Papers and Manuscripts Relating to English Affairs, Existing in the Archives and Collections of Venice and in Other Libraries of Northern Italy. Vols. 8-9 [1581-1603]. Londres: Public Record Office, 1894 e 1897.

Cámara, P. Fr. Tomás. *Vida y escritos del Beato Alonso de Orozco del Orden de San Agustín, Predicador de Felipe II.* Valladolid: Real Colegio de PP. Agustinos Filipinos (Imp. y Lib. de la V. de Cuesta e Hijos), 1882.

Camões, Luís Vaz de. *Os Lusíadas.* São Paulo: Klick editora.

Canavaggio, Jean. *Cervantes.* Madri: Espasa-Calpe, 1986.

Cañizares, José de. *El pastelero de Madrigal, rey Don Sebastian fingido.* Ed. Rafael Lozano Miralles. Parma: Edizioni Zara, 1995.

Cardim, Pedro. "Los portugueses frente a la monarquía hispánica." Em *La monarquía de las naciones. Patria, nación y naturaleza en la monarquía de España*, ed. Antonio Alvarez-Ossorio Alvariño e Bernardo J. García García, 355-83. Madri: Fundación Carlos de Amberes, 2004.

Casamar, María Remedios. *Las dos muertes del Rey Don Sebastián.* Granada, 1995.

Casey, James. *Family and Community in Early Modern Spain: The Citizens of Granada, 1570-1739.* Cambridge: Cambridge University Press, 2007.

Castelo Branco, Camilo. *As virtudes antigas; ou a freira que fazia chagas e o frade que fazia reis.* 2ª ed. Lisboa: Livraria de Campos Junior, 1904. (Orig. pub. em 1868.)

Castro, P. José de. *O Prior do Crato.* Lisboa: Tip. União Gráfica, 1942.

Cátedra, Pedro M. *Invención, difusión y recepción de la literatura popular impresa (siglo XVI).* Badajoz: Editorial Regional de Extremadura, 2002.

Cave, Terence. *Recognitions: A Study in Poetics.* Oxford: Clarendon Press, 1988.

Cervantes, Miguel de. *Los baños de Argel.* Madri: Taurus, 1983.

———. *El ingenioso hidalgo Don Quijote de La Mancha*. 2 vols. Madri: Clásicos Castalia, 1978.

———. *Novelas ejemplares*. 2 vols. Madri: Colección Austral, 1996.

———. *Los trabajos de Persiles y Sigismunda*. Ed. Carlos Romero Muñoz. Madri: Cátedra, 2002.

Coello de Barbuda, Luís. *Empresas militares de Lusitanos*. Lisboa: Pedro Craesbeeck, 1624.

Colección de documentos inéditos para la historia de España. 112 vols. Madri: Calera e outros, 1841-95.

Conestaggio, Gerolamo Franchi di. *The historie of the uniting of the kingdom of Portugall to the crowne of Castill...* Londres: Impresso por A. Hatfield para E. Blount, 1600.

Cook, Alexandra Parma e Noble David Cook. *The Plague Files: Crisis Management in Sixteenth-Century Seville*. Baton Rouge: Louisiana State University Press, 2009.

Cook, Weston F., Jr. *The Hundred Years War for Morocco: Gunpowder and the Military Revolution in the Early Modern Muslim World*. Boulder, CO: Westview Press, 1994.

Covarrubias Orozco, Sebastián de. *Tesoro de la Lengua Castellana o Española*. Madri: Editorial Castalia, 1995.

Coward, Barry e Julian Swann, eds. *Conspiracies and Conspiracy Theory in Early Modern Europe. From the Waldensians to the French Revolution*. Aldershot: Ashgate, 2004.

Crane, Mark, Richard Raiswell e Margaret Reeves, eds. *Shell Games: Studies in Scams, Frauds, and Deceits (1300-1650)*. Toronto: Centre for Reformation and Renaissance Studies, University of Toronto, 2004.

Crónicas del Rey Dom Sebastião (múltiplos autores). Fernán Nuñez Collection, Banc MS UCB 143, vol. 147. The Bancroft Library, University of California, Berkeley.

Cruz, Anne J. "Juana of Austria: Patron of the Arts and Regent of Spain, 1554-59." Em *The Rule of Women in Early Modern Europe*, ed. Anne J. Cruz e Mihoko Suzuki, 103-22. Urbana: University of Illinois Press, 2009.

Cruz, Fr. Bernardo da. *Crónica del-Rei D. Sebastião*. Bibliotheca de Clásicos Portuguezes, vol. 36. Lisboa: Escriptorio, 1903.

Curto, Diogo Ramada. "O Bastião! O Bastião! (Actos políticos e modalidades de crença, 1578-1603)." Em *Portugal: Mitos revisitados*, ed. Yvette Kace Centeno, 141-76. Lisboa: Edições Salamandra, 1993.

Da Costa Roque, Mario. "A 'peste grande' de 1569 em Lisboa." *Anais*, 2ª ser., 28 (1982): 74-90.

Dantas, Júlio. "Testamento e morte do Rei D. António." *Anais das Bibliotecas e Arquivos* 11 (1936): 92-109.

Dánvila, Alfonso. *Felipe II y el Rey Don Sebastián de Portugal*. Madri: Espasa Calpe, 1954.

Dánvila y Burguero, Alfonso. *Don Cristóbal de Moura, Primer Marqués de Castel Rodrigo (1538-1613).* Madri: Fortanet, 1900.

Davis, Natalie Zemon. *Fiction in the Archives: Pardon Tales and Their Tellers in Sixteenth-Century France.* Stanford, CA: Stanford University Press, 1987.

———. "From Prodigious to Heinous: Simon Goulart and the Reframing of Imposture." Em *L'histoire grande ouverte. Hommages à Emmanuel Le Roy Ladurie,* 274-83. Paris: Fayard, 1997.

———. *The Return of Martin Guerre.* Cambridge, MA: Harvard University Press, 1983.

Descripción de las cosas sucedidas en los Reynos de Portugal desde la Jornada que el Rey Don Sebastián hizo en Africa... BNM MS 1753.

Di Carpegna Falconieri, Tommaso. *The Man Who Believed He Was King of France: A True Medieval Tale.* Trad. William McCuaig. Chicago: University of Chicago Press, 2008.

Documentos para la Historia: Avila, 1085-1985. Avila: Museo Provincial de Avila, 1985.

Domingues, Mário. *O prior do Crato contra Filipe II.* Lisboa: Romano Torres, 1965.

Dooley, Brendan. *The Social History of Skepticism. Experience and Doubt in Early Modern Culture.* Baltimore, MD: Johns Hopkins University Press, 1999.

Dooley, Brendan e Sabrina Baron, eds. *The Politics of Information in Early Modern Europe.* Routledge Studies in Cultural History. Londres: Routledge, 2001.

Dover, Paul. "Good Information, Bad Information and Misinformation in Fifteenth-Century Italian Diplomacy." Em Crane, Raiswell e Reeves, *Shell Games,* 81-102.

Dubert García, Isidro. "Don António, realidad y mito: El Prior do Crato, de la pretensión al trono de los Avis a Les Psaeumes Confessionales franceses." Em *Universitas: Homenaje a Antonio Eiras Roel,* ed. Camilo Fernández Cortizo, 133-53. Santiago de Compostela: Universidad de Santiago de Compostela, 2002.

Durand-Lapie, Paul. *Dom Antoine I, Roi de Portugal, 1580-1595.* Paris: Typ. Plon-Nourrit, 1905.

Eccles, Mark. *Christopher Marlowe in London.* Cambridge, MA: Harvard University Press, 1934.

Edouard, Sylvène. *L'Empire Imaginaire de Philippe II: Pouvoir des images et discours du pouvoir sous les Habsbourg d'Espagne au XVIe siècle.* Paris: Honoré Champion Editeur, 2005.

Eire, Carlos. *From Madrid to Purgatory: The Art and Craft of Dying in Sixteenth-Century Spain.* Cambridge: Cambridge University Press, 1995.

Escriva de Balaguer, José María. *La abadesa de Las Huelgas: Estudio teológico jurídico.* 2ª ed. Madri: Ediciones Rialp, 1974.

Etienvre, Jean-Pierre. "Entre relación y carta: Los Avisos." Em *Les 'relaciones de sucesos' (canards) en Espagne (1500-1750). Actes du premier colloque internatio-*

nal (Alcalá de Henares, 8-10 junho de 1995). Alcalá de Henares: Universidad de Alcalá de Henares, 1996.

Ettinghausen, Henry. "The News in Spain: *Relaciones de sucesos* in the Reigns of Philip III and Philip IV." *European History Quarterly* 14, nº 1 (janeiro de 1984): 1-20.

———. "Phenomenal Figures: The Best-Selling First Newsletter Attributed to Andrés de Almansa y Mendoza." *Bulletin of Spanish Studies* 81, nºs 7-8 (2004): 1.051-67.

———. "Politics and the Press in Spain." Em Dooley and Baron, *Politics of Information*, 199-215.

Falcó y Osorio, María del Rosario, ed. *Documentos escogidos del Archivo de la Casa de Alba. Los publica la Duquesa de Berwick y de Alba*. Madri, 1891.

Faria e Sousa, Manuel de. *Fuente de Aganipe. Rimas Varias*. Hispanic Society of America, B2509, n.d.

Fernández, Quirino, OSA. "Las dos Agustinas de Madrigal, hijas de Fernando el Católico llamadas ambas Doña María de Aragón." *Analecta Augustiniana* 53 (1990): 361-407.

Fernández Alvarez, Manuel. "Objetivo: Lisboa. La unión de Portugal y Castilla bajo Felipe II." Em *Las relaciones entre Portugal y Castilla en la época de los descubrimientos y la expansión colonial*, ed. Ana María Carabias Torres, 327-36. Salamanca: Ediciones Universidad, 1994.

———. *La Princesa de Eboli*. Madri: Espasa Calpe, 2009.

Fernández Collado, Angel. *La Catedral de Toledo en el siglo XVI. Vida, arte y personas*. Toledo: Diputación Provincial, 1999.

Fernández Conti, Santiago e Félix Labrador Arroyo. "'Entre Madrid y Lisboa.' El servicio de la nación portuguesa a través de la Casa Real, 1581-1598." *La monarquía de las naciones. Patria, nación y naturaleza en la monarquía de España*, eds. Antonio Alvarez-Ossorio Alvariño e Bernardo J. García García. Madri: Fundación Carlos de Amberes, 2004, 163-91.

Fernández Fernández, Maximiliano. *Prensa y comunicación en Avila (siglos XVI-XIX)*. Ávila: Institución Gran Duque de Alba, 1998.

Fernández y González, Manuel. *El pastelero de Madrigal: Novela histórica*. Madri: Editorial Tesoro, 1952. (Orig. pub. em 1863.)

Figueiredo, Pedro José de. *Carta em resposta de certo amigo da cidade de Lisboa a outro da villa de Santarém, em que se lançam os fundamentos sobre a verdade ou incerteza da morte d'El Rei D. Sebastião*. Lisboa: Officina de João Evangelista Garcez, 1808.

Firpo, Luigi, ed. *Relazioni di ambasciatori veneti al Senato*. Vol. 8. *Spain (1497-1598)*. Turim: Bottega D'Erasmo, 1981.

Fitzmaurice-Kelly, James. *Fray Luis de León, a Biographical Fragment*. Oxford: Oxford University Press, 1921. Disponível on-line em http://www.gutenberg.org/files/16148/16148-8.txt.

Floreto de anécdotas y noticias diversas que recopiló un fraile domínico residente en Sevilla a mediados del siglo XVI. RAH, Jesuítas, vol. 188.

Fonseca, Antonio Belard da. *Dom Sebastião, antes e depois de Alcácer-Quibir.* 2 vols. Lisboa: Tip. Ramos, Alfonso, e Moita, 1978.

Formica, Mercedes. *La hija de Don Juan de Austria. Ana de Jesús en el proceso al pastelero de Madrigal.* Madri: Revista de Occidente, 1973.

———. *María de Mendoza (Solución a un enigma amoroso).* Madri: Editorial Caro Raggio, 1979.

Fortea Pérez, José Ignacio. *Monarquía y cortes en la corona de Castilla.* Valladolid: cortes de Castilla y León, 1990.

Fox, Adam. *Oral and Literate Culture in England, 1500-1700.* Oxford: Clarendon Press, 2000.

Freer, Martha Walker. *The Married Life of Anne of Austria, Queen of France, Mother of Louis XIV, and Don Sebastian, King of Portugal.* Vol. 2. Londres: Tinsley Brothers, 1864.

Freire de Oliveira, Eduardo, ed. *Elementos para a historia do Municipio de Lisboa.* Lisboa: 1932.

Friedman, Ellen. *Spanish Captives in North Africa in the Early Modern Age.* Madison: University of Wisconsin Press, 1983.

Fuchs, Barbara. *Passing for Spain: Cervantes and the Fictions of Identity.* Urbana: University of Illinois Press, 2003.

Fumerton, Patricia. *Cultural Aesthetics: Renaissance Literature and the Practice of Social Ornament.* Chicago: University of Chicago Press, 1991.

Fussell, Paul. *The Great War and Modern Memory.* Oxford: Oxford University Press, 1975.

Gachard, Louis Prosper. *Don Juan d'Autriche: Études historiques.* Bruxelas: M. Hayez, 1868.

———. *Relations des ambassadeurs vénitiens sur Charles-Quint et Philippe II.* Bruxelas: M. Hayez, 1855.

Garcés, María Antonia. *Cervantes in Algiers: A Captive's Tale.* Nashville, TN: Vanderbilt University Press, 2002.

García Carraffa, Alberto e Arturo García Carraffa. *Enciclopedia heráldica y genealógica Hispano-Americana.* Vol. 56. Madri, 1935.

García España, E. e Annie Molinié-Bertrand, eds. *Censo de Castilla de 1591: Vecindarios.* Madri: Instituto Nacional de Estadística, 1986.

Garrido Camacho, Patricia. *El tema del reconocimiento en el teatro español del siglo XVI: La teoría de la anagnórisis.* Londres: Editorial Támesis, 1999.

Garzón Garzón, Juan María. *El real hospital de Madrigal.* Ávila: Institución Gran Duque de Alba, 1985.

Gillot de Sainctonge, Louise-Geneviève. *Histoire secrète de dom Antoine, Roy de Portugal, tirée des memoires de Dom Gomes Vasconcellos de Figueredo.* Paris: Chez Jean Guignard, 1696.

Goes Loureiro, Fernando de. *Breve Summa y Relación de las Vidas y Hechos de los Reyes de Portugal, y cosas succedidas en aquel Reyno desde su principio hasta el año de MDXCV.* Mântua: Osana, 1596.

Góngora, Luis de. *Selected Poems*. Ed. e trad. John Dent-Young. Chicago: University of Chicago Press, 2007.

González Echevarría, Roberto. *Love and the Law in Cervantes*. New Haven, CT: Yale University Press, 2005.

———. *Myth and Archive: A Theory of Latin American Narrative*. Durham, NC: Duke University Press, 1998.

González Marcos, Isaac. "Datos para una biografía de Agustín Antolinez, OSA." *Revista Agustiniana* 30, n°s 91-92 (1989): 101-42.

González Novalin, José Luis. *El inquisidor general Fernando de Valdés (1483-1568)*. 2 vols. Oviedo: Universidad de Oviedo, 1971.

Gracián, Baltasar. *Agudeza y arte de ingenio*. Ed. Evaristo Correa Calderón. 2 vols. Madri: Clásicos Castalia, 1969.

Granada, frei Luis de. *Historia de Sor María de la Visitación y Sermón de las caídas públicas*. Ed. Bernardo Velado Graña. Barcelona: Juan Flors, 1962.

Groebner, Valentin. "Describing the Person, Reading the Signs in Late Medieval and Renaissance Europe: Identity Papers, Vested Figures, and the Limits of Identification, 1400-1600." Em *Documenting Individual Identity: The Development of State Practice in the Modern World*, ed. Jane Caplan e John Torpey, 15-27. Princeton, NJ: Princeton University Press, 2001.

———. *Who Are You? Identification, Deception, and Surveillance in Early Modern Europe*. Trad. Mark Kyburz e John Peck. Nova York: Zone Books, 2007.

Güell, Monique. "La défaite d'Alcazarquivir et la mort du roi Don Sébastien de Portugal (1578): Sa mise en écriture par les poètes Fernando de Herrera et Luis Barahona de Soto." Em *L'actualité et sa mise en écriture aux XV-XVI et XVII siècles. Espagne, Italie, France et Portugal*, ed. Pierre Civil e Danielle Boillet, 251-67. Paris: Presses Sorbonne Nouvelle, 2005.

Gutiérrez, David. *The Augustinians from the Protestant Reformation to the Peace of Westphalia, 1518-1648*. Trad. John J. Kelly, OSA. Villanova, PA: Augustinian Historical Institute, 1979.

Gutiérrez, Marcelino. "Fray Diego de Zúñiga." *Ciudad de Dios* 14 (1887): 293-304.

Gutiérrez Coronel, Diego. *Historia genealógica de la Casa de Mendoza*, 2 vols. Ed. Angel González Palencia, vol. 2. Cuenca: CSIC, 1946.

Haliczer, Stephen. *Between Exaltation and Infamy: Female Mystics in the Golden Age of Spain*. Oxford: Oxford University Press, 2002.

———. *Sexuality in the Confessional: A Sacrament Profaned*. Oxford: Oxford University Press, 1996.

Hampton, Timothy. *Fictions of Embassy: Literature and Diplomacy in Early Modern Europe*. Ithaca, NY: Cornell University Press, 2009.

Harrison, G. B., ed. *The Letters of Queen Elizabeth*. Londres: Cassell, 1935.

Heras Santos, José Luis de las. *La justicia penal de los Austrias en la Corona de Castilla*. Salamanca: Ediciones Universidad, 1991.

Hermann, Jacqueline. *No Reino do Desejado: A construção do sebastianismo em Portugal, séculos XVI e XVII*. São Paulo: Companhia das Letras, 1998.

Herrera, Fernando de. *Poesías*. Ed. Victoriano Roncero López. Madri: Clásicos Castalia, 1992.

Herrera, Thomas de. *Breve compendio de los prelados eclesiásticos y ministros de sumos pontífices, reyes, y príncipes de quienes haze mención en su Alfabeto Agustiniano el M. F. Tomas de Herrera...* Madri: I. Maroto, 1643.

———. *Historia del convento de S. Augustín de Salamanca.* Madri: G. Rodríguez, 1652.

Herrera y Tordesillas, Antonio de. *Historia general del mundo... del tiempo del Señor rey Don Felipe II el Prudente...* 3 vols. Valladolid, 1606-12.

Herrero García, Miguel. *Ideas de los españoles del siglo XVII.* Madri: Editorial Gredos, 1966.

Hespanha, António Manuel. "Cities and the State in Portugal." Em *Cities and the Rise of States in Europe, AD 1000 to 1800*, ed. Charles Tilly e Wim P. Blockmans, 184-95. Boulder, CO: Westview Press, 1994.

Hess, Andrew C. "The Battle of Lepanto and Its Place in Mediterranean History." *Past and Present*, nº 57 (novembro de 1972): 53-73.

Hinojosa y Montalvo, Francisco. *Libro de la vida, loables costumbres, y santa muerte de la Ilustríssima Señora doña María Gasca de la Vega.* Madri, 1626.

Historia de Gabriel de Espinosa, pastelero en Madrigal, que fingió ser el rey Don Sebastian de Portugal, y asimismo la de Fray Miguel de los Santos, en el año de 1595. Jeréz: Juan Antonio de Tarazona, 1683; repr. Valladolid: Alonso del Riego, 1785.

Historia del fingido Rey de Portugal. Real Biblioteca del Monasterio de San Lorenzo de El Escorial, Z-IV-2.

Homem, Fr. Manoel de. *Memoria da disposiçam das armas castelhanas, que injustamente invadirão o Reyno de Portugal no Anno de 1580.* Lisboa: 1655.

Hume, Martin. *True Stories of the Past.* Londres: E. Nash, 1910.

Imirizaldu, Jesús, ed. *Monjas y beatas embaucadoras.* Madri: Editora Nacional, 1977.

Infelise, Mario. *Prima dei giornali: Alle origini della pubblica informazione (secoli XVI e XVII).* Roma: Editori Laterza, 2002.

———. "Professione reportista: Copisti e gazzettieri nella Venezia del Seicento." Em *Venezia: Itinerari per la storia della città*, ed. Stefano Gasparri, Giovanni Levi e Pierandrea Moro, 193-219. Bolonha: Società editrice il Mulino, 1997.

Johnson, Harold B. *Camponeses e Colonizadores: Estudos de História Luso-Brasileira.* Lisboa: Editorial Estampa, 2002.

———. "A Horoscope Cast Upon the Birth of King Sebastian of Portugal (1554-1578)." On-line em http://people.virginia.edu/~hbj8n/horoscope.pdf.

———. "A Pedophile in the Palace; or, the Sexual Abuse of King Sebastian of Portugal (1554-1578) and Its Consequences." Em *Pelo Vaso Traseiro: Sodomy and Sodomites in Luso-Brazilian History*, ed. Harold Johnson e Francis A. Dutra, 195-230. Phoenix, AZ: Fenestra Books, 2006.

Johnson, James H. "Deceit and Sincerity in Early Modern Venice." *Eighteenth Century Studies* 38, nº 3 (2005): 399-415.
Jordán Arroyo, María V. *Soñar la historia: Riesgo, creatividad y religión en las profecías de Lucrecia de León.* Madri: Siglo XXI, 2007.
Juárez Almendros, Encarnación. *El cuerpo vestido y la construcción de la identidad en las narrativas autobiográficas del Siglo de Oro.* Londres: Editorial Támesis, 2006.
Kagan, Richard L. *Clio and the Crown: The Politics of History in Medieval and Early Modern Spain.* Baltimore, MD: Johns Hopkins University Press, 2009.
———. *Lucrecia's Dreams: Politics and Prophecy in Sixteenth-Century Spain.* Berkeley e Los Angeles: University of California Press, 1990.
———. "Politics, Prophecy, and the Inquisition in Late Sixteenth-Century Spain." Em *Cultural Encounters: The Impact of the Inquisition in Spain and the New World*, ed. Mary Elizabeth Perry e Anne J. Cruz, 105-26. Berkeley e Los Angeles: University of California Press, 1991.
Kagan, Richard L. e Abigail Dyer, eds. e trads. *Inquisitorial Inquiries: Brief Lives of Secret Jews and Other Heretics.* Baltimore, MD: Johns Hopkins University Press, 2004.
Kahn, Aaron M. "Moral Opposition to Philip in Pre-Lopean Drama." *Hispanic Review* 74, nº 3 (verão de 2006): 227-50.
Kamen, Henry. *Inquisition and Society in Spain in the Sixteenth and Seventeenth Centuries.* Bloomington: Indiana University Press, 1985.
———. *Philip of Spain.* New Haven, CT: Yale University Press, 1997.
Kelsey, Harry. *Sir Francis Drake: The Queen's Pirate.* New Haven, CT: Yale University Press, 1998.
Khevenhüller, Hans. *Diario de Hans Khevenhüller, embajador imperial en la corte de Felipe II.* Ed. Sara Veronelli e Félix Labrador Arroyo. Madri: Sociedad Estatal para la Conmemoración de los Centenarios de Felipe II y Carlos V, 2001.
Klarwill, Victor von, ed. *The Fugger News-Letters, 2nd series. Being a further Selection from the Fugger papers especially referring to Queen Elizabeth...* Trans. L. S. R. Byrne. Nova York: G. P. Putnam's Sons, 1926.
Kümin, Beat. *Drinking Matters: Public Houses and Social Exchange in Early Modern Central Europe.* Nova York: Palgrave Macmillan, 2007.
Lapeyre, Henri. *Une famille de marchands: Les Ruiz.* Paris: Colin, 1955.
Lea, Henry Charles. *Torture.* Filadélfia: University of Pennsylvania Press, 1973.
Lecuppre, Gilles. *L'imposture politique au Moyen Age: La seconde vie des rois.* Paris: Presses Universitaires de France, 2005.
Lehfeldt, Elizabeth A. *Religious Women in Golden Age Spain: The Permeable Cloister.* Aldershot: Ashgate, 2005.
———. "Spatial Discipline and Its Limits: Nuns and the Built Environment in Early Modern Spain." Em *Architecture and the Politics of Gender in Early Modern Europe*, ed. Helen Mills, 131-49. Aldershot: Ashgate, 2003.
León, Pedro de. *Grandeza y miseria en Andalucia. Testimonio de una encrucijada histórica (1578-1616).* Ed. Pedro Herrera Puga. Granada: Facultad de Teología, 1981.

Les imposteurs fameux ou histoires extraordinaires et singulieres. Paris: Eymery, 1818.

Les sources inédites de l'histoire du Maroc de 1530 a 1845. Ed. Henry de Castries, Chantal de la Véronne, et al. 27 vols. Paris: E. Leroux, 1905-61.

Lhermite, Jehan. *El pasatiempos de Jehan Lhermite: Memorias de un Gentilhombre Flamenco en la corte de Felipe II y Felipe III.* Ed. Jesús Sáenz de Miera, trad. José Luis Checa Cremades. Madri: Doce Calles, 2005.

Lima Cruz, Maria Augusta. *D. Sebastião.* Lisboa: Círculo de Leitores, 2006.

List and Analysis of State Papers, Foreign Series. Elizabeth I. Preserved in the Public Record Office. Vol. 7. *January to December 1596.* Ed. Richard Bruce Wernham. Londres: Public Record Office, 2000.

Lozano, Jorge Sebastián. "Lo privado es político: Sobre género y usos de la imagen en la corte de los Austrias." Em *Luchas de género en la historia através de la imagen: Ponencias y comunicaciones,* ed. María Teresa Sauret Guerrero e Amparo Quiles Faz, 1:683-99. Málaga: Diputación Provincial, 2001.

Macedo, Jose Agostinho de. *Os sebastianistas.* Lisboa: Officinas Antonio Rodrigues Galhardo, 1810.

Machado de Sousa, Maria Leonor, ed. *D. Sebastião na literatura inglesa.* Lisboa: Ministério da Educação, 1985.

Machado Pires, Antonio. *D. Sebastião e o Encoberto: Estudo e antologia.* Lisboa: Fundação Calouste Gulbenkian, 1971.

Madero, Marta. "Savoirs féminins et construction de la vérité: Les femmes dans la preuve testimoniale en Castille au XIII siècle." *Crime, Histoire et Sociétés* 3, n.º 2 (1999): 5-21.

Malagón-Barceló, Javier. "Toledo and the New World in the Sixteenth Century." *The Americas* 20, n.º 2 (outubro de 1963): 97-126.

Marañon, Gregorio. *António Pérez (el hombre, el drama, la época),* 2 vols., 5ª ed. Madri: Espasa Calpe, 1954.

———. *António Pérez, 'Spanish Traitor.'* Trad. Charles David Ley. Londres: Hollis and Carter, 1954.

Marcos Martín, Alberto. "Medina del Campo 1500-1800: An Historical Account of Its Decline", em Thompson e Yun Casalilla, *Castilian Crisis of the Seventeenth Century,* 220-48.

Margaça Veiga, Carlos José. "Entre o rigor do castigo e a magnanimidade da clemência: Os perdões concedidos por Filipe II a Portugal." *Mare Liberum* 10 (dezembro de 1995): 141-55.

Mariana, P. Juan de. *Historia General de España.* 3 vols. Madri: Imprenta y Librería de Gaspar y Roig, Editores, 1852.

Mariscal, George. "Symbolic Capital in the Spanish *Comedia.*" Em *Disorder and the Drama,* ed. Mary Beth Rose, 143-69. Renaissance Drama, n.s., 21. Evanston, IL: Northwestern University Press, 1990.

Marques, João Francisco. *A parenética portuguesa e a dominação filipina.* Porto: Instituto Nacional de Investigação Científica, 1986.

———. "Fr. Miguel dos Santos e a luta contra a união dinástica o contexto do falso D. Sebastião de Madrigal." *Revista da Faculdade de Letras: Historia* (Porto), 2ª série, 14 (1997): 331-88.

Martínez Hernández, Santiago. *El marqués de Velada y la corte en los reinados de Felipe II y Felipe III: Nobleza y cultura política en la España del Siglo de Oro*. Valladolid: Junta de Castilla y León, 2004.

Martínez Millán, José. "Elites de poder en las cortes de las Monarquías española y portuguesa en el siglo XVI: Los servidores de Juana de Austria." *Miscelánea Comillas* 61 (2003): 169-202.

———. "Familia real y grupos políticos: La princesa doña Juana de Austria (1535-1573)". Em *La corte de Felipe II*, ed. José Martínez Millán, 73-105. Madri: Alianza Universidad, 1994.

Martínez Torres, José António. *Prisioneros de los infieles: Vida y rescate de los cautivos cristianos en el Mediterráneo musulmán (siglos XVI-XVII)*. Barcelona: Ediciones Bellaterra, 2004.

Matar, Nabil. *Turks, Moors, and Englishmen in the Age of Discovery*. Nova York: Columbia University Press, 2000.

Mateo, Andrés María. "António Pérez en la conspiración del pastelero de Madrigal." Madri: Escuela Diplomática, 1949.

———. "Barbara Blomberg y el Pastelero de Madrigal, 7 octubre 1594-19 octubre 1595." Diss. de PhD, Universidad Complutense de Madrid, 1945.

Matthews, George T., ed. *News and Rumor in Renaissance Europe (The Fugger Newsletters)*. Nova York: G. P. Putnam's Sons, 1959.

McBride, Gordon K. "Elizabethan Foreign Policy in Microcosm: The Portuguese Pretender, 1580-89." *Albion: A Quarterly Journal Concerned with British Studies* 5, nº 3 (outono de 1973): 193-210.

McNiven, Peter. "Rebellion, Sedition and the Legend of Richard II's Survival in the Reigns of Henry IV and Henry V." *Bulletin of the John Rylands University Library of Manchester* 76, nº 1 (primavera de 1994): 93-117.

Mendonça, Jeronymo de. *A jornada d'Africa. Resposta a Jeronymo Franqui e a outros*. Ed. F. María Rodrigues. Porto: Imprensa Recreativa do Instituto Escholar de S. Domingo, 1878. (Orig. pub. em 1607.)

Menéndez Pidal, Gonzalo. *Los caminos en la historia de España*. Madri: Ediciones Cultura Hispánica, 1951.

Menezes, Manoel de. *Chronica do muito alto e muito esclarecido principe D. Sebastião, decimosexto Rey de Portugal*. Lisboa, 1730.

Merriman, Roger. *The Rise of the Spanish Empire in the Old World and in the New*. Vol. 4. *Philip the Prudent*. 4 vols. Nova York: Macmillan, 1934.

Mesa, Sebastian de. *Jornada de Africa por el Rey Don Sebastián y Unión del Reyno de Portugal a la Corona de Castilla*. Barcelona: Pedro Lacavallería, 1630.

Meserve, Margaret. "News from Negroponte: Politics, Popular Opinion, and Information Exchange in the First Decade of the Italian Press." *Renaissance Quarterly* 59, nº 2 (2006): 440-80.

Michener, James A. *Iberia: Spanish Travels and Reflections.* Nova York: Random House, 1968.
Montáñez Matilla, María. *El correo en la España de los Austrias.* Madri: CSIC, 1953.
Morales, Juan Bautista de. *Jornada de Africa del Rey Don Sebastián de Portugal.* Em *Tres relaciones históricas: Gibraltar, Los Xerves, Alcazarquivir.* Madri: Imprenta de M. Ginesta Hermanos, 1889. (Orig. pub., em Sevilha em 1622.)
Moreno Sánchez, Consuelo. "Los mentideros de Madrid." *Torre de los Lujanes,* nº 18 (1991): 155-72.
Moreno y Rodrigo, Román. *Madrigal de las Altas Torres, Cuna de Isabel la Católica.* Ávila: Editorial Medrano, 1949.
Muiños Sáenz, Conrado. *Fray Luis de León y Fray Diego de Zúñiga.* El Escorial: Imp. Helénica, 1914.
Muñoz Valenciano, Hieronymo. *Libro del nuevo cometa y del lugar donde se hazen...* Valência, 1573.
Myscofski, Carole A. "Messianic Themes in Portuguese and Brazilian Literatures in the Sixteenth and Seventeenth Centuries." *Luso-Brazilian Review* 28 (1991): 77-93.
Nakajima, Satoko. "Breaking Ties: Marriage and Migration in Sixteenth-Century Spain." PhD diss., University of Tokyo, 2011.
Nalle, Sara T. "The Millennial Moment: Revolution and Radical Religion in Sixteenth-Century Spain." Em *Toward the Millennium: Messianic Expectations from the Bible to Waco,* ed. Peter Schafer e Mark R. Cohen, 151-71. Leiden: Brill, 1998.
Neubauer, Hans-Joachim. *The Rumour: A Cultural History.* Trad. Christian Braun. Londres: Free Association Books, 1999.
Nieto, Fr. Luis de. *Relación de las guerras de Berbería y del suceso y muerte del Rey Don Sebastián.* Em *CODOIN,* 100:411-58. Madri, 1891.
Norton, Mary Beth. *In the Devil's Snare: The Salem Witchcraft Crisis of 1692.* Nova York: Alfred A. Knopf, 2002.
Olivari, Michele. "Note sul sebastianismo portoghese al tempo di Filippo II. *Studi Storici* 41, nº 2 (abril-junho de 2000): 451-70.
Oliveira, Antonio de. "Sociedade e conflitos sociais em Portugal nos finais do século XVI." Em *Las sociedades ibéricas y el mar a finales del siglo XVI.* Vol. 5. *El área Atlántica: Portugal y Flandes,* 7-40. Madri, 1998.
Oliveira Marques, A. H. de. *History of Portugal.* 2 vols. Nova York: Columbia University Press, 1972.
Oliveira Martins, J. P. *Historia de Portugal.* 7ª ed. 2 vols. Lisboa: Parcería Antonio María Pereira, 1908.
Oliver Asín, Jaime. *Vida de Don Felipe de Africa, príncipe de Fez y Marruecos (1566-1621).* Ed. Miguel Angel de Bunes Ibarra e Beatriz Alonso Acero. Granada: Universidade de Granada, 2008.

Olsen, H. Eric R. *The Calabrian Charlatan, 1598-1603: Messianic Nationalism in Early Modern Europe.* Nova York: Palgrave Macmillan, 2003.

Osorio, Jerónimo. *Cartas portuguezas de D. Hieronymo Osorio.* Paris: P. N. Rougeron, 1819.

Ossorio, P. Antonio, S. I. *Modelo del inclito héroe, del príncipe, del general y del excelente soldado, o sea, vida de Don Juan de Austria.* Madri: Blass S. A. Tipográfica, 1946.

Paiva, José Pedro. "Bishops and Politics: The Portuguese Episcopacy during the Dynastic Crisis of 1580." *e-Journal of Portuguese History* 4, nº 2 (2006). On-line em http://www.brown.edu/Departments/Portuguese_Brazilian_Studies/ejph/html/issue8/html/jpaiva_main.html.

Papeles referentes al gobierno del Rey Sebastián I de Portugal, y a las expediciones a la India y Africa. BNM, MS 12866.

Parker, Geoffrey. "David or Goliath? Philip II and His World in the 1580s." Em *Spain, Europe and the Atlantic World: Essays in Honour of John H. Elliott,* ed. Richard L. Kagan e Geoffrey Parker, 245-66. Cambridge: Cambridge University Press, 1995.

———. *Felipe II: La biografía definitiva.* Madri: Planeta, 2010.

———. *Philip II.* 3ª ed. Chicago: Open Court, 1995.

Peele, George. *The Dramatic Works of George Peele.* Ed. John Yoklavich. New Haven, CT: Yale University Press, 1961.

Pereira Bayaõ, José. *Portugal cuidadoso e lastimado com a vida, e perda do senhor rey Dom Sebastião, o desejado de saudosa memoria.* Lisboa: Officina de Antonio de Sousa da Sylva, 1737. [Nota: esta é uma revisão do autor, *Chronica do muito alto e muito esclerecido principe D. Sebastião...* Lisboa, 1730, publicada com o nome de Manoel de Menezes.]

Peres, Damião. *1580: O Governo do Prior do Crato.* 2ª ed. Barcelos: Companhia Editora do Minho, 1929.

Peters, Edward. *Torture.* Nova York: Basil Blackwell, 1985.

Pike, Ruth. *Penal Servitude in Early Modern Spain.* Madison: University of Wisconsin Press, 1983.

Pinto Ferreira, J. A., ed. *A campanha de Sancho de Avila em perseguição do Prior do Crato: Alguns documentos de Simancas.* Porto: Câmara Municipal, 1954.

Platelle, Henri. "Erreur sur la personne: Contribution à l'histoire de l'imposture au Moyen Age." Em *Universitas: Philosophie, théologie, lettres, histoire, questions d'aujourd'hui,* 117-45. Lille, 1977.

Porreño, Baltasar. *Dichos y hechos del Señor Rey Don Felipe Segundo, el prudente, potentisimo y glorioso monarca de las Españas y de las Indias.* Madri: Melchor Sánchez, 1663.

———. *Historia del serenissimo Señor don Juan de Austria...* Ed. Antonio Rodríguez Villa. Madri: Sociedad de Bibliófilos Españoles, 1899.

Porter, Anna Maria. *Don Sebastian; or, the House of Bragança: An Historical Romance.* 4 vols. Londres: Longman, 1809.

Public Execution in England, 1573-1868. Ed. Leigh Yetter. Vol. 1. *Public Execution in England, 1573-1674.* Londres: Pickering and Chatto, 2009.

Queiroz Velloso, J. M. de. *Don Sebastián, 1554-1578.* Trad. Ramón de Garciasol. Madri: Espasa Calpe, 1943.

Queirós Veloso, José María de [*sic*; o nome do autor tem variações]. "Fr. Bernardo da Cruz e a 'Chronica d'el-rei D. Sebastião.'" Em *Estudos históricos do século XVI*, 137-96. Lisboa: Academia Portuguesa da Historia, 1950.

———. *A perda da independencia.* Vol. 1 de *O reinado do Cardeal D. Henrique.* Lisboa: Empresa Nacional de Publicidade, 1946.

Quevedo y Hoyos, Antonio. *Libro de indicios y tormentos; que contiene toda la práctica criminal y modo de sustanciar el proceso indicativamente...* Madri: Francisco Martínez, 1632.

Ramírez, Manuel D. "The Pastelero de Madrigal Theme Revisited." Em *Papers on Romance Literary Relations.* West Point: U.S. Military Academy, 1982.

Randall, David. *Credibility in Elizabethan and Early Stuart Military News.* Londres: Pickering and Chatto, 2008.

Rebello da Silva, Luiz Augusto. *Historia de Portugal nos seculos XVII e XVIII.* Vol. 3. Lisboa: Imprensa National, 1867.

Rebelo, P. Amador. *Crónica de El-Rei Dom Sebastião.* Ed. António Ferreira de Serpa. Lisboa, 1925.

"Relación de las vistas [*sic*] de los Reyes Don Phelipe 2 y Don Sebastián en Nuestra Señora de Guadalupe, año de 1576." Hispanic Society of America (Nova York), HC 411-209.

Relaciones históricas de los siglos XVI y XVII. Madri: Sociedad de Bibliófilos Españoles, 1896.

Ricard, Robert. "La cloche de Velilla et le mouvement sébastianiste au Portugal." *Bulletin Hispanique* 56 (1954), 175-77.

Roche, Daniel. *The Culture of Clothing: Dress and Fashion in the 'Ancien Regime.'* Trad. Jean Birrell. Cambridge: Cambridge University Press, 1994.

Rocoles, Jean-Baptiste de. *Of Infamous Impostors; or, the Lives and Actions of Several Notorious Counterfeits Who From the Most Abject and Meanest of the People Have Usurped the Titles of Emperours, Kings, and Princes.* Londres, 1683.

Rodríguez López, Amancio. *El Real Monasterio de las Huelgas de Burgos y el Hospital del Rey.* Vol. 2. Burgos, 1907.

Rodríguez Marín, Francisco. "Cervantes y el mentidero de San Felipe." Em *Viaje del Parnaso*, de Miguel de Cervantes, 443-50. Madri: C. Bermejo, 1935.

Rodríguez Moñino, Antonio. *Viaje a España del Rey Don Sebastián de Portugal (1576-1577).* Valência: Editorial Castalia, 1956.

Rodríguez Villa, Antonio. "Documentos sobre la estancia de Madame Barbara de Blombergh." *Boletín de la Real Academia de la Historia* 36 (1900): 69-81.

Roiz Soares, Pero. *Memorial.* Ed. M. Lopes de Almeida. Coimbra: Universidade de Coimbra, 1953.

Romanos, Melchora. "Felipe II en la *Tragedia del Rey don Sebastián y el bautismo del príncipe de Marruecos* de Lope de Vega." *Edad de Oro* 18 (1999): 177-91.

Romero de Cepeda, Joaquín. *Famossísimos romances* [2009, fac-símile do panfleto original de 1577]. Badajoz: Ayuntamiento de Badajoz, 2009.

Rosenbach Museum and Library. *The Spanish Golden Age in Miniature*. Catálogo, 25 de março-23 de abril de 1988. Nova York: Spanish Institute, 1988.

Rothwell, Phillip. *A Canon of Empty Fathers: Paternity in Portuguese Narrative*. Lewisburg, PA: Bucknell University Press, 2007.

Rubio, Julián María. *Felipe II de España, Rey de Portugal*. Madri: Cultura Española, 1939.

Ruiz Ibáñez, José Javier e Bernard Vincent. *Los Siglos XVI-XVII: Política y sociedad*. Madri: Editorial Síntesis, 2007.

Russell, Peter. *Prince Henry 'the Navigator': A Life*. New Haven, CT: Yale Note Bene, 2001.

San Román de Ribadeneyra, Fr. Antonio. *Jornada y muerte del rey Don Sebastián de Portugal, sacada de las obras del Franchi, ciudadano de Genova, y de otros muchos papeles auténticos*. Valladolid: Por los herederos de Juan Yñiguez de Lequerica, 1603.

Sánchez Alonso, Benito. *Fuentes de la historia española e hispanoamericana*. 3 vols. Madri: CSIC, 1952.

Santos, Manoel dos. *Historia sebástica, contem a vida do augusto principe o senhor D. Sebastião, Rey de Portugal*. Lisboa: A. Pedrozo Galram, 1735.

São Mamede, José Pereira Ferreira Felicio, comte de. *Don Sébastien et Philippe II: Exposé des négociations entamées en vue du mariage du roi de Portugal avec Marguerite de Valois*. Paris, 1884.

Schaub, Jean Frédéric. "Conflictos y alteraciones en Portugal en la época de la unión de coronas: Marcos de interpretación." Em *Ciudades en conflicto (siglos XVI–XVIII)*, ed. José I. Fortea e Juan E. Gelabert, 397-410. Valladolid: Junta de Castilla y León, 2008.

Schutte, Anne Jacobson. "Between Venice and Rome: The Dilemma of Involuntary Nuns." *Sixteenth Century Journal* 41, nº 2 (2010): 415-39.

Sepúlveda, P. Fr. Jerónimo de. *Historia de varios sucesos y de las cosas notables que han acaecido en España...* Vol. 4 de *Documentos para la historia del Monasterio de San Lorenzo el Real de El Escorial*. Ed. Julián Zarco Cuevas. Madri: Imprenta Helénica, 1924.

Sérgio, António, ed. *O Desejado: Depoimentos de contemporaneos de D. Sebastião sobre este mesmo rei e sua jornada de Africa*. Paris: Livrarias Aillaud e Bertrand, 1924.

Serrão, Joaquim Veríssimo. "Documentos inéditos para a história do reinado de D. Sebastião." *Boletim da Biblioteca da Universidade de Coimbra* 24 (1960): 139-272.

———. *Fontes de direito para a história da sucessão de Portugal (1580)*. Coimbra, 1960.

———. *Itinerários de El-Rei D. Sebastião*. 2 vols. Lisboa: Academia Portuguesa da Historia, 1962.

———. *O reinado de D. António Prior do Crato*. 2 vols. Diss. de PhD, Universidade de Coimbra, 1956.

Shapiro, Barbara J. *A Culture of Fact: England, 1550-1720*. Ithaca, NY: Cornell University Press, 2000.

Silva, Cesar da. *O Prior do Crato e a sua epoca*. Lisboa: João Romano Torres, 192[?].

Silva Dias, J. S. da. *O Erasmismo e a Inquisição em Portugal: O processo de Fr. Valentim da Luz*. Coimbra: Universidade de Coimbra, 1975.

Sousa, Antonio Caetano de. *História genealógica da casa real portuguesa* (12 vols.) e *Provas da história genealógica da casa real portuguesa* (7 vols.). Edições revistas por M. Lopes de Almeida e César Pegado. Coimbra: Atlântida, 1946-48.

Sousa Viterbo, Francisco Márquez de. *O prior do Crato e a invasão hespanhola de 1580*. Lisboa, 1897.

Southwell, Robert. *The History of the Revolutions of Portugal, from the Foundation of That Kingdom to the Year [1667], with Letters of Sir Robert Southwell...* Londres: Printed for John Osborn at the Golden Ball in Pater-Noster Row, 1740.

Spence, Ferrand. *Don Sebastian, King of Portugal. An Historical Novel in Four Parts*. Londres: Printed for R. Bentley and S. Magnes, 1683.

Stanhope, Alexander. *Spain under Charles the Second; or, Extracts from the Correspondence of the Hon. Alexander Stanhope, British Minister at Madrid, 1690-1699*. Ed. Lord Mahon. 2ª ed. Londres: Murray, 1844.

Stirling-Maxwell, Sir William. *Don John of Austria, or Passages from the History of the Sixteenth Century, 1547-1578*. 2 vols. Londres: Longmans, Green, 1883.

Suárez Inclán, Julián. *Guerra de anexión en Portugal durante el reinado de Don Felipe II*. 2 vols. Madri: Imp. y Litog. del Depósito de la Guerra, 1898.

Sucesos notables... [1567-1600]. Fernán Nuñez Collection, Banc MS UCB 143, vols. 69-76. The Bancroft Library, University of California, Berkeley.

Swislocki, Marsha. "Cuerpo de santo, cuerpo de Rey: El 'martirio' del rey Don Sebastián en la literatura áurea." Em *Homenaje a Henri Guerreiro: La hagiografía entre historia y literatura en la España de la Edad Media y del Siglo de Oro*, ed. Marc Vitse, 1.059-68. Madri: Iberoamericana, 2005.

———. "De cuerpo presente: El Rey don Sebastián en el teatro áureo." Em *En torno al teatro del Siglo de Oro (Actas)*, 45-54. Almería: Instituto de Estudios Almerienses, 1999.

Tapia, Serafín de. "Las fuentes demográficas y el potencial humano de Avila en el siglo XVI." *Cuadernos Abulenses*, nº 2 (julho-dezembro de 1984): 31-88.

Tausiet, María. *Abracadabra Omnipotens: Magia urbana en Zaragoza en la Edad Moderna*. Madri: Siglo XXI, 2007.

Tazón, Juan E. *The Life and Times of Thomas Stukeley (c. 1525-78)*. Aldershot: Ashgate, 2003.

Teixeira Marques de Oliveira, Julieta. *Fontes documentais de Veneza referentes a Portugal*. Lisboa: Comissão Nacional para as Comemorações dos Descobrimentos Portugueses, 1997.

Tellechea Idígoras, José Ignacio. "La Mesa de Felipe II." *Ciudad de Dios* 218, nº 1 (2005): 181-215.

———. *El ocaso de un rey: Felipe II visto desde la Nunciatura de Madrid, 1594-1598*. Madri: Fundación Universitaria Española, 2001.

Tenace, Edward. "A Strategy of Reaction: The Armadas of 1596 and 1597 and the Spanish Struggle for European Hegemony." *English Historical Review* 118, nº 478 (setembro de 2003): 855-82.

Teresa, Saint. *The Autobiography of St. Teresa of Avila*. Trans. Kieran Kavanaugh, OCD, and Otilio Rodríguez, OCD. Nova York: One Spirit, 1995.

———. *Cartas*. 3ª ed. Vol. 2. *Maestros Espirituales Carmelitas*. Burgos: Editorial Monte Carmelo, 1983.

———. *The Complete Works of Saint Teresa of Jesus*. Vol. 3. Trad. e ed. E. Allison Peers. Londres: Sheed and Ward, 1946.

Terpstra, Nicolas, ed. *The Art of Executing Well: Rituals of Execution in Renaissance Italy*. Kirksville, MO: Truman State University Press, 2008.

The Coppie of the Anti-Spaniard made at Paris by a French man, a Catholique. Wherein is directly proved how the Spanish king is the onely cause of all the troubles in France. Translated out of English. Londres, 1590.

Thomas, Keith. *Religion and the Decline of Magic*. Nova York: Charles Scribner's Sons, 1971.

Thompson, I. A. A. "Oposición política y juicio del gobierno en las cortes de 1592-98." *Studia Histórica*, nº 17 (1997): 37-62.

———. "La respuesta castellana ante la política internacional de Felipe II." Em *La monarquía de Felipe II a debate*, 121-34. Madri: Sociedad Estatal para la Conmemoración de los Centenarios de Felipe II y Carlos V, 2000.

Thompson, I. A. A. e Bartolomé Yun Casalilla, eds. *The Castilian Crisis of the Seventeenth Century: New Perspectives on the Economic and Social History of Seventeenth-Century Spain*. Cambridge: Cambridge University Press, 1994.

Thompson, Stith. *Motif-Index of Folk Literature*. 6 vols. Bloomington: Indiana University Press, 1934.

Ticknor, George. *Catalogue of the Spanish Library and of the Portuguese Books Bequeathed by George Ticknor to the Boston Public Library*, ed. James Lyman Whitney. Boston: Boston Public Library, 1879; repr., Boston: G. K. Hall, 1970.

———. *History of Spanish Literature*. Boston: Houghton, Mifflin, 1863.

Tomás y Valiente, Francisco. *El derecho penal de la monarquía absoluta*. Madri: Editorial Tecnos, 1969.

———. *La tortura en España: Estudios históricos*. Barcelona: Editorial Ariel, 1973.

Tornatore, Matthew G. C. "The Spanish Byzantine Novel." Em *Sixteenth-Century Spanish Writers*. Vol. 318 do *Dictionary of Literary Biography*, 273-83. Farmington Hills, MI: Thompson Gale, 2006.

Ubieto Arteta, António. "La aparición del falso Alfonso I el Batallador." *Argensola: Revista de Ciencias Sociales del Instituto de Estudios Altoaragoneses*, nº 33 (1958): 29-38.

Uriarte, P. J. Eugenio de, ed. *Catálogo Razonado de Obras Anónimas y Seudónimas de Autores de la Compañía de Jesús*, 5 vols. Madri: Rivadeneyro, 1904-16.

Valensi, Lucette. *Fables de la Mémoire: La glorieuse bataille des trois rois*. Paris: Editions du Seuil, 1992.

———. "The Making of a Political Paradigm: The Ottoman State and Oriental Despotism." Em *The Transmission of Culture in Early Modern Europe*, ed. Anthony Grafton e Ann Blair, 173-203. Filadélfia: University of Pennsylvania Press, 1990.

———. "Silence, dénégation, affabulation: Le souvenir d'une grande défaite dans la culture portugaise." *Annales* 46, nº 1 (1991): 3-24.

Valladares, Rafael. *La conquista de Lisboa: Violencia militar y comunidad política en Portugal, 1578-1583*. Madri: Marcial Pons, 2008.

Vallafañe, Juan. *La limosnera de Dios. Relación histórica de la vida, y virtudes de la excelentíssima señora Doña Magdalena de Ulloa Toledo Ossorio y Quiñones*. Salamanca: Imprenta de Francisco García Onorato, 1723.

Vañes, Carlos Alonso. *Doña Ana de Austria: Abadesa del Real Monasterio de las Huelgas*. Madri: Editorial Patrimonio Nacional, 1990.

Vassberg, David E. *The Village and the Outside World in Golden Age Castile: Mobility and Migration in Everyday Rural Life*. Cambridge: Cambridge University Press, 1996.

Vaughan, Dorothy M. *Europe and the Turk: A Pattern of Alliances, 1350-1700*. Liverpool: University Press, 1954.

Vega, Lope de. *La tragedia del Rey don Sebastián y bautismo del príncipe de Marruecos*. Em *Biblioteca de Autores Españoles*. Vol. 225 (Obras *de Lope de Vega*, vol. 27), 121-82. Madri: Atlas, 1969.

Vega Carnicero, Jacinto de la, e Nuria González Hernández. *Madrigal de las Altas Torres: El secreto de Madrigal*. Valladolid: Ambito, 1996.

Velázquez Salamantino, Isidro. *La entrada que en el Reino de Portugal hizo la S.C.R.M. de Don Philippe*. Lisboa, 1582.

Vélez de Guevara, Luis. *Comedia famosa del Rey Don Sebastián*. Ed. Werner Herzog. Madri: Anejos del Boletín de la Real Academia Española, 1972.

Vidal, Fr. Manuel. *Augustinos de Salamanca: Historia del observantíssimo convento de S. Augustín*. 2 vols. Salamanca: Eugenio García de Honorato i S. Miguel, 1751.

Villacorta Baños-García, António. *Don Sebastián, Rey de Portugal*. Barcelona: Editorial Ariel, 2001.

Viñas Román, Teófilo. "El convento agustiniano, extramuros de Madrigal de las Altas Torres." *Ciudad de Dios* 214, nº 3 (2001): 705-32.

Vivo, Filippo de. *Information and Communication in Venice: Rethinking Early Modern Politics*. Oxford: Oxford University Press, 2007.

———. "Pharmacies as Centres of Communication in Early Modern Venice." *Renaissance Studies* 21, nº 4 (2007): 505-21.

Weber, Alison. "'Little Angels': Young Girls in Discalced Carmelite Convents (1562-1582)." Em Wyhe, *Female Monasticism*, 211-26.

Weiner, Jack. "Un episodio de la historia rusa visto por autores españoles del Siglo de Oro: El pretendiente Demetrio." *Journal of Hispanic Philology* 2, nº 3 (primavera de 1978): 175-201.

Weiss, Julian. "Renaissance Poetry." Em *The Cambridge History of Spanish Literature*, ed. David T. Gies, 159-77. Cambridge: Cambridge University Press, 2004.

White, Richard. *Remembering Ahanagran: Storytelling in a Family's Past.* Nova York: Hill and Wang, 1998.

Wright, Elizabeth R. "Narrating the Ineffable Lepanto: The *Austrias Carmen* of Joannes Latinus (Juan Latino). *Hispanic Review* 77, nº 1 (inverno de 2009): 71-91.

Wyhe, Cordula, ed. *Female Monasticism in Early Modern Europe.* Aldershot: Ashgate, 2008.

Yahya, Dahiru. *Morocco in the Sixteenth Century: Problems and Patterns in African Foreign Policy.* Essex: Longman, 1981.

Yañez Neira, Fr. María Damián. "Doña Ana de Austria, abadesa de las Huelgas de Burgos." *Anuario jurídico y económico escurialense*, nº 29 (1996): 1.036-78.

Yoklavich, "The Battle of Alcázarquivir". Em Peele, *Dramatic Works*, 2:257.

Zagorin, Perez. *Ways of Lying: Dissimulation, Persecution, and Conformity in Early Modern Europe.* Cambridge, MA: Harvard University Press, 1990.

Zorrilla, José. *Traidor, inconfeso y martir.* Ed. Ricardo Senabre. Madri: Cátedra, 1976. Zucker, George K. "Some Considerations on the Sephardic Treatment of the 'Romancero'". *Anuario de estudios filológicos* 14 (1991): 519-24.

Zurdo Manso, Firmo e Esther del Cerro Calvo. *Madrigal de las Altas Torres: Recuerdos para una historia.* Ávila, 1996.

ÍNDICE

Acosta, José de, 205
Afonso I (rei de Portugal), 27
Agostinianos: indivíduos, 65, 86, 116, 123, 216; mosteiros e conventos, 65, 78-80, 93, 98, 171-72, 193-97, 206-207, 255-56; ordem, 86, 93-94, 101-102, 111, 124-25, 129-130, 132, 204, 206-208, 211, 245, 250, 268-69, 276; Santo Agostinho, 101. *Veja também* Mosteiro de N. S.; Nossa Senhora das Graças
Ahmad al-Mansur (governante de Marrocos), 32, 50, 53, 224, 271
Alba, duque de (Fernando Alvarez de Toledo y Pimentel): morte, 85; em Guadalupe, 34; facções, 119,138; carta para Sebastião, 48, 272; nos Países Baixos, 77, 218; em Portugal, 72-82 *passim*
Alberto, arquiduque da Austria, 85, 91, 141, 142, 223, 227, 228, 307n51, 330n165
Alcácer-Quibir, batalha de, 44-53, 67, 75, 89, 100, 161, 217, 236, 251, 253; prisioneiros, 69, 71, 328n132; notícias da, 18, 54-58; preparativos, 38, 41-42. *Veja também em* António, prior do Crato; Sebastião; sinais
Alcalá de Henares, 122
Alcobaça, 29, 73
Aldana, Francisco de, 38, 48, 50, 301n103
Alencastro, família (Lancasters), 61, 78, 111, 114, 301n103
Alexandre, o Grande, 54, 300n96
Algarve, 30, 60, 86
Aljubarrota, batalha de, 21, 67, 78, 88
Almeirim, 76
Alvares, Luís, 60, 75
Amador, frei Marcos de, 151-152, 165, 167
Ana de Austria: em Ávila, 255-257, 274-75; em Burgos, 276; acusação e punição, 250-51, 255; e Espinosa, 196, 198-204, 208, 210, 213-17, 221-22, 230, 244, 250-51, 254-55; família e infância, 191-94, 218-19, 222-24, 235-36, 239-243, 251-52, 254-56, 273-275; cartas, 203-3, 275; cartas para António, 110-111; cartas para Barbara Blomberg, 220; cartas para Espinosa, 202-3, 210, 213-4;

cartas para Loaysa, 246; cartas para Philip II, 200, 213-15, 246, 251-56; cartas para Santillán, 256; em Madrigal, 89, 99, 102-6, 118-19, 126, 130-31, 154-57, 160-62, 164, 167-172, 178, 183, 194, 197, 219, 227, 229, 231, 275-77; quartos no convento, 196-97, 201-2, 204-5, 216, 243-44; testemunhos por, 99, 160, 208-13, 220-22. *Veja também em* Philip II

Angeles, frei Agustín de los, 103, 160, 200-202

Antolinez, frei Agustín, 171, 204-5, 319n89

António, prior do Crato: no exterior, 90-91, 107-114, 119-122, 189, 207; no Alcácer-Quibir, 50-1, 56, 67-9, 76, 161, 240; exército de, 78, 136, 151, 209; filhos de, 82, 97, 142, 224-27, 235, 269-270; pretendente ao trono, 63, 65-66, 69-73, 75-77, 84, 88, 91, 174, 263; apoio do clero, 70-2, 76-88, 90-91, 108-9, 113, 217, 242, 268-69; morte e funeral, 267-270; disfarces, 68-69, 83, 110-13, 160-61; família (além dos filhos), 67-68, 71, 88, 235-36; fugitivo, 80-84; em Madrigal, 67, 105-116, 126, 148-49, 183, 212, 220; conspirações contra, 108-110; no Tânger, 30-31. *Veja também em* Inglaterra; França; João de Portugal; Felipe II

Aragão, 119-120, 128, 186

Arévalo, 98

Armada, 108, 146, 253, 271

Arpide, Gerónima de, 168, 236

Asilah (Marrocos), 21, 47, 53, 61-63, 69, 116, 141, 271, 298n74

Ataíde, Luís de, 29, 38

Aveiro, duque de (Alvaro de Alencastro), 34, 56, 111, 114-15, 150, 301n103, 304n9

Avendaño, frei Juan de, 167, 169

Ávila (cidade e provincial), 57, 98, 121, 138-140, 194, 196, 226, 257

Avis, dinastia de, 21, 67, 224

Azebes, Isabel, 246

Badajoz, 34, 65, 75, 77, 195

Bandarra (Gonçalo de Anes), 252, 320n123

Barajas, conde de (Francisco Zapata de Cisneros) 140-41, 192, 277

Béarn, 120, 122, 206

Belém, 59-60, 65, 78, 86

Belón, María, 110, 166, 228, 245-46

Benamar, 102

Benavente, Juan de, 99, 129, 171, 207

Beneditinos, 129, 148

Blomberg, Barbara, 102, 216-220, 239, 276

Borja, Juan de, 27, 29-30, 36, 89

Botelho, Diogo, 80-81, 97, 269-270

Braganza, família, 67, 70, 77, 85

Burgos, 93, 131, 156-57, 168, 203, 216, 276

Cabrera de Córdoba, Luis, 99, 140, 154, 178, 217, 282
Camargo, Juan de, 171, 207
Camões, Luís Vaz de (e *Os Lusíadas*), 22, 46, 48, 54, 61, 293n17, 298n73, 300n96
Cangas, Inés de, 110, 172, 202
Cárcamo, Alonso de, 132-33
Cárcamo, Diego de, 73
Carlos, D. (príncipe), 26, 35, 150, 182, 280, 320n125
Carlos V (rei da Espanha, Sacro Imperador Romano-Germânico), 32, 44, 48, 87, 98, 193-94, 217-18, 252
Cartas, 18, 144, 160, 180-81, 216; anônimo, 124-130; apoiadores de António, 110-12; capturado, 81; do convento, 245-48; Espinosa, 156-58, 221-22; Filipa, 225-271; Malik para Sebastião, 42-45, 75; Muhammed para Sebastião, 31; Niza, duquesa de, 241-242; Río, Bernardo del, 122-124; Santos, frei Miguel de, 101-102, 216-17, 230. *Veja também em* Alba, duque de; Ana de Austria
Cartusianos, 65
Castelo Branco, Camilo, 59, 177
Cerda, Fernando de la, 279
Cervantes, Miguel de, 32-33, 95, 293n24, 306n37; *Don Quixote*, 18, 297n60, 318n81; *Los trabajos de Persiles y Sigismunda*, 148, 171, 318n81
Cervatos, 158-59, 174
Ceuta, 21, 32, 53, 55, 60-61
Cid, Inés, 102, 151, 173, 175-76; tortura de, 229-235
Cistercianos, 27, 196, 225, 276
Clara Eugenia (filha de Espinosa), 102, 118, 154, 172, 175, 183, 203, 223, 227-232 234-36
Coimbra, 41, 56, 68, 80-82, 86, 97, 104, 268
Cometas, 39-41, 143. *Veja também* profecias
Comuneros, revolta dos, 87, 98, 120, 133, 139-140, 185
Conselho. *Ver* correspondência
Conselho de Castela, 119-120, 213, 248, 264
Conestaggio, Girolamo Franchi di, 38, 46-48, 51, 53, 57, 76, 78, 272, 282, 298n75
Correspondência, mensageiros, 55, 95, 98, 109, 111, 121-23, 148, 160, 180, 216, 241-42
Corso, Andrea Gasparo, 53, 72-73
Cortes de Castela, 117, 134-38, 143-44, 194-95
Cortes de Portugal, 70-72, 84, 142
Coruña, condes de, 191-92, 227
Coutinho (família), 78, 114. *Veja também* Redondo
Cruz, frei Bernardo da, 40

Dávila, Sancho, 81-83, 224
Descalzas Reales, Monastério de las, 24, 265

Descrições faciais e físicas, 43, 59, 105, 107-108, 189-90. *Veja também em* Espinosa; sinais
Disfarces. *Ver* trajes
Dominicanos, 85-86, 192, 268
Dorado, Pedro, 166-67
Drake, Sir Francis, 108-109, 116, 141, 145, 151, 225, 232, 260

Editais, 77, 179
El Escorial, 33, 55, 223, 272-73
Elizabeth I (rainha da Inglaterra), 108, 121, 145, 170, 270
Embaixadores, 180; ingleses em Portugal, 182, 189; italianos, 70; espanhóis em Portugal, 25, 26, 29, 36, 61, 89; venezianos na Espanha, 180, 182, 331n19
Epidemias, praga, 27, 29, 39, 71-72, 84
Eremitas, 18, 97, 141, 161-62, 186-87
Escobedo, Juan de, 119, 219
Espinosa, Ana (ou Catalina) de, 110, 227, 244, 247
Espinosa, Gabriel de: idade, 151, 183; prisão, 101, 111, 129, 131, 153, 156-58, 202, 206-207, 216-17, 230, 239; biografia (antes de Madrigal), 78-80, 96-97, 150-57, 182-83, 206-209, 231-35, 239, 242-43, 265-66; trajes, 151-52, 156-57, 161-62, 167-69, 183, 283; morte de, 146, 259-263; explicação de frei Miguel, 101-104; identidade de, 107-108, 111, 125-128, 130-33, 153, 165-69, 175-79, 183-84, 198, 200-201, 208-209, 212-17; 221, 228, 250-51, 254; idioma, falas, escrita, 106-107, 159-60, 162-63; aparência física, 105, 107-108, 112, 153, 156, 160, 183, 189-90, 254; na prisão, 157-59, 173-76, 182-83, 205-206; sentença, 178-79; testemunhos por, 118, 170, 172-74, 202
Espiões, 38, 47-48, 109-10, 121, 182, 241
Estudillo, Juan de, 216
Évora, 48, 75, 80, 97, 241-42
Exceptuados, 93, 96, 116, 268
Execuções e executores, 105, 117, 141, 179, 182, 186, 259-63, 266-67
Exílio, 144, 147, 235

Felipe II (rei da Espanha): e Ana, 193-94, 200-202, 209-10, 213-16, 227-28, 246-47, 251-57, 273-74; anexação de Portugal, 69-78, 137-38, 142, 224-25; e António, 67, 88, 108-109, 113-14, 126, 224-25, 307n46; família, 22, 24-25, 67, 191-93, 217-19, 240-41, 273-75, 280; morte, 106-107, 272-75; governo (*veja também* Alba, duque de, Idiáquez; Moura; Silva), 24, 67, 83-85, 89-90, 93, 99, 108-10, 119-122, 135-39, 142-43, 206, 223-24; saúde, 16, 130, 135-36, 223; imagem de, 168-70; e o caso Madrigal, 99-100, 103-104, 117-18, 130-32, 158-161, 163-64, 173-75, 194, 200-201, 221-24, 227-30, 232-34, 243, 250, 261-63; e Marrocos, 32, 45-48, 74, 271-72; e Sebastião, 28-38, 42-43, 52-53, 55, 60-61, 188
Felipe III (rei da Espanha), 36-37, 135, 223, 241, 272, 275-77

Felipe da África. *Ver* Muley Xeque
Filipa (filha de D. António), 198, 224-27, 269, 275
Fonseca, Antonio, 114, 116, 264
Fonseca, Diogo da, 62, 141
França, 33, 84, 120-22, 135, 203, 280; fronteiras da, 104, 111, 206, 216-17; a Portugal, 72-73; apoio a António, 81-84, 107-10, 114-15
Franciscanos, 65-66, 83, 85-86, 111-12, 123, 144, 196-97, 229, 261-62, 266-67, 270
Francisco (irmão de Ana), 102, 104, 131, 161, 173, 201, 203, 207, 215-17, 227-28, 236-41, 254
Freiras e conventos, 35, 218-19, 224-25, 227, 235-36, 272, 274-75; arquitetura do convento, 196-97, 208, 228-29; Contrarreforma e, 193; notícias nos conventos, 184, 212. *Veja também em* Ana de Austria
Fuensalida, Juan de, 176, 259-63, 279
Fuggers, 57, 72, 83, 113, 180

Galés, 123, 140-41, 220-21
Galícia, 83, 111, 151, 225-26, 232
Gasca de la Vega, Bartolomé, 182, 184
Gaytan, María, 237, 257
Gibre, Abraham (e seu filho, Jacobo), 69, 303n5
Goldaraz, Gabriel de, 129, 131, 152, 165, 171-72, 177, 202, 204-10, 227, 236-38, 245
Gomes, Francisco, 114, 116
Gondomar, conde de (Diego Sarmiento de Acuña), 182-83
Góngora, Luis de, 298n73
González, Gregorio, 152-53, 156-57, 171, 207
Gonzalves, Manoel, 241
Gossip. *Veja* notícias, cartas
Grado, Luisa del, 106, 167, 209, 211, 216-17, 227, 229, 237, 244, 257, 275
Granada, frei Luis de, 86, 253
Guadalupe, mosteiro de (encontro no), 33-34, 36, 61, 89, 97, 114, 161, 189, 272
Guarda, la, bispo de. *Veja* João de Portugal
Guerre, Martin, 163, 178, 189

Henrique III (rei da França), 83
Henrique IV (rei da França), 115, 122, 182, 206, 270
Henrique de Portugal (cardeal, regente, rei), 24, 30, 41, 56, 59-63, 65, 67-73, 93
Herrera, Antonio de, 30
Hieronimitas, 63-64, 85
Holanda, 33, 77, 135, 218
Hospedarias, 18, 111, 116, 128, 148-49, 156-57
Huelgas, Santa María la Real de las (Burgos), 224, 276-77
Huelgas, Santa María la Real de las (Valladolid), 225

Idiáquez, Juan de, 110, 118, 130, 132, 136, 145, 160, 175
Idiáquez, Martín de, 133, 249, 260
Impostos, 136-37, 139
Impostura, 18, 185-88, 222-24, 226
Inglaterra, 33, 84, 104, 123, 182, 217, 271; e Marrocos, 50; morte de Ricardo II, 60; impostores reais, 186-87, 222-23; apoio a António, 81-83, 107-109, 120, 308n69. *Veja* Drake, Sir Francis; Elizabeth I
Inquisição, 18, 117, 120, 122, 132-33, 144, 146-47, 150, 167, 185, 205, 249-50, 252, 262
Isabel Clara Eugenia (filha de Felipe II), 36, 135, 206, 223, 241, 272, 330n170

Jesuítas, 24-25, 35, 49, 68, 75, 85, 13031, 184, 205, 228, 259-61, 269, 279
Jesús, Alvaro de, 111, 114
Jiménez de Gatica, Juan, 174
João III (rei de Portugal), 24, 26, 67
João de Portugal (bispo de La Guarda), 141, 186; família, 97, 115, 307n52; captura e morte, 97; apoio a António, 75-78, 80, 83-86
Joias: Ana, 125, 131, 168-70, 202, 221, 280; joias da coroa de António, 81, 84; duquesa de Niza, 242; sob posse de Espinosa, 153, 156-57, 167-70, 172-73, 183, 202, 267; de Frei Miguel para Ana, 169; na literatura, 169-70; importância nesta narrativa, 131-32, 168-69, 203-204, 266-67
Juan de Austria: e Ana, 168-69, 191-94, 200-201, 209-10, 214, 222, 224, 246-47, 255, 318n77; biógrafo, 277; morte de, 192-93; e a suposta duquesa de Niza, 241; e Escobedo, 119; e Espinosa, 151-52, 169-70, 201, 208-209; e Francisco (suposto irmão de Ana), 236-37; e sua filha Juana, 274-75; na peça de Lope de Vega, 272; campanhas militares de, 29, 151-52, 165-67; e Felipe II, 193, 238, 273-74; Pyramus (meio-irmão), 219, 228; juventude, 217-29, 235-36, 283-84
Juan José de Austria, 283
Juana (irmã de Ana), 236-37, 242, 274-75, 277-78
Juana de Austria (mãe de Sebastião), 22, 24-25, 35, 41, 61, 88, 201, 218, 265
Judeus, 18, 38, 67, 69, 75, 79, 92, 121, 185-86

Larache (Marrocos), 47
León, frei Luis de, 132, 253-54
León, Lucrecia de, 145-46, 192, 194, 235, 301n104
Lepanto, batalha de, 29, 32, 191
Lerma, duque de (Francisco Gómez de Sandoval y Rojas), 136, 150, 272, 277, 333n33
Lisboa, 24,179; depois de Alcácer-Quibir, 55-61; antes de Alcácer-Quibir, 40-46; ataques ingleses em, 108-109, 133; epidemia, 27; queda de, 77-80; incêndio, 38
Literatura e gêneros literários, 17-18, 21, 89, 120, 131, 147, 161-63, 169, 185, 187-90, 199, 236, 239-40, 295n39, 303n127

Llano (ou Llanos) de Valdés, Juan de, 79, 89, 99, 111, 113-14, 116-17, 124-25, 127, 129-30, 154-55, 157, 174-75, 183, 195, 205-206, 208, 211-15, 221-22, 228-29, 251, 264-65, 267, 277; comportamento no convento, 243-49; sobre a identidade de Espinosa, 158-61
Loaysa, García de, 246-48, 329n146
Lopez, Rui, 121, 308n69
Luisa (filha de D. António), 82, 224-26, 269

Madri, 95-96, 98, 116, 140, 144-46, 152, 166, 178-79, 181-82, 191-92, 216, 264, 267
Madrigal de las Altas Torres, 89, 91, 96-100, 212, 262-63, 267-68, 275-76
Magdalena de la Cruz, 252
Malik (Abd al-Malik, governante de Marrocos), 32, 42-45, 47-53, 75, 271
Malta, Cavaleiros de, 69
Manjon, Isabel, 110
Margaret de Parma, 219, 236, 273-75
María de la Visitación (a freira de Lisboa), 145, 252-53
Marrocos, 15, 30-33, 37-38, 42, 50, 224, 271-72
Mascarenhas, família, 78, 114, 150, 297n66
Medina del Campo, 98, 100, 105, 121, 124, 129-30, 149-50, 154, 158, 173-74, 183, 206-207, 220, 262, 279
Medinaceli, duque de (Juan Luis de la Cerda), 38
Melo, família, 78
Memória, 54, 87, 165-66, 178, 236, 239
Mendes, Manuel, 115, 122-23
Mendes Pacheco, Dr. Manuel, 64, 104, 115, 161, 251
Mendoza, Alonso de, 145, 192
Mendoza, Ana de, princesa de Eboli, 120, 145, 194, 316n39
Mendoza, Bernardino de, 109-10, 192
Mendoza, Catalina de (avó de Ana), 191, 219
Mendoza, família (e todos os membros não mencionados no índice), 120, 145, 191-92, 237-38, 273-74, 277, 314n13, 329n146, 333n33
Mendoza, María de (esposa do conde de Barajas), 141, 192, 277
Mendoza, María de (mãe de Ana), 191-92, 219, 237, 274, 277, 328n130
Meneses, família, 31, 51, 53, 68, 78, 97
Mercedários, 71
Mesa (ou Sosa), Diogo, 102-103
Messianismo, milenarismo, 16, 185-89
Montenegro, Francisco, 121-22
Mosteiro da Graça (Lisboa), 77-80, 86, 93, 116, 202
Mota, La, fortaleza, 100, 173-74, 183, 205
Moura, Cristóbal de, 112, 157, 189; e cartas anônimas, 124-28 *passim*; biografia, 61-62, 302n118; em Guadalupe, 33, 61; e Juana, 25, 61; em Lisboa, 60-62, 69,

71-73, 85; no governo de Felipe II, 118, 132, 136, 145-46, 159-60, 174-75, 230, 245-46, 248, 263
Moura, Miguel de, 38
Muçulmanos, Moriscos, Mouros, 18, 29-30, 32, 46, 50-51, 98, 167, 185-87, 193, 237, 240, 271-73
Muhammed (Abu Abdallah Muhammed, governante de Marrocos), 31-32, 44, 47, 52, 54, 116, 271
Muley Xeque (Felipe da África), 271-73

Nani, Agostino, 180-82
Nava, 131, 154, 168, 183, 201, 233, 259
Navarra (e Pamplona), 121, 152-53, 160, 165, 167, 206-207, 216, 238-39
Nieto, Blas, 238
Nieto, frei Luis, 43, 45, 49-50, 52
Nieto, María, 168, 216, 227, 229, 244, 257, 275
Niza, duquesa de, 241
Notários (ou escrivães), 59, 61, 117, 131, 211, 215, 233, 244, 247-48, 265-67
Notícias, informes (e boatos e rumores), 16-19, 54-58, 94-97, 102-103, 109-10, 124-27, 148, 157-58, 165-66, 173-74, 179-84, 202, 212, 215-17, 219-20, 246-48, 269
Nuestra Señora de Gracia la Real (Ávila), 255-57
Nuestra Señora de Gracia la Real (Madrigal), 98, 116, 154-55, 166-72, 191, 193-97, 204-205, 207-208, 243-50

Ocaña, 152, 207
Olmedo, 121, 123
Ortiz, frei Andrés, 248-50
Ortiz, frei Luis, 152, 166, 169, 236
Osuna, duque de (Pedro Téllez-Girón), 71
Oviedo, 117, 250

Pamplona. *Veja* Navarra
Papado, 69, 149, 269, 274, 276; dispensa, 103, 221; Gregório XIII, 70; Santa Liga, 29, 35; núncios, 56-57, 82, 86, 136, 140, 169, 205-206, 265
Patriotismo e nacionalismo, 84-90
Penamacor, 40, 141, 296n51
Peñaranda de Bracamonte, 149
Pérez, Antonio, 71, 119-24, 128, 135, 144-46, 194, 207, 226, 273
Pérez, Miguel, 89, 216
Piedrola, Miguel de, 143-45, 207, 240, 254
Piramo, Conrad (Pyramus), 219, 228, 276
Portillo, María del, 152, 167
Porto, 81-82, 109, 129, 175, 229, 232

ÍNDICE

Portocarrero, Martín Hernández, 158, 173
Portugal: atitudes em relação a, 36-37, 241-42, 244; história, 21, 84-85; perda da independência, 15, 51-52, 57-58, 65-66, 71-72; e patriotismo, 16-17, 84-91; protesto em, 111, 125-28, 141-42. *Ver também* cortes de Portugal
Posada, Junco de, 157-58, 162, 220
Pregón, pregoneros, 179, 233, 262, 264
Presentes, 169-73, 201-203, 206, 221, 227, 238, 242-43, 248, 251
Profecias, 29, 35, 38-41, 46, 54-55, 66, 143-44. *Veja também* cometas
Profetas, profecias, 22, 143-46, 185-88, 222, 251-52
Protestos, 138-42

Quiroga, arcebispo Gaspar de, 194-95, 207

Ramírez, Isabel, 243-44
Reconhecimento. *Veja em* sinais
Recrutamento, militares (e soldados), 41, 96, 137, 146, 148, 151, 154, 166-67, 232, 316n33
Redondo, condes de (família Coutinho), 64, 95, 114-15
Retratos, 153, 157, 160, 169-71, 242-43, 274
Río, Bernardo del, 121-23, 133, 148, 207
Roda, Francisca de, 243-44
Roderos, Juan de, 104, 155, 171, 183, 216-17, 220-21, 244, 327n108
Rodrigo (rei visigodo da Espanha), 46, 63, 143, 186
Rodríguez, frei Alonso, 248
Rodríguez, Gabriel, 157, 183, 202
Rosete, frei Alonso, 89
Ruiz, Simón, 124, 129, 173-74, 184
Rumores. *Ver* notícias, informes

Sa'did, dinastia, 31
Salamanca, 73, 94-95, 98, 114, 149-50, 280
San Román, frei Antonio, 51
San Vicente, María de, 99, 247
Santa Cruz, frei Andrés de, 167, 228
Santa Maria, frei Antonio de, 216
Santarém, 71-72, 75, 80, 225
Santillán, Diego de, 158-59, 163, 173, 182-83
Santillán, Rodrigo de, 78-80, 87, 89, 100-102, 104, 107-108, 112, 116, 121-22, 124-25, 127-30, 132, 155-59, 162, 168-69, 172-76, 179-80, 182-84, 195, 201-205, 207-17, 221, 225, 230-31, 233, 241, 243, 248-49, 261-63; anticlericalismo de, 124-25, 165, 204, 249

Santos, frei Miguel de los: cúmplices, 113-19, 123, 175-76, 264; e a vontade de António, 268-69; acusações contra, 264, 268-69; morte, 263, 266-68; degradação, 264-67; na queda de Lisboa, 78-80; família, 88, 92-93, 176; cartas para Espinosa, 101-102, 230; em Madri, 95-96, 100; em Madrigal, 97-100, 105, 126, 148-49, 154-55, 198, 204, 207, 217; plano de, 15, 62, 87, 105-106, 111, 136, 174-78, 198-202, 238-40, 243, 250-51, 266-67; sermão no funeral de Sebastião, 59-60; punição (após 1580), 86, 93-94, 99; carreira religiosa, 59-60, 91-94, 98-99, 101-102, 107-108, 125-28, 197-99, 251-52; testemunhos de, 64-66, 100-106; tortura de, 100-106, 113, 115-18, 126-27, 129, 172-75, 268-69; visões, 198-202, 251-52. *Veja também em* joias

Sebastianillo, 217, 324n56

Sebastianismo, 16, 53, 87, 320n123

Sebastião (rei de Portugal): e Ana, 193-94, 199-200; aparência, habilidades, saúde, 24-27, 36, 160, 162, 188-90; no Alcácer-Quibir, 47, 49, 75-76, 253; corpo, 52-54, 58-64 *passim*, 259, 272-73; enterros, 52-54, 58-61; morte, 15, 50-53, 56, 65-66, 115, 164, 272-73; funerais, 58-60, 63, 131; impostores (além daqueles em Madrigal), 15, 141; falta de herdeiros, 15, 24-25, 35-36, 39, 223, 235-36; na literatura, 63-64, 88, 272-73, 280-84; perspectivas de casamento, 25, 33, 35-36, 61; planos para ir para Marrocos, 30-32, 40-41; histórias de sobrevivência, 59-66, 83-85, 91, 100-105, 111-12, 125-26, 131-32, 146, 155-56, 161-62, 185, 199-200, 207, 240, 251-52; juventude, 22, 24-27

Segóvia, 121-22

Setúbal, 78, 84, 97

Sigilo, 30, 36, 50, 81, 120, 126, 131-32, 158, 221, 226, 239, 263

Silva, Juan de: em Alcácer-Quibir, 45-48, 50, 53-54, 295n43, 298n75; embaixador de Portugal, 26-27, 36, 38, 42, 61, 144, 188-89, 312n126; e António, 108-109, 226-27; biografia, 292-93n14, 312n126; sobre cometa, 40-41; governador e capitão-geral de Portugal, 113, 123, 142, 150, 241-42, 264; em Madrigal, 198

Silva, Pedro (pseudônimo Luís) de, 149-51, 280

Sinais (*señales, senas*): em batalha, 50-52, 75-77; insígnia, 69; marcas, 186, 235, 237; em narrativas, 131; reconhecimento, 17, 104, 107-109, 112, 155-56, 160-64, 175-76, 178, 200-201

Sosa (ou Sousa ou Sossa), frei Antonio de, 129-31, 133, 168, 184, 207

Sotomayor, Luís de, 268

Stukeley, Thomas, 45, 301n103

Tânger, 21, 30-31, 50, 53, 68-69

Tapia, Ana, 167, 227

Tavares, Manuel, 111, 114

Távora, Cristóvão de (e sua viúva), 38, 42, 45, 51-52, 64-65, 68, 141, 149, 162, 272, 301n103

Teatro, 96, 157, 188

ÍNDICE 367

Teresa, Santa, 56-57, 193, 240, 330n171
Tucídides, 58
Toledo, 132-33, 151-52, 176, 207, 224, 226, 257
Tortura, 74, 81-83, 100-101, 104-106, 112-13, 116-18, 126-27, 173-76, 180, 183, 216, 220, 230-31, 233-34, 262. *Veja também em* Cid, Inés; Santos, frei Miguel de los
Trajes e disfarces, 17-18, 41-42, 62-64, 69-70, 91, 97, 104, 110-13, 116, 121-23, 130, 161-62, 187, 189, 237-42, 265-66, 283. *Veja também em* António, prior do Crato; Espinosa; impostura
Trinitários, 53, 71, 85, 122, 148
Troia, 56, 301n104
Turcos, 29, 32-33, 49, 58

Ulloa, Augustina de, 167, 227, 236
Ulisses, 46, 301n104

Valladolid, 94, 98, 101, 104, 129-31, 148, 152, 156-58, 164, 168-69, 172-73, 182, 184, 195, 202-204, 219-20, 283-84
Vasco da Gama, 21, 61
Vázquez de Arce, Rodrigo, 248-49, 251
Vega, Lope de, 32-33, 272
Vélez de Guevara, Luis, 25, 34, 88, 95, 297-98n72, 300n96
Veneza (e venezianos), 58, 64, 83, 121, 133, 137, 180, 182, 267, 331n19
Viana do Castelo, 83, 232
Vimioso, condes de, 47, 52, 74, 78, 80, 97, 272, 298n75, 307n52, 309-10n84. *Veja também* João de Portugal
Visigodos, 46, 186
Visões, 56, 74, 143, 145, 199, 253, 301n104
Votos, 100, 102, 106, 126, 131, 156, 178, 201

Zayas, Gabriel de, 40, 42, 53, 82, 86
Zúñiga, frei Diego de, 132-33, 207
Zúñiga, Juan de, 274

Impressão e Acabamento:
GRÁFICA STAMPPA LTDA.
Rua João Santana, 44 - Ramos - RJ